CB142504

Utilize este código QR para se cadastrar de forma mais rápida:

Ou, se preferir, entre em:
www.moderna.com.br/ac/livroportal
e siga as instruções para ter acesso aos conteúdos exclusivos do
Portal e Livro Digital

12071431 SINGULAR E PLURAL 7

CÓDIGO DE ACESSO:

A 00055 SINPLUR 7 33199

Faça apenas um cadastro. Ele será válido para:

MODERNA Richmond SANTILLANA ESPAÑOL

Da semente ao livro,
sustentabilidade por todo o caminho

Plantar florestas
A madeira que serve de matéria-prima para nosso papel vem de plantio renovável, ou seja, não é fruto de desmatamento. Essa prática gera milhares de empregos para agricultores e ajuda a recuperar áreas ambientais degradadas.

Fabricar papel e imprimir livros
Toda a cadeia produtiva do papel, desde a produção de celulose até a encadernação do livro, é certificada, cumprindo padrões internacionais de processamento sustentável e boas práticas ambientais.

Criar conteúdos
Os profissionais envolvidos na elaboração de nossas soluções educacionais buscam uma educação para a vida pautada por curadoria editorial, diversidade de olhares e responsabilidade socioambiental.

Taciro Comunicação, Alexandre Santana e Estúdio Pingado

Construir projetos de vida
Oferecer uma solução educacional Moderna é um ato de comprometimento com o futuro das novas gerações, possibilitando uma relação de parceria entre escolas e famílias na missão de educar!

Singular & Plural

Leitura, produção e estudos de linguagem

7

Laura de Figueiredo
Bacharel em Letras pela Universidade de São Paulo (USP).
Mestre em Linguística Aplicada pela Pontifícia Universidade Católica de São Paulo (PUC-SP).
Professora em programas de formação continuada das redes estadual e municipal de São Paulo.
Autora de materiais didáticos.

Marisa Balthasar
Licenciada em Letras pela Universidade de São Paulo (USP).
Doutora em Teoria Literária pela Universidade de São Paulo (USP).
Professora em programas de formação continuada das redes estadual e municipal de São Paulo.
Professora na rede pública por 14 anos. Professora em escolas particulares do ensino superior.
Autora de materiais didáticos.

Shirley Goulart
Licenciada em Letras pela Faculdade Rui Barbosa.
Especialista em Literatura pela Pontifícia Universidade Católica de São Paulo (PUC-SP).
Professora em programas de formação continuada das redes estadual e municipal de São Paulo.
Professora na rede pública por 15 anos. Professora em escolas particulares do ensino superior.
Autora de materiais didáticos.

1ª edição

MODERNA

MODERNA

Coordenação editorial: Áurea Regina Kanashiro, Mônica Franco Jacintho
Edição de texto: Camila Ribeiro, Daniela Cristina Calvino Pinheiro, Mônica Franco Jacintho, Regiane de Cássia Thahira, Thelma de Carvalho Guimarães
Assistência editorial: Ademir Garcia Telles, Anabel Ly Maduar, Átila Morand, Pedro Paulo Silva
Preparação: Anabel Ly Maduar, Márcia Camargo, Solange Scattolini
Coordenação de *design* e projetos visuais: Sandra Botelho de Carvalho Homma
Projeto gráfico: Everson de Paula
Capa: Marta Cerqueira Leite, Mariza de Souza Porto
Foto de capa: Diana Ong. Blue coats-black crowd © Diana Ong/SuperStock/Getty Images
Coordenação de produção gráfica: André Monteiro, Maria de Lourdes Rodrigues
Coordenação de arte: Maria Lucia Couto
Edição de arte: Patricia Costa
Assistência de produção: Ana Miadaira
Editoração eletrônica: Arbore Comunicação Empresarial & Design
Edição de infografia: William Taciro (coordenação), Camila Ribeiro, Fernanda Fencz
Ilustrações: Attilio, Eugênia Nobati, Orlandeli, Paulo Manzi, Robson Araújo, Ricardo Figueroa, Suely Shiba, Viviana Bilotti
Cartografia: Alessandro Passos da Costa
Coordenação de revisão: Elaine Cristina del Nero
Revisão: Ana Paula Luccisano, Luís M. Boa Nova, Maristela S. Carrasco
Pesquisa iconográfica: Denise Durand Kremer, Luciano Baneza Gabarron
As imagens identificadas com a sigla CID foram fornecidas pelo Centro de Informação e Documentação da Editora Moderna.
Coordenação de *bureau*: Américo Jesus
Tratamento de imagens: Arleth Rodrigues, Bureau São Paulo, Fabio N. Precendo, Pix Art, Rodrigo Fragoso, Rubens M. Rodrigues, Wagner Lima
Pré-impressão: Alexandre Petreca, Everton L. de Oliveira Silva, Hélio P. de Souza Filho, Marcio H. Kamoto
Coordenação de produção industrial: Wilson Aparecido Troque
Impressão e acabamento: BMF Gráfica e Editora
Lote: 278572

Dados Internacionais de Catalogação na Publicação (CIP)
(Câmara Brasileira do Livro, SP, Brasil)

Figueiredo, Laura de
Singular & plural : leitura, produção, estudos de linguagem / Laura de Figueiredo, Marisa Balthasar, Shirley Goulart. – São Paulo : Moderna, 2012.

Bibliografia.

1. Leitura (Ensino fundamental) 2. Português - Gramática 3. Português - Redação (Ensino fundamental) I. Balthasar, Marisa. II. Goulart, Shirley. III. Título.

11-05907 CDD-372.61

Índices para catálogo sistemático:
1. Gramática : Português : Ensino fundamental 372.61
2. Português : Gramática : Ensino fundamental 372.61

ISBN 978-85-16-07143-1 (LA)
ISBN 978-85-16-07144-8 (LP)

EDITORA MODERNA LTDA.
Rua Padre Adelino, 758 - Belenzinho
São Paulo - SP - Brasil - CEP 03303-904
Vendas e Atendimento: Tel. (0_ _11) 2602-5510
Fax (0_ _11) 2790-1501
www.moderna.com.br
2019
Impresso no Brasil
1 3 5 7 9 10 8 6 4 2

Apresentação

Entregamos a você esta obra!

Pensamos nela assim, como está, esperando que você aprenda mais, principalmente, a **perguntar**, **pesquisar**, **discutir**, **compartilhar** e **conhecer**.

No **Caderno de Leitura e produção**, destacamos o trabalho com a leitura e a produção de textos – orais e escritos – bem diversos, dos quais você precisa na sua vida pessoal, na sua vida escolar e, além delas, na sua vida em sociedade. Este caderno será o "lugar" de falar de você, de você e o outro, e de você e o mundo! O lugar de lidar com diferentes linguagens e tecnologias, diferentes conhecimentos e pontos de vista sobre as coisas do mundo.

No **Caderno de Práticas de literatura**, você vai vivenciar um dos lados mais criativos da língua! (*Se é que há algum lado dela que não seja criativo!*) Por meio dos textos literários e dos diálogos com outras linguagens, como a do cinema, da pintura, da escultura e tantas outras, vai poder descobrir a delícia que pode ser ler "textos que não servem para nada!".

E, enfim, no não menos importante **Caderno de Estudos de língua e linguagem,** você vai poder refletir sobre o que é, afinal, essa nossa língua portuguesa, que são tantas em uma só! Com tudo o que já sabe sobre essa língua que você fala e escreve, vai se surpreender com o que ainda há para saber sobre seus usos.

Uma advertência: não espere encontrar nestes três cadernos os conhecimentos da língua só em "caixinhas". Apesar de termos organizado os saberes da disciplina em três cadernos diferentes, em todos você vai encontrar um pouquinho de cada um deles. Isso porque os conhecimentos e os usos da língua são muitos, mas a língua em que são escritos todos os textos escolhidos para os cadernos é a **língua portuguesa**!

Então, é isso! Bem-vindo a bordo desta "viagem" pelos cantos e recantos da **nossa língua**!

Estrutura da obra

CADERNO DE LEITURA E PRODUÇÃO

Este caderno é composto de três unidades destinadas ao estudo de diferentes temas, por meio de leituras e produções de textos orais e escritos. Para essas unidades, foram selecionados textos diversos, como notícias, reportagens, artigos de opinião, artigos de revistas e de divulgação científica, charges, tirinhas, crônicas, além de gêneros próprios da esfera escolar.

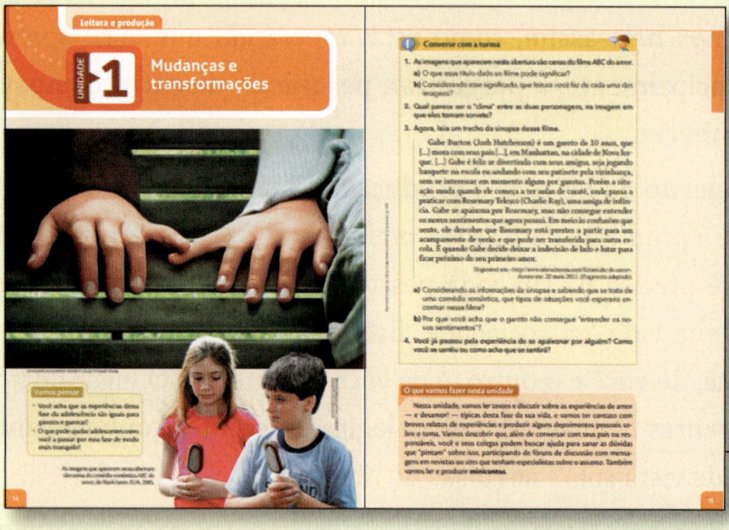

Unidade 1: aborda temas relacionados à adolescência.

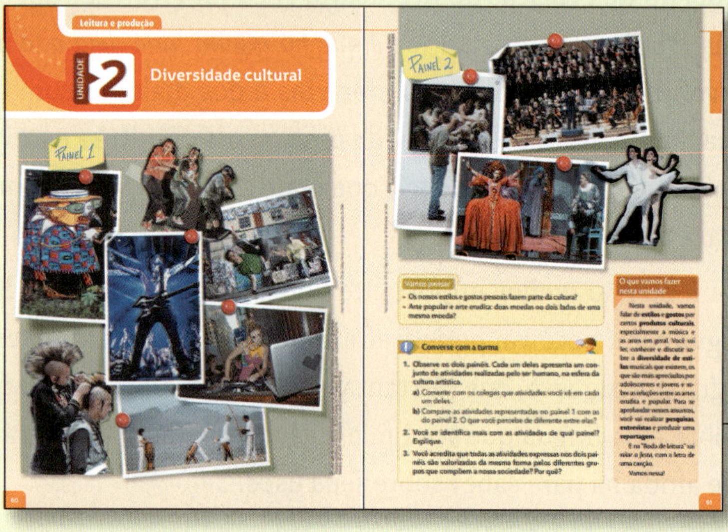

Unidade 2: aborda temas relacionados à diversidade cultural.

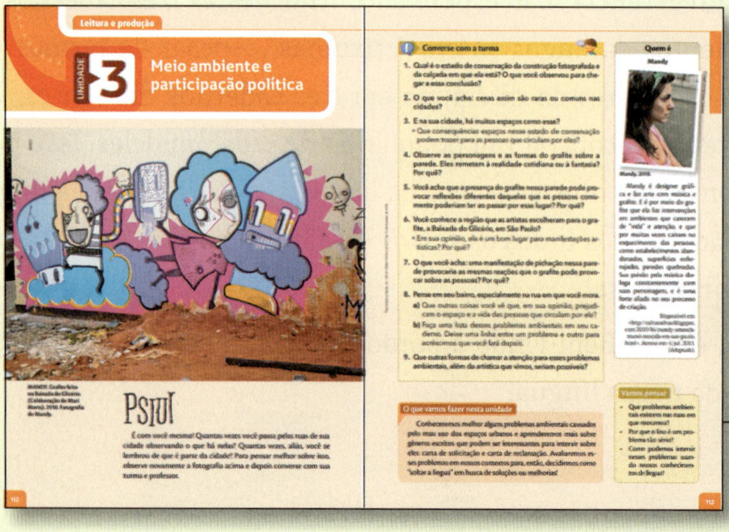

Unidade 3: aborda temas relacionados aos problemas da sociedade.

CADERNO DE PRÁTICAS DE LITERATURA

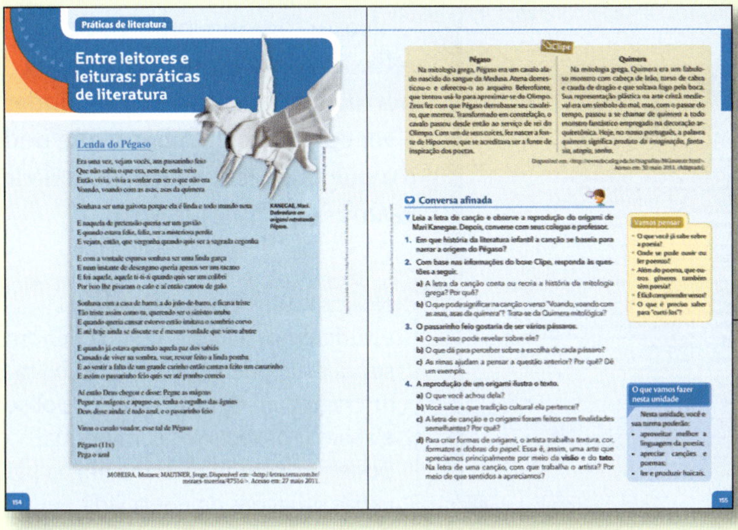

Este caderno é destinado à abordagem mais enfática em leitura e, eventualmente, trabalha a produção de textos literários. É composto de dois capítulos.

Por meio de leituras dirigidas, são exploradas características dos textos literários para que você possa "curtir" mais esses textos, descobrindo o que há neles de inventividade.

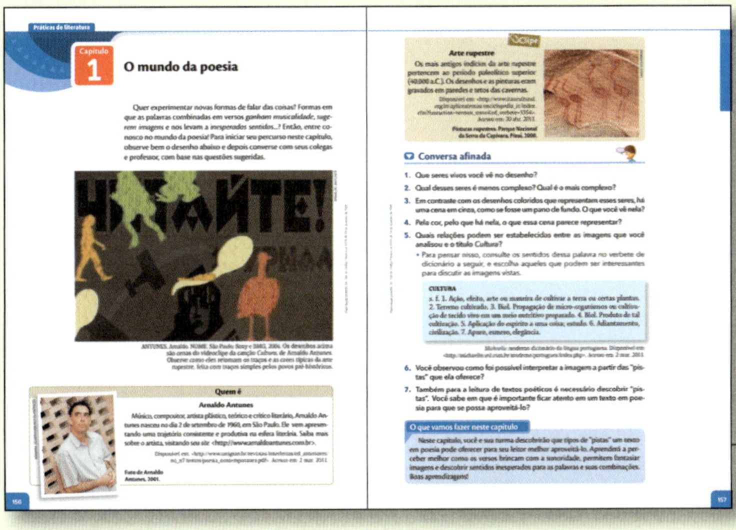

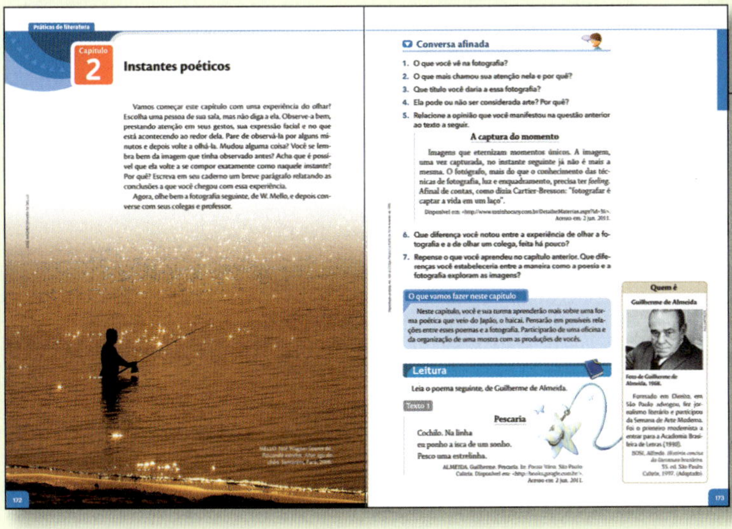

Esta unidade apresentará sempre dois capítulos. Mais flexível, sua estrutura dependerá das necessidades exigidas pelo texto em foco, bem como pela ênfase didática que se deseja garantir.

CADERNO DE ESTUDOS DE LÍNGUA E LINGUAGEM

Neste caderno, priorizamos a reflexão sobre aspectos da língua portuguesa que podem nos ajudar a ver com mais detalhes o que pode e o que quer essa língua, quando a usamos.

Nos capítulos desta unidade, estudaremos a língua como o fenômeno social e histórico que nos possibilita interagir com os outros. Vamos observar e analisar os recursos com os quais podemos contar ao usar a língua nas várias situações da nossa vida.

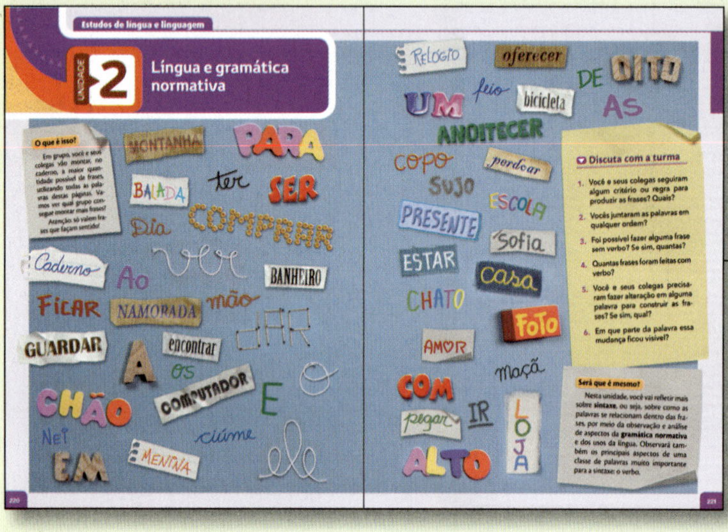

Nesta unidade, você estudará as regras da gramática normativa para o uso da variedade da língua padrão.

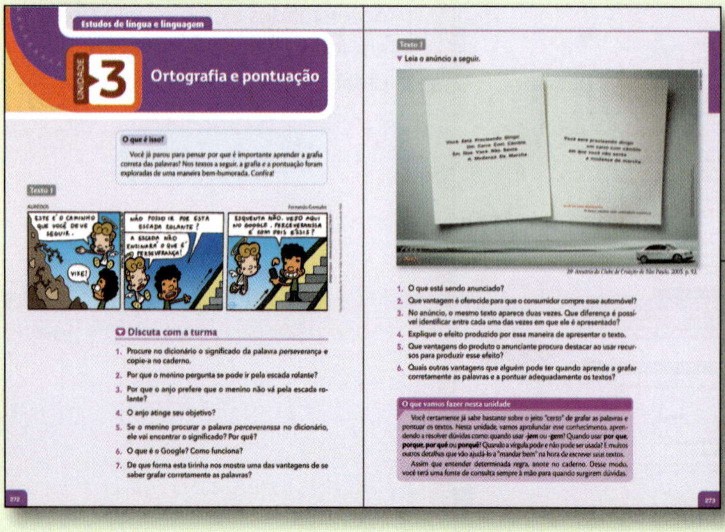

E, finalmente, nesta unidade você irá estudar a pontuação e a ortografia das palavras.

FICHAS DE AVALIAÇÃO

Um dos grandes diferenciais desta obra são as fichas de avaliação das produções de textos (orais e escritos), destacáveis, que você e seu professor poderão usar.

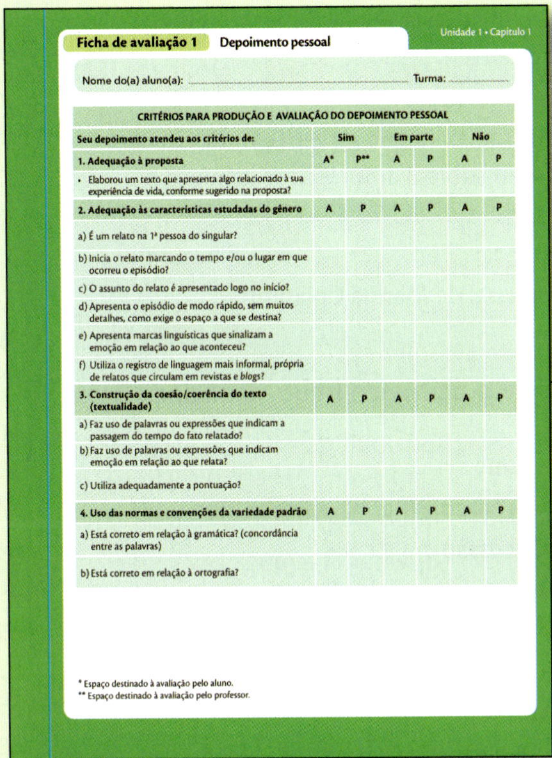

Unidade 1 • Capítulo 1

Ficha de avaliação 1 Depoimento pessoal

Nome do(a) aluno(a): ______ Turma: ______

CRITÉRIOS PARA PRODUÇÃO E AVALIAÇÃO DO DEPOIMENTO PESSOAL						
Seu depoimento atendeu aos critérios de:	**Sim**		**Em parte**		**Não**	
1. Adequação à proposta	A*	P**	A	P	A	P
• Elaborou um texto que apresenta algo relacionado à sua experiência de vida, conforme sugerido na proposta?						
2. Adequação às características estudadas do gênero	A	P	A	P	A	P
a) É um relato na 1ª pessoa do singular?						
b) Inicia o relato marcando o tempo e/ou o lugar em que ocorreu o episódio?						
c) O assunto do relato é apresentado logo no início?						
d) Apresenta o episódio de modo rápido, sem muitos detalhes, como exige o espaço a que se destina?						
e) Apresenta marcas linguísticas que sinalizam a emoção em relação ao que aconteceu?						
f) Utiliza o registro de linguagem mais informal, própria de relatos que circulam em revistas e *blogs*?						
3. Construção da coesão/coerência do texto (textualidade)	A	P	A	P	A	P
a) Faz uso de palavras ou expressões que indicam a passagem do tempo do fato relatado?						
b) Faz uso de palavras ou expressões que indicam emoção em relação ao que relata?						
c) Utiliza adequadamente a pontuação?						
4. Uso das normas e convenções da variedade padrão	A	P	A	P	A	P
a) Está correto em relação à gramática? (concordância entre as palavras)						
b) Está correto em relação à ortografia?						

* Espaço destinado à avaliação pelo aluno.
** Espaço destinado à avaliação pelo professor.

Nestas fichas, você encontrará critérios claros para orientá-lo na produção e na avaliação de seus textos – o que o ajudará a aprender mais sobre o trabalho de produção de textos.

Unidade 1 • Capítulo 1

Lembretes para o professor

Achei difícil:

______

Lembretes para o aluno – 1ª revisão do professor

1. Você não pode mais errar:

______

2. É preciso melhorar:

______

Avaliação final do professor:

______

Sumário

CADERNO DE LEITURA E PRODUÇÃO

CADERNO DE PRÁTICAS DE LITERATURA

CADERNO DE ESTUDOS DE LÍNGUA E LINGUAGEM

Caderno de Leitura e produção

Apresentação

Um caderno de textos para seu dia a dia

Você já reparou que, em nosso dia a dia, estamos o tempo todo em contato com a linguagem? Desde o primeiro “bom-dia” que falamos, passando pelos rótulos de produtos, sinais de trânsito, notícias de jornal, propagandas, até textos, vídeos, músicas da internet, etc. Ou seja, uma infinidade de palavras, sons, imagens dos quais não nos desligamos nem quando sonhamos. Com a linguagem nos expressamos, nos conhecemos, interagimos com os outros e com o mundo.

Nas três unidades deste caderno, você vai entrar em contato com várias dessas linguagens para tratar de assuntos que dizem respeito a você, adolescente que vive conflitos e alegrias, bem como à sua relação com as pessoas mais próximas e com todo o planeta.

Neste caderno, você vai ler e produzir textos que o ajudarão a se conhecer melhor, a expressar seus sentimentos, seus conhecimentos e suas opiniões. Textos que serão importantes para sua vida dentro e fora da escola.

Pronto para isso?

Unidade 1

Mudanças e transformações

- **Capítulo 1:** Um mundo de emoções: o primeiro amor...
- **Capítulo 2:** Um mundo de emoções: o primeiro beijo, as indecisões, as decepções...

Unidade 2

Diversidade cultural

- **Capítulo 1:** Diferentes estilos, diferentes culturas: qual é a sua tribo?
- **Capítulo 2:** Do erudito ao *pop* e vice-versa: há diálogo possível?

Unidade 3

Meio ambiente e participação política

- **Capítulo 1:** Pelas ruas da cidade: problemas ambientais
- **Capítulo 2:** O lixo nosso de cada dia

UNIDADE 1 Mudanças e transformações

20THCENTFOX/COURTESY EVERETT COLLECTION/KEYSTONE

Vamos pensar

- Você acha que as experiências dessa fase da adolescência são iguais para garotos e garotas?
- O que pode ajudar adolescentes como você a passar por essa fase de modo mais tranquilo?

20THCENTFOX/COURTESY EVERETT COLLECTION/KEYSTONE

As imagens que aparecem nesta abertura são cenas da comédia romântica *ABC do amor*, de Mark Levin, EUA, 2005.

Converse com a turma

1. As imagens que aparecem nesta abertura são cenas do filme *ABC do amor*.

a) O que esse título dado ao filme pode significar?

b) Considerando esse significado, que leitura você faz de cada uma das imagens?

2. Qual parece ser o "clima" entre as duas personagens, na imagem em que eles tomam sorvete?

3. Agora, leia um trecho da sinopse desse filme.

> Gabe Burton (Josh Hutcherson) é um garoto de 10 anos, que [...] mora com seus pais [...], em Manhattan, na cidade de Nova Iorque. [...] Gabe é feliz se divertindo com seus amigos, seja jogando basquete na escola ou andando com seu patinete pela vizinhança, sem se interessar em momento algum por garotas. Porém a situação muda quando ele começa a ter aulas de caratê, onde passa a praticar com Rosemary Telesco (Charlie Ray), uma amiga de infância. Gabe se apaixona por Rosemary, mas não consegue entender os novos sentimentos que agora possui. Em meio às confusões que sente, ele descobre que Rosemary está prestes a partir para um acampamento de verão e que pode ser transferida para outra escola. É quando Gabe decide deixar a indecisão de lado e lutar para ficar próximo do seu primeiro amor.
>
> Disponível em: <http://www.adorocinema.com/filmes/abc-do-amor>. Acesso em: 20 maio 2011. (Fragmento adaptado).

a) Considerando as informações da sinopse e sabendo que se trata de uma comédia romântica, que tipos de situações você esperaria encontrar nesse filme?

b) Por que você acha que o garoto não consegue "entender os novos sentimentos"?

4. Você já passou pela experiência de se apaixonar por alguém? Como você se sentiu ou como acha que se sentirá?

O que vamos fazer nesta unidade

Nesta unidade, vamos ler textos e discutir sobre as experiências de amor — e desamor! — típicas desta fase da sua vida, e vamos ter contato com breves relatos de experiências e produzir alguns depoimentos pessoais sobre o tema. Vamos descobrir que, além de conversar com seus pais ou responsáveis, você e seus colegas podem buscar ajuda para sanar as dúvidas que "pintam" sobre isso, participando de fóruns de discussão com mensagens em revistas ou *sites* que tenham especialistas sobre o assunto. Também vamos ler e produzir **minicontos**.

Capítulo 1

Um mundo de emoções: o primeiro amor...

CHAGALL, Marc. *Saint Jean Cap Ferrat*. 1952. Litografia, 68,2 cm x 49,3 cm. Coleção particular.

Converse com a turma

1. Quais foram as suas primeiras impressões sobre essa pintura? Que sensações ela despertou em você?

2. O que as figuras humanas que aparecem na tela parecem sentir uma pela outra? Explique, descrevendo o que vê.

3. Observe as cores usadas na pintura.

   a) A cor que predomina na tela é o azul. Leia parte do significado simbólico dessa cor, de acordo com o dicionário de símbolos.

> O azul é a mais profunda das cores: nele o olhar mergulha sem encontrar qualquer obstáculo, perdendo-se até o infinito [...].
>
> Aplicada a um objeto, a cor azul suaviza as formas, abrindo-as e desfazendo-as. [...] As formas desaparecem no azul, afogam-se nele e somem [...] Claro, o azul é o caminho da divagação e quando ele se escurece [...] torna-se o caminho do sonho. O pensamento consciente, nesse momento, vai pouco a pouco cedendo lugar ao inconsciente, do mesmo modo que a luz do dia vai-se tornando insensivelmente a luz da noite, o azul da noite. [...]
>
> CHEVALIER, Jean e GHEERBRANT, Alain. *Dicionário de símbolos*. Rio de Janeiro: José Olympio, 1999. (Fragmento adaptado).

   - Esse significado simbólico atribuído à cor azul o ajuda a ampliar suas sensações e impressões sobre a pintura? Explique.

   b) Que outras cores aparecem na pintura e entram em contraste com o azul?

   c) Se considerarmos que o azul dá a sensação de divagação, de sonho, que sensações essas outras cores lhe trariam?

4. Se partirmos da ideia de que a pintura traz como tema o amor entre o casal, que visão podemos construir a respeito do amor, a partir dessa tela?

5. Após esta conversa, as suas impressões sobre a tela estão diferentes? Explique.

O que vamos fazer neste capítulo

Neste capítulo, vamos ler um texto que fala das emoções do primeiro amor e outro que apresenta as explicações da ciência sobre o que acontece quando nos apaixonamos. Conheceremos alguns depoimentos pessoais sobre experiências com o amor, para depois você poder produzir o seu próprio depoimento.

Leitura

Converse com a turma

Nesta seção, você lerá dois textos que vão abordar o amor, mas de perspectivas bem diferentes.

Para a turma "entrar no clima" dos textos, sugerimos que vocês discutam as questões a seguir. Mas, vejam lá, hein?! Sem medo de compartilhar!

1. Quando amamos alguém, alguma coisa muda na nossa vida? Explique.

2. Você acredita naquela velha frase "O primeiro amor a gente nunca esquece"? Por quê?

3. Você acha que pode ter alguma explicação científica sobre o que acontece quando a gente ama?

Agora, leia o texto 1 e veja como a personagem se sentiu com sua primeira experiência de amor e compare com o que a turma comentou sobre o assunto.

Texto 1

O primeiro amor

Numa noite eu estava no clube, esperando meus pais terminarem uma conversa, quando ouvi no ginásio esportivo o barulho de uma bola batendo no chão pá pá pá sem parar. Subi os degraus, e fui até o alto da arquibancada deserta.

Na quadra de basquete um rapaz treinava, sozinho. Ele era alto e magro, cabelos pretos, sobrancelhas grossas, olhos escuros. Estava de uniforme esportivo vermelho.

Ele sentiu a minha chegada, parou um instante de correr, deu uma olhada rápida na minha direção, secou o suor da testa com a manga da jaqueta e continuou seu treino. Quando ele se virou de costas, vi na jaqueta o escudo do time que tinha vindo de fora

Quem é

HÉLVIO ROMERO/AGÊNCIA ESTADO

Ana Miranda

Nascida em Fortaleza, Ceará, em 1951, Ana Miranda atualmente vive no Rio de Janeiro. Escreve romances, poemas, crônicas e roteiros para cinema, além de ensaios e resenhas críticas para jornais e revistas. Recebeu vários prêmios desde o início de sua carreira como escritora, em 1978.

Sua especialidade é escrever romances históricos, destinados especialmente a adultos. Recentemente, participou de um projeto de livro infantojuvenil, organizado por Heloisa Prieto, intitulado *De primeira viagem*, escrevendo o conto "O primeiro amor", que você lê ao lado.

para competir com o time do nosso clube. Sentei no último degrau, numa parte meio escura, e fiquei olhando o jogador.

Ele corria, batendo a bola no chão, pá pá pá levantando a bola dessa maneira até perto da cesta, ali ele dava um salto, levantava o braço, segurando a bola, e às vezes dava um salto bem alto, às vezes hesitava e desistia. Sempre recomeçava com a mesma disposição e velocidade a jogada. Dava para perceber que ele já tinha feito aquilo mais de mil vezes. Senti que estava se exibindo para a moça magra de cabelos pretos e compridos, que o assistia do escuro, parada, que era eu. Parecia que tinha se criado um fio invisível entre nós. E meu coração começou a bater fortemente, ao pensar nesse fio. Percebi que alguma coisa estava acontecendo dentro de mim. Parecia que um líquido quente corria por todo o meu corpo, e se derramava, e fiquei tão inquieta que dei um salto, me levantei de um salto, para ir embora, mas vi que o jogador perdeu o controle da bola, parou, e olhou para mim. Fiquei paralisada, ali em pé, pulsando e suando.

Num instante ele tirou a jaqueta, e vi seus braços compridos e fortes, que eram apenas braços, eu conhecia muitos braços, os braços de papai, os braços de um ator, os braços do vizinho, do primo, tinha visto diversos tipos de braços, mas aqueles braços se desenharam na minha cabeça de uma maneira diferente, parecia que tinham alma, vida própria, atração. E o jogador voltou a jogar, agora com mais velocidade, mais empenho, como se quisesse me prender ali, e ele parecia de repente cercado de fogo e luz, como se fosse um sonho, minha respiração ficou difícil, meus ouvidos zuniam, e percebi que a buzina que tocava lá fora sem parar era do carro de meu pai, e saí correndo, desci as escadas, cruzei o gramado, atravessei a rua escura, abri a porta e entrei no carro, pá.

Minha mãe perguntou o que tinha acontecido, por que eu estava tão agitada, o que eu tinha visto que me assustou tanto? Nada, eu disse.

Sozinha, no banco de trás do carro, eu olhava a paisagem do lago, do mato, da lua que brilhava no céu e se refletia na água, que era a mesma paisagem de sempre, do caminho de volta do clube para casa à noite, mas havia alguma coisa diferente naquela paisagem, lobos nas sombras, ruídos, ameaças, frutas de sabor estranho, ela me convidava a entrar, e eu me vi correndo no mato, desabalada como se fugisse, enquanto ouvia as batidas da bola na quadra batendo batendo pá pá pá repetidamente, e eu chegava à beira do lago, e me jogava na água prateada, e pensava na prova de

matemática amanhã e eu não tinha estudado a matéria e ia precisar aguar o gramado pá pá pá e as minhas meias preferidas estavam sujas e eu não gostava de ovo cru e eu ia ter aula de italiano e eu tinha ido muito mal na expressão oral e o disco ainda não tinha chegado e pensava nessas coisas prosaicas mas nada tirava de meu corpo a sensação estranha que eu sentia, pá pá pá ouvia meu coração a bater também, e via a imagem do jogador treinando na quadra, debaixo de uma luz que iluminava apenas ele, tudo escuro em volta, e a cada vez eu via seu rosto mais perto, mais perto, até que ele ficou tão grande que eu levei um susto, essa menina está tão quieta, dizia mamãe, e continuei quieta na hora do jantar, comi pouco, pouquíssimo, deixei até mesmo a sobremesa sem tocar, deitei na cama e não consegui dormir, rolava de um lado para outro, agarrava o travesseiro, via o jogador na parede escura, nas frestas da persiana, ouvia a bola batendo na quadra batendo no meu peito fechava os olhos e via a imagem do jogador dentro da minha cabeça como se tivesse sido marcada a fogo, a luz, como se fosse um filme se repetindo e o barulho da bola na quadra, e os braços dele me abraçavam, as persianas deixaram entrar aos poucos os raios daquela lua cheia do lago, e ele era aquela luz e era o silêncio da noite e era o quarto e cada estrela, eu via o rosto dele e pensava, como podia estar vendo o rosto dele? devia ser um rosto imaginado, não podia ser o seu rosto verdadeiro, o que estava acontecendo comigo? via sua face e sentia ali a existência de algum mistério, o que era aquele jogador? não era ele, era o que acontecia dentro de mim, o que ele tinha feito acontecer, como se tivesse me empurrado num precipício, eu guiada por outra força, como se não fosse mais eu, mas a força da vida, lutando contra minha força, e eu me deixava arrastar, sem nenhuma dúvida, mesmo sem saber nada do que podia acontecer comigo, quem era ele, se eu ao menos soubesse o nome dele, e fiquei olhando a noite inteira para ele dentro de minha memória jogando jogando pá pá pá sem precisar saber nada dele, só sentindo aquele movimento dentro de mim e pá pá os cabelos pretos os braços tudo era tão macio ele me olhou ele olhou para mim os olhos pretos dele a luz nos seus cabelos de fogo ele se apaixonou por mim ele parou de jogar e me olhou e me viu ele se apaixonou por mim, era isso, eu me apaixonei por ele, e ele por mim e eu por ele e quando amanheceu eu ainda estava apaixonada, ah sonâmbula, eu tinha acordado e sentia a maior vontade de viver, ir à escola, chegar o outro domingo, comi ovo cru sem sentir nojo e fui para a escola tonta de paixão, eu via o jogador no asfalto que eu pisava, via o jogador no bico do meu sapato no portão da escola no tronco da árvore na saia xadrez das meninas no rosto dos meninos, via o jogador no caderno no pó do giz e no quadro-negro pá pá pá fazia fantasias eu via o jogador jogando uma partida eu no meio da multidão e ele parava no meio do jogo e olhava para mim e ele estava numa festa no clube e passava ao meu lado tão perto de mim que eu sentia o calor da sua pele e ele não me via, ele passava perto de mim e sorria para mim, ele tirava para dançar ele dançava com outra menina abraçado ele casava com outra menina e eu chorava ele casava comigo ele vinha ser professor na minha escola ele batia o carro no nosso e me levava no colo até o hospital, ele me chamava para fugir no seu barco à vela ele tinha um avião e pilotava e jogava milhares de rosas sobre a minha casa ele batia na janela do meu quarto ele me beijava os lábios ele me beijava os lábios, ele me levava ao cinema e

Glossário

Prosaicas: comuns, triviais, corriqueiras.

segurava a minha mão ele passava na frente da minha varanda e me olhava ele vinha de noite namorar ele me pedia em casamento ele mergulhava comigo nas águas do lago ele me dava um filho ele me beijava os lábios segurava a minha mão me levava a voar sobre os telhados, passei dias e dias assim pensando nele sem um instante de descanso, achei que estava ficando louca mas adorava me sentir assim, sem prestar atenção nas aulas, sentindo beijos nos meus lábios e calor no meu corpo cheguei a ter febre ele não saía da minha cabeça pá pá pá beijo nos lábios eu lia os jornais inteiros em busca de uma notícia e só queria ir ao clube ao clube ao clube e ia à quadra vazia e escura mas ele não estava mais lá, e em lugar nenhum, e ninguém sabia dizer quem tinha treinado na quadra na noite do domingo e ele nunca se apagava de minha memória pá pá pá e tantos anos se passaram e nunca o esqueci nem deixei de sentir o que ele me fez sentir, pela primeira vez, o amor.

MIRANDA, Ana. In: PIETRO, Heloisa (Org.). *De primeira viagem.* São Paulo: Companhia das Letras, 2004. p. 13-17.

Primeiras impressões

1. Do que trata o texto que você acabou de ler?

2. Duas personagens recebem destaque no texto.

a) Quem são?

b) Qual delas está narrando os acontecimentos?

c) O texto é uma história real ou ficcional? Explique sua resposta.

3. O narrador conta algo que:

✓ está acontecendo no presente.
✓ aconteceu num passado bem próximo.
✓ aconteceu num passado mais distante.
✓ acontecerá num futuro bem próximo.

- Encontre no texto trechos ou expressões que confirmem a sua resposta.

4. Como você sintetizaria:

a) os acontecimentos da narrativa.

b) as emoções da personagem.

5. Você diria que neste texto há mais destaque para os acontecimentos ou para as emoções? Explique.

6. Como a escolha sobre o que destacar – acontecimento ou emoções – associada ao tipo de narrador escolhido para o conto ajuda a construir o texto?

7. Releia o trecho a seguir.

> "Parecia que tinha se criado um fio invisível entre nós. E meu coração começou a bater fortemente, ao pensar nesse fio."

- O que seria esse "fio invisível" criado entre as personagens, segundo o narrador?

8. Que reação do garoto é descrita pelo narrador para demonstrar que ele também sentiu algo pela garota?

9. Você acredita que essa reação do garoto é suficiente para afirmarmos que ele se interessou por ela? Explique.

10. Leia novamente.

> Num instante ele tirou a jaqueta, e vi seus braços compridos e fortes, que eram apenas braços, eu conhecia muitos braços, [...] tinha visto diversos tipos de braços, mas aqueles braços se desenharam na minha cabeça de uma maneira diferente [...]

- O narrador diz que os braços do jogador eram "apenas braços", mas que se "desenharam" em sua cabeça de "uma maneira diferente". Por quê?

11. O que você achou do final do relato? Situações como essa podem de fato acontecer?

O texto em construção

Você e seus colegas devem se organizar em **duplas**. Em seguida, converse com seu colega sobre as questões a seguir.

1. Durante a narrativa, a personagem principal por várias vezes faz uso das sequências *pá pá pá* ou *pá pá*.

   a) Indique quantas vezes isso acontece e explique para que essas sequências foram usadas em suas diversas ocorrências.

   b) Quais os efeitos de sentido que podem ter sido produzidos por essas sequências em cada uma das diferentes situações em que foram usadas?

2. O que a personagem está falando no último parágrafo?

3. Agora compare esse parágrafo aos anteriores.

   - O que você percebe de diferente em relação ao tamanho e à pontuação desse parágrafo?

4. Essa forma de construir esse último parágrafo foi cuidadosamente pensada, visando a um **efeito de sentido**. Leia em voz alta um trecho dele como se fosse a personagem pensando ou falando e pense no efeito que o uso da vírgula dá, quando lemos um texto.

   a) A sua leitura seria mais lenta ou mais rápida, mais contínua ou com mais paradas?

   b) Que sensação podemos ter sobre o estado emocional da personagem, considerando o ritmo e a entonação dados à leitura, que resultam da pontuação escolhida?

5. Observe a constante repetição da conjunção *e* no trecho inicial desse mesmo parágrafo.

Você poderá estudar mais sobre o uso da **vírgula** na Unidade 3 do Caderno de Estudos de língua e linguagem.

"Sozinha, no banco de trás do carro, eu olhava a paisagem do lago, do mato, da lua que brilhava no céu [...] **e** eu me vi correndo no mato, desabalada como se fugisse, enquanto ouvia as batidas da bola na quadra batendo batendo pá pá pá repetidamente, **e** eu chegava à beira do lago, **e** me jogava na água prateada, **e** pensava na prova de matemática amanhã **e** eu não tinha estudado a matéria **e** ia precisar aguar o gramado pá pá pá [...]"

a) Qual é a função e o significado dessa conjunção, nesse trecho do texto? Se necessário, consulte um dicionário.

b) Levando-se em conta o significado, a função que essa conjunção tem no texto, que efeito de sentido a repetição dela pode ter, considerando a situação narrativa?

6. Leia novamente mais um trecho desse mesmo parágrafo.

"[...] fazia fantasias eu via o jogador jogando uma partida eu no meio da multidão e **ele** parava no meio do jogo e olhava para mim e **ele** estava numa festa no clube e passava ao meu lado tão perto de mim que eu sentia o calor da sua pele e **ele** não me via, **ele** passava perto de mim e sorria para mim, **ele** tirava para dançar **ele** dançava com outra menina abraçado **ele** casava com outra menina e eu chorava [...]"

a) Nesse trecho, o pronome "ele" é repetido várias vezes. Nos textos em geral, não é aconselhável que haja repetição de palavras tão próximas uma das outras, mas aqui essa repetição é proposital.

- Em que momento da narrativa começou a repetição?

b) A repetição do pronome "ele" chama a atenção do leitor para o lugar ocupado pelo garoto nas histórias fantasiadas pela menina. Que lugar é esse?

7. Ainda no último parágrafo, ocorrem outras repetições de palavras, expressões ou orações.

- Identifique ao menos duas dessas repetições e explique o sentido que podemos construir com o uso delas.

8. Você deve ter observado que as duas personagens centrais do texto não têm nome. Por que elas não teriam nome?

Se liga nessa!

Eis dois recursos que você poderá usar em seus textos, quando quiser produzir efeitos de sentido especiais: o **uso diferenciado da pontuação** e a **repetição de palavras**. A produção da **Oficina literária** do próximo capítulo pode ser uma boa oportunidade!

Texto 2

Você sabia que os cientistas pesquisam o que acontece com o nosso corpo e com a nossa mente quando nos apaixonamos por alguém? O texto a seguir vai tentar fazer isso: explicar tim-tim por tim-tim o lado químico do amor.

A química do amor

Paulo Ribeiro Claro*

O amor é um fenômeno neurobiológico complexo, baseado em atividades cerebrais de confiança, crença, prazer e recompensa, atividades essas que envolvem um número elevado de mensageiros/ atores químicos. (T. Esch,G. B. Stephano, *The neurobiology of love*, Neuroendocrinology Letters, vol. 26, n. 3 (2005); H. E. Fisher, *Why We Love: The Nature and Chemistry of Romantic Love*, Henry Holt and Company, New York, 2004.)

O amor é frequentemente celebrado como um fenômeno místico, muitas vezes espiritual, por vezes apenas físico, mas sempre como uma força capaz de determinar o nosso comportamento. Sem querer discutir a magia do amor, hoje vamos apenas abordar o amor do ponto de vista da química que lhe está associada: os compostos químicos que atuam sobre o nosso corpo — sobre o nosso cérebro, em particular — e nos transmitem todas as sensações e comportamentos que associamos ao amor.

As três fases do amor romântico

Foi a antropóloga Helen Fisher, famosa pelos seus estudos sobre a bioquímica do amor — e autora de vários livros, entre os quais, o recente "Por que Amamos: a Natureza e a Química do Amor Romântico" (H. E. Fisher, *Why We Love: The Nature and Chemistry of Romantic Love*, Henry Holt and Company, New York, 2004) —, que propôs a existência de três fases no amor, cada uma delas com as suas características emocionais e os seus compostos químicos próprios [...]:

A **primeira fase** é chamada "fase do desejo" e é desencadeada pelos nossos hormônios sexuais, a testosterona nos homens e o estrogênio nas mulheres. É a circulação desses hormônios no nosso sangue — que se inicia na fase da adolescência — que torna o nosso cérebro interessado em parceiros sexuais, digamos assim. Ou, nas palavras de Helen Fisher, "é o que nos leva a sair à procura de qualquer coisa".

A **segunda fase** é a "fase da atração", enamoramento ou paixão: é quando nos apaixonamos, ou seja, é a altura em que perdemos o apetite, não dormimos, não conseguimos concentrar-nos em nada que não seja o objeto da nossa paixão. É uma fase em que podem acontecer coisas surpreendentes, que por vezes dão origem a situações divertidas (para os outros) e embaraçosas (para o próprio): as mãos suam,

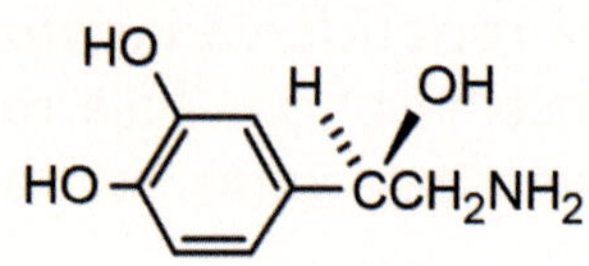

Norepinefrina

A norepinefrina é um estimulante natural do cérebro que pode estar associada à exaltação, euforia, falta de sono e de apetite (H. E. Fisher, *Why We love: The Nature and Chemistry of Romantic Love*, Henry Holt and Company, New York, 2004).

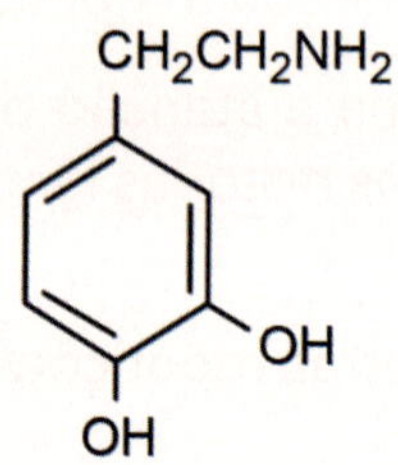

Dopamina (3,4-di-hidróxi-feniletilamina)

A presença de elevados níveis de dopamina no cérebro parece ser uma característica dos recém-apaixonados (A. Bartels, S. Zeki, *The neural basis of romantic love*, Neuroreport, 11 (2000), 3829-3834; A. Aron, H. E. Fisher H. D. J. Mashek et al., *Reward, motivation, and emotion systems associated with early-stage intense romantic love*, Journal of Neurophysiology, 94 (2005), 327-337). O papel da dopamina é muito importante no mecanismo de desejo e recompensa e os seus efeitos no cérebro são análogos aos da cocaína. É um verdadeiro licor do amor.

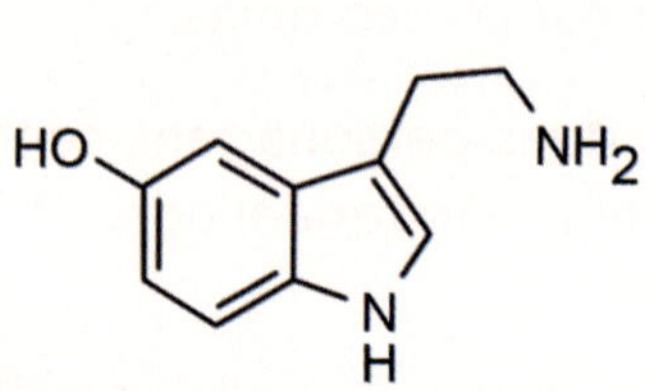

Serotonina

Os baixos níveis de serotonina, por seu lado, parecem estar associados à fixação no ser amado. A Prof. Donatella Maraziti (Univ. Pisa), no decorrer dos seus estudos com doentes que sofriam a perturbação obsessiva compulsiva, descobriu que os baixos níveis de serotonina de quem se apaixona se aproximam dos níveis característicos desta doença mental (D. Marazziti, H. S. Akiskal, A. Rossi et al., *Alteration of the platelet serotonin transporter in romantic love*, Psychological Medicine, 29 (1999), 741-745): aparentemente, o amor deixa-nos loucos — de verdade!

a respiração falha, é difícil pensar com clareza, há "borboletas no estômago"... enfim... e isso tem a ver com outro conjunto de compostos químicos que afetam o nosso cérebro: a norepinefrina, que nos excita (e acelera o bater do coração), a serotonina, que nos descontrola, e a dopamina, que nos faz sentir felizes.

Curioso é verificar que todos esses compostos químicos — designados por neurotransmissores, já que participam nas transmissões do sistema nervoso e no cérebro — são controlados por um outro, chamado feniletilamina, que está presente no chocolate. Estará aqui a razão para o chocolate ser uma prenda tão apreciada para os namorados, ou para ser tantas vezes a compensação para um amor não correspondido? Aparentemente, a feniletilamina é degradada rapidamente no sangue, pelo que não haverá possibilidade de atingir uma concentração elevada no cérebro por ingestão...

A feniletilamina controla a passagem da fase do desejo para a fase do amor e é um composto químico com um efeito poderoso sobre nós... tão poderoso que pode tornar-se viciante. Os dependentes da feniletilamina — e dos seus auxiliares — tendem a saltar de romance em romance, abandonando cada parceiro logo que o *cocktail* químico inicial se desvanece. Quando permanecem casados, os viciados do amor são frequentemente infiéis, na busca de mais uma dose de excitação extra. Mas esse tipo de viciados tem um problema: o nosso corpo desenvolve naturalmente a tolerância aos efeitos da feniletilamina e cada vez é necessário maior quantidade para provocar o mesmo efeito.

A **terceira fase** é a "fase de ligação" — passamos à fase do amor sóbrio, que ultrapassa a fase da atração/paixão e fornece os laços para que os parceiros permaneçam juntos. Há dois hormônios importantes nessa fase: a oxitocina e a vasopressina.

A oxitocina é também chamada o hormônio do "carinho" ou do "abraço".

A oxitocina é uma pequena proteína, com apenas nove aminoácidos, produzida numa zona cerebral que se chama hipotálamo. Esta proteína atua tanto em certas partes do corpo (como por exemplo na indução do trabalho de parto) quanto em regiões cerebrais cuja função está associada com emoções e comportamentos sociais. Em animais, a oxitocina contribui para as uniões sociais (incluindo uniões macho-fêmea e uniões mãe-filho) e pensa-se que também atua diminuindo as resistências que os animais têm à proximidade de outrem.

E tem o mesmo efeito na espécie humana. Num estudo efetuado em 2003, verificou-se que a inalação de oxitocina provoca um aumento da confiança nos outros. [...]

A vasopressina é atualmente conhecida como o hormônio da fidelidade. É também uma pequena proteína de nove aminoácidos (oito dos quais comuns à oxitocina) e o seu papel no corpo humano é vasto — o nome vasopressina, por exemplo, está claramente relacionado com a sua ação sobre a pressão sanguínea — e algumas experiências recentes com um tipo de roedor dos campos revelou a sua relação com o comportamento monogâmico dos machos.

[...]

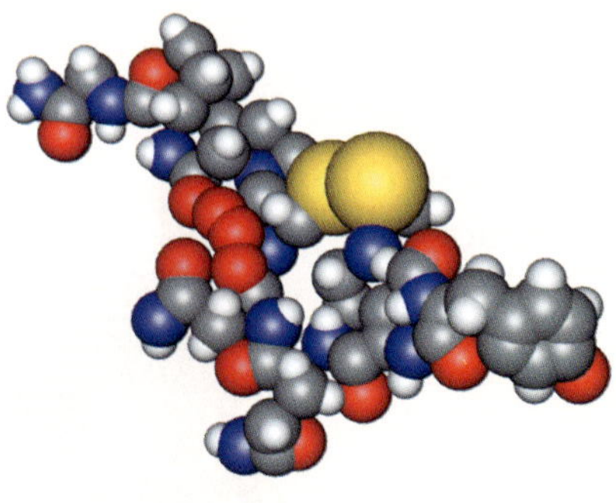

Fig. 7: oxitocina

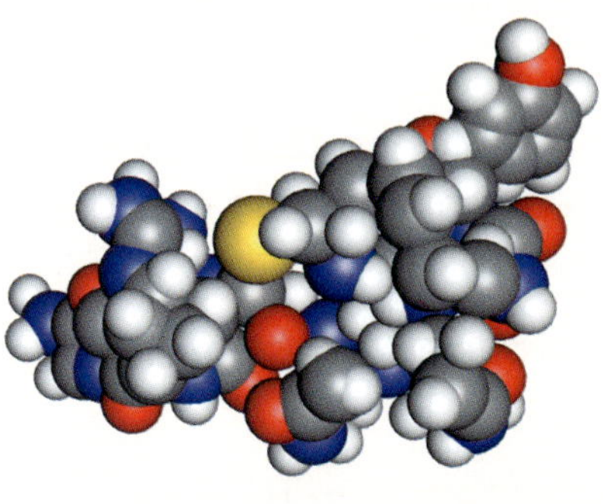

Fig. 8: vasopressina

Química. Boletim SPQ (Sociedade Portuguesa de Química). Portugal, n. 100, p. 47-50, mar. 2006. (Fragmento adaptado).

* Docente do Departamento de Química da Universidade de Aveiro e investigador do Ciceco, o autor é o coordenador nacional das Olimpíadas de Química da SPQ e divulgador de inúmeras atividades dessa entidade para apoio aos professores do ensino básico e secundário. É também mentor do programa Atração Química, tendo participado na elaboração dos atuais programas de Química do ensino secundário.

Glossário

Neurobiológico: neuro (que se refere ao sistema nervoso) + biológico (relativo à biologia, ao que é próprio dos seres vivos). *Fenômeno neurobiológico* refere-se a algo que ocorre com o sistema nervoso dos seres vivos.

Místico: misterioso, que não se explica de acordo com as leis naturais e físicas.

Antropóloga: pessoa que estuda o homem em suas origens, evolução e desenvolvimentos (mental, físico, cultural...).

Bioquímica: transformações que ocorrem nas substâncias e moléculas dos seres vivos. No contexto, refere-se às transformações físicas e mentais provocadas pelo amor.

Hormônios: moléculas produzidas por glândulas ou células especializadas que são "jogadas" em pequenas quantidades na corrente sanguínea e produzem um efeito fisiológico específico sobre uma ou mais partes do corpo.

Degradada: que foi danificada, que perdeu suas propriedades ou características.

Cocktail: palavra estrangeira correspondente a "coquetel", em português, que, no contexto, significa mistura de substâncias químicas.

Desvanece: desaparece.

Aminoácidos: moléculas orgânicas que compõem as proteínas.

Hipotálamo: parte situada na base do cérebro, onde se encontram numerosos centros do sistema nervoso que regulam o sono, o apetite, a temperatura corporal, etc.

Inalação: ato ou efeito de absorver, respirar.

Monogâmico: que se mantém fiel a apenas um parceiro.

Primeiras impressões

1. De acordo com o texto, quantas fases o amor tem e o que marca cada uma delas em termos de reações físicas?
2. Qual das fases é considerada um risco por ser "viciante"?
3. Que hormônio é responsável por esse risco e como ele atua?
4. Quais as consequências de nos viciarmos nessa fase?
5. Comparando as informações presentes neste texto com o que discutimos no texto 1, você diria que a narradora-personagem de "O primeiro amor" está passando por qual das fases, enquanto conta o que lhe aconteceu?
6. Baseando-se nas informações presentes no texto 2, como você explicaria, de modo científico, o que a personagem do texto 1 está vivendo, mental e fisicamente?
7. Você acha que o texto explica por que amamos uma pessoa?

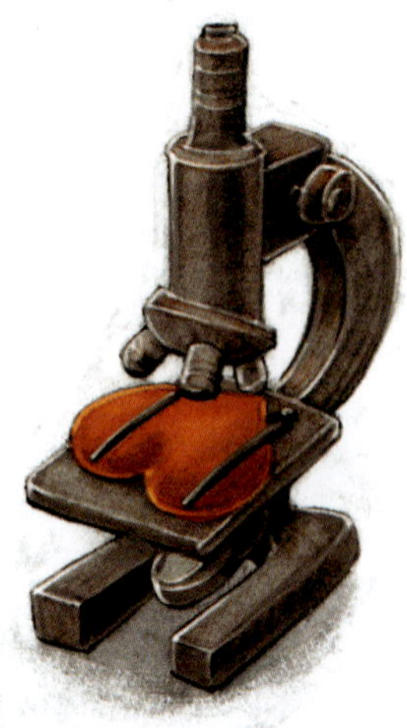

O texto em construção

1. Que tipo de informação encontramos no texto 2?
2. Observe a linguagem usada pelo autor. Você diria que ela é mais formal ou informal, mais literária, cotidiana ou científica? Explique a sua resposta recorrendo a exemplos do texto.

3. Observe as referências sobre o autor do texto.

a) Considerando as informações que aparecem sobre o autor, você diria que ele tem conhecimento necessário para falar sobre o assunto tratado no texto? Por quê?

b) Você acredita que qualquer pessoa poderia escrever um texto como este? Explique sua resposta.

4. Observe que o autor cita várias outras pessoas ao longo do texto, fazendo, inclusive, referência a diferentes títulos de livros.

a) Por que você acha que ele fez isso?

b) Essas pessoas podem ser consideradas especialistas em suas áreas de estudo?

c) O fato de o autor citar essas pessoas e seus trabalhos torna as informações apresentadas no texto mais ou menos confiáveis? Explique a sua resposta.

d) Como essas pessoas e os títulos dos seus trabalhos aparecem no corpo do texto?

5. Em várias passagens do texto, o autor usou aspas. Leia novamente algumas dessas passagens e explique a função das aspas em cada uma delas.

a) [...] autora de vários livros, entre os quais o mais recente "Porque Amamos: a Natureza e a Química do Amor Romântico"

b) [..] nas palavras de Helen Fisher "é o que nos leva a sair à procura de qualquer coisa" [...].

c) A segunda fase é a "fase da atração", enamoramento ou paixão: [...].

d) A terceira fase é a "fase de ligação" — passamos à fase do amor sóbrio [...].

e) [...] a respiração falha, é difícil pensar com clareza, há "borboletas no estômago" [...]

f) A oxitocina é também chamada o hormônio do "carinho" ou do "abraço".

6. O que mudaria se esses trechos, expressões ou palavras não estivessem entre aspas?

7. Também aparece muitas vezes outro sinal de pontuação: os parênteses. Explique para que esse sinal foi usado, observando os tipos de informações que aparecem neles.

8. Em algumas passagens, o travessão (–) e os dois-pontos (:) são usados com a mesma função dos parênteses.

a) Observe três passagens com uso de travessão e duas passagens com o uso dos dois-pontos.

> "É a circulação desses hormônios no nosso sangue — **que se inicia na fase da adolescência** — que torna o nosso cérebro interessado [...]"

As vozes nos textos

Sempre que escrevemos um texto ou sempre que conversamos com alguém, o que escrevemos ou falamos não "brota" do nada. Nossas conversas e nossos textos escritos estão "recheados" de coisas que ouvimos falar ou lemos na nossa experiência de vida e de leitores. Por isso, podemos dizer que nossas conversas e textos escritos estão recheados de muitas **vozes**. Algumas vezes fica fácil identificar essas vozes, outras vezes não.

Na Unidade 3, do Caderno de Estudos de língua e linguagem, você poderá estudar mais sobre o uso das **aspas**, dos **dois-pontos** e dos **parênteses**.

"Curioso é verificar que todos estes compostos químicos — **designados por neurotransmissores, já que participam nas transmissões do sistema nervoso e no cérebro** — são controlados por um outro, chamado feniletilaminas, que está presente no chocolate."

"A terceira fase é a 'fase de ligação', — **passamos à fase do amor sóbrio, que ultrapassa a fase da atração/paixão e fornece os laços para que os parceiros permaneçam juntos.**"

"A segunda fase é a 'fase da atração', enamoramento ou paixão: **é quando nos apaixonamos, ou seja, é a altura em que perdemos o apetite, não dormimos, não conseguimos concentrar-nos em nada que não seja o objeto da nossa paixão.**"

"... e isso tem a ver com outro conjunto de compostos químicos que afetam o nosso cérebro: **a norepinefrina, que nos excita (e acelera o bater do coração), a serotonina, que nos descontrola, e a dopamina, que nos faz sentir felizes.**"

b) Analisando as informações grifadas, indique que função comum à dos parênteses esses dois sinais têm?

c) As informações introduzidas por essa pontuação ajudam a entender melhor o que está sendo dito ou não fariam nenhuma falta no texto? Explique sua resposta.

9. Observe as referências bibliográficas que indicam o "local" em que esse texto foi publicado:

a) De que tipo de boletim se trata?

b) Para que tipo de leitor é destinado esse boletim?

c) Qual é a intencionalidade discursiva do autor deste texto? Explique, recorrendo ao boxe ao lado.

d) Se você tivesse que dar um nome a textos escritos com essa finalidade, que nome daria?

Os interlocutores sempre têm **intenções muito específicas** em relação ao **discurso** que produzem para o outro. A essas intenções, chamamos de **intencionalidade discursiva**.

10. Agora vamos comparar os textos 1 e 2.

a) Em "O primeiro amor", você observou que a pontuação, a organização dos parágrafos e a repetição de palavras foram pensadas de forma a criar certos efeitos de sentido. Esses efeitos seriam adequados em um texto como o 2? Justifique sua resposta.

b) No texto 2, o que a pontuação deve ajudar a garantir?

11. Em algumas partes do texto aparecem, combinados, os sinais de colchete e de reticências: [...]. Observe no texto essas ocorrências.

- Qual a função desses sinais no texto?

12. Ao longo do texto, há algumas imagens, associadas a pequenos textos. Essas ilustrações apresentam informações sobre o assunto abordado, combinando a linguagem verbal a outras linguagens. Reveja-os.

a) Eles foram úteis para você? Por quê?

b) Qual seria a função de ilustrações desse tipo em textos como este?

13. O trecho de texto que você leu e estudou faz parte de um **artigo de divulgação científica**. As características observadas nele podem ser generalizadas (tornadas comuns) à maioria dos artigos desse tipo.

- Considerando tudo o que você discutiu sobre quem o escreveu, como ele foi escrito e os recursos que foram usados em sua construção, reproduza e preencha o quadro a seguir em seu caderno, respondendo ao que se pede.

O que aprendi sobre *artigo de divulgação científica* nesta atividade e que pode me ajudar a ler ou produzir outros textos deste tipo?	
Do que se fala em um artigo deste tipo?	
Em que "locais" podem ser encontrados artigos como este?	
Quem são os **interlocutores** deste tipo de texto? (quem escreve e para quem se escreve)	
O que é preciso ter em um artigo deste tipo para que ele seja confiável?	
Que tipo de linguagem é usada?	
Que recursos podem ser usados para ajudar o texto a ficar mais didático, e nos quais devo prestar atenção durante a leitura?	

Se liga nessa!

Em textos como este — de **divulgação científica** — espera-se que as **vozes** de outros autores apareçam de forma explícita (citadas, como no texto "A química do amor"), porque é importante saber se o texto é confiável e se o que está sendo dito é reconhecido pela comunidade científica ou não. Então, não se esqueça: quando for pesquisar, observe sempre as fontes que o autor do texto usou para saber se o que você está lendo é confiável ou não!

Produção: depoimentos pessoais

Conhecendo o gênero: depoimentos pessoais

Como você viu, nos dois textos lidos, quando estamos na fase de procurar alguém para amar ou quando amamos alguém, muitas coisas podem acontecer: grandes emoções, seguidas ou não de grandes trapalhadas.

Por esta ser uma fase muito marcante, não é raro encontrarmos em *sites*, *blogs* e revistas impressas e eletrônicas muitos relatos, em geral, breves, que falam sobre essas primeiras experiências amorosas.

Por se tratar de relatos muito pontuais, costumamos encontrá-los com o nome de **depoimentos pessoais** — que é como os chamaremos aqui.

Mas antes de chegarmos aos depoimentos sobre amor e paqueras, você vai ler depoimentos e trechos de relatos sobre outras experiências.

Atividade 1: depoimentos — o que são, para que servem e onde circulam?

Neste capítulo, você irá produzir depoimentos pessoais que abordem o tema estudado — o amor e as paqueras — e que poderão ser disponibilizados em *blogs* ou *sites*, de acordo com o que for combinado entre os colegas.

Para tanto, vamos conhecer de perto esse gênero.

Depoimento 1

Será que a Taylor riu?

"O maior mico da minha vida foi enquanto eu gravava o vídeo 'You belong to me', da Taylor Swift. Tem aquele momento no clipe que estou jogando futebol americano e tenho de pegar a bola. Na primeira vez não consegui pegá-la e ainda levei o maior tombo, batendo com a cara no chão. Imagina que tinha um time inteiro de futebol e a torcida me olhando! Depois da milésima vez tentando pegar a bola, eu finalmente peguei. Fiquei tão feliz que fui comemorar e levei outro tombo com a cara no chão!"

Lucas Till.
Micos. *Atrevida Especial*, São Paulo, n. 9, fev. 2011.

Depoimento 2

Show elétrico!

"A maior vergonha que já passei foi durante um *show*. Eu estava tocando e um fã colocou a mão no meu braço, o que acabou gerando uma corrente elétrica por causa da eletricidade do baixo. Eu tomei um choque daqueles! Na hora, xinguei o fã de tudo quanto era nome, fiz por instinto, sem pensar. Mas depois expliquei o que aconteceu, me desculpei e ficou tudo bem! Desse *show* em diante passei a usar um amplificador para tocar, o que evita o risco de choque."

Tavares, baixista da Fresno.
Micos. *Atrevida Especial*, São Paulo, n. 9, fev. 2011.

Depoimento 3

O melhor dos dois mundos

"Eu estava trocando de canal e tava passando o filme da Hannah Montana. E em várias vezes passa ela cantando aquela música '*You get the beeeeeeest of both worlds*'. E fiquei com a música na cabeça. Daí rolou um barulhão na avenida e eu fui olhar pela janela cantarolando a música. Foi então que olhei pra esquerda na janela e já fui cantarolando bem alto '*You get the beeeeeeest of...*', quando olhei pra direita, minha vizinha, também na janela com cara de azeitona e um sorrisinho, disse: 'Pode continuar! É da Hannah, né?'. Morrendo de vergonha, fiz voz de roqueiro e falei: 'Não, é uma do Marilyn Manson', e continuei cantando com uma voz bem grossa, no estilo *heavy metal*: '*You get the beeeeeeeeeeest of...*'. E bum, fechei a janela!"

Jorgebin, diagramador e ilustrador.
Micos. *Atrevida Especial*, São Paulo, n. 9, fev. 2011.

1. Quem é o responsável por cada depoimento?

2. Em que informações você se apoiou para ter certeza disso?

3. O que está sendo relatado em cada um?

4. É possível saber onde e quando aconteceram os fatos? Explique.

5. Que tempo dos verbos predomina nos depoimentos: presente, passado ou futuro? Comprove a sua resposta recorrendo ao texto.

6. Os autores depoentes contam episódios de suas vidas que estão ocorrendo no momento em que falam ou que ocorreram no passado?

7. Repare nas informações sobre *o quê*, *onde* e *quando* aconteceu o fato:

a) Em que parte dos textos elas aparecem?

b) Você acredita que faria diferença para nós, leitores, se essas informações aparecessem em outra parte dos textos? Por quê?

8. Agora, observe o tipo de linguagem utilizado nos depoimentos. Você diria que:

a) Todos os depoimentos apresentam um registro mais informal da língua porque, além de serem relatos pessoais feitos por pessoas jovens, destinam-se à publicação de uma revista para jovens.

Para saber mais sobre relatos de experiências vividas

Há muitos tipos de relatos de experiências de vida: os que falam de acontecimentos mais íntimos, os que relatam acontecimentos da vida profissional, os que contam apenas um episódio ou os que falam de vários acontecimentos que marcaram uma fase da vida da pessoa; os mais detalhados e emotivos, os mais curtos e diretos...

No *site* do *Museu da Pessoa*, você encontrará relatos de todos os tipos, feitos por pessoas de diferentes idades e lugares do Brasil. O endereço: <http://www.museudapessoa.net>. Vale a pena ver e ler!

b) Apenas dois dos depoimentos apresentam um registro mais informal da língua. Apesar de todos se destinarem à mesma revista jovem, um deles se diferencia, apresentando um registro mais formal da língua.

c) Todos os textos apresentam um registro mais formal da língua por se tratarem de textos destinados a uma revista jovem de grande circulação.

d) Um dos textos apresenta um registro mais formal da língua porque foi escrito por pessoas que trabalham com arte.

- Localize no texto trechos que comprovem a sua resposta.

9. Quais são as impressões pessoais dos depoentes em relação ao que relataram? Explique sua resposta recorrendo a palavras ou expressões usadas nos textos.

10. Em um texto como este é importante apresentar as impressões pessoais? Por quê?

11. Em seu depoimento, Tavares fala sobre uma mudança de atitude provocada pelo episódio que relatou.

a) Que mudança foi essa?

b) Você acredita que as experiências que vivemos podem provocar mudanças de atitude? Explique seu ponto de vista.

c) Os outros depoentes poderiam ter tirado uma lição da experiência que viveram? Explique sua resposta.

12. Você acha que há alguma vantagem ou alguma importância em relatar nossas experiências de vida? Por quê?

Atividade 2: os depoimentos pessoais sobre o amor e os seus micos

É hora de olhar mais de perto para os depoimentos que relatam episódios pessoais envolvendo experiências com o amor! Leia os quatro depoimentos a seguir, já procurando observar o que há de comum entre eles e os que você leu na atividade anterior:

Depoimento 1

Mãe apronta!

"**No final do 6º ano**, eu gostava de uma menina da minha sala. Éramos muito amigos, fazíamos dupla na aula de matemática. **Um dia** ela me perguntou, assim de boa, se a gente podia namorar. Fiquei sem graça, ri que nem um bobão e só consegui dizer 'É, pode ser...' **Acabou o ano** e entramos de férias. Então combinamos de ver um filme no cinema. **No dia**, minha mãe me levou e nos encontramos na frente da bilheteria. Ela estava lá com mais duas amigas e um amigo nosso. **Quando** minha mãe foi se despedir da gente, fez todas aquelas recomendações de mãe — 'Desliga o celular!', 'Liga quando sair', blá, blá, blá... — e na saída me solta a última: 'Tchau, *bebê*!' Todo mundo riu, ela foi embora e eu fiquei pagando mico!"

P. O. – São Paulo

Depoimento 2

Nunca te vi e sempre te amei

"**Desde criança**, eu sempre achei que quando eu conhecesse um garoto que fosse meu grande amigo, esse garoto seria o meu marido. Eu até conversava com ele, na minha imaginação. **Quando estava na 5ª série**, eu e minhas amigas colecionávamos papel de carta e eu usava alguns deles para escrever cartas de amor pra ele, como se estivesse em algum lugar por aí. Eu escrevia e guardava, pensando que quando conhecesse a pessoa certa eu lhe daria todas as cartas.

No final do colégio, um ano antes de prestar vestibular, comecei a ser 'treineira'. Fiz muitas provas, de vários vestibulares. Em um deles, no Paraná, estava entrando apressada na sala pra não me atrasar e esbarrei feio em uma das carteiras da frente. Meu estojo caiu e me abaixei pra pegar. **Na mesma hora**, a pessoa que estava sentada na carteira também se abaixou e pegou meu estojo antes de mim. Eu me levantei, peguei o estojo da mão dele e quando olhei pra ele pra agradecer, fiquei passada. Foi incrível! Parecia que já o conhecia há anos. Era ele! Ele sorriu pra mim e se ajeitou de novo na carteira. Ainda meio boba, sentei na primeira carteira que encontrei e pronto. Fiquei lá, esperando que ele saísse pra eu sair atrás. Não fiz nada nessa prova a não ser preencher o gabarito, de qualquer jeito.

Mas valeu a pena porque **hoje, três anos** depois, estamos juntos e ele já leu todas as cartas de amor que escrevi **quando era adolescente**."

P. S. – São Paulo.

Depoimento 3

Dando a descarga

"**Quando eu tinha 16 anos** namorava um carinha do colégio. A gente sempre conversava por telefone, mas como eu dividia o quarto com meu irmão, não tinha muita privacidade pra falar com ele, então pegava o telefone sem fio e ia conversar onde não tinha ninguém. **Um dia** me tranquei no banheiro pra poder conversar com ele e fiquei sentada na privada. Papo vai, papo vem, esqueci onde estava sentada e fui me encostar na parede. **Foi aí** que sem querer eu apertei a descarga! **Na hora** eu e ele ficamos mudos e eu dei uma desculpa que precisava desligar. Hahahaha!"

Marcela Pereira, revisora.
Atrevida Especial, São Paulo, n. 9, fev. 2011.

Depoimento 4

O primeiro beijo

"Meu primeiro beijo aconteceu no **ano passado, quando eu tinha 14 anos**. Eu gostava muito do Mateus, um garoto da minha sala, mas nunca tinha beijado e tinha medo de ficar com ele e fazer tudo errado. Numa balada, conheci o Lucas, um amigo dele, muito legal. Conversamos e ficamos meio interessados um no outro. **Depois disso,** acabamos nos encontrando várias vezes e ficamos amigos. **Certo dia**, acabamos nos beijando, **depois de uma conversa** sobre ter medo de beijar. Foi muito estranho. Nenhum de nós sabia direito o que fazer. E acho que nenhum de nós conseguiu curtir muito porque não sabíamos bem o que estávamos fazendo. De verdade, achei que foi um beijo molhado demais. Ficamos muito sem graça **depois disso** e combinamos que não ia rolar de novo. No final das contas, foi meio triste porque eu gostava mesmo era do Mateus e percebi que acabei beijando o Lucas porque queria tentar aprender como beijar direito pra não fazer feio com o garoto de quem eu gostava de verdade. Com essa bobagem, acabei perdendo a chance de dar meu primeiro beijo em quem eu gostava de verdade."

A. C. – São Paulo.

1. O que esses depoimentos têm de parecido e de diferente se comparados aos lidos na Atividade 1 em relação:
   a) a quem conta o episódio.
   b) ao tipo de episódio que é relatado.
   c) ao tempo em que acontece o relato.
   d) ao tempo verbal que predomina nos relatos.
   e) ao tipo de linguagem usada.
2. Agora, compare os quatro depoimentos. Todos eles apresentam, com certa precisão, o tempo em que se deu o fato relatado.
   a) Localize nos textos as palavras ou expressões que ajudaram a dar essa precisão.
   b) Qual deles relata algo que aconteceu durante um espaço de tempo maior? Explique.
3. Releia os textos e observe as expressões destacadas.
   a) Qual a função delas em cada um? O que elas indicam sobre o fato relatado?
   b) Que outras palavras você poderia usar com essa mesma função?

Converse com a turma

1. Do que fala cada depoimento?
2. Que impressões cada depoente tem em relação ao episódio relatado?
3. Você se identificou mais com qual deles? Por quê?

4. Você reparou que todos os depoimentos aqui apresentados estão entre **aspas**? Como você explica esse uso das aspas?

5. No depoimento 1, "Mãe apronta!", as aspas também são usadas no interior do depoimento. O que elas estão indicando?

6. Observe que há um título para cada depoimento.
   - Tendo em vista que os depoimentos podem ser encontrados em revistas, *sites*, *blogs* e até em livros, a presença de título é importante por quê?

7. Considerando que os breves relatos de experiência vivida – que chamamos de **depoimentos pessoais** – com os quais você teve contato aqui podem ser vistos como modelos de depoimentos, se for escrever um depoimento, que características você acha que ele deverá ter?

Se liga nessa!

Tenha especial atenção, na sua produção, com o **uso das aspas** para marcar as falas no interior do depoimento e, ainda, com o **uso das expressões** para indicar a **passagem de tempo**!

Produzindo o texto: depoimentos

Condições de produção

O quê?

É sua vez de preparar o seu depoimento sobre algum episódio que já viveu em sua ainda curta experiência amorosa. Pode ser uma experiência mais sublime, como a do primeiro amor, ou pode ser um "mico" que você tenha vivido na frente do gatinho ou da gatinha.

Para quem?

A turma poderá optar por duas possibilidades:

1. Escolher uma revista ou um *blog* para onde você irá mandar o seu depoimento. Neste caso, se você optar por relatar um "mico", poderá encaminhá-lo para os endereços apresentados no final deste quadro. Lembre-se de que a decisão pela publicação ou não é da revista, certo? Agora, se você optar por escrever um depoimento mais sentimental, há a possibilidade de postá-lo como "comentário" nos *blogs* das revistas, em *posts* de colunistas que sejam adequados, ok?

2. Decidir por preparar um painel, na escola ou na sala, onde colocarão todos os micos e os depoimentos mais sentimentais (líricos).

Uma variação desta última possibilidade é, caso a sala (ou o professor) tenha um *blog*, postar lá também. Assim, vocês poderão divulgá-los para seus amigos e familiares, que poderão conhecer o resultado do seu trabalho.

Eis alguns endereços de revistas que têm seções específicas para os "micos":

- Revista *Atrevida*, seção Que mico: <http://atrevida.uol.com.br>
- Revista *Todateen*, seção Micos e Cia.: <http://todateen.uol.com.br>
- Revista *YesTeen*, seção #rialto: <yesteen@editoraonline.com.br>
- Revista *Atrevidinha*, seção KKKKK: <http://atrevidinha.uol.com.br>
- Revista *Capricho*, seção Coluna do Jerry: <http://capricho.abril.com.br>

Como fazer?

1. Planejando o depoimento

a) Decida sobre o tipo de depoimento que irá produzir — se vai relatar um **mico** bem-humorado ou se vai falar sobre algo mais poético, sentimental. Não se esqueça de que, dependendo do tipo de depoimento, você irá destiná-lo a diferentes *sites* ou *blogs*.

b) Já no primeiro esboço, lembre-se de se orientar pelos critérios da ficha de avaliação do texto, que está no final do livro e sintetiza tudo o que você estudou sobre o que deve constar em um depoimento pessoal.

2. Escrevendo o depoimento pessoal

a) Sempre que for reler o que está escrevendo, lembre-se de ter em mãos a ficha de avaliação.

b) Não é necessário se identificar, caso não deseje. Coloque apenas a sua inicial ou, então, crie um nome fantasia.

Avaliando a produção

a) Antes de encaminhar ao professor a sua produção, dê uma última avaliada: releia o depoimento e faça os ajustes necessários, de modo que ele atenda aos critérios da ficha que o ajudaram a pensar na escrita do texto.

b) Após a revisão do professor, ajuste o seu texto, de acordo com as observações presentes na ficha.

c) Envie o seu depoimento ao destinatário escolhido e/ou monte o painel.

▶ No final do livro, você vai encontrar a Ficha de Avaliação 1 .... Depoimento pessoal

Roda de leitura: minicontos

Nesta roda, você vai ter contato com alguns **minicontos**. Já ouviu falar deles? Podem aparecer com outros nomes, como micronarrativa, microrrelato, microficção, nanonarrativa ou nanocontos. Apresentamos dois exemplares deles, que têm um pouco a ver com o tema desta unidade, para você curtir e conhecer mais sobre esse gênero, conversando com a turma.

Miniconto 1

Para que ninguém a quisesse

Porque os homens olhavam demais para a sua mulher, mandou que descesse a bainha dos vestidos e parasse de se pintar. Apesar disso, sua beleza chamava a atenção, e ele foi obrigado a exigir que eliminasse os decotes, jogasse fora os sapatos de saltos altos. Dos armários tirou as roupas de seda, das gavetas tirou todas as joias. E vendo que, ainda assim, um ou outro olhar viril se acendia à passagem dela, pegou a tesoura e tosquiou-lhe os longos cabelos.

Agora podia viver descansado. Ninguém a olhava duas vezes, homem nenhum se interessava por ela. Esquiva como um gato, não mais atravessava praças. E evitava sair.

Tão esquiva se fez, que ele foi deixando de ocupar-se dela, permitindo que fluísse em silêncio pelos cômodos, mimetizada com os móveis e as sombras.

Uma fina saudade, porém, começou a alinhavar-se em seus dias. Não saudade da mulher. Mas do desejo inflamado que tivera por ela.

Então lhe trouxe um batom. No outro dia um corte de seda. À noite tirou do bolso uma rosa de cetim para enfeitar-lhe o que restava dos cabelos.

Mas ela tinha desaprendido a gostar dessas coisas, nem pensava mais em lhe agradar. Largou o tecido numa gaveta, esqueceu o batom. E continuou andando de vestido de chita, enquanto a rosa desbotava sobre a cômoda.

COLASANTI, Marina. *Contos de amor rasgados*. Rio de Janeiro: Rocco, 1986. p. 101-102.

Glossário

Viril: masculino, próprio do homem.
Tosquiou-lhe: cortou muito curto.
Esquiva: que foge de algo ou alguém.
Fluísse: circulasse, andasse.
Mimetizada: camuflada.
Alinhavar-se: esboçar, desenhar, surgir.

Quem é

Marina Colasanti

Marina Colasanti nasceu na Etiópia em 1937. Aos dois anos, mudou-se para a Itália e aos 11 veio morar no Brasil devido à Segunda Guerra Mundial. Formou-se na Escola Nacional de Belas Artes e, em 1962, começou a trabalhar como jornalista.

Publicou cerca de 40 livros entre contos, poemas, ensaios, crônicas e histórias infantis e juvenis. Ilustradora de algumas de suas publicações, escreveu três livros de minicontos, destaque para *Zooilógicos* e *Contos de amor rasgados*.

Foto de Marina Colasanti, 2010.

MARCOS DE PAULA/AGÊNCIA ESTADO

1. Você sentiu algum impacto ao ler o texto? Qual a sua reação imediata ao que leu? Explique.

2. Qual o sentido do título do conto, considerando a história?

3. Observe a construção de alguns trechos.

- "... **mandou** que descesse a bainha dos vestidos..."
- "... **foi obrigado a exigir** que eliminasse os decotes..."
- "Dos armários **tirou** as roupas de seda..."
- "... **pegou** a tesoura e **tosquiou-lhe** os longos cabelos."
- "... **permitindo** que fluísse em silêncio pelos cômodos..."

a) Que personagem executa as ações expressas pelos verbos em destaque?

b) O que esses verbos mostram sobre o caráter da personagem e o tipo de relação que existia entre o casal?

c) Você acha saudável esse tipo de relação? Explique o seu ponto de vista.

4. Como você interpreta a reação da mulher no fim da história?

5. Considere as características do miniconto apresentadas no boxe abaixo.

Para saber mais sobre miniconto

O que precisa ter um miniconto?

Concisão – a história deve caber exatamente no pequeno tamanho definido: as informações devem ser reduzidas ao essencial.

Narratividade – a história deve contar o que aconteceu com uma personagem, mostrando mudanças, que podem ser somente sugeridas ou podem estar ditas no texto.

Efeito – deve conseguir provocar algo no leitor: medo, compaixão, reflexão...

Abertura – o texto exige que o leitor preencha lacunas da história com suas experiências.

Exatidão – o autor tem de ser claro para criar o efeito desejado. A escolha de cada palavra e a sua posição no texto são fundamentais.

SPALDING, Marcelo. Pequena poética do miniconto.Disponível em: <http://www.digestivocultural.com/colunistas/coluna.asp?codigo=2196&titulo=Pequena_poetica_do_miniconto>. Acesso em: 24 maio 2011. (Adaptado).

- Converse com a turma sobre qual dessas características este miniconto possui, procurando exemplificá-las com o texto.

Miniconto 2

189

Ao sair do banheiro, ele cruza com ela na cozinha.

— Oi — ela diz.

Já na porta, sem se virar: — Oi — ele diz.

Assim ano após ano até que, um dia, ela se vai. Toda manhã ele entra na cozinha e diz "Oi". Mas você responde? Nem ela.

TREVISAN, Dalton. *234*. Rio de Janeiro: Record, 1997. p. 101.

Quem é

Dalton Trevisan

Nascido em 1925, em Curitiba, Dalton Trevisan é reconhecido como um dos grandes contistas da literatura brasileira.

Entre 1946 e 1948, fundou, em sua cidade, *Joaquim*, uma das revistas literárias mais importantes. A revista reuniu ensaios e publicações de toda uma geração, inclusive poemas até então inéditos, como *O caso do vestido*, de Carlos Drummond de Andrade.

Autor premiado e traduzido para vários idiomas, Trevisan é considerado o precursor do miniconto no Brasil com o livro *Ah, é?*, de 1994.

FERNANDO ROMEIRO

Caricatura de Dalton Trevisan.

1. Pense nas características de um miniconto e responda às questões a seguir.

   a) **Narratividade**: que situação mudou entre as personagens?

   b) **Concisão**, **exatidão** e **abertura**: foi dito o essencial para que você pudesse "preencher" as lacunas do texto? É possível concluir o que pode ter acontecido entre as duas personagens?

   - Compartilhe o que você "preencheu" da história.

   c) **Efeito**: no que essa história o faz pensar sobre as relações afetivas?

Capítulo 2 Um mundo de emoções: o primeiro beijo, as indecisões, as decepções...

Ilustração de Jim Dandy.

Toada do amor

E o amor sempre nessa toada:
briga perdoa perdoa briga.

Não se deve xingar a vida,
a gente vive, depois esquece.
Só o amor volta para brigar,
para perdoar,
amor cachorro bandido trem.

Mas, se não fosse ele, também
que graça que a vida tinha?

Mariquita, dá cá o pito,
no teu pito está o infinito.

ANDRADE, Carlos Drummond de. *Poesia completa*. Rio de Janeiro: Nova Aguilar, 2002. p. 8. Carlos Drummond de Andrade © Graña Drummond – www.carlosdrummond.com.br.

Converse com a turma

Sobre a imagem

1. Quais as impressões que você teve da imagem?
2. Que recursos usados pelo artista ajudaram a causar essa impressão?

Sobre o poema

1. Do que se fala no poema?
2. Como o título "Toada do amor" se relaciona com o que está sendo dito no poema? Se necessário, procure o significado de *toada* no dicionário.
3. Qual a visão que o eu lírico tem do amor?

Para pensar sobre isso, considere todo o poema e especialmente os versos "amor cachorro bandido trem / Mas, se não fosse ele, também/ que graça que a vida tinha?".

Sobre o poema e a imagem

1. Que relação você vê entre o poema e a imagem? Você vê **diálogo** entre eles?
2. Você acha que os assuntos de que tratam o poema e a imagem são de interesse de garotos e garotas? Explique.
3. Os adultos também se ocupam desses assuntos? Explique.

O que vamos fazer neste capítulo

Vamos discutir algumas questões que envolvem muitas emoções e tensões na adolescência, como o primeiro beijo e os problemas que cercam as relações afetivas. Para isso, vamos ler um artigo de opinião, um artigo de revista feminina e participar de um fórum de discussão, produzindo mensagens. Para finalizar, vamos ler mais minicontos e experimentar produzir um.

Leitura

Converse com a turma

Nesta seção, você irá ler dois textos que tratam de questões que costumam gerar muita tensão nesta etapa da vida: o primeiro beijo e o rompimento de uma relação afetiva. O primeiro texto trata-se de um artigo de opinião e o segundo, de um artigo de uma revista feminina. Eles foram publicados em revistas impressas ou eletrônicas destinadas a adolescentes.

1. Que perfil de autor você espera que aborde cada um dos assuntos anunciados? Quem seria apto, em sua opinião, para falar sobre esses assuntos? Por quê?

2. Você acha que o primeiro beijo é um acontecimento importante? Por quê?

3. E o que você acha que tem de ser feito quando se quer terminar uma relação afetiva?

Texto 1

O primeiro beijo

O quanto esse momento é importante para os adolescentes

Quando entramos na adolescência, algumas coisas ganham extrema importância nas nossas vidas, umas delas é o primeiro beijo. Idealizamos o jeito, o lugar e a pessoa com quem iremos compartilhar esse momento. O nervosismo e a pressa tomam conta de nossas mentes e imaginamos mil coisas a respeito desse ato que, depois de algum tempo, pode virar algo tão comum e superficial.

O primeiro beijo é uma experiência marcante, seja pela descoberta ou pela demonstração de afeto. É nessa hora que temos nosso primeiro contato íntimo com uma outra pessoa. Mas acredito que muitos desses pré-adolescentes não pensam em dar o primeiro beijo apenas por vontade própria, e sim pela opinião dos colegas que na sua maioria já passaram por isso.

Estar em um grupo de adolescentes e dizer que nunca beijou ninguém pode significar um grande mico. Esses são os famosos BV´s, os "bocas virgens". Ser BV é estar fora do padrão que eles mesmos criaram. Lembro da minha época de escola, na qual o limite era até a quinta série, passou dali já estava fora do "prazo". Tenho certeza de que esse tempo diminuiu, afinal vivemos em uma sociedade cada vez mais precoce.

O tempo passa e todos amadurecem. A conta de quantos beijos um adolescente já deu se perde. E a importância dada a esse ato termina. Por outro lado, a adolescência é uma fase de descobertas. Outras experiências começam a aflorar tornando-se tão ou mais importantes quanto o beijo na pré-adolescência.

Em uma balada, por exemplo, é muito comum um indivíduo beijar várias pessoas. O momento é simples e rápido e o nome, nessa história, é o que menos importa. Conheço jovens que já beijaram mais de dez em uma noite! E os que vão embora sem beijar ninguém mais uma vez ficam fora do padrão. É nesse momento que fica claro o quanto o beijo se torna algo superficial, afinal beijar várias pessoas em um período tão curto não tem o mínimo valor emocional. São apenas números para serem exibidos aos amigos.

Devemos encarar as descobertas da vida da melhor maneira possível, para não nos arrependermos mais tarde. O primeiro beijo, como tantos outros momentos, é importante. Coisas que não voltam mais. Não sou um puritano que acha que todos devem beijar somente quando estiverem apaixonados. A adolescência é uma fase passageira e devemos aproveitá-la. Mas respeitar nossos limites, preferências e tempos, sem se importar com o que os outros pensam, só fará bem para nós mesmos.

Disponível em: <http://www.guiadasemana.com.br/Sao_Paulo/Teen/Noticia/Primeiro_Beijo.aspx?id=49291>. Acesso em: 22 jun. 2011.

Para saber mais sobre artigo de opinião

É um texto que **expressa a opinião** de quem o escreve. Seu autor **usa de argumentos** para defender seu ponto de vista. É gênero próprio da **esfera jornalística**, encontrado em **revistas** e **jornais impressos e eletrônicos**. Atualmente, também é muito comum em *blogs* que tratam de diferentes assuntos, todos eles envolvendo alguma polêmica de importância social (para certos grupos ou para a sociedade).

A pessoa que assina textos dessa natureza deve demonstrar conhecer bem o assunto tratado ou mesmo ser um especialista na área.

Primeiras impressões

1. O texto que você acabou de ler é um **artigo de opinião**, escrito por um estudante de jornalismo, e foi retirado da revista eletrônica *Teen*, do portal *Guia da Semana*.

a) No primeiro parágrafo, o autor apresenta a sua opinião sobre o assunto tratado. Qual é esse assunto?

b) Observe a frase final desse parágrafo:

> "O nervosismo e a pressa tomam conta de nossas mentes e imaginamos mil coisas a respeito desse ato **que, depois de algum tempo, pode virar algo tão comum e superficial**."

I. A informação em destaque se refere a quê? O que "pode virar algo tão comum e superficial"?

II. Escolha a frase correta em relação ao objetivo da oração que aparece em negrito.

- Manter a mesma ideia sobre o beijo, apresentada no início do mesmo parágrafo.
- Acrescentar uma ideia sobre o beijo que contrasta com a apresentada no início do mesmo parágrafo.
- Acrescentar uma ideia sobre o beijo comum, que é diferente da ideia do primeiro beijo apresentada no início do mesmo parágrafo.

c) Como poderia ser sintetizada a opinião do autor sobre o primeiro beijo na adolescência?

d) Você concorda com ele? Explique a sua posição.

2. A seguir, apresentamos um trecho da mensagem que a leitora L. deixou no fórum de discussão da revista, sobre esse artigo:

> meu primeiro beijo [...] foi numa festa [...]. Eu ñ ia mas minhas amigas me empurraram e quando me dei conta já estava na frente do garoto, aí tive que ir [....]

- O que L. contou tem relação com que trecho do texto? Por quê?

3. Como o autor conclui o texto?

4. Você acredita que a pessoa que escreveu esse artigo tem autoridade para falar sobre o assunto? Por quê?

Clipe

O lugar para o ponto de vista do leitor

Atualmente, muitos *sites* de revistas e jornais ou mesmo *blogs* da esfera jornalística ou pessoais têm um espaço reservado para comentários do leitor.

Alguns deles, como o da revista de onde foi retirado este artigo, propõem aos leitores uma questão para instigar sua participação. Essa questão pode ser sobre a opinião dos leitores quanto ao assunto tratado ou, mais especificamente, em relação ao texto que leram. De qualquer modo, nestes espaços, espera-se que o leitor se posicione, apresentando o que pensa e interagindo com outros leitores. Estes espaços se assemelham, portanto, a um **fórum de discussão**.

O texto em construção

1. Agora, vamos observar o que o autor do artigo usou para defender a sua opinião, como ele construiu a sua **argumentação**.

a) O autor inicia seu texto afirmando que o primeiro beijo tem uma grande importância na adolescência. Como ele justifica essa afirmação?

b) Que argumentos o autor usa para sustentar a sua opinião de que o **primeiro beijo** é importante, mas que depois de algum tempo **beijar** pode virar algo comum e artificial?

c) Qual dos tipos de argumentos apresentados a seguir foi usado pelo autor?

- **Argumentos de autoridade:** o autor usa falas de especialistas para sustentar o seu ponto de vista sobre o assunto.
- **Argumentos de exemplificação:** para sustentar a sua opinião, o autor usa fatos da sua experiência como ex-adolescente e como observador.
- **Argumentos de princípio:** o autor apresenta o que pensa o grupo de adolescentes sobre o primeiro beijo.

2. Observe algumas das escolhas que o autor fez para apresentar sua opinião e seus argumentos.

- **Na apresentação da opinião:**

> "[...] algumas coisas ganham extrema importância nas nossas vidas, uma delas **é** o primeiro beijo."
>
> "[...] imaginamos mil coisas a respeito desse ato [o beijo] que [...] **pode** virar algo tão comum e superficial."

- **Na defesa da opinião (argumentação) e finalização do texto:**

> "Mas **acredito** que muitos desses adolescentes não pensam [...]"
>
> "[...] e dizer que nunca beijou ninguém **pode** significar um grande mico."
>
> "**Tenho certeza** de que esse tempo diminuiu [...]"
>
> "**Devemos** encarar as descobertas da vida [...]"

a) Separe todos os fragmentos de frases em dois grupos:

I. os que expressam a certeza do autor em relação ao que está dizendo.

II. os que sugerem certo grau de incerteza (certeza relativa) ou de possibilidade.

b) O que você observou nas frases para separá-las nestes dois grupos?

3. As palavras destacadas em negrito, nos trechos das frases apresentados no exercício 2, são exemplos de escolhas que podemos fazer para **modalizar**, para sinalizar o que e como pensamos sobre o que falamos.

a) Veja como ficaria a opinião do autor sobre o beijo se ele tivesse optado por não usar o verbo **poder**, ao apresentar a sua opinião:

Vamos lembrar

Argumentar é mais do que dar uma opinião: é justificá-la, sustentá-la, isto é, defendê-la com **argumentos,** para tentar convencer o ouvinte ou o leitor. Existem diferentes argumentos: apresentação de fatos que funcionam como exemplos; citação de opinião de pessoas importantes, de dados de pesquisa; apresentação de valores e princípios; etc.

Assim como no **debate**, em um **artigo de opinião** argumentar é fundamental!

Modalização

A **modalização** é um recurso para **marcar**, no nosso enunciado, o nosso julgamento, a nossa opinião, a nossa posição em relação ao que estamos dizendo.

Esse recurso consiste em **escolher** com muita atenção as **palavras** que vamos usar para deixar **marcas** que possibilitem ao leitor reconhecer o efeito de sentido que pretendemos produzir.

Imaginamos mil coisas a respeito desse ato [o beijo] que depois **vira** *algo tão comum e superficial.*

I. Comparando com a escrita original, o que mudou nesta versão em relação ao sentido do que foi dito sobre o beijo?

II. Se o autor houvesse feito essa opção, expressaria a mesma opinião? Explique.

III. Caso o autor não houvesse usado o verbo **poder** na hora de expressar sua opinião, haveria alterações na maneira como ele defenderia essa opinião e como concluiria o texto? Por quê?

b) Agora, compare as duplas de frases a seguir:

"Mas **acredito** *que muitos desses adolescentes não pensam [...]"*
Mas **certamente** *muitos desses adolescentes não pensam...*

"[...] e dizer que nunca beijou ninguém **pode** *significar um grande mico."*
[...] e dizer que nunca beijou ninguém **é** *um grande mico.*

- Explique a diferença entre elas.

4. Agora, observe dois trechos retirados do **artigo de opinião**.

"**Mas** acredito que muitos desses pré-adolescentes não pensam em dar o primeiro beijo apenas por vontade própria, e sim pela opinião dos colegas que na sua maioria já passaram por isso."

"**Mas** respeitar nossos limites, preferências e tempos, sem se importar com o que os outros pensam, só fará bem para nós mesmos."

- Explique por que cada um desses períodos começou com a conjunção *mas*. (Para ajudá-lo a pensar sobre esta questão, recorra a um dicionário ou a um livro de gramática e confira o que é dito sobre esta conjunção).

Se liga nessa!

Em sua próxima leitura, fique atento a palavras que podem **sinalizar**, deixar **marcas** sobre a posição do autor em relação ao que está dizendo. E, em sua próxima produção de texto, procure escolher as palavras adequadas para produzir os efeitos de sentido que você deseja.

Texto 2

O próximo texto trata de um artigo que orienta adolescentes que passaram por uma desilusão amorosa. Ele aparece numa coluna fixa de uma revista feminina que é escrita com a colaboração de especialistas no tema.

Veja o que eles têm a dizer sobre este momento tão delicado em que corações são partidos!

CONVERSA DE BANHEIRO

Quero esquecer!

SHUTTERSTOCK

Superar um namoro, rolo ou paixão que deu errado não é fácil. Mas é totalmente possível. Olha só!

Texto: Laura Folgueira. **Foto**: Daigo Oliva

1 Deixe o cara off

Pare de seguir o garoto no Twitter e delete-o do Facebook e do Orkut. Quando recebe notícias do cara em tempo real, você fica ligada nele o dia todo e não há mesmo como esquecer! Sem contar que isso favorece um monte de neuras, tipo "Será que ele disse isso porque está com outra?".

2 Evite pensamentos românticos

Pelo menos, enquanto o garoto for protagonista deles. Passe longe das comédias românticas e evite ficar viajando na aula de matemática ou mergulhar em canções supermelosas, que levam sua mente direto para ele. Se isso for difícil demais para você, peça a ajuda de uma amiga: ela pode ser a pessoa que vai mudar de estação quando começar a tocar aquela música linda do Luan Santana no rádio!

3 Encurte a conversa

Claro que esse garoto que não sai da sua cabeça deve ser superinteressante. Mas você vai ter que resistir ao papo dele! Evite encontrá-lo ao vivo e no MSN. Ele veio falar com você? Dê respostas objetivas e não deixe a conversa render: se precisar, invente uma desculpa! Fazer isso vai ficando mais fácil com o tempo e assim você se sentirá cada vez mais forte!

4 Entenda o que sente

Você até sabe que pensar no cara não faz bem, mas seu coração insiste em ficar nas mãos dele? Avalie o que está, de verdade, prendendo você a essa relação. É comum ficar agarrada a um amor por costume ou até pelo medo de se arriscar, de novo, em uma situação desconhecida. Não se acomode! O primeiro passo para esquecê-lo é acreditar que pode fazer isso!

> **"Não sou a única que queima fotografias de ex-namorados. Alguns caras não valem nem a moldura da foto!"**
>
> **Taylor Swift, em seu show, segundo o jornal *The Mirror*.**

ARMADILHAS DO CORAÇÃO:

Em vez de	Prefira
Telefonar para ele quando bater aquela saudade incontrolável	Ligar para uma amiga! Peça a ela que fique em "alerta", pronta para atender você – e convencê-la a não ligar para o cara!
Fuçar no Facebook e no Orkut dele	Escrever um *blog* para colocar seus sentimentos para fora. Sempre que for abrir a página dele, comece um *post*!
Aceitar ficar com ele de vez em quando	Dar um tempo. Diga a ele que precisa se afastar porque esses encontros mexem com você. Peça que ele não apareça – nem por SMS!
Continuar ligada na galera dele (ou na turma que vocês têm em comum)	Sair só com uma galera que é só sua ou, quem sabe, com a turma da sua prima e conhecer um monte de gente nova!

Quem deu as informações: Fabiano Rampazzo, autor de *Manual do xavequeiro* (Matrix Editora), e Marina Vasconcellos, psicóloga especializada em adolescentes.
Capricho, São Paulo, n. 1120, p. 78, abr. 2011.

Primeiras impressões

1. O texto que você leu aparece em uma coluna fixa denominada "Conversa de banheiro", de uma revista feminina.
   a) Qual é o assunto eleito para a coluna neste número?
   b) Considerando o conteúdo do texto, e levando em conta o título da coluna, qual é o objetivo que se dá para ela?
   c) Será que o título desta coluna, considerando o seu objetivo, seria o mesmo se estivesse em uma revista masculina? Explique.
2. Observe as fontes de consulta da repórter para a produção da sua matéria.
   a) Quem são? O que lhes dá autoridade para serem fonte de consulta sobre o tema da matéria?
3. Considerando o perfil do autor do Texto 1 ("O primeiro beijo"), ele poderia ter sido uma melhor escolha como fonte de consulta para colaborar com a repórter nesta matéria? Por quê?
4. Na matéria, a repórter aponta quatro atitudes importantes para esquecermos alguém de quem ainda gostamos.
   a) Essas atitudes indicam algumas outras indesejáveis ou inadequadas que temos a tendência de ter nesta fase. De acordo com o texto, quais são as atitudes indesejadas nesta fase?
   b) Você concorda com os quatro conselhos que são dados no início da matéria para evitar essas atitudes e esquecer alguém? Teria algum outro para apresentar?
5. Você diria que esses conselhos para esquecer são válidos para garotos e garotas? Seria dito o mesmo se a matéria estivesse em uma revista masculina? Explique.
6. Como você resumiria em uma frase o que, segundo a matéria, deve ser feito para esquecer uma pessoa de quem se gosta?
7. No quadro "Armadilhas do coração", aparecem outras dicas sobre o que fazer para esquecer a pessoa de quem se gosta? Explique sua resposta.
8. Você acredita que esquecer alguém de quem se gosta – seja um ex-namorado ou ex-namorada, seja um ou uma "ficante" – é mais fácil para os garotos do que para as garotas? Explique.
9. Considere a fala da atriz *teen* Taylor Swift:

   > "Não sou a única que queima fotografias de ex-namorados. Alguns caras não valem nem a moldura da foto!"

   a) O que ela quis dizer com essa afirmação?
   b) O que levaria você a queimar fotografias de "ex" por não valerem nem a moldura da foto?

O texto em construção

1. Assinale a alternativa que esclarece que tipo de informação a matéria pretende apresentar ao leitor:
   - Informações sobre a experiência pessoal que a repórter e seus colaboradores têm sobre o assunto.
   - Conselhos ou orientações que a repórter e seus colaboradores podem dar sobre o que fazer na situação apresentada.
   - Explicações ou esclarecimentos que a repórter e seus colaboradores podem dar sobre o assunto tratado.

2. Vamos voltar a falar de **modalização**! No título de cada dica da reportagem, você pode observar, destacado em amarelo, o uso dos verbos no **modo imperativo**.

   a) Leia, no boxe abaixo, informações sobre este modo verbal e faça o que se pede:

   > **Modos do verbo**
   >
   > Os **modos verbais** na nossa língua são três: indicativo, subjuntivo e imperativo. Isso quer dizer que, ao usarmos um verbo, dependendo da nossa intenção, podemos optar por usar o verbo no **indicativo** (para expressar certeza em relação ao que estamos dizendo), no **subjuntivo** (para expressar certa dúvida) ou no **imperativo** (para expressar que o que estamos dizendo é uma ordem, um conselho ou advertência, ou um pedido).
   >
   > Esse tipo de escolha é a que mais ajuda a **modalizar** a nossa fala de acordo com as nossas intenções!

   b) Localize no corpo do texto de cada dica outros verbos no imperativo e liste-os em seu caderno.

   c) Pensando em quais situações e com que intenções podemos usar este modo verbal, o que levou a repórter a recorrer ao uso dele?

> No Caderno de Estudos de língua e linguagem, você poderá saber mais a respeito de **modos do verbo**.

3. Agora, faça um exercício de **modalização** com as dicas apresentadas na matéria:

   a) Reformule as frases abaixo, dando um tom menos decidido às afirmações feitas, conforme o modelo dado.

   > "**Deixe** *o cara off*".
   > **Procure deixar** *o cara off*.

   I. "Encurte a conversa."

   II. "Sempre que for abrir a página dele, comece um *post*."

   III. "Peça que ele não apareça – nem por SMS."

   IV. "Dê respostas objetivas e não deixe a conversa render."

   b) Com essas mudanças feitas, você acha que muda o sentido do texto? Explique.

> **Escolher o verbo para modalizar**
>
> Além da escolha do modo verbal, outra escolha importante para **modalizar** o que falamos ou escrevemos é a escolha do verbo pelo que ele significa, pelo seu sentido.

c) A seguir, observe as duas versões de uma das frases do texto – a original e a modificada:

> **Peça** *que ele* **não** *apareça — nem por SMS.*
> **Exija** *que ele* **nunca** *apareça — nem por SMS.*

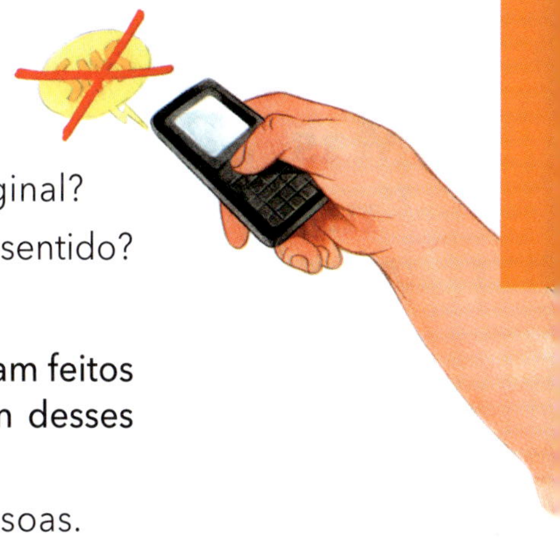

I. O que mudou na segunda frase em relação à frase original?

II. Essas alterações acarretaram em alguma mudança de sentido? Explique sua resposta.

4. As afirmações abaixo indicam as finalidades dos usos que foram feitos das aspas, no texto. Localize no texto exemplos de cada um desses usos das aspas:

I. para destacar falas que podem ser usadas por outras pessoas.

II. para dar destaque a um termo (ou a uma expressão ou frase) que é importante na fala dos entrevistados.

III. Para sinalizar que a fala é de outra pessoa, citada na matéria.

5. Considere a revista de onde foi retirada a entrevista. O assunto, a linguagem e a diagramação do texto estão adequados ao perfil de leitor a que se destina? Explique.

6. Se uma revista masculina abordasse o mesmo assunto, o que você acha que seria necessário mudar para ficar mais adequado ao público?

Produção: mensagens de fóruns de discussão

Em meio a tantas emoções novas e a tantos novos hormônios, é mais do que normal termos dúvidas sobre o que sentimos ou sobre o que devemos fazer quando o assunto é amor. Muitos *blogs* de revistas ou jornais digitais destinados ao público jovem têm uma coluna especial para tratar destes assuntos e um canal aberto para que seus leitores e suas leitoras possam participar, opinando sobre o que leram.

Neste capítulo, você irá conhecer mais e produzir um gênero que provavelmente já é seu conhecido: as mensagens de fóruns.

Conhecendo o gênero: mensagens em ambientes de discussão na internet

Atividade 1: ambientes de discussão na internet — o que são?

Você já participou de alguma discussão na internet? Sabe em que tipos de ambientes e com qual finalidade elas acontecem?

É disso que trataremos agora.

Veja algumas proposições de discussões retiradas da internet:

Proposta de discussão 1

Mas, afinal, poesia se escreve "mais" com a mente ou o coração? A técnica é essencial?

Ai, ai, ai!... Sei que estou mexendo num vespeiro! — rs — Mas, outro dia a Erika trouxe esse tema à tona, cheguei a escrever um *post* "em resposta a Erika", onde, pra variar, defendia que O PRINCIPAL ERA QUE A ESCRITA POÉTICA FOSSE VISCERAL, ESCRITA COM "AS ENTRANHAS" DO POETA!

Hoje, me deparei com uma reflexão do Hideraldo, onde ele expunha que se escrever envolve o sentimento, A QUALIDADE EM SI DA LITERATURA CRIADA NADA TEM A VER COM ISSO!

[...]

Quem acha o tema interessante, que dê sua opinião! Abraço a todos!

Disponível em: <http://versoeprosa.ning.com/forum/topics/mas-afinal-poesia-se-escreve>. Acesso em: 25 jun. 2011.

Proposta de discussão 2

Fórum: O que você acha da exposição de artistas mirins, como a menina que interpreta a vilã Rafaela na atual novela das oito?

Tema livre

Este é um espaço democrático para expressão de ideias que não traduzem necessariamente a opinião do Portal.

Tem provocado discussões a presença, mais uma vez, de criança em horário nobre na televisão.

A discussão neste caso é bastante complexa e envolve, além do ponto do trabalho infantil, a exposição da criança numa situação ainda mais delicada: a menina faz papel de "vilã", sugerindo que no período de crescimento tem características de personalidade negativas.

Dê sua opinião!

Disponível em: <http://www.promenino.org.br/www.promenino.org.br/tabId/76/default.aspx?url=http://www.promenino.org.br/ferramentas/index.cfm&id_comunidade=0&id_forum=818&pg=forum.ds_listatopicos>. Acesso em: 25 jun. 2011.

Proposta de discussão 3

Fórum: Internet na Escola

Software livre e Recursos Educacionais Abertos

Tema livre
Este é um espaço democrático para expressão de ideias que não traduzem necessariamente a opinião do Portal.

Como podemos abordar nossos conteúdos inserindo ferramentas tecnológicas? Podemos utilizar *softwares* livres para elaborar alguns projetos, porém, quais? Onde encontrar esses programas? Você já utilizou algum *software* livre? Já ouviu falar no conceito de Recursos Educacionais Abertos (REA)? Vamos explorar um pouco a experiência do grupo com relatos de boas práticas e, ao mesmo tempo, conhecer mais sobre o conceito REA. Vale a pena explorar esse tema e pensar em como trazer essa temática para o planejamento 2011. Vamos lá?

Disponível em: <http://www.educarede.org.br/educa/index.cfm?id_comunidade=0&id_forum=188&pg=forum.ds_listatopicos>. Acesso em: 25 jun. 2011.

Proposta de discussão 4

Justin + Selena = amor sem fim?

O que vcs estão achando do namoro do Justin com a Selena? Que meu namorado Gui não me ouça, mas eu fiquei com uma pontinha de ciúme, sim. Ai, ai, ai, ele é tããão lindo! Já era lindo com aquele cabelo tigelinha, agora que deu uma desfiada então, ficou tão bom quanto ou ainda melhor!!!

Mas meu ciúme foi só uma reaçãozinha inicial, coisa de fã mesmo. Depois, comecei a pensar no seguinte: o amor é uma coisa tão transformadora na vida da gente, que todo mundo merece viver essa experiência, sim. Por isso, meu desejo é que Justin e Selena sejam felizes para sempre! (tudo bem que ele mandou recado para Emma Watson dizendo que ela é *sexy*, mas essa parte a gente pula! hehehe).

beijinhos,

Teena

Disponível em: <http://todateen.uol.com.br/teena/47/blog_int/justin-e-selena-amor-sem-fim.html>. Acesso em: 25 jun. 2011.

1. O que essas propostas têm em comum?
2. Elas foram retiradas de um mesmo ambiente virtual? Explique.
3. O perfil de participantes que se interessariam por essas propostas é o mesmo? Explique a sua resposta.
4. Na apresentação da discussão, há diferença na linguagem usada pelos mediadores?
5. Você acha que as pessoas que participaram das discussões 3 e 4 usaram a mesma linguagem? Por quê?

Atividade 2: observando algumas mensagens de uma discussão

Como você já sabe, o texto "O primeiro beijo" foi encontrado na revista *Teen*, do Portal Guia da Semana, na seção "Colunas".

Nessa seção, o leitor sempre encontrará um artigo de opinião a respeito de temas diversos. Ao final dele, há um espaço destinado aos leitores que quiserem opinar sobre o artigo, que funciona como uma espécie de fórum de discussão sobre o texto e apresenta a seguinte questão: *Você concorda com a opinião do colunista?*

Os textos a seguir são baseados nos tipos de mensagens encontradas no fórum.

M. C. 3/2/2011

Tô com mto medo! Ainda não beijei e meus amigos ficam me zuando e eu naum aguento mais. Tenho 13 anos, sou mais baixo que tds as minas e isso me deixa meio tímido. Pra piorar, tds as gatas da minha turma já naum saum mais bv. Ai... quem pd me ajudar?

M. 14/3/2009

É isso aí, L. kkk... Não concordo muito com a K. Beijar quem a gente acabou de conhecer numa balada, por exemplo, é bom porque a gente fica sem aquele medo do que o garoto vai pensar, se a gente beija bem, se beija mal. Não importa o que ele vai pensar porque é quase certo que a gente não vai se ver mais. Então a gente relaxa.

L. 4/2/2009

Cada pessoa tem uma reação diferente no primeiro beijo. Eu gostei, mas uns sentem nojo. Nada a ver essa história que beijar muitos deixa o beijo superficial. A gente aprende é a beijar de jeitos diferentes! hehe. Mas também não pode ser qualquer um, né. Tem que rolar um clima.

K. 30/1/2009

Concordo com vc, Diego. O meu primeiro bj foi inesquecível. E lembro que eu fiquei toda nervosa hauahauhau. Se fiquei assim por beijar quem eu gostava, imagina que estranho se tivesse dado o primeiro bj em qualquer um. Ai, não!

Clipe

Colocando ordem na casa

Todo espaço destinado à participação do leitor internauta tem um **administrador**, a pessoa que gerencia o espaço, com permissão para postar novos textos, abrir novos temas de discussão (nos casos dos fóruns), editar ou deletar mensagens dos participantes, finalizar as participações etc. Esse administrador pode ser, também, um **moderador** nos fóruns de discussão, cuja função é mediar as discussões, acompanhando as participações e verificando se as interações estão de acordo com as regras de participação estabelecidas, de acordo com o objetivo do fórum.

1. Todos os participantes opinaram sobre o texto? Explique.
2. As opiniões expressas nas mensagens estão de acordo com a opinião do autor do texto? Explique.
3. O que mais há no conteúdo das mensagens?
4. Os participantes "conversaram" entre si? Explique sua resposta.
5. Para um participante que tivesse acabado de entrar neste fórum e que se interessasse por ler as mensagens, por qual delas ele deveria começar, para entendê-las melhor? Explique como você chegou a essa resposta.
6. O que você observa sobre a linguagem usada nas mensagens deste fórum:
   a) É uma linguagem mais formal ou informal? Justifique a sua resposta com elementos das mensagens.
   b) Todas as mensagens são parecidas em relação à linguagem empregada? Explique.
   c) A linguagem usada na produção das mensagens é adequada para o contexto? Por quê?

Clipe

A ética e as regras de participação em ambientes de discussão

Assim como em uma situação de debate ou discussão presencial, as discussões realizadas em ambientes virtuais também precisam ser orientadas pelo respeito à opinião do outro. Entre as regras mais comuns que regulam essas discussões, está a proibição de envio de mensagens que apresentem ofensas, provocações, ameaças, anúncios de produtos, correntes, conteúdos obscenos, ofensivos, ou tendenciosos.

Fonte: <http://www.uj.com.br>. Acesso em: 25 jun. 2011.

Praticando

É hora de experimentar a produção de uma mensagem de participação em um fórum imaginário!

a) Suponha que você esteja dando uma olhada no *site* de uma revista e se depare com um texto que fala sobre a ética nas relações amorosas. Leia um trecho dele:

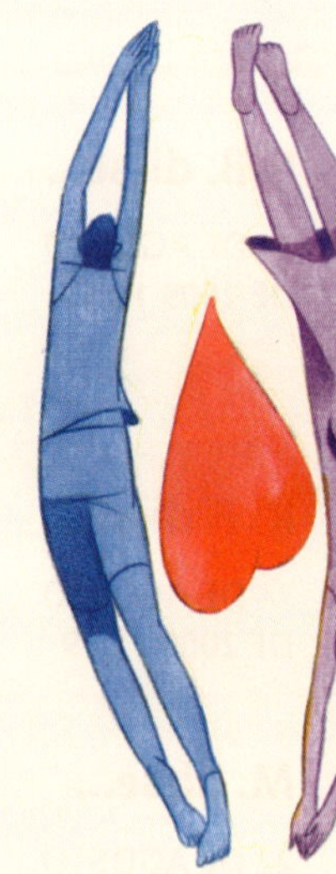

Resgatando o amor e a ética nas relações

Maria Aparecida Diniz Bressani

[...]

A vida e as relações humanas são feitas de direitos e deveres, mas se não existe um certo grau de desenvolvimento de valores éticos e morais — que eu chamo de educação (porque é na educação recebida que se formam tais valores) — acaba por estabelecerem-se contatos e relacionamentos pautados apenas nos meus direitos e totalmente inconscientes dos meus deveres — como qualquer criança de três anos de idade!

Por isso é importante desenvolver a consciência de onde termina você e onde começa o outro. [...]

Ter noção de ética e moral é o princípio *sine qua non* para se estabelecer qualquer relação.

Eu entendo por ética conduta de vida, em que sempre precisa estar presente um pensamento básico: "Tudo

Glossário

Sine qua non: expressão do latim que quer dizer indispensável, essencial.

que me faz mal, que me incomoda, que me deixa infeliz provavelmente poderá também afetar o outro e fazer-lhe mal, incomodá-lo e deixá-lo infeliz".

Um exemplo claro é: se eu tenho um relacionamento fixo com alguém e se me sinto atraído por outro alguém (o que é absolutamente natural que aconteça!), como devo proceder? Devo exercer minha atração e me envolver em paralelo com esta outra pessoa?

Caso eu o faça, dentro dos parâmetros éticos — baseado no pacto de confiança e respeito dentro da relação (o que lhe seria próprio) — estaria traindo a confiança do parceiro fixo.

Se fosse o contrário: se meu parceiro fixo atuasse sua atração em paralelo à sua relação comigo, como eu me sentiria?

O problema é que a maioria das pessoas não faz este tipo de exercício ético: se colocar no lugar do outro.

E é isto que eu chamo de conduta ética: é saber que o que me atinge como indivíduo e ser humano poderá atingir também o outro, como indivíduo e ser humano. [...]

BRESSANI, Maria Aparecida Diniz. Disponível em: <http://somostodosum.ig.com.br/conteudo/conteudo.asp?id=02418>. Publicado em: 9 dez. 2002. Acesso em: 22 jun. 2011.

b) Você resolve comentar o texto no espaço destinado aos leitores, onde poderia encontrar mensagens como estas:

P. B. disse...
24 DE AGOSTO DE 2009 16:53

:o Esse texto precisa ser lido, divulgado e discutido. Aliás o meu ex devia ser o primeiro a ler! É a velha história "não faça para os outros o que não gostaria que fizessem com você". Isso é mais velho que a minha vó e mesmo assim a gente continua sofrendo com pessoas egoístas que não estão nem aí pra isso, como o meu ex que me enganou.

R. F. disse...
24 DE AGOSTO DE 2009 11:19

Eu concordo com a M. A gente não pode ser pessimista e achar que não tem jeito. Senão, o que vai virar? Todo mundo só defendendo o seu lado e não vendo os outros? O respeito é tudo! Tanto no amor quanto em qualquer outra relação.

M. disse...
22 DE AGOSTO DE 2009 13:19

Olá, pessoal

Esse texto diz tudo o que eu penso! Eu acho que cada um tem que fazer a sua parte. Pode até ser que você vai encontrar gente que não é legal com você mesmo você sendo legal com ele. Mas não vai ser todo mundo assim. Também acho que quando alguém não é legal com você tem que falar com a pessoa e mostrar que ela mancou com você.

Beijos no coração!!

L. S. disse...
21 DE AGOSTO DE 2009 07:45

Muito bonito tudo isso! O problema é que não adianta nada eu me preocupar em ser legal com o outro se ele não se preocupa com isso. Pra funcionar todo mundo tinha que se preocupar com isso. Infelizmente não é assim e você mesma disse isso, que as pessoas não se colocam no lugar do outro. E como ficamos? bjos.

c) Agora que você já leu as mensagens, chegou a vez de preparar a mensagem que você quer deixar, se posicionando sobre o que leu – tanto no texto da psicóloga quanto nas mensagens dos leitores.

- Para se orientar sobre como produzir a sua mensagem, além de levar em conta o que discutiu antes, você já poderá consultar os critérios da ficha de avaliação 2 no final do livro.

d) Depois de revisar seu texto, compartilhe-o com os colegas, expondo a mensagem no mural da classe. Vocês farão uma avaliação coletiva de algumas das mensagens, conforme orientação do professor.

Produzindo o texto: mensagem em ambientes de discussão

Condições de produção

O quê?

Chegou a hora! Você vai participar de uma discussão virtual, preparando uma mensagem em que deve se posicionar sobre o assunto e apresentar ao menos um argumento (uma justificativa) para sustentar seu ponto de vista. Eis a questão da discussão:

Quando gostamos de alguém, devemos ou não nos declarar?

Para quem?

A sua mensagem será dirigida aos participantes da discussão, seja no *blog* da turma, seja no *blog* da revista, seja no mural da sala.

Como fazer?

1. Conhecendo o tema da discussão

Uma leitora, que chamaremos de A., escreveu para o *blog Papo de Amiga*, da revista *Capricho*, dizendo que estava apaixonada por um garoto que conheceu recentemente e com quem nunca conversou, apesar de viverem se "encarando". Recentemente, ela escreveu uma carta declarando seus sentimentos e estava em dúvida se deveria entregá-la ou não. Veja o texto que a blogueira, Fernanda Bastos, escreveu como resposta à dúvida da leitora.

Dúvida eterna: devo me declarar?

A decisão de se declarar [...] é SEMPRE muito difícil. Será que a gente consegue ajudar a A.?

[...]

Ai, [...] eu acho essa história de se declarar um perigo! Uma declaração não correspondida é das coisas que mais doem no coração, fora a possibilidade de ela virar o maior mico. Por essas e outras fico super na dúvida se essa é a melhor atitude para conquistar um gatinho.

Não me entendam mal, eu sou super a favor de a gente correr atrás do que (ou quem!) quer, de se arriscar, de tentar, de não desistir. Mas, pra mim, não tem muita lógica a ideia de que um gatinho vai começar a gostar de você simplesmente porque você gosta dele. O que leva alguém se apaixonar por outra pessoa são outras coisas. É uma boa conversa, a troca de carinho, os gostos em comum e também as diferenças (por que não?).

Por isso acho mais negócio ir se aproximando aos poucos, fazendo amizade, mostrando interesse sim, mas sem declaração aberta. Principalmente nesse caso da A., que nunca nem conversou com o menino.

Eu entendo que, às vezes, a paixão é tão grande que parece não caber dentro da gente e por isso essa vontade louca de se abrir. Mas antes de tomar essa decisão é preciso pensar nas consequências possíveis, e uma delas, infelizmente, é o menino simplesmente sair correndo. E eu acho que indo com um pouco mais de calma a chance de isso acontecer diminui bastante.

E aí? Se declarar ou não?

Beijo

Fê

Disponível em: <http://capricho.abril.com.br/blogs/papodeamiga/duvida-eterna-devo-me-declarar/#comentarios>. Acesso em: 24 jun. 2011.

2. Conhecendo outras opiniões

Agora conheça trechos de algumas mensagens de participação no *blog*, sobre a postagem desse texto:

c.c - 16/3/2011 20:28
prefiro q em uma relação haja bastante sinceridade dos dois lados, mas é exagero se declarar por algo que vc ainda tem dúvida! [...]

t. - 19/2/2011 21:38
Acho que a Fê tem razão. Se declarar é complicado... Porque [...] se ele não estiver tão a fim [...] é possível que [...] afaste ele. [...]

B.V>P - 19/2/2011 17:23
Eu sinceramente acho que deve analisar a situação [...]. Eu arrisquei e deu certo, o amor era recíproco e eu não quebrei a cara [...].

3. Assumindo uma posição em relação à discussão e preparando o argumento

a) Pense a respeito do que leu (o texto e as mensagens). Caso tenha possibilidade, visite a página do *blog* (<http://capricho.abril.com.br/blogs/papodeamiga/duvida-eterna-devo-me-declarar/#comentarios>) e leia, na íntegra, as demais participações, antes de assumir uma posição.

b) Considere, também, as suas experiências e as de pessoas conhecidas que já tenham vivido a dúvida da leitora.

c) Escolha uma posição a assumir em relação à questão e prepare o seu argumento!

4. Escrevendo o texto

a) Lembre-se de, durante a escrita, manter a coerência entre o seu ponto de vista e o argumento (ou a justificativa) que pensou em apresentar, sem se estender muito.

b) A cada parada para reler o que está escrevendo, lembre-se de ter às mãos a ficha de avaliação 3, que está no final do livro.

5. Postando ou afixando a mensagem

Siga as orientações que serão dadas para a postagem ou fixação da sua mensagem e aguarde que seus colegas façam o mesmo até o dia marcado.

6. Lendo as mensagens dos colegas

a) Antes de avaliar a participação da turma, leia as mensagens de seus colegas para conhecer as suas opiniões.

b) Ao final da leitura, volte à sua mensagem e pense: o que os seus colegas disseram acrescentou algo no seu modo de ver a questão da discussão? Converse com a turma sobre isso.

Avaliando a participação na discussão

a) Alguns dias após a sua participação no *blog* da revista ou no *blog* ou mural da sua turma, volte ao ambiente e releia as mensagens de seus colegas. Faça uma avaliação da sua participação e da participação da turma, de acordo com os critérios da ficha de avaliação 3 que o ajudaram a pensar em como participar da discussão.

b) Em dia previamente marcado, faça com a turma a autoavaliação da participação do grupo.

- Você acha que as experiências dessa fase da adolescência são iguais para garotos e garotas?
- O que pode ajudar adolescentes como você a passar por essa fase de modo mais tranquilo?

Conclua com o grupo: hoje você sabe mais do que sabia antes a respeito desse tema?

Vamos repensar

Para finalizar as discussões do tema desta unidade, chegou o momento de relembrarmos as perguntas que foram propostas como questões orientadoras para o trabalho desses dois capítulos.

- Você acha que as experiências dessa fase da adolescência são iguais para garotos e garotas?
- O que pode ajudar os adolescentes como você a passar por essa fase de modo mais tranquilo?

O que mais você teria a dizer sobre elas?

Roda de leitura: minicontos

No Capítulo 1 desta unidade, você conheceu alguns minicontos e viu que eles precisam ter: **concisão, narratividade, efeito, abertura** e **exatidão.**

Agora, observem até que ponto eles podem ser concisos!

Texto 1

Banho de chuva

Os primos foram andar de bicicleta no parque. Era domingo de tarde, e eles tinham doze anos, companheiros desde que nasceram. Quando começou a chover, as coisas começaram a mudar. Ao invés de fazerem cavalinho de pau nas poças d'água, como era o costume, desta vez foram sentar no gramado. Pela primeira vez, preferiam conversar. A chuva escorria pelos longos cabelos lisos dela e deixava encharcada a penugem de bigode dele. Falavam-se olhando mais nos lábios que nos olhos, o que nunca tinham feito antes.

Voltaram pra casa a pé, empurrando as bicicletas, ambos com uma nova e inesperada timidez.

BRASILIENSE, Leonardo. *Adeus conto de fadas.* 2. ed. Rio de Janeiro: 7Letras, 2007. p. 14.

Texto 2

"Brinca comigo, pai" "Outro dia, filho". E os dias prometidos nunca aconteciam. Passaram-se anos. Muitos. "Vem me visitar, filho." "Outro dia, pai."

GORJ, Wilson. Disponível em: <http://recantodasletras.uol.com.br/microcontos/2010728>.

Texto 3

Seus olhos se cruzaram. Novamente. Novamente. Novamente... Coragem não era uma de suas virtudes.

KALUÃ. Disponível em: <http://twitter.com/#!/semruido>. Acesso em: 9 ago. 2011.

Texto 4

— Eu não te amo mais.

— O quê? Fale mais alto, a ligação está horrível!

FURTADO, Jorge. *Os cem menores contos brasileiros do século.* FREIRE, Marcelino (Org.). São Paulo: Ateliê, 2004. p. 43.

Texto 5

Primeiro grande amor

— Eva, não vá...

DAMÁZIO, Reinaldo. *Os cem menores contos brasileiros do século.* FREIRE, Marcelino (Org.). São Paulo: Ateliê, 2004.

Clipe

Miniblogs

A partir de 2009, os minicontos se espalharam pela internet. Conhecido como *miniblog*, o Twitter virou "febre" entre os internautas — jovens e adultos — e lançou um novo desafio para quem gosta de escrever: produzir minicontos com até 140 caracteres — que é a quantidade máxima desse espaço virtual. O miniconto de Kaluã é um exemplo desse tipo de produção destinada especificamente à divulgação pelo *twitter* "Coletivo Sem Ruído".

Vale a pena ler!

***Adeus contos de fada*, de Leonardo Brasiliense. 2. ed. Rio de Janeiro: 7Letras, 2007.**

Vencedor, em 2007, do Prêmio Jabuti e do Prêmio Açorianos de Literatura, *Adeus conto de fadas* reúne minicontos a respeito das conflitantes experiências vividas pelos adolescentes. Leonardo Brasiliense, o autor, não foge a nenhum tema: abordam desde fatos rotineiros, como a preguiça de arrumar o quarto, até questões mais complexas, daquelas que nos acompanham vida afora, como a dificuldade de enfrentar a morte de uma pessoa querida.

Provocações

1. Qual dos textos mais o impressionou? Por quê?
2. Você acha que todos esses contos são abertos, ou seja, permitem que o leitor complemente a história com a sua imaginação? Explique.
3. Troquem ideias sobre como vocês "preencheram" as lacunas das histórias envolvendo as personagens de cada miniconto.
4. Nos minicontos, a fala das personagens (discurso direto) foi marcada usando diferentes recursos. Quais foram eles?
5. No texto 3, há a repetição de uma palavra. Por que ela foi repetida? Que efeito de sentido essa repetição ajuda a construir sobre a experiência pela qual passam as personagens?

Oficina literária!

1. O que fazer?

Agora tente você! Produza minicontos com até 140 caracteres e disponibilize-os no *twitter* ou *blog* da turma ou no mural da escola. Você poderá optar por manter o tema da unidade ou poderá falar de qualquer outro assunto que achar pertinente. Para conhecer outros minicontos, você poderá visitar os *sites* sugeridos no boxe ao lado.

2. Avaliando a produção

Antes de divulgar o seu miniconto, revise-o com a ajuda de um colega, tendo como base os itens abaixo e, se necessário, faça alterações.

a) Respeita as características do miniconto?

I. Concisão **II.** Narratividade **III.** Efeito

IV. Abertura **V.** Exatidão

b) Não ultrapassa os 140 caracteres, contando os espaços (lembre-se de que cada caractere corresponde a uma letra).

c) Está bem escrito, considerando os aspectos da norma adotada?

Vale a pena ver!

Sites:

<http://twitter.com/#!/semruido> (Max Machado, Kaluã, Ian Leite)

<http://www.leonardobrasiliense.com.br> (Leonardo Brasiliense)

<http://twitter.com/nanonarrativas> (José Eduardo Lopes)

<http://www.artistasgauchos.com.br/veredas/?x=1&lk=4&lkid=905> (revista de microcontos)

<http://www.recantodasletras.com.br/> (clicar na aba "Autores", procurar por "Wilson Gorj" e selecionar "contos")

UNIDADE 2 Diversidade cultural

① LOST ART; ② LEO MASON/CORBIS/LATINSTOCK; ③ TIM TADDER/CORBIS/LATINSTOCK; ④ ATSUKO TANAKA/CORBIS/LATINSTOCK; ⑤ WIREIMAGE/GETTY IMAGES; ⑥ GUILLERMO LEGARIA/AFP/GETTY IMAGES; ⑦ STUART FREEDMAN/IN PICTURES/CORBIS/LATINSTOCK

① EMELY/CORBIS/LATINSTOCK; ② DENISOV VADIM/ITAR-TASS PHOTO/CORBIS/LATINSTOCK; ③ DANIEL GONZÁLEZ ACUOA/LEBRECHT MUSIC & ARTS/CORBIS/LATINSTOCK; ④ IAN GAVAN/GETTY IMAGES

Vamos pensar

- Os nossos estilos e gostos pessoais fazem parte da cultura?
- Arte popular e arte erudita: duas moedas ou dois lados de uma mesma moeda?

Converse com a turma

1. Observe os dois painéis. Cada um deles apresenta um conjunto de atividades realizadas pelo ser humano, na esfera da cultura artística.

a) Comente com os colegas que atividades você vê em cada um deles.

b) Compare as atividades representadas no painel 1 com as do painel 2. O que você percebe de diferente entre elas?

2. Você se identifica mais com as atividades de qual painel? Explique.

3. Você acredita que todas as atividades expressas nos dois painéis são valorizadas da mesma forma pelos diferentes grupos que compõem a nossa sociedade? Por quê?

O que vamos fazer nesta unidade

Nesta unidade, vamos falar de **estilos** e **gostos** por certos **produtos culturais**, especialmente a música e as artes em geral. Você vai ler, conhecer e discutir sobre a **diversidade de estilos** musicais que existem, os que são mais apreciados por adolescentes e jovens e sobre as relações entre as artes erudita e popular. Para se aprofundar nesses assuntos, você vai realizar **pesquisas**, **entrevistas** e produzir uma **reportagem**.

E na "Roda de leitura" vai *rolar a festa*, com a letra de uma canção.

Vamos nessa!

Capítulo 1

Diferentes estilos, diferentes culturas: qual é a sua tribo?

▼ Leia esta tirinha em que estão algumas das personagens da turma *Bichinhos de jardim*: o caramujo Caramelo, a minhoca Mauro Minhoca e a joaninha Maria Joaninha Cascudo.

BICHINHOS DE JARDIM — Clara Gomes

CLARA GOMES

Converse com a turma

1. Sobre o que a personagem Caramelo (o caramujo) fala com seus amigos Mauro Minhoca e Maria Joaninha Cascudo?
2. As falas de Mauro Minhoca são de aprovação ou de reprovação ao que Caramelo está contando? E as de Maria Joaninha Cascudo?
3. No segundo quadrinho, Maria Joaninha diz: "Só não ouvi a palavra 'talento'!".
   a) Por que ela diz isso?
   b) O que essa fala indica sobre o que ela pensa a respeito do projeto de Caramelo?
4. Em sua última fala, a personagem Caramelo define qual seria o seu estilo musical, de acordo com seu produtor.
   a) Nessa definição, há uma palavra que não se refere a nenhum estilo musical. Que palavra é essa e qual seria seu significado?
   b) Que sentido essa palavra dá à expressão usada por Caramelo para definir seu estilo?
   c) Você já ouviu falar nesse estilo musical de Caramelo? Você acredita que ele exista de verdade?
      - De que maneira o nome desse estilo contribui para a construção do humor da tira?
   d) Como você explicaria a elaboração do nome desse estilo?
   e) O que esse estilo demonstraria sobre o perfil musical de Caramelo?

5. Você diria que a última fala de Maria Joaninha Cascudo concorda ou discorda da fala de Mauro Minhoca, que diz que Caramelo "Arrasou!"? Explique sua resposta considerando também os outros comentários de Maria Joaninha na tira.
6. Você acha que essa tira expressa algum tipo de crítica em relação aos estilos musicais citados? Explique sua resposta.
7. O que você acha dos estilos *hip-hop* e sertanejo?

O que vamos fazer neste capítulo

Neste capítulo, vamos **ler reportagens** que tratam dos diferentes estilos musicais preferidos entre muitos jovens e que são marcas da sua identidade cultural. E, para aprofundar o assunto, você vai **produzir uma reportagem**, em parceria com um colega.

Leitura

Converse com a turma

Você já parou pra pensar nos seus gostos? No tipo de filme que gosta de assistir, nos tipos de músicas que gosta de ouvir, no seu estilo de se vestir e de levar a vida?

Já comparou seus gostos com os dos seus pais, irmãos e amigos para ver com quem você se identifica mais? Que tal fazer um pouco disso, agora?

Os próximos textos irão tratar desse assunto: os diferentes estilos e a nossa identificação com eles. Antes, para ajudar a conhecer um pouco das "tribos" que compõem a sua turma, converse sobre seus estilos com seus colegas.

1. Qual é o seu estilo de música, isto é, o que você mais gosta de ouvir?
2. Que tipos de filmes você curte?
3. E quanto aos livros? De que tipo de história você gosta mais?
4. Você gosta de apreciar obras de arte (pintura, escultura ou fotografia)? Se gosta, de que tipo?
5. Gosta de teatro? Em caso afirmativo, que tipo de peça gosta de assistir?

Texto 1

Agora que você já se mostrou um pouco e compartilhou com os colegas os seus gostos por alguns produtos culturais, irá conhecer os gostos de outros jovens de uma cidade do interior do Brasil.

Calçadão aproxima estilos, identidades e gostos musicais variados

Jovens de estilos diferentes interagem na cidade

Luan Santos
Bianca Damas

"É impossível ser feliz sozinho" diz a música *Wave* de Tom Jobim. O psicólogo Felipe Stephan Lisboa disse que a iniciativa do homem de se juntar com os iguais vem da necessidade de sentir-se protegido e parte de uma causa. Desde a infância, formam-se vínculos de amizades com identidades parecidas, o que influencia na construção da personalidade do indivíduo. A adolescência é uma fase de muitas dúvidas, o que faz com que os jovens busquem segurança em grupos de mesmas preferências para se afirmarem na sociedade.

Emos, *punks*, coloridos, patricinhas, mauricinhos e *skatistas*. Estes são alguns dos estereótipos que definem o comportamento, o estilo de vestir e os gostos musicais dos adolescentes de hoje. Em todas as épocas os grupos (tribos) existiram [...] como uma forma de identificação social. No "Calçadão de Viçosa", por exemplo, pode-se encontrar jovens seguindo diversas tendências, construindo diferentes identidades [...].

Anna Letícia, 15, estuda no Colégio do Carmo e musicalmente se considera eclética. No entanto, acha que seu estilo se assemelha às patricinhas, garotas de classe média alta muito vaidosas. Fernanda Mendonça, 14, é do Colégio Equipe e também ouve de tudo, desde Justin Bieber a Luan Santana. A amiga Luiza Piconço, 14, diz que acorda às seis horas da manhã para se maquiar e fazer chapinha. Todas elas trocam de roupa na escola para irem ao Calçadão após as aulas.

William Capelete, 17, estuda no Colégio Esedrat. Ele tem um estilo de se vestir bem colorido, mas procura roupas que o deixem "à vontade". Seu amigo Daniel Valente, do Colégio Anglo,

LUAN SANTOS SOUZA/JORNAL LABORATÓRIO/ UNIVERSIDADE FEDERAL DE VIÇOSA, MG.

Alunos do jornal-laboratório do curso de Jornalismo da Universidade Federal de Viçosa (MG). Novembro de 2010.

se acha "básico", mas preocupa-se em vestir-se bem. Ambos curtem o *pop rock* eletrônico e internacional. Isaac Ladeira Barbosa, 17, do Colégio Equipe e Rafael Lopes, 20, do Ágora, são *skatistas* e se consideram Punk 77, estilo dentro da produção cultural que possui certas características, como o princípio de autonomia e o interesse pela aparência agressiva. Eles escutam desde *Sex Pistols* até *Ramones*, passando ainda por outros grupo e intérpretes do gênero.

Para Lisboa, a ideia de "tribo", muito disseminada na atualidade, é entendida como um grupo fixo e à parte da sociedade. Ele afirma, porém, que entre as "tribos" pode haver interação, pois os grupos são permeáveis a outras influências, apropriando-se não somente de um estilo, ousando em roupas e músicas. Ele explica que é natural que, no decorrer da vida, as pessoas mudem seus gostos e desejos. [...] Apesar de cada jovem ter uma personalidade, [...] pelas ruas de Viçosa percebe-se que mesmo com as diferenças os jovens convivem entre si e trocam experiências, gostos e compartilham atitudes.

Glossário

Punk 77: referência ao estilo de bandas de *punk rock* que surgiram entre as décadas de 1976 e 1977.

Disseminada: divulgada, propagada.

Permeáveis: abertos, capazes de receber influências.

OutrOlhar. Disponível em: <http://issuu.com/comufv/docs/outrolhar24>. Publicado em: novembro de 2010. Acesso em: 20 jul. 2011. p. 6. (Fragmento adaptado).

Primeiras impressões

1. Explique o título da reportagem: "Calçadão aproxima estilos, identidades e gostos musicais variados".

2. Você acredita que os espaços podem aproximar pessoas diferentes? Explique dando algum exemplo.

3. De acordo com o psicólogo citado no texto, o que influencia na construção da personalidade dos indivíduos?
   - Você concorda com essa afirmação do psicólogo? Explique.

4. No texto, os jornalistas se referem a "identidades". Veja o que o dicionário diz sobre este verbete:

> **IDENTIDADE**
>
> sf.
>
> **1.** Característica ou qualidade de idêntico (identidade de interesses);
> IGUALDADE [antôn.: Antôn.: diferença]
>
> **2.** Semelhança, analogia (identidade de interpretação)
>
> **3.** Concordância: *Nossa identidade de pontos de vista é total.*
>
> **4.** Conjunto de características próprias de uma pessoa, um grupo etc. que possibilitam a sua identificação ou reconhecimento [+ com, de, entre: *admitiu sua identidade com ela: identidade de estilos: identidade entre Machado de Assis e Sterne*]
>
> **5.** Bras. O mesmo que carteira de identidade ou cédula de identidade.
>
> **6.** Ling. Para Saussure, igualdade de um elemento consigo mesmo, ainda que em circunstâncias diferentes.
>
> **7.** Lóg. Fil. Característica pela qual dois ou mais objetos de pensamento apresentam as mesmas propriedades, embora designados de forma distinta.
> [F.: Do lat. tard. *identitas, a tis*]

Dicionário Aulete.
Disponível em: <http://educacao.uol.com.br/dicionarios>.
Acesso em: 21 abr. 2011.

   a) Qual das acepções (significados) é mais adequada para o contexto da reportagem?

   b) Que relação o conteúdo da reportagem tem com a ideia de "identidade"? Explique sua resposta.

5. Quais as "tribos" citadas no texto? Procure apontar pelo menos uma característica que diferencia cada uma delas.

6. Em outra reportagem, da revista *Mundo Estranho*, aparece o infográfico que você vê nas próximas páginas. Observe-o.

Para saber mais sobre reportagem

A reportagem, assim como a notícia e outros gêneros jornalísticos, tem o objetivo de informar o leitor sobre um fato ou um assunto de interesse.

Diferentemente da notícia, na reportagem não é preciso o esforço do jornalista para se manter parcial. Ele pode se posicionar mais em relação ao que escreve. Também precisa pesquisar mais sobre o fato ou assunto, apresentar diferentes vozes, preferencialmente de especialistas, para compor o seu texto de modo a dar mais profundidade à informação, analisando-a com cuidado.

Infográfico

Um infográfico utiliza recursos gráficos e visuais (como fotos, ilustrações, diagramas, etc.) para explicar ou resumir informações sobre um determinado assunto. Ele amplia e complementa as informações dos textos que acompanha.

Qual é a sua tribo?

Os rockers *inspiraram* os punks, *que, por sua vez, inspiraram* os emos, *de onde recentemente vieram* os From UK, *que ainda não se sabe para onde vão. E você, onde se coloca nesse mapa?*

Legendas:
♪ bandas
➲ local
🕘 época

Rocker
♪ Elvis Presley, Chuck Berry, Gene Vincent
➲ Bares e casas de *shows*
🕘 Anos 50

Mod
♪ The Who, Rolling Stones, The Beatles
➲ Bares, pubs, sebos de vinil e *shows de rock*
🕘 Final dos anos 1960

Headbanger
♪ Black Sabbath, Grand Funk Railroad, Deep Purple
➲ Lojas de CDs, *shows* e festivais de *rock*, bares
🕘 Final dos anos 60, começo dos 70

Psychobilly
♪ The Meteors, The Cramps, Misfits
➲ Casas de *shows* e bares
🕘 Anos 70

Indie
♪ Guided by Voices, Sonic Youth, Pixies
➲ Lojas de CDs, *shows*, bares e festivais independentes
🕘 Final dos anos 80

Rockabilly
♪ Carl Perkins e Bill Haley and the Comets
➲ Casas de *shows* e bares
🕘 Final dos anos 50, começo dos 60

Emo
♪ NXZero, Fresno, Panic at the Disco
➲ Lojas de CDs, *shows*, *shoppings*
🕘 Começo dos anos 2000

Punk
♪ Ramones, Sex Pistols, The Clash
➲ Casas de *shows*, ruas do centro das cidades e bares
🕘 Anos 70

Gótico
♪ The Cure, Sisters of Mercy, Bauhaus
➲ Cemitérios e casas de shows
🕘 Final dos anos 70, começo dos 80

Skinhead
♪ Skrewdriver, Madness e The Selecter
➲ Ruas das periferias e centro das cidades, e bares
🕘 Anos 70

Straight
♪ Minor Threat, DYS, Faith
➲ Festival Verdurada e casas de *shows*
🕘 Anos 80

Nu Metal

♪ Korn, Limp Bizkit, Deftones, Linkin Park
➲ *Shows*, lojas de CDs, bares e casas noturnas
◷ Anos 90

Regueiros

♪ Bob Marley, Jimmy Cliff, Tribo de Jah
➲ Casas noturnas, *shows*, feiras de artesanato
◷ Final dos anos 60, começo dos 70

Nerd

♪ Kraftwerk, New Order, Depeche Mode
➲ *Lan houses*, encontros e feiras de tecnologia, campeonatos de RPG
◷ Anos 80

Raver

♪ DJs de *house*, *tecno*, *psy-trance*
➲ Festas *rave*
◷ Anos 90

New Raver

♪ Klaxons, NRK, New Young Poney Club
➲ Casas noturnas de *electro* e *indie rock*, *shows* e exposições de arte contemporânea
◷ 2006

Geek

♪ *Indie rock* e metal
➲ Comunidades virtuais, lojas de informática, encontros de tecnologia
◷ Anos 90

Hip-Hop

♪ Run DMC, Afrika Bambaataa, Racionais MCs
➲ Lojas de discos, *shows* e bailes de *black music*
◷ Anos 80

Dark

♪ *Indie rock* e metal
➲ *Lan houses*, comunidades virtuais
◷ Anos 80

From UK

♪ Funeral for a Friend, Bullet for my Valentine e Bring me the Horizon
➲ *Shoppings*, *shows* e *fotologs*
◷ 2005

Hippie

♪ Janis Joplin, Bob Dylan, Jimi Hendrix
➲ Festivais ao ar livre
◷ Anos 60

Country

♪ Zezé de Camargo & Luciano, César Menotti & Fabiano, Garth Brooks
➲ Boates *country*, feiras agropecuárias, rodeios e *shows*
◷ Anos 70

Neo-Hippie

♪ Cordel do Fogo Encantado, Mombojó
➲ Bares e *shows* de *reggae* ou maracatu
◷ Final dos anos 90

Clubber

♪ DJs de *tecno*, *house*, *drum'n'bass*
➲ Boates
◷ Final dos anos 80, começo dos 90

a) Esse infográfico poderia fazer parte da reportagem que você acabou de ler? Por quê?

b) A data da última referência a tribos que aparece no infográfico é 2006. Você teria alguma outra tribo a acrescentar ao infográfico, hoje? Explique.

c) Você se enquadraria em alguma dessas tribos? Por quê?

d) De acordo com a sua experiência, você diria que a relação entre as pessoas dessas diferentes tribos é tranquila? Explique.

e) Como você acredita que essas tribos são vistas pela sociedade em geral?

O texto em construção

1. A reportagem foi publicada em uma seção chamada "Comportamento". Explique por que ela aparece nessa seção, relacionando-a ao conteúdo da reportagem.

2. Para construir o seu texto, que fontes de informação os jornalistas escolheram?

3. Como os jornalistas conseguiram obter essas informações?

4. Eles precisaram se preparar para conseguir essas informações? Como?

5. Qual a importância dos dados coletados para a construção do texto?

6. A quem esse texto interessaria? Ao responder, considere:
   - o conteúdo da reportagem;
   - as pessoas entrevistadas;
   - a seção em que aparece o texto.

7. Como as pessoas citadas aparecem identificadas no texto?

8. Esse modo de identificar é importante para a construção do texto? Por quê?

9. Localize no texto os trechos em que os jornalistas citam o especialista entrevistado e escreva em seu caderno as formas usadas para introduzir as explicações do especialista.

10. Faria alguma diferença se os jornalistas tivessem usado a mesma palavra (forma linguística) para introduzir as ideias e os comentários do especialista, sem variar os verbos *dicendi*? Explique sua resposta.

Vamos lembrar

As vozes nos textos jornalísticos

Já vimos que nossas conversas e nossos textos escritos estão "recheados" de muitas **vozes**. Em uma reportagem, ter essas **diferentes vozes** bem marcadas é muito importante para dar credibilidade ao trabalho de pesquisa feito pelo jornalista no preparo de seu texto. As **vozes** que aparecem nesse gênero podem possibilitar a abordagem do assunto de perspectivas ou pontos de vista diferentes — o que é esperado de uma **reportagem**. Assim, o leitor tem acesso a um conteúdo mais aprofundado.

Verbos *dicendi*

Quando apresentamos no texto a fala de outra pessoa, fazemos uso de **verbos *dicendi***. O termo ***dicendi*** significa **dizer** e os **verbos *dicendi*** são todos aqueles que são seus sinônimos (*falar, exprimir, contar, conversar, declarar...*) ou que têm sentido similar (comentar, argumentar, revelar...).

Exemplos:
Luana **comentou** que ainda não havia discutido o assunto.
E então ele **revelou**: *Eu sou seu irmão*!
O médico **argumenta** que não pode fechar um diagnóstico sem os resultados dos exames.

Observe que os **verbos *dicendi*** introduzem o conteúdo de fala que atribuímos a outra pessoa, em nossos textos.

11. Uma das formas usadas para introduzir a ideia do especialista não usa nenhuma forma verbal.

a) Qual é essa forma?

b) Quais das possibilidades abaixo apresentam um outro modo de introduzir essa ideia?

I. Segundo Lisboa, a ideia de "tribo", muito disseminada na atualidade, é entendida como um grupo fixo e à parte da sociedade.

II. De acordo com Lisboa, a ideia de "tribo", muito disseminada na atualidade, é entendida como um grupo fixo e à parte da sociedade.

III. Pelo Lisboa, a ideia de "tribo", muito disseminada na atualidade, é entendida como um grupo fixo e à parte da sociedade.

IV. Em Lisboa, a ideia de "tribo", muito disseminada na atualidade, é entendida como um grupo fixo e à parte da sociedade.

c) Se você fosse reformular esse trecho do texto de modo a apresentar um verbo *dicendi* em sua construção, como faria?

d) Agora, localize no texto outros dois trechos em que o jornalista usa um verbo *dicendi* para introduzir falas atribuídas a outras pessoas.

12. O primeiro parágrafo da reportagem começa com uma frase entre aspas. Por quê?

- Repare que, depois das aspas, aparece o verbo **diz**:
  "É impossível ser feliz sozinho" ***diz*** *a música 'Wave', de Tom Jobim.*
- Explique o uso desse verbo.

13. Qual a função da foto na composição da reportagem?

▼ Veja, na próxima reportagem, um estilo musical que nos últimos anos vem conquistando mais e mais jovens em todo o Brasil.

Texto 2

Sertanejo universitário: o sertanejo faz escola

Carol Campanharo e Naiara Andrade

"O sertanejo é, antes de tudo, um forte", escreveu Euclides da Cunha em *Os sertões*, lá em 1902, referindo-se ao homem nordestino, que sempre sobreviveu às mazelas. Mais de um século depois, a frase continua atual e facilmente aplicável à realidade do gênero musical homônimo e genuinamente brasileiro. Entra moda, sai moda, entre altos e baixos, o estilo sertanejo resiste e persiste.

— Sempre acreditei na música sertaneja. Ela é sólida justamente por termos uma cultura riquíssima neste país. Hoje, está em tudo que é canto e tem dado muito certo, inclusive lá fora — diz o cantor Daniel, que se orgulha de manter o sucesso por 28 anos de carreira, parte deles em parceria com João Paulo.

Depois da explosão nacional de Chitãozinho & Xororó e Zezé Di Camargo & Luciano, nos anos 80 e 90, a música do interior volta a ganhar fôlego. Hoje, até quem resistia a aderir acabou se rendendo ao charme do sertanejo. Foi a partir deste público que surgiu o termo para denominar o atual momento desse estilo musical: o "sertanejo universitário", que caiu nas graças, inclusive, dos moradores da cidade grande.

O Rio de Janeiro foi uma das últimas capitais, senão a derradeira, a abrir suas porteiras para a novidade. Desde o carnaval deste ano, a cidade vivencia a explosão do gênero, que tomou conta de sua vida cultural.

— Hoje é chique dizer que gosta de música sertaneja. Depois de cem anos, as pessoas caíram na real: o Brasil é um país caboclo! — alfineta Rick, que constrói sua trajetória artística ao lado do parceiro Renner há mais de 20 anos.

Música de fases

O sertanejo já passou por, pelo menos, três fases: no início, era a música caipira, de raiz, feito moda de viola, que cantava os causos do homem do campo; depois, convencionou-se chamar música sertaneja o misto de canções que falavam sobre a vida no interior e as paixões sofridas, ganhando a alcunha de "música de corno"; e, com a introdução dos *riffs* de guitarra e releituras de sucessos internacionais, no começo dos anos 70, surgiu o *new* sertanejo, também chamado de moderno ou romântico.

O "movimento" universitário teria tido início no início dos anos 2000, semeado pela dupla Bruno & Marrone. Encontrou, então, terra fértil no Mato Grosso do Sul e em Minas Gerais, sendo cultivado, ao mesmo tempo, por João Bosco & Vinícius, além de César Menotti & Fabiano. Agora, é colhido por dezenas de outros artistas do gênero, de várias partes do Brasil. São tantos os nomes, que chegam a confundir. Entre os mais badalados, você certamente já ouviu falar em Luan Santana, Victor & Leo, Fernando & Sorocaba, Jorge & Mateus, Guilherme & Santiago, Michel Teló, Maria Cecília & Rodolfo, João Neto & Frederico, João Pena & Gabriel, Zé Henrique & Gabriel e Marcos & Belutti.

[...]

Vinícius, da dupla com João Bosco, explica em detalhes o porquê do "universitário" na nomenclatura:

— Começamos a ficar conhecidos, eu na faculdade de fisioterapia, e João fazendo odontologia, tocando entre os universitários nas noites de Campo Grande (MS). O cachê, trocávamos por ingressos e distribuíamos como cortesia para os jovens (geralmente de cursos considerados mais elitizados, como medicina). Percebemos desde o início que o pessoal gostava bastante quando misturávamos o sertanejo com a batida do axé e do *pop-rock*, sem perder a característica original.

A estratégia deu tão certo que a carreira da dupla deslanchou: eles colecionam discos de ouro e platina, têm canções em trilhas de novelas da Globo, já foram indicados ao Grammy Latino e costumam começar o ano com mais de 120 *shows* vendidos.

O Rio adere à moda

Mais do que mudanças pontuais, o sertanejo universitário ganhou espaço e cada vez mais adoradores jovens, se espalhando por todo o Brasil. Hoje, agrada até os resistentes cariocas, que já usam sem medo seu chapéu de

JOÃO BOSCO & VINÍCIUS

- **Nomes verdadeiros:** João Bosco Homem de Carvalho Filho e Vinícius Fernando Karlinke
- **Idades:** 29 anos, ambos
- **Tempo de carreira:** 18 anos
- **De onde vieram:** Rondonópolis (MT) e Naviraí (MS)
- ***Hits*:** "Chora, me liga!" e "Sem esse coração"
- **Discos lançados:** 6 CDs e 3 DVDs
- **Número de cópias vendidas:** 2 milhões
- **Quantos *shows* por mês:** 20
- **Número de pessoas envolvidas na produção dos *shows*:** 40
- **Estrutura:** 1 carreta, 1 ônibus, 1 caminhão
- **Média de público:** 15 mil pessoas
- **Média de cachê:** Entre R$ 150 e R$ 200 mil

KEINY ANDRADE/LATINCONTENT/GETTY IMAGES

Dupla sertaneja João Bosco & Vinícius. Barretos, SP. 27 ago. 2010.

peão e botas, e lotam as festas e *shows* que rolam de segunda a segunda por todos os cantos.

— Nunca tivemos a pretensão de divulgar nosso trabalho no Rio de Janeiro, por ser um lugar onde o sertanejo não entrava. Como sempre foi ligado ao homem da terra, o estilo não pegava na capital. As pessoas rejeitavam, mas agora estão escutando, está na moda. Hoje, sim, a música sertaneja é a verdadeira música popular do Brasil. Entrando no Rio, o sertanejo terá abraçado o país inteiro — afirma o paulista Marcos, da dupla com Belutti, que ainda não se apresentou por aqui, mas não vê a hora de fazê-lo.

Dando sequência à série de *shows* sertanejos que vêm acontecendo com frequência no Rio, César Menotti & Fabiano lotaram uma das maiores casas de espetáculos da cidade, o Citibank Hall, no último dia 25:

— Lembro que a ficha do sucesso só caiu para nós quando fechamos três dias seguidos no Canecão, em 2007, com ingressos esgotados. Tocar no Rio era como tocar em outro país. Era a confirmação de que estávamos no caminho certo — conta César Menotti que, ao lado do irmão, já foi indicado ao Grammy Latino por duas vezes, em 2007 e 2008, levando o prêmio no primeiro ano, na categoria Álbum Romântico.

Mistura de gêneros e ritmos

Com arranjos baseados em violão, viola, guitarra, baixo, bateria, teclados e sanfona, esse novo sertanejo pega emprestado elementos do *pop*, do *rock*, do forró e do axé.

— Os sertanejos românticos, de vozes superagudas, gravavam com verdadeiras orquestras. Hoje, não. O tom é mais para o grave e os violões acústicos estão com tudo. O acordeão também. Antes jogados para escanteio, por vergonha, os sanfoneiros agora estão em alta no mercado. Afinal, a gente é que dá a atmosfera alegre da nova música sertaneja — detalha Juvenil José Lacerda, o Mestre Pinocchio, 53 anos de idade, 30 de música, sanfoneiro respeitadíssimo e o produtor musical mais badalado do meio sertanejo.

A vontade de renovar é tamanha e a mistura de ritmos tão bem-vinda, que algumas duplas, como Jorge & Mateus, Maria Cecília & Rodolfo, Fernando & Sorocaba e João Neto & Frederico, chegam a promover verdadeiras micaretas em seus *shows*, muitas vezes de cima de um trio elétrico.

— Já tocamos com Netinho, Banda Eva, Chiclete com Banana... Só que não invadimos a praia deles, fazemos a brincadeira com nossas próprias músicas. O público é praticamente o mesmo, a juventude que curte o axé é a que gosta da gente — conta João Neto, que assim como o irmão, Frederico, é avesso a bebidas alcoólicas (apesar de cantar "Se a mulherada é de primeira/ fico até segunda-feira / bebo até ficar tonto", em "Pega fogo cabaré"), outra característica diversa à da primeira geração, que fazia da bebida uma aliada nas composições "dor de cotovelo".

[...]

O novo astro

Outro que vai colar seu sotaque caipira ao gingado baiano é Luan Santana: o cantor, de 19 anos, grava em dezembro seu segundo DVD, com a participação de Ivete Sangalo. Primeiro ídolo *teen* da música sertaneja, ele é fã confesso de Zezé Di Camargo & Luciano, mas também "se amarra" em Creed e McFly.

É nas bandas de *pop* e *rock* internacionais que Luan diz buscar inspiração para incrementar seu trabalho.

[...]

Maior expoente do segmento tanto em vendas de discos quanto em *shows* — ele está entre os três nomes mais bem pagos do mercado musical brasileiro, ao lado de Roberto Carlos e Ivete —, Luan arrebatou uma fatia do mercado sertanejo um tanto inusitada: seu público é, em grande parte, formado por adolescentes e crianças. Portanto, todo cuidado é pouco com as mensagens transmitidas nas músicas.

— As canções do Luan são compostas especialmente para ele. As letras não falam de cachaça nem de outras bobagens, só de amor — afirma Sorocaba, autor dos *hits* "Meteoro" e "Você não sabe o que é amor", consagrados pelo rapazinho, e responsável por 99% das composições que interpreta ao lado do parceiro, Fernando.

[...]

Busca por identidade

Em meio a tamanha diversidade no universo do sertanejo universitário, as referências parecem ficar cada vez mais distantes. César Menotti diz que poucos são os artistas que se preocupam em resgatar suas raízes:

— Mesmo usando nova roupagem e elementos *pop* em nossas músicas, eu e Fabiano permanecemos ligados ao passado caipira. É preciso ter identidade, ir beber na fonte quando necessário. Lamento que muitas dessas novas duplas não façam o mesmo. Como diz o poeta Dino Franco, a "música sem origem é fraca, vulgar e fria".

E é justamente a falta de identidade dessa nova geração um dos pontos mais criticados por quem está no ramo há anos.

— Vejo que não mudou nada. No fundo, criaram-se rótulos para justificar novas safras de cantores. O que eles fazem, nós já fazemos há tempos, que é tocar mais acelerado, com um "pitizinho" de guitarra a mais. E ainda por cima o sucesso deles é em cima de regravações de músicas nossas, na maioria das vezes. [...] — atira Zezé Di Camargo, da dupla com Luciano.

Representante da década de 70, Sérgio Reis nem mesmo considera esta música como sertaneja:

— Só porque são do interior e cantam em duas vozes, convencionou-se chamar sertanejo. Mas sertanejo é diferente, é outra história! São as violas, são músicas como "Chico mineiro", "Menino da porteira", "Chalana"... O resto é romântico e olhe lá!

Outro expoente do gênero, a dupla Chitãozinho & Xororó, no entanto, não critica. Comemorando 40 anos de sucesso, os irmãos até gravaram, recentemente, um DVD comemorativo com os novos talentos.

— É uma geração que está vindo com uma consciência maravilhosa do que é a música caipira. Eles conseguiram inovar o sertanejo com músicas mais fáceis, o que fez o povo participar mais também — justifica Chitãozinho [...]— É um novo modelo, mais acústico, descontraído, no estilo música de barzinho. Essa é a grande diferença. O legal é que eles cantam nossas músicas em seus *shows* e, consequentemente, o público deles acaba nos conhecendo também.

Sérgio Reis [...] compara [...] a música desta turma com a feita pela Jovem Guarda nos anos 60:

— Acho que o que fazem hoje está mais para um iê-iê-iê em dueto. Se você pegar o sucesso de César Menotti & Fabiano, "Ciumenta, para de ser tão ciumenta...", vai ver que tem a mesma batida de "Quando você se separou de mim/ Quase que a minha vida teve fim", do Roberto. E "Coração de papel"? Eles regravaram, inclusive.

[...]

JORGE & MATEUS

- **Nomes verdadeiros:** Jorge Alves Barcelos e Mateus Pedro Liduário de Oliveira
- **Idades:** 28 e 25 anos
- **Tempo de carreira:** 5 anos
- **De onde vieram:** Itumbiara (GO)
- ***Hits*:** "Pode chorar", "Voa beija-flor" e "Amo noite e dia"
- **Discos lançados:** 3 CDs e 1 DVD
- **Número de cópias vendidas:** 200 mil
- **Quantos *shows* por mês:** 22
- **Número de pessoas envolvidas na produção dos *shows*:** 40
- **Estrutura:** 1 ônibus, 1 carreta, 1 jatinho
- **Média de público:** 15 mil pessoas
- **Média de cachê:** Entre R$ 150 e R$ 200 mil

ANDRÉ VICENTE/FOLHAPRESS

Dupla sertaneja João Jorge & Mateus. Jaguariúna, SP. 7 maio 2009.

Caçador de *hits*

"A força do artista está nas rádios. Ele nunca pode achar que o sucesso é dele, é sempre da música", ensina Guilherme, da dupla com Santiago, com conhecimento de causa. Juntos na carreira desde 1994, os irmãos goianos só foram estourar nacionalmente em 2002, com a música "Azul", e agora voltam com tudo às paradas com o *hit* "E daí?".

[...]

Produtor musical da dupla, Mestre Pinocchio conta que vive atrás do sucesso, mas às vezes é o sucesso que chega até ele. Com "E daí?" foi assim [...].

Pinocchio, que é autor de grandes sucessos de Jorge & Mateus ("Só falta você") e César Menotti & Fabiano ("Me apaixonei", "Paixão mineira", "Lado esquerdo" e "Para de chorar"), entre outros, acredita que, além da força do rádio e um pouco da televisão, a internet teve papel fundamental no estouro do sertanejo universitário:

— A internet abriu muitas portas! Como compositor, sofro com a questão da perda do direito autoral. Em compensação, minha música viaja até o Japão em questão de segundos.

Jorge & Mateus bem conhecem essa força virtual. Eleita a dupla mais acessada da internet em um *site* sobre música, num *ranking* que considera cem artistas de todos os gêneros, eles atraíram cerca de 2 milhões de cliques só no último mês, desbancando nada mais, nada menos do que fenômenos *pop* internacionais, como Justin Bieber, Lady Gaga e Beyoncé, e *top* artistas nacionais, como Exaltasamba, Claudia Leitte e Ivete Sangalo. E mais: das cem músicas mais reproduzidas em setembro neste mesmo *site*, 12 são deles.

[...]

A mais popular do Brasil

De fato, com poderosas ferramentas de disseminação, como o YouTube, a internet derrubou preconceitos e aproximou cada vez mais a juventude das grandes cidades do tipo de música que antes era tratado com desdém por vir do interior, e até considerado brega.

— Hoje, mais do que o *funk*, o pagode e o axé, digo sem nenhuma dúvida: a música sertaneja é a mais popular do Brasil — brada João Bosco.

Cada vez mais distante do mundinho do caipira ingênuo, que cantava a beleza do luar do sertão, a música sertaneja hoje faz parte das altas rodas da sociedade. Quem frequenta os *shows* do gênero chega de carro importado e não se preocupa em desembolsar até R$ 300 para curtir a noitada.

[...]

FERNANDO & SOROCABA

- **Nomes verdadeiros:** Fernando Zorzonello Bonifácio (Fernando) e Fernando Fakri de Assis (Sorocaba)
- **Idades:** 26 e 30 anos
- **Tempo de carreira:** 3 anos
- **De onde vieram:** Ji-Paraná (RO) e São Paulo (SP)
- ***Hits*:** "Paga pau", "Bala de prata", "Delegada" e "Madri"
- **Discos lançados:** 3 CDs e 3 DVDs
- **Número de cópias vendidas:** 20 mil CDs e 15 mil DVDs (dos mais recentes)
- **Quantos *shows* por mês:** 20, em média.
- **Número de pessoas envolvidas na produção dos *shows*:** 40
- **Estrutura:** 1 ônibus, 1 carreta, 1 caminhão e 1 jatinho
- **Média de público:** 30 mil pessoas
- **Média de cachê:** R$ 200 mil

Dupla sertaneja João Fernando & Sorocaba. Jaguariúna, SP. 13 maio 2011.

FABIO BRAGA/FOLHAPRESS

Disponível em: <http://extra.globo.com/tv-e-lazer/sertanejo-universitario-sertanejo-faz-escola-363067.html>. Acesso em: 24 abr. 2011. (Fragmento).

Glossário

Homônimo: que tem o mesmo nome.
Genuinamente: verdadeiramente.
Derradeira: última, final, terminal.
***Riffs*:** sequência marcante de notas ou acordes de guitarra.
***Hits*:** que fazem muito sucesso; que têm grande popularidade.
***Ranking*:** classificação ordenada de acordo com determinados critérios.
Disseminação: divulgação, propagação.
Brada: diz em voz alta; proclama.

Primeiras impressões

1. Qual foi o fato ou acontecimento que gerou essa reportagem?
2. Qual a origem do nome do estilo musical citado no texto?
3. Quais as fases por que passou a música sertaneja, segundo o texto?
4. Musicalmente, no que o novo estilo difere do estilo sertanejo anterior, segundo a reportagem?
5. Com base nas informações da reportagem, explique a diferença entre o perfil do público do sertanejo em sua origem (fase caipira) e o perfil do público do sertanejo universitário.
   - De acordo com o texto, quais as razões para a mudança no perfil de público?
6. Leia um trecho de uma reportagem de 2007 que fala sobre a relação entre os gostos musicais do público e a mídia.

Até onde a mídia influencia na escolha do gosto musical?

Leilane Andrade

Uma hora da tarde. Um grupo de 10 estudantes discute um tema em comum: a preferência musical. "Eu gosto de escutar forró porque é bom pra dançar", diz P., 15. "Eu sei a letra também, mas aquelas que têm muito palavrão eu não canto, não", completa. "Essas músicas com palavrão nem deveriam ser tocadas nas rádios. Eu gosto de *pop-rock*, mas não vejo muito na mídia. Queria que tivesse mais espaço", afirma E., 15. "Ah!, mas eles tocam mais forró porque dá mais audiência", rebate Y., 15. "Nem gosto de tudo que passa na TV, era para ter um programa só de música", fala outro participante. E assim, a discussão continua...

É com a ideia de mostrar e identificar a influência da mídia na escolha dos gostos musicais nos jovens entre 13 e 18 anos que os estudantes do curso de Comunicação Social, da Universidade do Estado do Rio Grande do Norte (Uern), Patrícia Paz e Higo Lima, estão desenvolvendo o projeto "Grupo de Pesquisa e Extensão em Mídia e Música Popular Massiva" em escolas de Mossoró.

[...]

A mídia costuma ditar regras e também tem a mania de incentivar determinadas escolhas pessoais. Seguir modas ou tipos são atitudes comuns entre os jovens de hoje. Diariamente a população recebe uma grande quantidade de informações sobre o que comprar e a tendência a ser seguida. Roupas, celulares, carros, artigos de beleza, bebidas, e por que não dizer, a música? Sim, a música é vista também como um produto a ser vendido para a grande massa. Raras são as vezes que os jovens buscam formas alternativas de estilo musical diferente daquele costumeiramente veiculado.

[...]

O Mossoroense. Disponível em: <http://www2.uol.com.br/omossoroense/301107/conteudo/cotidiano.htm>. Acesso: em 26 abr. 2011. (Fragmento).

a) De acordo com a reportagem, qual era o estilo musical que mais tocava na mídia em 2007, data em que a reportagem foi produzida, na cidade de Mossoró?

b) Que explicação um dos entrevistados dá para esse fato?

c) De acordo com o último parágrafo, o que levaria os jovens a ouvir mais um certo estilo de música?

d) Segundo a reportagem sobre o estilo "sertanejo universitário", os cariocas foram os últimos a aderir a ele.

- Considerando tudo o que você leu – no Texto 2 e no trecho dessa reportagem de 2007 –, explique por que os cariocas e grande parte dos jovens do Brasil estariam escutando esse estilo musical.

e) Você só costuma ouvir o que circula na mídia (rádio, TV, inclusive na internet) ou descobre novos cantores por outros meios? Explique sua resposta.

f) Você acredita que só os jovens são influenciados pela mídia? Por quê?

O texto em construção

1. **A reportagem, como você pôde observar já na leitura do Texto 1, é um gênero do jornalismo que envolve uma investigação maior sobre o fato noticiado ou sobre um assunto de interesse para grande parte do público.**

a) Cite ao menos quatro entrevistados que contribuíram para a composição do conteúdo da reportagem.

b) Por que essas pessoas foram escolhidas como fontes de informação para a construção do texto?

2. **Em certo trecho da reportagem, os entrevistados apresentam sua opinião sobre o "sertanejo universitário".**

a) Todos apresentam a mesma posição sobre o assunto? Explique.

b) Releia o primeiro parágrafo do texto e responda: as jornalistas parecem ter a sua própria opinião sobre o assunto? Explique.

c) Concluindo, você diria que todas essas **vozes** que compõem a reportagem concordam ou discordam entre si? Explique.

3. **Para você, ler esse texto, com essa característica em relação às vozes, o ajudou a pensar melhor sobre esse gênero? Por quê?**

4. **Agora, vamos observar como as vozes desses entrevistados são marcadas no texto.**

a) Como são apresentadas as citações ou falas dos entrevistados?

b) Como as jornalistas fizeram para indicar a quem pertence cada fala apresentada? Retire exemplos do texto.

c) Localize e transcreva para seu caderno ao menos cinco **verbos *dicendi*** usados no texto.

5. Outro sinal de pontuação que aparece na reportagem são os parênteses. Qual a função deles, nos trechos em que são usados?

6. Quantos subtítulos aparecem no trecho da reportagem? Qual o papel deles na organização do texto?

7. Observe um dos boxes que compõem a reportagem.

JOÃO BOSCO & VINÍCIUS

- ✔ **Nomes verdadeiros:** João Bosco Homem de Carvalho Filho e Vinícius Fernando Karlinke
- ✔ **Idades:** 29 anos, ambos
- ✔ **Tempo de carreira:** 18 anos
- ✔ **De onde vieram:** Rondonópolis (MT) e Naviraí (MS)
- ✔ ***Hits*:** "Chora, me liga!" e "Sem esse coração"
- ✔ **Discos lançados:** 6 CDs e 3 DVDs
- ✔ **Número de cópias vendidas:** 2 milhões
- ✔ **Quantos *shows* por mês:** 20
- ✔ **Número de pessoas envolvidas na produção dos *shows*:** 40
- ✔ **Estrutura:** 1 carreta, 1 ônibus, 1 caminhão
- ✔ **Média de público:** 15 mil pessoas
- ✔ **Média de cachê:** Entre R$ 150 e R$ 200 mil

KEINY ANDRADE/LATINCONTENT/GETTY IMAGES

Dupla sertaneja João Bosco & Vinícius. Barretos, SP. 27 ago. 2010.

a) Que tipo de informação apresenta?

b) Qual a função dele em relação ao texto em geral?

8. Observe esta construção de um trecho do texto.

> ***"O 'movimento' universitário teria tido início no início dos anos 2000 [...]."***

- Como melhorar a redação do 7º parágrafo para evitar a repetição da palavra "início"?

9. Agora, releia outros dois trechos da reportagem.

> ***"Hoje, agrada até os resistentes cariocas, que já usam sem medo seu chapéu de peão e botas [...]."***
>
> ***"Antes jogados para escanteio, por vergonha, os sanfoneiros agora estão em alta no mercado."***

a) O uso das expressões "sem medo", no primeiro trecho, e "por vergonha", no segundo, sinalizam um dos problemas enfrentados pelos artistas do estilo musical sertanejo.

I. Que problema é esse?

II. Qual seria a razão desse problema?

b) O que você acha da música sertaneja em geral? Explique seu ponto de vista.

Se liga nessa!

Nas leituras feitas, você analisou algumas características importantes da reportagem. Essas características, tais como as **vozes** que compõem o texto e o uso dos **verbos *dicendi*,** serão usadas por você na produção.

Lembre-se disso quando for produzir o seu texto!

Produção: reportagem

Neste capítulo, você já leu duas reportagens. E ao discutir sobre elas, pôde observar várias características próprias desse gênero.

Para sistematizar o que você já aprendeu e observar outras características, vamos propor, a seguir, uma série de atividades. Elas vão ajudá-lo a produzir uma reportagem que você e um colega vão começar a fazer agora e terminar no Capítulo 2 desta unidade. Vamos lá?

Conhecendo o gênero: reportagem

Atividade 1: o que você já sabe sobre reportagem

A reportagem, como você já viu, é um gênero do jornalismo que envolve uma investigação maior sobre o fato noticiado ou sobre um assunto que, em um certo momento, seja de interesse para grande parte do público.

Considerando tudo o que foi discutido (quem escreveu a reportagem, como ela foi escrita e os recursos que foram usados em sua construção), você e seu colega de dupla vão organizar o que aprenderam no caderno, em um quadro como este, procurando responder às perguntas propostas.

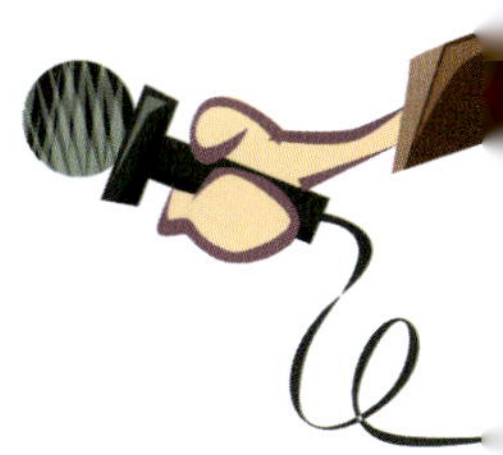

O que aprendi sobre <u>reportagem</u>, nas atividades de leitura, e que pode me ajudar a ler ou produzir textos desse tipo?	
Como saber sobre o que escrever em uma reportagem?	
Quais podem ser as fontes do jornalista para produzir uma reportagem?	
Que sinais de pontuação podem ser usados para destacar as falas diretas das personagens?	
Que recursos podem ser usados para ajudar o texto a ficar mais atraente e detalhado para o leitor?	

Atividade 2: as fontes para a preparação de uma reportagem

1. Na leitura das duas reportagens deste capítulo, você observou que, na investigação do assunto ou fato escolhido, o jornalista busca informações com diferentes pessoas. Releia a seguir alguns trechos das reportagens estudadas.

Trecho 1 (Texto 1)

"Anna Letícia, 15, estuda no Colégio do Carmo e musicalmente se considera eclética. No entanto, acha que seu estilo se assemelha às patricinhas, garotas de classe média alta muito vaidosas. Fernanda Mendonça, 14, é do Colégio Equipe e também ouve de tudo, desde Justin Bieber a Luan Santana. A amiga Luiza Piconço, 14, diz que acorda às seis horas da manhã para se maquiar e fazer chapinha. Todas elas trocam de roupa na escola para irem ao Calçadão após as aulas."

Trecho 2 (Texto 1)

"O psicólogo Felipe Stephan Lisboa disse que a iniciativa do homem de se juntar com os iguais vem da necessidade de sentir-se protegido e parte de uma causa."

Trecho 3 (Texto 2)

[...]

Representante da década de 70, Sérgio Reis nem mesmo considera esta música como sertaneja:

— Só porque são do interior e cantam em duas vozes, convencionou-se chamar sertanejo. Mas sertanejo é diferente, é outra história! São as violas, são músicas como "Chico mineiro", "Menino da porteira", "Chalana"... O resto é romântico e olhe lá!

[...]

Sérgio Reis [...] compara [...] a música desta turma com a feita pela Jovem Guarda nos anos 60:

— Acho que o que fazem hoje está mais para um iê-iê-iê em dueto. Se você pegar o sucesso de César Menotti & Fabiano, "Ciumenta, para de ser tão ciumenta...", vai ver que tem a mesma batida de "Quando você se separou de mim/ Quase que a minha vida teve fim", do Roberto. E "Coração de papel"? Eles regravaram, inclusive.

[...]

Clipe

A Jovem Guarda

Roberto Carlos na década de 1960, na época da Jovem Guarda.

No início da década de 1960, sob a forte influência do *rock'n'roll*, surgia no Brasil a Jovem Guarda, movimento cultural que mesclava música, comportamento e moda. A expressão "jovem guarda" começou a ser usada com a estreia, em 1965, do programa de auditório de mesmo nome, exibido pela TV Record. O cantor e compositor Roberto Carlos, um dos maiores nomes do movimento, era quem comandava o *show*. Ele deixava a plateia ensandecida, como ocorria nas apresentações de astros de *rock* internacional.

a) Nos trechos 1 e 2, os jornalistas citam informações obtidas dos entrevistados. Que perguntas eles tiveram de fazer, em cada um desses trechos, para obter essas informações?

b) No trecho 3, as jornalistas citam as falas do entrevistado. Considerando essas falas, quais teriam sido as perguntas feitas pelas jornalistas?

c) Por que essas perguntas que o jornalista precisou fazer aos entrevistados não aparecem no texto da reportagem?

2. Agora, leia o trecho de outra reportagem e observe os dados que ela apresenta.

Jovens ainda preferem a TV, revela pesquisa

Internet vem em segundo plano, com 20% da preferência, seguida do rádio, com 4%

[...]

São Paulo — Apesar de ser apontado como hábitat natural dos jovens, a internet não é a mídia preferida deles na hora de se informar, mas sim a tradicional TV.

O estudo TRU 2011, produzido pela TNS Research International em 40 países, incluindo o Brasil, aponta que a mídia eletrônica é a primeira fonte de informação da maioria (68%) dos jovens brasileiros.

A internet vem em segundo plano na preferência (20%), seguida do rádio (4%). Já nas classes mais altas, a internet supera a TV em diversos atributos. É considerada a mídia mais utilizada, divertida, informativa e sem a qual não viveriam. Já na classe D a TV é o canal de comunicação mais divertido (56%).

Enquanto as meninas de todas as faixas etárias gostam de novelas e tramas do gênero, os meninos preferem esporte e humor. Seus canais favoritos são Globo, SBT e Record, com destaque para a novela "Malhação", seguida dos programas TV Globinho, Globo Esporte e Pânico na TV.

Foram entrevistados 1,5 mil adolescentes e jovens de 12 a 19 anos, das classes A a D, de quatro regiões — Sul, Sudeste, Nordeste e Centro-Oeste.

[...]

Jovens ainda preferem a TV, revela pesquisa. *Exame Online*. Publicado em: 25 abr. 2011. Disponível em: <http://exame.abril.com.br/marketing/noticias/jovens-ainda-preferem-a-tv-revela-pesquisa>. Acesso em: 15 jun. 2011.

a) No texto, aparecem muitos dados percentuais. Para calcular esses percentuais, o entrevistador considerou como amostra um grupo de pessoas. Quantas pessoas pertencem a esse grupo e o que as caracteriza?

b) Considerando as informações do texto, quais perguntas foram feitas aos entrevistados para saber suas preferências pela mídia, pelos canais e programas?

Praticando

1. Observe a seguir uma tabela com dados percentuais de uma pesquisa sobre as preferências musicais de jovens da cidade de São Paulo.

Estilos musicais preferidos por Zona Homogênea — Mapa da Juventude da Cidade de São Paulo, 2003

Estilo Musical	ZH1	ZH2	ZH3	ZH4	ZH5
Samba	30,1	31,8	57,5	55,3	49,7
Rock	63,5	51,7	52,5	44,4	42,4
Pagode	19,2	27,6	53,8	51,2	47,2
Axé	17,3	35,6	46,4	49,3	45,2
Reggae	35,9	33,3	50,2	45,4	39,2
Rap	21,2	23,0	46,4	43,7	42,9
Forró	23,1	31,0	47,8	42,2	36,8
MPB	44,2	31,4	42,4	37,5	28,8
Pop	37,2	32,2	35,5	31,9	28,0

A construção do mapa da juventude da cidade de São Paulo. Aylene Bousquat e Amélia Cohn. Lua Nova. Revista de Cultura e Política, nº 60.2003. (Fragmento).

- Utilizando o texto anterior como modelo, a sua tarefa será elaborar um parágrafo destacando:

a) o percentual do estilo mais selecionado e o menos selecionado pelos jovens que vivem na zona homogênea 1 (ZH1);

b) o percentual do estilo mais selecionado na zona homogênea 4 (ZH4) e a zona em que este estilo apareceu com o menor índice percentual;

c) os três estilos mais selecionados pelos jovens da ZH1.

Produzindo o texto: as entrevistas para a reportagem

Condições de produção

O quê?

Você e seu colega vão começar agora a produção da reportagem que será finalizada no Capítulo 2. Essa reportagem irá tratar dos estilos musicais que mais agradam os jovens da sua escola. Nesta primeira etapa, vocês vão realizar as entrevistas para conseguir parte das informações de que precisam para a reportagem.

Para quem?

A reportagem será destinada a jovens de sua idade (seus colegas de escola) ou a um público mais amplo — seus amigos —, caso a turma ou a escola possua um *blog* ou uma página em alguma das redes sociais (como Orkut, Facebook, Myspace).

Como fazer?

1. Conhecendo a proposta

Cada dupla de trabalho irá escrever sobre um estilo musical. A definição do estilo será feita por meio de uma pesquisa com o público que fará parte da reportagem.

Para esta pesquisa, vocês irão preparar um questionário que será usado nas entrevistas com as pessoas selecionadas.

2. Preparando as entrevistas

a) Defina com seu professor a faixa etária das pessoas que serão entrevistadas e quantos serão os entrevistados.

b) Copie o questionário do quadro abaixo e utilize-o para fazer sua entrevista. Você poderá acrescentar mais duas perguntas que poderão fazer parte da sua entrevista. Podem ser abertas (para o entrevistado responder o que quiser) ou fechadas (com opções para o entrevistado assinalar).

Modelo de questionário para a entrevista

Nome do entrevistado: Idade:

1. **Qual o seu tipo de música favorito?** (pode ser assinalado mais de um estilo)

☐ *Rock* ☐ *Techno*
☐ *Rap* ☐ Samba
☐ Forró ☐ Axé
☐ Metal ☐ Clássico
☐ *Funk* ☐ *Pop*
☐ Sertanejo ☐ Pagode
☐ Outro. Qual?

2. **O que atrai você neste(s) estilo(s)?**

3. **Você já se sentiu discriminado(a) por causa do seu gosto musical?**

☐ Sim ☐ Não

Se você respondeu SIM, indique por quem:

☐ Colegas ☐ Professores
☐ Amigos ☐ Pais
☐ Desconhecidos

4. **Há algum estilo de música que você não suporta? Se sim, qual? Por quê?**

5. **Você já discriminou alguém por causa do estilo de música?**

(Inclua aqui mais duas questões)

c) Prepare o número de folhas com o questionário conforme o número de pessoas que serão entrevistadas.

d) Dividam, entre a dupla, o número de pessoas a entrevistar. Entrem em contato com os entrevistados e expliquem como será feita a entrevista. O ideal é propor que cada entrevistado responda por escrito ao questionário para que vocês possam optar por usar o que escreveram como citação. Ou, então, você poderá optar por fazer a entrevista oralmente, gravando em áudio. Neste caso, para usar as falas como citação, você terá de transcrevê-las.

3. Tabulando os dados das entrevistas

Depois de realizar as entrevistas, é hora de tabular os resultados para ter uma ideia geral sobre o que a dupla pesquisou.

A tabulação serve para reunir e organizar todos os dados coletados por vocês nas entrevistas.

a) Junte todos os questionários respondidos, copie o modelo de tabulação abaixo e, com seu parceiro, organize os dados, conforme o que se pede. Não se esqueçam de juntar a esta tabela as outras duas questões, caso vocês as tenham feito.

Modelo de tabulação dos resultados do questionário sobre estilos musicais					
Dados pessoais do entrevistado	1. Estilo de música favorito	2. O que atrai no estilo	3. Foi discriminado pelo seu estilo musical? (por quem?)	4. Estilo que não suporta. Por quê?	5. Já discriminou alguém pelo estilo musical?

Total de entrevistados:

Estilo favorito mais selecionado:

Estilo que não suporta mais selecionado:

Quantos entrevistados foram discriminados pelo estilo:

Quantos entrevistados discriminaram:

4. Definindo o estilo musical

a) Depois de tudo tabulado, é hora de definir sobre que estilo musical vocês irão tratar na reportagem. O estilo eleito será aquele que a maioria dos entrevistados escolheu como seu favorito.

b) Entregue ao professor uma cópia da tabulação dos seus dados e aguarde instruções para continuarem com a busca de fontes de pesquisa.

Roda de leitura: canção

Você já percebeu o quanto as canções estão presentes em nossas vidas? Nos supermercados, nas salas de espera do dentista, nas lanchonetes e restaurantes... Quase sempre estamos envoltos por elas. E há canções de "todas as cores e sabores" para "agradar a gregos e troianos"! Mas você já parou para pensar do que ela é feita? Vejamos...

Primeiro, leia a letra de canção "Negro Gato".

Negro Gato

Eu sou um Negro Gato
de arrepiar
Essa minha história
é mesmo de amargar
Só mesmo de um telhado
aos outros desacato
Eu sou um Negro Gato

Minha triste história
vou lhes contar
e depois de ouvi-la
sei que vão chorar
Há tempos
que eu não sei
o que é um bom prato
Eu sou um Negro Gato

Sete vidas tenho
para viver
sete chances tenho
para vencer
mas se não comer
acabo num buraco
Eu sou um Negro Gato

Um dia lá no morro
pobre de mim
queriam minha pele
para tamborim
apavorado desapareci no mato
Eu sou um Negro Gato

Getúlio Cortes. Negro Gato.
In: Roberto Carlos. *Eu te darei o céu.*
Rio de Janeiro: Sony BMG, 1966 . 1 CD. Faixa 7.

Quem é

Getúlio Cortes

O carioca Getúlio Francisco Cortes (1938–) é um importante compositor e instrumentista da música popular brasileira. Criou diversas composições que ficaram famosas na voz de Roberto Carlos, como "Negro Gato" e uma versão brasileira da canção "Three cool cats", um *hit* norte-americano de 1958.

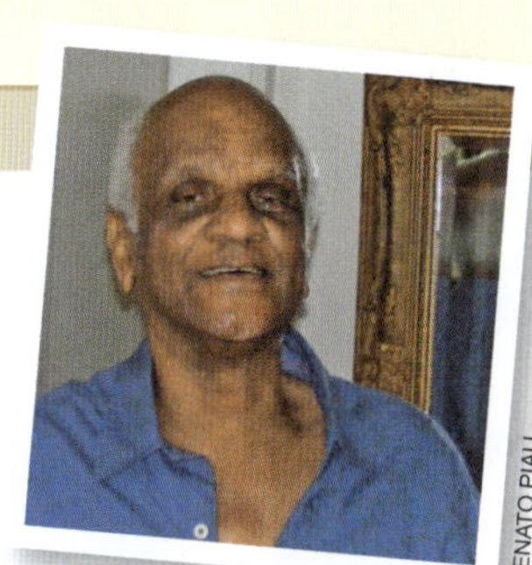

Getúlio Cortes, no Rio de Janeiro, em 2010.

Provocações

1. Do que se fala nessa letra de canção?
2. De quem é a voz que fala na letra de canção?
3. Explique o que você entendeu das duplas de versos a seguir.
   a) Eu sou um Negro Gato
   de arrepiar
   b) Só mesmo de um telhado
   aos outros desacato
4. Considerando a letra, levante uma hipótese sobre o ritmo da canção: ele é mais lento ou mais agitado? Por quê?
5. O primeiro cantor a interpretar essa canção foi Roberto Carlos, no final da década de 1960, quando a Jovem Guarda estourava nas paradas de sucesso. Depois disso, ela foi interpretada por vários outros cantores. Veja as imagens de dois deles interpretando "Negro Gato" em seus *shows*.

REPRODUÇÃO/EMI

REPRODUÇÃO/EMI

Marisa Monte, interpretando "Negro Gato", no *show* do álbum *Marisa Monte* (1989), o primeiro da cantora.

REPRODUÇÃO/EMI

REPRODUÇÃO/EMI

Luiz Melodia, interpretando "Negro Gato" no *show* Luiz Melodia Convida – Ao vivo, gravado no Polo Cine Vídeo (RJ), em 2002.

a) Qual a diferença entre as imagens com Marisa Monte e as com Luiz Melodia em relação aos elementos a seguir.

I. Cenário (cores, iluminação)

II. Figurino dos cantores (cores e estilo)

III. Expressão corporal dos cantores: que impressão as imagens lhe dão sobre como os cantores se movimentam no palco?

b) Considerando a comparação que você fez entre as duas interpretações da canção, conclua: elas são parecidas em relação ao ritmo? E em relação aos sentimentos que expressam? Explique.

c) Em sala de aula ou em sua casa, procure ouvir as duas interpretações da canção e compare-as em relação aos elementos abaixo.

I. Letra

II. Arranjo instrumental e vocal (tipos de instrumentos usados, ritmo da canção, vozes que participam)

III. Interpretação (jeito de cantar de cada artista)

6. De qual interpretação você mais gostou? Por quê?

7. Considerando a análise que você e seus colegas fizeram dessa canção, você diria que as canções são feitas do quê? Que elementos ajudam a dar sentido a uma canção?

8. Em uma entrevista com Getúlio Cortes, autor da letra de "Negro Gato", um jornalista afirmou que esta seria uma música sobre racismo. Veja a pergunta e, logo abaixo, a resposta dada pelo letrista.

Mas "Negro Gato" é interpretada por muita gente como uma música sobre racismo.

Um dia o Erasmo chegou pra mim e disse que a música tinha duas conotações, que falava da história do negro na sociedade brasileira. Instintivamente, ela pode até ser baseada no esquema social, na discriminação. Mas não tem nada a ver. Eu escrevi por causa de um gato que me perturbava! Aí vi que o gato daria um bom tema, gato sofre pra caramba, dizem que dá azar... Eu nunca pertenci a movimento contestador nenhum. Aliás, quem discriminou mais a gente foram esses caras da MPB, que fizeram um monte de gracinha. Mas é problema deles. Nós continuamos nosso caminho e estamos aí há 40 anos. Isso que é bom!

Disponível em: <http://www.freakium.com/edicao2_getulioentrevista.htm>. Acesso em: 10 jun. 2011.

a) Na sua opinião, o que há na letra da canção que teria levado Erasmo Carlos e tantos outros leitores ou ouvintes a essa interpretação?

b) Você acha que a explicação do compositor invalida a leitura de Erasmo Carlos? Por quê?

Capítulo 2 Do erudito ao *pop* e vice-versa: há diálogo possível?

VISUAL/ZUMA PRESS/EASYPIX BRASIL

MURAKAMI, Takashi. *Flower Matango*. 2001. Escultura em fibra de vidro, ferro, tinta a óleo e acrílico.

RAPHAEL GAILLARDE/GAMMA-RAPHO/GETTY IMAGES

DA VINCI, Leonardo. *Mona Lisa*. 1503-1507. Óleo sobre madeira de álamo. 77 × 53 cm. Museu do Louvre.

BASQUIAT, JEAN MICHEL /LICENCIADO POR AUTVIS, BRASIL, 2011

BASQUIAT, Jean-Michel. *Mona Lisa*. 1983. Acrílico e óleo sobre tela.

Nota do Banco Central – Esta nota tem curso legal para todos os débitos públicos e privados.

Quem é

Basquiat

JULIO DONOSO/SYGMA/CORBIS/LATINSTOCK

Basquiat, em 1988.

Jean-Michel Basquiat nasceu em Nova York, em 1960 e, influenciado pela mãe, começou a pintar e desenhar. Aos 17 anos, passou a pintar camisetas para vendê-las.

No início dos anos 1980, já reconhecido internacionalmente, conheceu Andy Warhol e teve o período mais criativo de sua meteórica carreira. Morreu em 1988 aos 28 anos.

Converse com a turma

1. A imagem à esquerda é de uma exposição realizada no Palácio de Versalhes, na França, em 2010.

a) Descreva a obra, destacando suas formas, suas cores e os materiais utilizados em sua composição.

b) Há algum contraste entre o objeto de arte em exposição e o ambiente do museu? Explique por meio da descrição.

c) Que tipo de impacto a foto da abertura causou em você? Comente sua resposta.

2. Agora, veja as imagens acima:

a) Identifique qual delas é referência de arte erudita e qual é referência de arte pop.

b) Indique elementos semelhantes e diferentes entre as duas obras, inclusive em relação ao ambiente que ocupam.

c) Considerando as informações dos boxes biográficos dos dois artistas, levante uma hipótese sobre os motivos de Basquiat usar como referência para a sua obra a *Mona Lisa*, de Leonardo da Vinci.

d) O que você pensa sobre esses diferentes estilos de arte?

Quem é

Leonardo da Vinci

TURIM, ROYAL LIBRARY

DA VINCI, Leonardo. *Autorretrato*. c.1512 a 1515. Giz vermelho. 33 × 21 cm.

Considerado por vários o maior gênio da história, devido a sua multiplicidade de talentos, Leonardo da Vinci (1452-1519) é possivelmente a pessoa dotada de talentos mais diversos a ter vivido. Uma de suas obras, a *Mona Lisa*, está entre as pinturas mais famosas, mais reproduzidas e mais parodiadas de todos os tempos.

O que vamos fazer neste capítulo

Neste capítulo, vamos discutir as relações possíveis entre as artes erudita e popular. Iremos finalizar a produção da reportagem sobre estilos musicais e apreciar mais algumas canções.

Leitura

O texto que você irá ler nesta seção é uma notícia sobre a exposição do artista pop Takashi Murakami, nos salões do Palácio de Versalhes. A primeira imagem da abertura sobre a qual você discutiu pertencia a essa exposição.

Converse com a turma

▼ Leia, a seguir, as informações sobre o museu onde aconteceu a exposição e discuta as questões que estão na próxima página.

ONAIRDA/SHUTTERSTOCK

Fonte de Netuno, com o Palácio de Versalhes ao fundo. Paris, França, 2009.

Palácio de Versalhes

Considerado patrimônio histórico da humanidade, está situado no subúrbio de Paris, na França. Foi construído no século XVI como residência de campo do então rei da França, Luís XIII (1601-1643). No governo de Luís XIV, entre 1643 e 1715, foi transformado em um grande símbolo do luxo e da riqueza da monarquia francesa, com obras de ampliação e embelezamento que, em pouco tempo, o transformaram em uma majestosa construção.

A construção comporta 700 quartos, 2 mil janelas e mais de 1.000 lareiras. O parque que envolve o palácio tem cerca de 700 hectares. Internamente, a construção possui detalhes em ouro no teto e nas paredes, lustres de cristal e pisos de mármore. Possui inúmeras obras de arte. Foi transformado em museu no ano de 1837 e hoje é um dos pontos turísticos mais visitados da Europa.

RMN/OTHER IMAGES

JOSE IGNACIO SOTO/SHUTTERSTOCK

À esquerda, quarto da rainha. Palácio de Versalhes. Na foto maior, Salão dos Espelhos. Palácio de Versalhes, Paris, França, 2010.

1. Para as pessoas que costumam frequentar e apreciar as obras de arte do Palácio de Versalhes, a exposição de obras como as do artista pop Takashi Murakami pode ter causado que tipo de impacto? Por quê?
2. E para as pessoas que apreciam as obras de Takashi Murakami, qual pode ter sido o impacto da exposição de suas obras em um museu como este? Explique.

Quem é

Takashi Murakami

Takashi Murakami (1963-) é um artista plástico japonês. Suas obras multicores, que abrangem pinturas, esculturas e trabalhos com mídias digitais, têm forte ligação com a cultura *pop*, e o movimento artístico "*superflat*" (que mistura influências do mangá e do anime) é de sua autoria. O artista é conhecido por suas parcerias com grandes marcas do mundo da moda, e por conferir às peças criadas um ar *pop*.

EPA/ PHOTOSHOT/ DANIEL DEME/ OTHER IMAGES

Artista plástico Takashi Murakami, na Grã-Bretanha, em 2009.

Texto 1

16/9/2010 — 23h01

Rei do mangá causa polêmica em Versalhes

PUBLICIDADE
DE FRANCE PRESSE, EM VERSALHES

Os salões e jardins de Versalhes, o dourado palácio de Luís XIV, o Rei Sol, exibem a partir desta semana as esculturas *pop* do artista japonês Takashi Murakami, chamado de "Rei do mangá", o que desatou polêmica na França.

Um buda de mais de cinco metros de altura, bonecos e bonecas com orelhas de coelho, sapos, flores: as 22 peças criadas por Murakami, que se inspira nos desenhos animados e nos pintores japoneses do século XVIII, invadiram os elegantes salões do palácio de Luís XVI e Maria Antonieta, provocando um curioso contraste.

Desde sua abertura, na terça-feira, a exibição em Versalhes deu muito o que falar aos jornais e às emissoras de rádio francesas. "A batalha de Murakami", resumiu o jornal *Le Monde*, enquanto o *Le Figaro* publicou o título "A controvérsia".

— Nos meios artísticos de Paris, apenas se escuta uma pergunta: você é a favor ou contra a exposição Murakami-Versalhes? —, escreveu o *Le Monde*.

Clipe

Arte *pop*

[...]

Na década de 1960, os artistas defendem uma arte popular (*pop*) que se comunique diretamente com o público por meio de signos e símbolos retirados do imaginário que cerca a cultura de massa e a vida cotidiana. [...] a arte *pop* se coloca na cena artística que tem lugar em fins da década de 1950 como um dos movimentos que recusam a separação arte/vida. E o faz – eis um de seus traços característicos – pela incorporação das histórias em quadrinhos, da publicidade, das imagens televisivas e do cinema.

Enciclopédia Itaú Cultural – Artes visuais. Disponível em: <http://www.itaucultural.org.br/>. Acesso em: 12 jul. 2011.

Mas a controvérsia começou antes, quando foi anunciado que 22 obras de Murakami, uma das maiores estrelas da arte contemporânea mundial e o número seis na lista dos artistas com maior cachê, seriam instaladas no Palácio de Versalhes, até 12 de dezembro. Os membros do coletivo "Versalhes mi Amor", opostos à exposição, recolheram milhares de assinaturas na internet, e no dia da abertura da exposição, dezenas de manifestantes expressaram sua hostilidade à mostra.

No entanto, na quinta-feira à tarde, o cenário não era de batalha nem de protestos: os jardins e o palácio tinham um cenário alegre, onde as coloridas esculturas provocavam curiosidade e admiração de muitos visitantes franceses, e em outros forte indignação, expressada apenas com caretas e risadas irônicas.

— Não gosto. Não sei por que eles têm que exibir esses bonecos aqui —, declarou Jean Yves Morboeuf, 48 anos, que vive na próspera cidade de Versalhes, a quinze minutos do castelo, mas nega ter participado dos protestos. — Creio que os que se manifestaram na terça-feira eram alguns poucos nostálgicos da monarquia —, completou.

Um estudante de 20 anos, que quis ser identificado apenas

Escultura do artista plástico Takashi Murakami intitulada *Oval Buddha*. Paris, 2010.

CHRISTOPHE ENA/AP/GLOWIMAGES

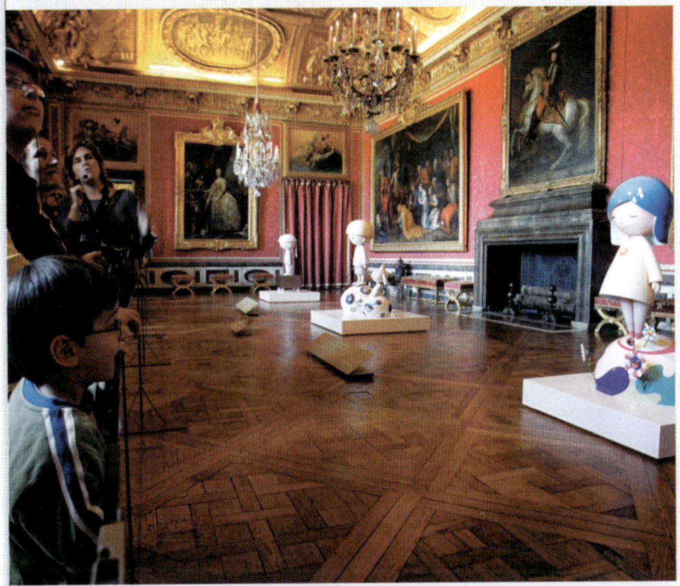

CHRISTOPHE ENA/AP/GLOWIMAGES

Crianças observam a escultura *Jellyfish Eyes* – Saki, Tatsuya, Max e Shimon, de Takashi Murakami, no Palácio de Versalhes, em 2010.

DIRECTPHOTO/EASYPIX

Homem caminha em uma das instalações de Takashi Murakami (Kawai-Vacances Summer Vacation in the Fingdom of the Golden), no Palácio de Versalhes, em 2010.

como Marc, reconheceu ter gostado de ver em Versalhes uma boneca loira, "Miss Ko2", enquanto sua amiga Marjorie ficava intrigada pelo imenso buda instalado na entrada dos jardins.

Alguns turistas mostravam, por sua vez, uma grande surpresa, já que não sabiam o que lhes aguardava em Versalhes nem tinham se interado das polêmicas.

— Vim ver a Galeria dos Espelhos do Palácio de Versalhes, como presente de meu marido para nosso aniversário de 20 anos de casamento, e encontro isto —, declarou Helen Atkinson, inglesa, apontando uma esfera colorida de grandes margaridas expostas nas luxuosas lâmpadas do bonito salão.

Clipe

Os pintores japoneses do século XVIII

Ukiyo-e

No século XVIII, predominava no Japão um estilo de pintura chamado *ukiyo-e* (figuras do mundo flutuante). A técnica consistia no uso de blocos de madeira para impressão das gravuras que a princípio eram monocromáticas (uma só cor). Os temas envolviam beldades femininas, lutadores de sumô, famosos atores do teatro da época e, posteriormente, paisagens japonesas. O *ukiyo-e* foi imortalizado através das estampas em tecidos, que se tornaram muito populares no Ocidente e influenciam outros artistas desde então.

Zero Hora, Segundo Caderno, 16 set. 2010.

Glossário

Mangá: história em quadrinhos de estilo japonês.

***Pop*:** abreviação de *popular*, referindo-se mais à cultura popular americana divulgada no mundo inteiro (música, cinema e outras formas de arte em geral).

Buda: referência à estátua do fundador da filosofia budista Siddharta Gautama (563-483 a.C.). A forma mais comum é a representação do Buda sentado.

Contraste: grau marcante de diferença ou oposição entre coisas da mesma natureza, que podem ser comparadas.

Controvérsia: polêmica referente a ação, proposta ou questão sobre a qual muitos não concordam.

Arte contemporânea: termo referente à produção artística da metade do século XX até os dias de hoje.

Hostilidade: relativo a inimizade, pouca disposição, agressividade.

Próspera: rica, bem-sucedida.

Nostálgicos: aqueles que sentem saudade, que querem voltar ao passado.

Intrigada: curiosa, surpresa.

Primeiras impressões

1. O texto que você acabou de ler é uma **notícia.**

a) Que acontecimento ou fato virou notícia?

b) Em que parte do texto o fato ou acontecimento é destacado?

c) Por que, no título, o jornalista se refere ao artista como "Rei do mangá"?

d) Como leitor, você achou o título informativo, claro e atraente? Teve dificuldade de antecipar o conteúdo da notícia?

2. O que há de relevante neste fato ou acontecimento para merecer virar notícia?

3. Em que o artista *pop* se inspira para fazer as suas obras?

4. Leia, a seguir, trechos de um texto de divulgação científica que procura discutir a histórica oposição entre **cultura erudita** e **cultura popular**.

Popular *x* erudito

[...] a cultura popular é pensada sempre em relação à cultura erudita, à alta cultura, a qual é de perto associada tanto no passado como no presente às classes dominantes. De fato, ao longo da história, a cultura dominante desenvolveu um universo de legitimidade própria, expresso pela filosofia, pela ciência e pelo saber produzido e controlado em instituições da sociedade nacional, tais como a universidade, as academias, as ordens profissionais (de médicos, advogados, engenheiros e outras). Devido à própria natureza da sociedade de classes em que vivemos, essas instituições estão fora do controle das classes dominadas. Entende-se então por cultura popular as manifestações culturais dessas classes, manifestações diferentes da cultura dominante, que estão fora de suas instituições, que existem independentemente delas, mesmo sendo suas contemporâneas.

SANTOS, José Luis dos. *O que é cultura.* São Paulo: Brasiliense, 1987. p. 44-45. (Coleção Primeiros Passos).

a) De acordo com o trecho acima, a *cultura erudita* (*também chamada de alta cultura*) está ligada a que classes sociais?

b) Qual o perfil das pessoas ligadas a essas classes sociais? O que elas apreciariam ou consumiriam como cultura? (Considere o significado de "cultura" para os antropólogos.)

c) E quanto à cultura popular: ela estaria ligada a que classes sociais?

d) E qual seria o perfil das pessoas ligadas a estas classes: o que elas apreciariam ou consumiriam como cultura? (Considere também o significado de "cultura" para os antropólogos.)

Para saber mais sobre notícia

A notícia, assim como a reportagem, a entrevista e outros gêneros jornalísticos, visa informar o leitor sobre um fato específico, de interesse público, de forma clara e aparentemente objetiva. Para tanto, informa sobre o que, quando, onde, como e por quê aconteceu e quem estava envolvido.

Ao escrever a notícia, o jornalista faz um recorte do que relatar, levando em conta aspectos como a linha de pensamento do jornal, as suas próprias convicções e o leitor pretendido. Quando faz isso, faz escolhas (de palavras, de imagens, de "vozes" que farão parte do texto) que sinalizam certo ponto de vista sobre o fato.

Glossário

Cultura: na antropologia, significa o conjunto de padrões de comportamento, crenças, conhecimentos, costumes e demais produtos culturais (como música, cinema, pintura etc.) que distinguem um grupo social.

Popular: relativo ou pertencente ao povo; feito por pessoas simples, sem muita instrução.

Erudita: de cultura ampla e refinada.

Classes dominantes: classes sociais que controlam a esfera político-econômica.

Sociedade de classes: aquela em que as pessoas são divididas em grupos sociais de acordo com o papel que desempenham na produção de riqueza, além de outras características.

e) De acordo com a notícia lida, os mangás e desenhos animados aos quais se refere a notícia seriam considerados produtos de consumo de que classe social? Por quê?

f) E as obras dos pintores japoneses do século XVIII, seriam produtos de consumo de que classe social?

5. Considerando o que você discutiu sobre cultura popular e erudita, além das informações que você tem sobre Takashi Murakami e sua obra, e da definição de *arte pop* que aparece no boxe "Clipe" (ao lado da notícia), como explicar o fato de o artista ser chamado de "*pop*"? Afinal, ele não seria um artista com perfil erudito?

6. Depois de toda essa discussão, em sua opinião, você acha que as pessoas de perfil social mais alto só apreciam produtos culturais eruditos, e as de perfil social mais baixo só gostam de produtos culturais populares? Por quê?

7. Duas semanas depois do início da exposição, veja o que um *site* de notícias português publicou sobre as reações do público:

Polémica com exposição de Murakami

Salões do Palácio de Versalhes fechados à arte contemporânea

4.10.2010 — 13:44 Por Cláudia Carvalho

O director do Palácio de Versalhes anunciou que a exposição do artista japonês Takashi Murakami, que gerou polémica em França, será a última do género a ser exposta naquele espaço.

BENOIT TESSIER/REUTERS/LATINSTOCK

Miss Ko2, **escultura de Takashi Murakami.**

Murakami e as suas criações têm provocado polémica desde o dia da inauguração da exposição. Para as vozes que se levantaram contra a exposição de Takashi Murakami, a intrusão da arte contemporânea num monumento histórico é uma profanação.

No dia da inauguração da exposição de Murakami houve mesmo uma manifestação de protesto à porta do palácio e desde então mais de 12 mil pessoas já assinaram duas petições anti-Murakami. Segundo o *The Art Newspaper*, os contestatários defendem que este tipo de exposições modernas chocam com a obra de arte que é o próprio palácio.

Jean-Jacques Aillagon, director do Palácio de Versalhes, declarou ao mesmo jornal que a decisão de terminar com as exposições de arte contemporânea naquele espaço não é uma cedência às exigências dos grupos de protesto, mas apenas uma medida de precaução para que o mesmo não volte a acontecer no futuro. Assim, as próximas exposições de arte contemporânea passarão a ser expostas noutras áreas distintas e exteriores ao Palácio.

Esta não é a primeira vez que uma exposição no Palácio Real causa controvérsia. Em 2008, uma exposição do artista americano Jeff Koons no local provocou também muitas críticas. A exposição "Murakami Versailles" estará no Palácio de Versalhes até 12 de dezembro.

Glossário

Profanação: má utilização de algo respeitável.

Contestatários: pessoas que se opõem a algo ou alguém.

Cedência: ato de ceder, renunciar.

Disponível em: <http://www.publico.pt/Cultura/palacio-de-versalhes-fechado-a-arte-contemporanea_1459394>. Acesso em: 13 jul. 2011.

a) Que acontecimento ou fato virou notícia?

b) O fato já aconteceu, está em processo ou ainda acontecerá? Explique.

c) Releia a informação que aparece como **olho** da notícia:

> "O director do Palácio de Versalhes anunciou que a exposição do artista japonês Takashi Murakami, que gerou polémica em França, será a última do género a ser exposta naquele espaço."

I. Que informações da notícia aparecem neste trecho?

II. Em que parte do texto este trecho aparece?

III. O que há de diferente nele, se comparado ao **corpo** da notícia?

IV. Por que esta parte recebe o nome de *olho*?

d) Observe o título da notícia:

Polémica com exposição de Murakami

Salões do Palácio de Versalhes fechados à arte contemporânea

I. Que informações sobre o fato aparecem nele?

II. O que há de diferente neste título, em relação ao título da primeira notícia?

e) Por que a exposição causou tanta polêmica?

f) Você é a favor ou contra exposições como essa em lugares como esse museu? Justifique a sua resposta, apoiando-se nas leituras e discussões feitas até o momento.

O texto em construção

1. No período anterior e posterior à exposição de Murakami, o assunto esteve em destaque em jornais e revistas – impressos e digitais – e em *blogs*. Observe os títulos de vários textos jornalísticos que abordaram o evento e suas repercussões:

Título 1 – *Folha.com*

31/08/2010 - 13h47

Franceses protestam contra mostra de Takashi Murakami em Versalhes

Disponível em: <http://www1.folha.uol.com.br/ilustrada/791643-franceses-protestam-contra-mostra-de-takashi-murakami-em-versalhes.shtml>. Acesso em: 13 jul. 2011.

Vamos lembrar

Quando decidimos que palavras selecionar, que depoimentos, fontes de informação e imagens usar, em qualquer texto que escrevemos ou falamos, estamos com a intenção de garantir certos sentidos no texto, visando a certos efeitos no leitor. Às vezes, uma simples palavra ou mesmo sua mudança de lugar em uma frase pode fazer a diferença entre modos de interpretar os fatos. Veja:

Confronto de **policiais** com **moradores** deixa 9 feridos.

Confronto de **moradores** com **policiais** deixa 9 feridos.

Confronto entre moradores e policiais deixa 9 feridos.

- *Qual a diferença de sentido entre elas?*

Título 2 – *Portal G1*

Pop japonês de Takashi Murakami toma salas do Palácio de Versalhes

Disponível em: <http://g1.globo.com/pop-arte/noticia/2010/09/pop-japones-de-takashi-murakami-toma-salas-do-palacio-de-versalhes.html>. Acesso em: 13 jul. 2011.

Título 3 – *site Anime Forces*

Central de Notícias e Atualizações

Por: Darkonix
Em: 9/9/2010

Takashi Murakami faz anime pra exibição em Versailles

Disponível em: <http://www.animeforces.com/?page=noticias&id=2761>. Acesso em: 13 jul. 2011.

Título 4 – *Estadão*

Rei do mangá na casa do rei sol

O ousado Takashi Murakami expõe no Palácio de Versalhes, até dezembro

19 de setembro de 2010 | 0h 00

Disponível em <http://www.estadao.com.br/estadaodehoje/20100919/not_imp612005,0.php>. Acesso em: 13 jul. 2011.

Título 5 – *Revista Istoé*

Luxo não sai da moda

Monumental e requintada, a exposição de Takashi Murakami no Palácio de Versailles faz jus à paixão que o rei Luís XIV tinha pelas artes

Paula Alzugaray

Disponível em: <http://www.istoe.com.br/reportagens/107804_LUXO+NAO+SAI+DA+MODA>. Acesso em: 13 jul. 2011.

a) Em qual (ou quais) dos títulos o jornalista parece apresentar mais claramente o que pensa sobre o fato a ser relatado?

b) Qual (ou quais) dos títulos se limita a apresentar o fato a ser relatado, evitando demonstrar qualquer posicionamento sobre ele?

c) Qual (ou quais) dos títulos enfatiza a informação sobre a exposição em si?

d) Qual dos títulos enfatiza uma das consequências da exposição?

e) O que você teve que observar nos títulos para responder aos itens anteriores?

f) Considerando o que observou nos títulos dos textos jornalísticos, responda:

I. Qual a função deles?

II. Escolher entre um título e outro pode significar a diferença entre o leitor ler ou não o texto jornalístico. Explique esta afirmação.

2. **Volte aos títulos, observe os verbos usados, copie-os em seu caderno e responda às questões a seguir:**

Veja mais informações a respeito de **verbos** no Caderno de Estudos de língua e linguagem, na Unidade 2, Capítulo 1.

a) Qual o tempo verbal em que todos eles foram usados?

b) Escolha a resposta correta. Este tempo verbal indica que:

- o fato a ser relatado já foi concluído, está no passado.
- o fato em destaque está em processo, acontece num presente que ainda não foi concluído.
- o fato anunciado ainda está para acontecer, num futuro próximo, quase presente.
- o fato está concluído, mas se faz presente.

c) A escolha desse tempo verbal produz qual dos efeitos a seguir?

- A ideia de que se trata de uma notícia atual, "fresquinha".
- A ideia de que o momento em que o fato aconteceu não é importante.
- A ideia de que o fato já acontecido voltou a se repetir.

d) No título 4, na primeira linha, não há a presença de verbos. Que verbo você encaixaria para dar a ideia:

I. de que a exposição é uma ofensa ao Palácio de Versalhes?

II. de maior **isenção** – ou seja, de que só está informando sobre o fato, sem apresentar nenhuma posição pessoal sobre ele?

III. que a exposição é um privilégio para o Palácio de Versalhes?

IV. que expor no Palácio de Versalhes é um privilégio, uma conquista para o artista?

3. **Nestes dois trechos, a voz que relata o fato é a do jornalista.**

Trecho 1

Um buda de mais de cinco metros de altura, bonecos e bonecas com orelhas de coelho, sapos, flores: as 22 peças criadas por Murakami, que se inspira nos desenhos animados e nos pintores japoneses do século XVIII, invadiram os elegantes salões do palácio de Luís XVI e Maria Antonieta, provocando um curioso contraste.

Trecho 2

No entanto, na quinta-feira à tarde, o cenário não era de batalha nem de protestos: os jardins e o palácio tinham um cenário alegre, onde as coloridas esculturas provocavam curiosidade e admiração de muitos visitantes franceses, e em outros forte indignação, expressada apenas com caretas e risadas irônicas.

a) O relato da notícia é feito em 1ª ou 3ª pessoa? Explique sua resposta.

b) Há diferença de sentido entre dizer:

- "as 22 peças... invadiram" e "as 22 peças... ocuparam".
- "provocando um curioso contraste" e "provocando um desastroso contraste".

Explique sua resposta (se necessário, recorra ao dicionário).

c) Considerando todo o trecho 1, você diria que o jornalista se posiciona sobre o que relata ou procura ficar isento? Explique.

d) Qual o efeito de sentido que o jornalista parece pretender provocar no leitor, com o modo como construiu o parágrafo do trecho 1?

e) No trecho 2, o jornalista inicia o parágrafo com a locução conjuntiva "No entanto" – que relaciona duas ideias apresentadas no texto.

I. Qual o sentido dela?

II. Volte ao texto e releia os dois parágrafos anteriores a este. Quais as ideias que a locução conjuntiva "No entanto" relaciona?

III. A relação entre essas ideias, por meio da locução conjuntiva, é importante para o desenvolvimento do texto? Por quê?

f) Levando em conta todo o trecho 2, você diria que o jornalista se posiciona sobre o que relata ou não? Explique, recorrendo à observação das escolhas de palavras ou expressões.

g) Afinal, considerando toda a notícia (texto 1), você diria que o texto é isento de opinião ou não? Explique.

4. Em relação aos depoimentos que compõem a notícia:

a) Eles aprovam ou desaprovam a exposição? Explique.

b) Releia um dos depoimentos:

— Vim ver a Galeria dos Espelhos do Palácio de Versalhes, como presente de meu marido para nosso aniversário de 20 anos de casamento, e encontro isto —, declarou Helen Atkinson, inglesa, apontando uma esfera colorida de grandes margaridas expostas nas luxuosas lâmpadas do bonito salão.

I. Qual você acha que é a posição desta entrevistada, considerando o modo como ela se referiu ao que viu: **isto**?

II. Observe o **verbo *dicendi*** (verbo de elocução) usado pelo jornalista ao se referir à fala de Helen. Ele dá alguma ideia sobre o modo como a entrevistada fez a afirmação? Explique.

III. Se o jornalista quisesse indicar que a entrevistada estava indignada, que verbo poderia usar no lugar deste?

c) Que recurso o jornalista usou para destacar as falas dos entrevistados?

d) Qual a importância dos depoimentos para a construção do texto? Fariam falta?

5. Como leitor, você acha importante observar estes aspectos da construção do texto, observados nas questões anteriores (de 1 a 4)? Por quê?

6. Você diria que as duas notícias lidas são meramente informativas ou elas o levaram a pensar sobre o fato? Explique sua resposta

7. A notícia que você leu (Texto 1) apresenta algumas fotos da exposição. Qual a importância delas na composição do texto?

8. As fotos não apresentam legendas.

a) Você acha que fez falta? Por quê?

b) Se fôssemos preparar legenda para elas, que tipo de informação poderia aparecer, considerando o que retratam?

c) A foto que aparece na notícia apresentada na questão 7 tem legenda. Eliminá-la seria prejudicial à interpretação da imagem? Explique.

9. Para finalizar, levando em conta as discussões feitas sobre as duas notícias lidas nesta sequência de exercícios, pense sobre as seguintes questões:

Pensando sobre a notícia...	
Do que se pode falar em uma notícia?	
Qual o objetivo de textos desse gênero?	
Em que meios podemos encontrá-las?	
Quem são os **interlocutores** desse tipo de texto? (Quem escreve e para quem se escreve?)	
Como o texto se organiza? (O que e como "entra" no texto?)	
Só aparece uma "voz" na notícia?	
O texto só apresenta informações precisas sobre os fatos?	
Que tipo de linguagem é usada: formal ou informal?	
Que outras linguagens podem aparecer na notícia, além do texto verbal?	

Vale a pena ler e ver!

***O Navio Negreiro*. Poema de Castro Alves, musicado por Slim Rimografia e ilustrado pelo grupo Opni. São Paulo: Panda Books, 2011.**

"O Navio Negreiro", de Castro Alves, é um dos mais importantes poemas épicos da literatura brasileira. Nele, é retratado o transporte de escravos da África para o Brasil e a terrível condição a qual eram submetidos os negros, separados de suas famílias e tratados como animais. Ainda hoje, o texto é considerado atual, tido como referência por sua temática e pelo tom em que denuncia as injustiças e reivindica a liberdade. O *rapper* Slim compôs um *rap* baseado no poema e deu origem a esta nova publicação que, além de contar com o texto integral de Castro Alves e a nova versão de Slim, ainda traz um ensaio de grafites do grupo Opni.

Eis um exemplo de diálogo entre os estilos — erudito e *pop* — enriquecido com o uso de diferentes linguagens! Vale a pena conferir!

Para ver o clipe, acesse: <https://pandabooks.websiteseguro.com/tvpanda/27/o-navio-negreiro.html>.

Produção: reportagem – 2ª etapa

Conforme anunciado no capítulo anterior desta unidade, você e seu parceiro de trabalho irão produzir uma reportagem que irá tratar das preferências musicais dos alunos de sua escola.

Chegou o momento de retomar esse trabalho!

Conhecendo mais o gênero: reportagem

Atividade 1: comparando a reportagem e a notícia

Você já observou e levantou — no quadro *O que aprendi sobre reportagem...* — algumas das características próprias da **reportagem**.

Também já leu e observou algumas características de outro gênero jornalístico, a **notícia**. Apesar das diferenças entre os dois gêneros (que serão enfatizadas mais ao final do capítulo), há aspectos em comum entre a notícia e a reportagem por ambas se tratarem de textos jornalísticos e importantes para informar e para formar opiniões.

Consulte as suas anotações sobre **notícia** e acrescente no quadro o que de lá você acredita que pode ser válido também para a **reportagem**.

O que aprendi sobre reportagem, nas atividades de leitura, e que pode me ajudar a ler ou produzir textos deste tipo?

- Para planejar uma reportagem, é preciso ter em mente o público leitor e seus interesses, ou selecionar um assunto ou fato que esteja em destaque no momento.
- As fontes pessoais consultadas devem ser as pessoas entendidas no assunto tratado ou as pessoas de quem se está tratando no texto.
- Para destacar ou introduzir as falas das fontes pessoais, em geral, são usadas as aspas. Mas em uma das reportagens lidas também foi usado o travessão.
- As fotos, os infográficos e os boxes têm a finalidade de fornecer informações complementares e tornar o texto mais atraente ao leitor.

Atividade 2: a organização do texto e a composição com outras linguagens

Assim como na notícia e em qualquer outro texto jornalístico, o **título** de uma **reportagem** e a organização visual do texto são aspectos muito importantes para atrair o leitor.

Leia a **reportagem** a seguir e observe como a jornalista organizou o seu texto em tópicos:

DIARINHO

domingo, 1º de novembro de 2009 7:13

[Título]

Juliana Ravelli
Do *Diário do Grande ABC*

Som de gente velha e que dá sono. Em geral, esses são os adjetivos que a galera adolescente fornece à música clássica. Caso pertença ao time, se liga em um detalhe importante: quase tudo o que você conhece tem um pezinho nas composições eruditas. Prova disso é que estão superpresentes em outros estilos.

O cantor de *rock* André Matos (ex-vocalista do Viper, Angra e Shaaman) que o diga; seu trabalho é completamente influenciado pelo clássico. Quem curte seu som pode não saber, mas ele tem formação erudita. Concluiu faculdade de música, especializando-se em composição e regência orquestral. No meio do curso, teve de escolher a qual estilo se dedicaria. "Achei que no *rock* teria mais liberdade para misturar as duas coisas", diz.

Os roqueiros estão no topo da lista dos artistas que utilizam referências clássicas para compor suas obras (confira abaixo). É unânime a opinião entre eles de que o erudito é a base de tudo. M.R.J., 16 anos, de São Caetano, descobriu isso nas aulas de musicalização da Fundação das Artes de São Caetano. Antes, só ouvia *rock*. "Adoro quando entra o som de coral ou violino. Deixa ainda mais legal", garante.

[Subtítulo 1]

T.B., 18, de Santo André, é ligado em MPB e música erudita. Aos 10, começou a tocar o bandolim que herdou do avô. Dois anos depois, disse ao pai que queria aprender violino. Hoje, improvisa um som no intervalo das aulas com amigos do Ensino Médio. Ele fica no instrumento erudito e os outros, na guitarra e violão. "Tocamos Metallica, Judas Priest, Black Sabbath, Iron Maiden. Quem chega pede uma música, e a gente tenta fazer", conta.

Tem quem diga que não gosta sem conhecê-la. Não é bicho de sete cabeças. Escutar esse tipo de música pode ajudá-lo a perceber os detalhes e sons dos instrumentos de outros estilos. A introdução de "Because" (1969), dos Beatles, por exemplo, foi composta a partir dos acordes de "Sonata ao luar", de Beethoven, tocados de trás para frente. Na MPB, os compassos iniciais de "Samba em prelúdio", de Baden Powell e Vinicius de Moraes, são os mesmos da "Bachiana nº 4" de Villa-Lobos.

"Música (clássica) remete à concentração. Abre a janela para conhecer uma cultura diferente", explica o maestro da Orquestra Sinfônica da Fundação das Artes de São Caetano, Geraldo Olivieri. Segundo ele, as igrejas evangélicas estão ajudando a disseminá-la entre os jovens.

[Subtítulo 2]

Da terra do frevo e do maracatu vem uma jovem promessa da música brasileira: Vitor Araújo, 19 anos, pianista que coloca no liquidificador música erudita, MPB e *rock* para produzir um som que está conquistando espaço entre adolescentes e ouvintes exigentes. O pernambucano, que iniciou os estudos aos 9 anos, toca — com as mãos ou os pés — de "Asa branca" (Luiz Gonzaga) a "Paranoid android" (Radiohead). "O erudito, um dia, já foi o popular", afirma.

A referência vem de mestres brasileiros, como Villa-Lobos, Chico Buarque, Tom Jobim, e dos compositores

Glossário

Disseminá-la: torná-la conhecida.

de *jazz* Miles Davis e John Coltrane. De misturas, aliás, o maestro, compositor, pianista, cantor e violonista Tom Jobim (1927-1994) entendia. Ele é um dos pais da bossa nova, que recebeu influência do erudito e do *jazz*, mas que tem a cara e o gingado do Brasil. Ouça "Chega de saudade", "Samba de uma nota só" e "Águas de março".

Na opinião de Vitor, a gente também tem de conhecer Yamandu Costa, Dominguinhos, Naná Vasconcelos, Egberto Gismonti, Hermeto Pascoal, Edino Krieger, Cláudio Santoro e Camargo Guarnieri. "Assim como nosso corpo não pode se alimentar somente de *fast-food*, nossa alma não pode se alimentar de música sem conteúdo e sem profundidade", explica.

[Subtítulo 3]

Há tempos, cientistas querem descobrir se a música clássica ajuda no desenvolvimento da inteligência. Para se ter uma ideia, estudo feito na Universidade da Califórnia, nos Estados Unidos, em 1997, mostrou que, entre 25 mil estudantes, aqueles que realizavam atividades ligadas à música tiraram notas mais altas nas provas.

[Subtítulo 4]

Tem gente que desde cedo deseja seguir a carreira musical. É o caso de M.G. e B.Z., ambas de 15 anos, que tocam violoncelo e violino, respectivamente, há dois anos na Orquestra Sinfônica Jovem da Fundação das Artes de São Caetano.

As amigas iniciaram o curso de musicalização aos 5 anos. Aos 6, começaram a aprender os primeiros acordes nos instrumentos pelos quais, hoje, são apaixonadas. "Não me imagino dentista ou engenheira. Até que poderia ser bem-sucedida, mas não seria feliz. Com a música, a gente passa a vida cuidando da alma", afirma M.

Elas sabem que o caminho da profissionalização artística não é fácil, mas garantem que é isso mesmo o que querem. "Na música, a gente sempre está em busca da perfeição", explica M.

Apesar de amarem o erudito, curtem outros estilos, principalmente *jazz* e música latina. "Não é porque a gente escuta música clássica, que temos de ser caretas", diz B.

[Subtítulo 5]

Depois de acompanhar pela TV um incêndio na favela de Heliópolis, em São Paulo, o maestro Silvio Baccarelli decidiu colocar em prática um sonho: levar música clássica à comunidade carente. Foi então que criou o Instituto Baccarelli, organização sem fins lucrativos, que oferece ensino gratuito de canto e instrumentos eruditos a 530 crianças e adolescentes do local.

A.F., 15 anos, participa das aulas de coral e viola erudita (nada a ver com a viola caipira, essa é parecida com violino, mas um pouco maior). "Mudou muito a minha maneira de pensar, agir e falar. Amadureci por meio da música."

A estudante já teve a oportunidade de se apresentar com outros jovens na Sala São Paulo e no Teatro Municipal de São Paulo, locais que recebem as orquestras mais famosas do planeta. "Foi bem emocionante. Sinto liberdade quando estou tocando", afirma A., que sonha em se profissionalizar na música.

[Subtítulo 6]

1965 — A banda inglesa The Beatles grava "Yesterday" (do álbum *Help!*), primeira música em que usam instrumentos eruditos, como violino, viola e violoncelo. EM

1969 — A banda inglesa Deep Purple lança o álbum Concerto for Group & Orchestra (Concerto para Grupo e Orquestra), gravado com a Royal Philharmonic Orchestra. EM

1969 — O grupo britânico The Who lança o álbum de ópera *rock* (assim como na produção erudita, conta uma história) intitulado Tommy. Em 1975, virou filme e, em 1993, transformou-se em musical da Broadway.

1975 — Os roqueiros ingleses da banda Queen lançam o álbum A Night at the Opera (Uma Noite na Ópera), que traz a famosa "Bohemian Rhapsody", na qual os integrantes cantam como se fossem um coral lírico.

1988 — A cantora lírica espanhola Montsserat Caballé grava com Freddie Mercury (vocalista do Queen) o álbum Barcelona, considerado um dos mais importantes encontros de um roqueiro com uma cantora erudita.

1992 — A banda de *rock* norte-americana Guns N'Roses grava a música "November rain", com a participação de uma orquestra. O próprio vocalista Axl Rose costumava tocar piano de cauda nos *shows*.

1995 — A escola de samba Beija-Flor de Nilópolis leva pela primeira vez violino e sopranos para o desfile de Carnaval. O samba-enredo homenageava Bidu Sayão, importante cantora lírica brasileira.

1999 — A banda de *rock* norte-americana Metallica grava um de seus melhores álbuns, segundo os fãs, com a Orquestra Sinfônica de São Francisco.

2000 — Os roqueiros alemães do Scorpions gravam o álbum Moment of Glory com uma das mais importantes orquestras do mundo, a Filarmônica de Berlim.

Disponível em: <http://www.dgabc.com.br>. (Adaptado). Acesso em: 14 jul. 2011.

1. Considerando que o título de uma reportagem deve oferecer uma boa dica para o leitor sobre o que será tratado no texto, que título você daria a esta reportagem?

2. Agora, você deverá fazer o mesmo com os subtítulos que foram retirados. Leia os trechos que correspondem a cada um e crie subtítulos para eles. Lembre-se de que, semelhantemente à função do título, esses subtítulos devem dar uma dica ou chamar a atenção sobre as informações ou ideias que estão nos trechos.

3. Caso você tivesse que apresentar um subtítulo ou "olho" para aparecer logo após o título da reportagem, como ele seria?

4. A seguir você vai ler as frases que foram retiradas do texto original e que serviram de título e subtítulos. Leia-as com atenção e indique qual delas seria o título e qual o subtítulo adequado para cada trecho.

a) qual delas seria o título.

b) qual o subtítulo adequado para cada trecho.

I. Do baião ao *rock* nas teclas do piano
II. Dois em um
III. Mistura sempre existiu
IV. Nota alta
V. Entre o *pop* e o clássico
VI. Oportunidade para todos
VII. Música para a vida toda

5. Comparando o título e os subtítulos originais com os seus, você substituiria algum dos originais? Explique.

Praticando

1. **Você já observou que na reportagem que acabou de ler não foram utilizados outros recursos (de outras linguagens) para tornar o texto mais atraente. Este será o seu exercício, agora.**

a) Entre as imagens a seguir, selecione três que você entende que seriam mais adequadas para compor a reportagem, considerando todo o seu conteúdo e o que chamaria mais a atenção dos leitores.

1

DANILO VERPA/FOLHAPRESS

Vitor Araújo, pianista, São Paulo, 2008.

2

JORGE ROSENBERG/EDITORA ABRIL

Tom Jobim e Chico Buarque, São Paulo, 2003.

3

DANILO VERPA/FOLHAPRESS

Maestro Silvio Baccarelli, ensaio da Orquestra Sinfônica de Heliópolis, São Paulo, 2009.

4

SYGMA/CORBIS/LATINSTOCK

Freddie Mercury e Montserrat Caballe, 1987, Barcelona.

5

KIM KULISH/ACTION PRESS/KEYSTONE

Orquestra Sinfônica de São Francisco, Califórnia, 2005.

6

DAVID MAGNUS/REX FEATURES/IMAGEPLUS

Beatles, Londres, 1967.

b) Uma vez selecionadas as imagens, crie legendas para elas e explique em que parte do texto cada uma entraria.

2. **O último trecho da reportagem, cujo subtítulo é "Mistura sempre existiu", poderia ser apresentado de que outro modo, para tornar o texto mais divertido ou atraente para o leitor?**

Atividade 3: modos de iniciar uma reportagem

Observe os trechos iniciais de todas as reportagens apresentadas a você nesta unidade:

Reportagem 1

Calçadão aproxima estilos, identidades e gostos musicais variados

Jovens de estilos diferentes interagem na cidade

Luan Santos
Bianca Damas

"É impossível ser feliz sozinho" diz a música "Wave", de Tom Jobim. O psicólogo Felipe Stephan Lisboa disse que a iniciativa do homem de se juntar com os iguais vem da necessidade de sentir-se protegido e parte de uma causa. Desde a infância, formam-se vínculos de amizades com identidades parecidas, o que influencia na construção da personalidade do indivíduo.

Jornal OutrOlhar. Nov. 2010. p. 6. (Fragmento).

Reportagem 2

Sertanejo universitário: o sertanejo faz escola

Carol Campanharo e Naiara Andrade

"O sertanejo é, antes de tudo, um forte", escreveu Euclides da Cunha em *Os sertões*, lá em 1902, referindo-se ao homem nordestino, que sempre sobreviveu às mazelas. Mais de um século depois, a frase continua atual e facilmente aplicável à realidade do gênero musical homônimo e genuinamente brasileiro. Entra moda, sai moda, entre altos e baixos, o estilo sertanejo resiste e persiste.

Disponível em: <http://extra.globo.com/tv-e-lazer/sertanejo-universitario-sertanejo-faz-escola-363067.html>. Acesso em: 14 jul. 2011. (Fragmento).

Reportagem 3

Até onde a mídia influencia na escolha do gosto musical?

LEILANE ANDRADE leilanesandrade@hotmail.com

Uma hora da tarde. Um grupo de dez estudantes discute um tema em comum: a preferência musical. "Eu gosto de escutar forró porque é bom pra dançar", diz P., 15. "Eu sei a letra também, mas aquelas que têm muito palavrão eu não canto não", completa. "Essas músicas com palavrão nem deveriam ser tocadas nas rádios. Eu gosto de *pop-rock*, mas não vejo muito na mídia. Queria que tivesse mais espaço", afirma Elenildo, 15. "Ah!, mas eles tocam mais forró porque dá mais audiência", rebate Y., 15. "Nem gosto de tudo que passa na TV, era para ter um programa só de música", fala outro participante. E assim, a discussão continua...

Disponível em: <http://www2.uol.com.br/omossoroense/301107/conteudo/cotidiano.htm>. Acesso em: 15 jul. 2011.

Reportagem 4

Entre o *pop* e o *rock*

Juliana Ravelli
Do *Diário do Grande ABC*

Som de gente velha e que dá sono. Em geral, esses são os adjetivos que a galera adolescente fornece à música clássica. Caso pertença ao time, se liga em um detalhe importante: quase tudo o que você conhece tem um pezinho nas composições eruditas. Prova disso é que estão superpresentes em outros estilos.

1. O que aparece nos exemplos, antes de iniciar o primeiro parágrafo?

2. Há diferentes modos ou estratégias para iniciar uma reportagem. Veja abaixo algumas delas e indique em qual – ou quais – cada reportagem se enquadra. **Atenção: o jornalista pode ter usado mais de uma, combinando-as.**

a) Inicia com citação de trechos de obras a partir das quais explicam, exemplificam ou justificam a abordagem da reportagem.

b) Usa trechos de depoimentos que explicam, exemplificam ou justificam algo relacionado ao assunto.

c) Inicia com o relato de uma situação observada, conhecida ou vivida pelo repórter.

d) Usa frases que generalizam ideias que circulam entre os interlocutores diretos (os leitores) do repórter.

e) Inicia com citações de especialistas no assunto que será tratado na reportagem.

Reportagem e notícia – Afinal, qual a maior diferença?

Diferentemente da notícia, a **reportagem** é um texto mais longo, que deve aprofundar o assunto ou o fato tratado, sem precisar se preocupar tanto com a aparente isenção de posição do jornalista. A reportagem é sempre matéria assinada, tem um autor que pode se mostrar mais no texto.

Recorrendo a várias vozes que ajudam a mostrar diferentes pontos de vista sobre o fato ou o assunto, a **reportagem** é mais **analítica** e possibilita ao leitor uma visão ampla sobre o que lê. Além de **mostrar** o fato, ela o analisa. E isso exige mais pesquisa e coleta de informações de diferentes fontes.

Produzindo o texto: reportagem

Condições de produção

■ *O quê?*

Você vai produzir, com seu colega, uma reportagem sobre os estilos musicais que mais agradam os jovens da sua escola.

■ *Para quem?*

A reportagem será destinada a jovens de sua idade (seus colegas de escola, por exemplo) ou a um público mais amplo — seus amigos e outros conhecidos —, caso a turma ou a escola possua um *blog* ou uma página em alguma das redes sociais (como Orkut, Facebook, MySpace).

Como fazer?

1. Retomando o que já foi feito

Na primeira etapa do trabalho vocês realizaram as entrevistas com os colegas para coletar informações e definir o estilo musical sobre o qual irão escrever.

2. Realizando outras pesquisas

Chegou o momento de a dupla buscar outras informações para compor a reportagem. Vocês já têm alguns depoimentos colhidos nas entrevistas feitas durante o estudo do Capítulo 1. Agora que vocês já sabem sobre qual estilo musical irão falar, terão de conhecê-lo melhor para escrever sobre ele.

Uma estratégia eficaz para planejar a pesquisa é pensar em perguntas que você tenha a fazer sobre o estilo musical. Pergunte-se: "O que eu gostaria de saber sobre".

Desse modo, você poderá estabelecer parâmetros para a sua busca — o que facilitará a seleção das informações relevantes para responder às suas perguntas e a eliminação das irrelevantes.

Veja um exemplo:

Possibilidades de fontes de informação: livros, revistas, *sites* e *blogs* especializados em música em geral ou no estilo específico, pessoas entendidas ou especialistas no assunto (músicos, professores de música, admiradores do estilo).

Sugestão de *sites*:

1. <http://www.lusoafrica.net/v2/index.php?option=com_content&view=article&id=96&Itemid=117>
2. <http://institutocravoalbin.com.br/>

Busca de textos na internet

- Selecione palavras-chave eficazes para filtrar o resultado da pesquisa. Por exemplo, se digitar em um *site* de buscas a expressão "estilos musicais", obterá resultados mais precisos do que se digitar música ou estilos. Lembre-se de que, ao colocar a expressão entre aspas, você está solicitando uma busca às ocorrências da expressão e não das palavras da expressão. O uso das aspas, portanto, ajuda a refinar a pesquisa.
- Analise a fonte do texto para verificar se é confiável. Evite *blogs* de pessoas desconhecidas. Desconfie de informações que aparecem em um único endereço.
- Ao encontrar informações que considere úteis, reescreva-as com suas palavras. Ao apresentá-las, indique a fonte da pesquisa, para que o seu texto tenha credibilidade.

3. Planejando a escrita da reportagem

Para fazer o primeiro esboço do texto, a dupla deverá considerar as informações selecionadas durante a pesquisa e os dados coletados nas primeiras entrevistas com os colegas.

a) Decida sobre o enfoque que dará ao assunto da reportagem. O objetivo será:
- explicar o estilo musical eleito?
- compará-lo com outros estilos?
- enfatizar o conflito entre o estilo eleito e um outro, considerado o seu oposto?
- falar sobre a aceitação ou não do estilo musical entre determinados grupos?
- Outro?

b) Selecione as informações mais relevantes para garantir o objetivo que a dupla definiu para a reportagem.

c) Decida sobre o que vai ajudar a compor a reportagem, além do texto verbal. É importante selecionar ao menos uma imagem e preparar a legenda. Pense se haverá gráficos ou tabelas.

d) Pense se a dupla irá assumir uma voz mais parcial ou imparcial, durante a exposição das informações.

e) Planeje em que ordem aparecerão as informações selecionadas.

4. Escrevendo o texto

a) Pense em como vai iniciar a sua reportagem:
- já anunciando o estilo musical do qual tratará?
- apresentando os dados percentuais das entrevistas?
- apresentando a fala de um dos entrevistados?

b) Fique atento à organização das informações para garantir a apresentação coerente do que quer dizer. Recorra à divisão em subtítulos, se for o caso, e a tudo o que aprendeu sobre a reportagem.

c) A dupla deverá revisar o texto constantemente, durante a escrita, tendo ao lado a ficha de avaliação com os critérios de produção da reportagem como referência.

Avaliando

a) Mediante os critérios de produção da reportagem que o ajudaram a pensar na produção, a dupla deve fazer os ajustes finais no texto, antes de entregá-lo ao professor.

b) Combine a entrega do texto finalizado e das fichas de avaliação da produção (devidamente preenchidas pela dupla) e aguarde a avaliação do professor para outros ajustes, antes da publicação.

c) Faça, também, a autoavaliação da sua participação e da participação de seu colega, conforme orientação na ficha de avaliação.

▶ No final do livro, você vai encontrar a Ficha de Avaliação 4 .... Reportagem

Roda de leitura: canção, letra de canção e poemas

Já conversamos sobre do que é feita uma canção. Agora é hora de destacarmos um de seus elementos: a letra.

Quando nos deparamos com um encarte de CD com as letras das músicas, ou quando as buscamos na internet, já reparou que, assim como os poemas, elas são escritas em versos?

Mas será que letras de canções e poemas são a mesma coisa? Será que toda letra de canção pode ser reconhecida como um poema? E será que todo poema pode se tornar letra de canção?

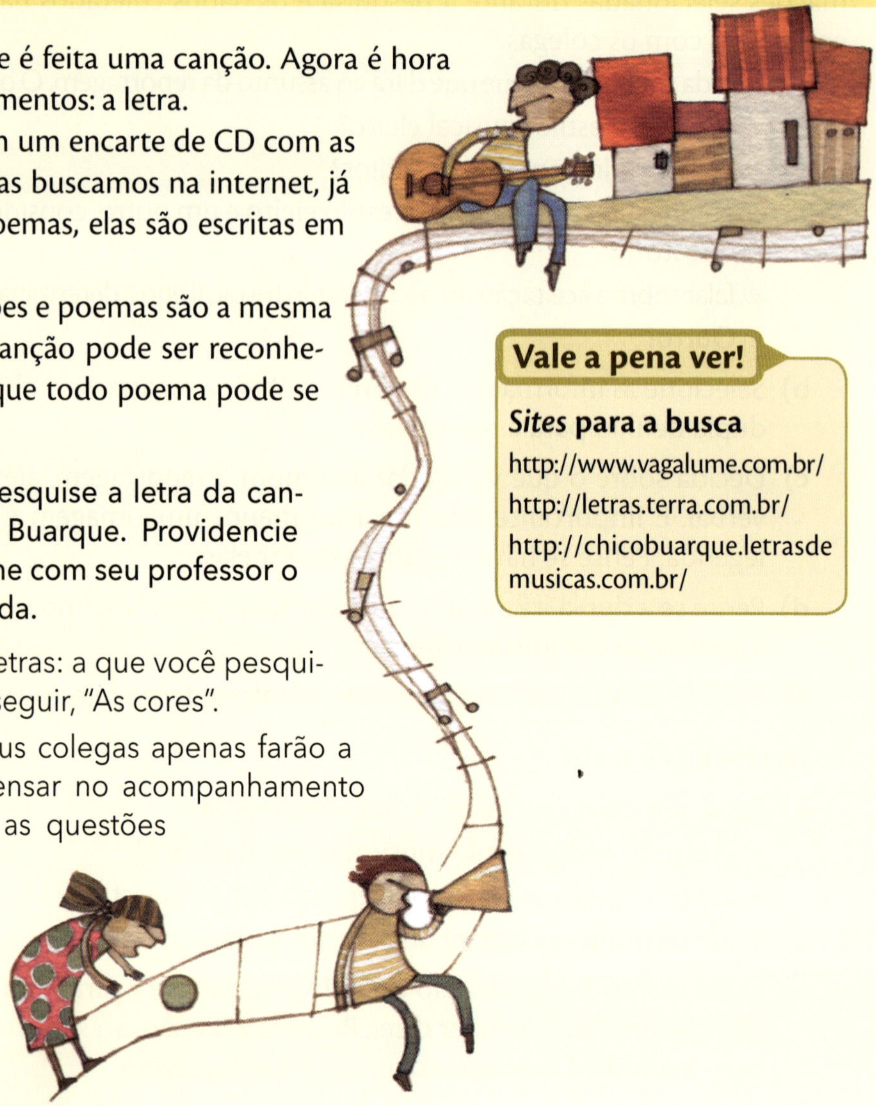

▼ Para esta roda de leitura, pesquise a letra da canção "Roda-viva", de Chico Buarque. Providencie uma cópia da letra e combine com seu professor o dia em que vocês farão a roda.

- A ideia é comparar duas letras: a que você pesquisou e a letra de canção a seguir, "As cores".
- Primeiramente, você e seus colegas apenas farão a leitura das letras, sem pensar no acompanhamento musical, para discutirem as questões da seção "Provocações".

Vale a pena ver!

***Sites* para a busca**

http://www.vagalume.com.br/
http://letras.terra.com.br/
http://chicobuarque.letrasdemusicas.com.br/

Clipe

Letra de canção ou poema?

Essa discussão é bem antiga. Para alguns, uma nada tem nada a ver com o outro. Para outros, a diferença pode ser muito pequena.

O fato é que pode haver letras de canção muito poéticas – que usam e abusam dos recursos da poesia e se apresentam com ritmo próprio –, assim como pode haver letras de canção sem qualquer poesia.

Para saber diferentes opiniões dos envolvidos diretos neste tema tão controverso, você poderá acessar a revista *Continente Online*, no endereço <http://www.continenteonline.com.br> e buscar o título: "Poetas e compositores expõem as diferenças entre o poema e a canção".

Clipe

A felicidade

Tristeza não tem fim
Felicidade sim

A felicidade é como a gota
De orvalho numa pétala de flor
Brilha tranquila
Depois de leve oscila
E cai como uma lágrima de amor
[...]

Disponível em: http://www.viniciusdemoraes.com.br/site/article.php3?id_article=1031>. Acesso em: 8 ago. 2011.

Vinicius de Moraes foi um poeta e letrista brasileiro que aproximou muito os dois ofícios: além de publicar livros de poesia, também fez muitas letras de canção que podem dispensar o arranjo musical e serem tomadas como pura poesia.

Visite o *site* <http://www.viniciusdemoraes.com.br/site/> e conheça um pouco da obra desse grande poeta e letrista.

As cores

O vento bate a porta e não me engana mais
A **de**coração branca não me satisfaz
Eu queria estar no seu lugar
Mas não estou

Acham que enlouqueci
Perguntam de você pra mim
Eu tento dizer que está tudo bem

Estou igual vivendo o irreal
Per**gun**tei do final pras flores
As flores são parte do total
Já se tornou banal
Me **sen**tir mal, me sinto mal!

As cores lá fora me disseram pra continuar
Elas me disseram pra continuar (Eu já superei)
Mas eu queria suas mãos nas minhas
Revelar as fotos que tiramos e ninguém sabia
Da su**a** partida (Da su**a** partida)

E se foi
Se jogou num mar aberto de ilusões
E as ondas te acertaram como eu planejei
Eu exagerei

Um **sen**timento tão forte
Eu sei que tive sorte
Aquilo não era o que eu sou
Agora eu sei muito bem quem sou
E o que me tornou

Tão igual vivendo o irreal
Per**gun**tei do final pras flores
As flores são parte do total
Já se tornou banal
Me **sen**tir mal, me sinto mal!

Roda de leitura

As cores lá fora me disseram pra continuar
Elas me disseram pra continuar (Eu já superei)
Mas eu queria suas mãos nas minhas
Revelar as fotos que tiramos e ninguém sabia
Dessa sua partida (Da sua partida)

(Tudo que eu penso parece ser você
Eu tento, luto, venço, mas não **vou** esquecer)
Tudo o que eu falei te fazia chorar
Não te ouvia falar
Só te peço perdão
Hoje canto pra que ouça dos céus que eu não
Duvidei do amor

Tão igual, vivendo o irreal (4x)
Sou igual com vocês até o final

Danilo Valbusa e Diego Silveira. Disponível em: <http://letras.terra.com.br/cine/1500114/>. Acesso em: 19 set. 2011.

Provocações

1. Qual é o assunto tratado em cada uma das letras de canção?

2. Acompanhe a leitura em voz alta dos dois textos e, em seguida, converse sobre qual das duas letras apresenta os seguintes recursos da poesia:

a) rima;

b) um ritmo definido e regular;

c) predomínio de versos com medidas parecidas;

d) presença de linguagem figurada.

3. Considerando o que você e seus colegas conversaram na questão anterior, qual das duas letras de canção seria a mais poética?

4. De qual das duas letras você mais gostou? Por quê?

5. É hora de ouvir a execução das canções. Considerando as duas canções, qual das melodias parece ter alterado menos o modo de pronunciar as palavras ou os versos?

6. De qual das duas canções você mais gostou? Por quê?

Vamos lembrar

O fazer poético

A poesia explora artisticamente a linguagem, combinando as palavras em versos, para que tenham efeitos sonoros e/ou visuais e sugiram novos sentidos. Para isso, ela se vale de recursos como: ritmo, rima, aliterações, assonâncias, número de sílabas poéticas, linguagem figurada.

No Caderno de Práticas de Literatura, no Capítulo 1, há mais informações a respeito do **fazer poético**.

Um poema musicado

Para finalizar essa conversa sobre letras de canção e poemas, acompanhe a declamação do poema "Traduzir-se", de Ferreira Gullar e, em seguida, ouça a sua versão musicada pelo cantor e compositor Raimundo Fagner.

Traduzir-se

Uma parte de mim
é todo mundo:
outra parte é ninguém:
fundo sem fundo.

Uma parte de mim
é multidão:
outra parte estranheza
e solidão.

Uma parte de mim
pesa, pondera:
outra parte
delira.

Uma parte de mim
almoça e janta:
outra parte
se espanta.

Uma parte de mim
é permanente:
outra parte
se sabe de repente.

Uma parte de mim
é só vertigem:
outra parte,
linguagem.

Traduzir uma parte
na outra parte
— que é uma questão
de vida ou morte —
será arte?

Ferreira Gullar. *Na vertigem do dia*. Rio de Janeiro: José Olympio, 2004.

Vale a pena ouvir!

***A música em Pessoa*. Vários artistas. Rio de Janeiro: Biscoito Fino, 2002.**

Fernando Pessoa, poeta português (1888-1935), teve 15 de seus poemas musicados e cantados por músicos como Caetano Veloso, Milton Nascimento e Tom Jobim. *A música em Pessoa*.

"Bachianas Brasileiras, nº 2 (O trenzinho do caipira)." In: Heitor Villa-Lobos. *Complete Choros & Bachianas Brasileiras*. Suécia: BIS Records, 2009.

O trenzinho do caipira é uma composição de Heitor Villa-Lobos e parte integrante da peça "Bachianas Brasileiras nº 2". A obra se caracteriza por imitar o movimento de uma locomotiva com os instrumentos da orquestra.

A melodia recebeu letra composta por Ferreira Gullar.

Fonte: <http://pt.wikipedia.org/wiki/O_Trenzinho_do_Caipira>. Acesso em: 20 maio 2011.

Ouça só a música em: <http://letras.terra.com.br/heitor-villa-lobos/507893/>. Acesso em: 20 maio 2011.

UNIDADE 3 Meio ambiente e participação política

MANDY. Grafite feito na Baixada do Glicério. (Colaboração de Mari Marts). 2010. Fotografia de Mandy.

Psiu!

É com você mesmo! Quantas vezes você passa pelas ruas de sua cidade observando o que há nelas? Quantas vezes, aliás, você se lembrou de que é parte da cidade? Para pensar melhor sobre isso, observe novamente a fotografia acima e depois converse com sua turma e professor.

Converse com a turma

1. Qual é o estado de conservação da construção fotografada e da calçada em que ela está? O que você observou para chegar a essa conclusão?
2. O que você acha: cenas assim são raras ou comuns nas cidades?
3. E na sua cidade, há muitos espaços como esse?
   - Que consequências espaços nesse estado de conservação podem trazer para as pessoas que circulam por eles?
4. Observe as personagens e as formas do grafite sobre a parede. Eles remetem à realidade cotidiana ou à fantasia? Por quê?
5. Você acha que a presença do grafite nessa parede pode provocar reflexões diferentes daquelas que as pessoas comumente poderiam ter ao passar por esse lugar? Por quê?
6. Você conhece a região que as artistas escolheram para o grafite, a Baixada do Glicério, em São Paulo?
   - Em sua opinião, ela é um bom lugar para manifestações artísticas? Por quê?
7. O que você acha: uma manifestação de pichação nessa parede provocaria as mesmas reações que o grafite pode provocar sobre as pessoas? Por quê?
8. Pense em seu bairro, especialmente na rua em que você mora.
   a) Que outras coisas você vê que, em sua opinião, prejudicam o espaço e a vida das pessoas que circulam por ele?
   b) Faça uma lista desses problemas ambientais em seu caderno. Deixe uma linha entre um problema e outro para acréscimos que você fará depois.
9. Que outras formas de chamar a atenção para esses problemas ambientais, além da artística que vimos, seriam possíveis?

Quem é

Mandy

MARCO PAOLIELLO GRILLO

Mandy, 2010.

Mandy é designer gráfica e faz arte com música e grafite. E é por meio do grafite que ela faz intervenções em ambientes que carecem de "vida" e atenção, e que por muitas vezes caíram no esquecimento das pessoas, como estabelecimentos abandonados, superfícies enferrujadas, paredes quebradas. Sua paixão pela música dialoga constantemente com suas personagens, e é uma forte aliada no seu processo de criação.

Disponível em: <http://culturadrua.blogspot.com/2010/06/mandy-amanda-mussi-nascida-em-sao-paulo.html>. Acesso em: 6 jul. 2011. (Adaptado).

O que vamos fazer nesta unidade

Conheceremos melhor alguns problemas ambientais causados pelo mau uso dos espaços urbanos e aprenderemos mais sobre gêneros escritos que podem ser interessantes para intervir sobre eles: carta de solicitação e carta de reclamação. Avaliaremos esses problemas em nossos contextos para, então, decidirmos como "soltar a língua" em busca de soluções ou melhorias!

Vamos pensar

- Que problemas ambientais existem nas ruas em que moramos?
- Por que o lixo é um problema tão sério?
- Como podemos intervir nesses problemas usando nossos conhecimentos de língua?

Capítulo 1

Pelas ruas da cidade: problemas ambientais

Quem é

Kim

KIM (JOAQUIM RODRIGUES DOS SANTOS)

O cartunista e caricaturista Joaquim Rodrigues dos Santos, formado em Publicidade e Propaganda, mais conhecido como Kim, nasceu em Brasília (DF). Foi premiado em vários salões de humor pelo Brasil.

Disponível em: <http://kimcartunista.com.br/sobre-mim/>. Acesso em: 6 jul. 2011.

▼ Essa cena lhe é familiar ou lhe causa estranhamento? Pense sobre ela e depois converse com sua turma e professor.

KIM (JOAQUIM RODRIGUES DOS SANTOS)

KIM. Charge "ecológica".

Converse com a turma

1. O desenho explora dois planos: o primeiro é aquele em que estão as personagens e o segundo representa o tipo de espaço em que eles estão.

a) Esse espaço é rural ou urbano? O que você observou para chegar a essa conclusão?

b) Quais elementos do primeiro plano são mais típicos de espaços assim?

2. As personagens estão fazendo algo esperado ou algo inusitado?

a) Que situações reais provavelmente o autor quis criticar por meio dessa cena?

b) Que problemas elas podem desencadear?

c) Essas situações acontecem onde você mora? Retome a lista de problemas ambientais que você fez e, se necessário, faça acréscimos.

3. Você acha que o cartum foi uma forma interessante de chamar a atenção para essas situações? Por quê?

Para saber mais sobre cartum

O cartum (do inglês *cartoon*) é o gênero em que textos feitos de desenhos, às vezes acompanhados de pequenos textos verbais (títulos, legendas), tratam de temas atuais com criticidade e efeitos de humor. Ele circula em jornais, revistas, *sites* e *blogs* de informação e entretenimento.

O que vamos fazer neste capítulo

Neste capítulo, você e sua turma lerão textos jornalísticos sobre problemas causados pelo mau uso dos espaços públicos. Pensarão sobre as ruas em que vocês moram e farão uma lista de seus problemas ambientais. Aprenderão o que são cartas de reclamação e solicitação. Por fim, usarão essas aprendizagens para tentar solucionar esses problemas.

Leitura

Converse com a turma

1. Que gêneros jornalísticos você já conhece?
2. Quais desses gêneros seriam mais adequados para informar problemas ambientais como os que vimos até aqui?
3. Quais seriam as fontes mais interessantes para um jornalista saber dos problemas enfrentados por moradores de um bairro?

Clipe

Botafogo

Bairro pertencente à zona sul da cidade do Rio de Janeiro, área considerada nobre, com grande concentração de hotéis e pontos turísticos da cidade.

Texto 1

Esgoto vaza na rua Visconde de Caravelas, em Botafogo, após fortes chuvas

Publicada em 8/12/2010 às 13h47m — *O Globo*, com a colaboração do leitor Marcus Veras

MARCUS VERAS

RIO — Mau cheiro e calçadas alagadas por causa de vazamentos de esgoto frequentes incomodam moradores da rua Visconde de Caravelas, em Botafogo, na Zona Sul do Rio. O leitor Marcus Veras enviou fotos para o *Eu-repórter* e conta que, logo após uma chuva forte, os bueiros transbordam, trazendo transtornos para quem precisa passar pelo local ou mora na região:

"Depois de qualquer chuva mais forte, as caixas de esgoto em Botafogo transbordam por dias a fio, deixando um terrível cheiro no ar, como acontece na rua Visconde de Caravelas. A Cedae vem e vai com obras, mas nada se resolve", reclamou Marcus.

A Cedae informou que, por conta da reclamação do leitor, uma equipe do setor de manutenção vai vistoriar a rede distribuidora no endereço informado para verificar o problema. Caso o vazamento seja de competência da companhia, serão feitos os reparos necessários.

Disponível em: <http://oglobo.globo.com/participe/mat/2010/12/08/esgoto-vaza-na-rua-visconde-de-caravelas-em-botafogo-apos-fortes-chuvas-923226489.asp>. Acesso em: 15 jul. 2011.

Primeiras impressões

1. Onde foi publicado esse texto?
2. De que ele trata?
3. A redação informa que o texto é do jornal *O Globo*, isto é, foi redigido pela equipe do jornal, mas com a colaboração de um leitor. Como ele colaborou?
   - O que podemos inferir da expressão "Eu-repórter"? A que provavelmente ela se refere?
4. Cedae é a sigla para Companhia Estadual de Águas e Esgotos. Por que ela teria sido citada pelo leitor?
5. Na cidade em que você mora, o serviço de água e esgoto é de responsabilidade de quem?
6. Você e sua família já tiveram necessidade de pedir algo ou reclamar de algo para essa companhia? Se sim, conte brevemente.
   a) E hoje, há em seu bairro, especialmente em sua rua, problemas que seriam de responsabilidade dela resolver? Retome a lista de problemas ambientais que você fez e, se necessário, faça acréscimos.
   b) Reveja cada um dos problemas de sua lista. Quem poderia ou deveria ajudar a resolvê-los: Prefeitura? Subprefeitura? Prestadora de serviço de luz? Prestadora de serviço de água? Prestadora de serviço de telefonia? Se não souber, pesquise e depois marque ao lado de cada problema o nome e a sigla da empresa ou instituição responsável pela resolução desses problemas.

Siglas

São expressões usadas no lugar de outras mais amplas. Elas geralmente são formadas pelas letras iniciais da expressão a que remetem. Assim:
CEP – código de endereçamento postal
ONU – Organização das Nações Unidas
FMI – Fundo Monetário Internacional

O texto em construção

▼ Forme **dupla** com um colega e converse com ele sobre as questões a seguir.

1. Por que provalmente o leitor preferiu reclamar por meio do jornal em vez de fazer isso diretamente à Ceade?
2. Com que possíveis intenções o jornal pode ter aberto esse canal para o leitor?
3. Localize a passagem que está entre aspas. Por que elas foram empregadas?
4. Você já ouviu este ditado: "Uma imagem vale mais que mil palavras"? O que você acha dele?
   - Na sua opinião, o uso da fotografia foi um bom jeito de o leitor fortalecer sua reclamação no jornal? Por quê?
5. Em que passagem do texto a resposta da Ceade é citada? Por que não houve emprego das aspas?
6. Se esse canal é do leitor, por que o jornal ouviu também a Ceade?

Para saber mais sobre notícia

O gênero *notícia* tem como objetivo informar o leitor sobre um fato específico, de interesse público, de forma clara. Para tanto, informa sobre **o que** aconteceu, **quando**, **onde**, **como** e **por quê**.

A notícia nunca é totalmente imparcial, objetiva, pois, ao escrever, o jornalista estabelece um recorte do que vai relatar, levando em conta vários aspectos, como a linha de pensamento do jornal, as suas próprias convicções, o leitor que pretende atingir. Faz escolhas de palavras, de "vozes" que farão parte do texto, de imagens, etc. São essas escolhas, portanto, que sinalizam certo ponto de vista sobre o fato.

7. Em sua opinião, a estratégia de reclamar no jornal deu ao leitor bons resultados? Por quê?

8. Essa notícia foi publicada no jornal em dezembro de 2010. Hoje, ao lê-lo, podemos ter a exata noção de como está o problema na região? Por quê?

Texto 2

Buracos e perigo nas vias da Zona Sul do Recife

Boa viagem — Internautas denunciam situação precária do asfalto em ruas de Setúbal e apontam riscos que as crateras representam para o trânsito de veículos e pedestres no local.

O incômodo de conviver com buracos no meio das vias não poupa nem mesmo os moradores dos bairros mais nobres do Recife. Na maioria das ocorrências, as crateras que causam danos aos veículos e dificultam a acessibilidade dos pedestres são abertas pelas empresas de gás, telefonia e abastecimento de água para a realização de serviços. A rua Capitão Zuzinha, em Setúbal, por exemplo, que foi transformada há pouco tempo em via de trânsito pesado, está completamente esburacada. No cruzamento com a avenida Visconde de Jequitinhonha, o asfalto está afundando. O problema acontece exatamente no trecho da faixa de pedestre, o que dificulta ainda mais a travessia naquele ponto. Além das duas vias, as ruas Feliciano José de Farias, Padre Cabral e a José Pimentel enfrentam o mesmo problema. A denúncia é do cidadão-repórter Henrique Matos, que postou as informações no *site*. "Não sei quando vão tomar uma providência. Será que é preciso acontecer um grave acidente com morte?", questionou o cidadão.

JULIO JACOBINA/DP/D.A PRESS

Rua Capitão Zuzinha apresenta buracos em vários trechos, resultado da sua transformação em via de trânsito pesado.

Uma internauta, que se identificou apenas como Rita, também reclamou da falta de recapeamento na rua Capitão Zuzinha e vias próximas. Segundo ela, atravessar a rua na esquina da Visconde de Jequitinhonha se tornou um ato perigoso e de coragem. "Além de não haver mais a faixa de pedestre, que está com a pintura desgastada, as pessoas podem cair, pois no meio da via há um buraco enorme, que já foi tapado, mas está afundando", disse a internauta. Rita sugere que a Prefeitura do Recife coloque asfalto de melhor qualidade e também volte a pintar as faixas de pedestres.

A reclamação dos moradores e comerciantes em torno do problema é constante. "Uma vez, quase quebrei uma perna quando caí num buraco no meio da rua", contou a doméstica Luísa de Sousa Silva, que trabalha na rua José Pimentel, também em Setúbal. O administrador da Autoescola Piloto, Thiago Barbosa, também se queixa da buraqueira na rua Capitão Zuzinha. Ele diz que o estabelecimento funciona desde agosto do ano passado no endereço e sofre com a falta de manutenção da via. “Trabalhamos com cinco veículos e uma motocicleta. Mas, por conta dos buracos no bairro, os veículos acabam quebrando com maior facilidade”, observou.

Denúncia — Segundo Thiago, os gastos com manutenção dos carros e da moto duplicaram nos últimos meses. “A nossa frota é consideravelmente nova, mas já tivemos que trocar amortecedores, freios e pneus. Os gastos são grandes”, relatou. O administrador disse que teme a ocorrência de acidentes envolvendo os alunos. “Eles sempre saem acompanhados de instrutores mas, como estão aprendendo a dirigir, não têm prática ainda para se livrar dos buracos. Muitos ficam ainda mais inseguros por conta da buraqueira”, ressaltou.

A Empresa de Manutenção e Limpeza Urbana (Emlurb) informou que uma Operação Tapa-Buracos será realizada nas ruas Padre Cabral, Feliciano José de Farias e Capitão Zuzinha ao longo dos próximos quinze dias. Você também pode fazer sua denúncia ao Cidadão Repórter, basta entrar no *site* www.pernambuco.com/cidadao.

Disponível em: <http://www.diariodepernambuco.com.br/2010/05/18/urbana12_0.asp>
Acesso em: 7 jul. 2011.

Primeiras impressões

1. Do que trata o texto?

2. Também houve participação de leitores nele? Como?

3. Quem dá a informação de quais são as causas dos buracos? E quais seriam elas?

4. Que órgão público o jornal procurou para apresentar a reclamação dos leitores?

5. Pode-se afirmar que as reclamações desses leitores ao jornal receberam uma resposta mais comprometida com a solução do problema do que a que vimos no Texto 1? Por quê?

6. Há em seu bairro, especialmente em sua rua, problemas assim? Retome a lista de problemas ambientais que você fez e, se necessário, faça acréscimos, já indicando quem poderia ou deveria ajudar a resolvê-los.

O texto em construção

1. Qual parágrafo desse Texto 2 dá uma ideia geral do que ele tratará, funcionando como uma espécie de guia para o leitor? Justifique sua resposta.

a) No Texto 1, também há a presença de um parágrafo assim? Que posição ele ocupa no texto?

b) Sabendo que os textos que você leu são jornalísticos, e que estão, portanto, cercados de muitos outros, que vantagens há para o leitor em saber localizar esses parágrafos?

c) Típico em notícias e reportagens, esse parágrafo do texto tem um nome especifico. Confira no verbete de dicionário.

> **LIDE**
> • substantivo masculino
> 1. Rubrica: jornalismo.
> 2. Linha ou parágrafo que apresenta os principais tópicos da matéria desenvolvida no texto jornalístico; cabeça.

INSTITUTO ANTÔNIO HOUAISS. *Dicionário eletrônico Houaiss da língua portuguesa.* Rio de Janeiro: Objetiva, 2009.

2. Que preocupação é comum nas reclamações dos leitores Henrique e Rita?

a) Que relação é possível estabelecer entre a fala da leitora Luísa e as dos leitores indicados na questão anterior?

b) Ao escolher essa fala de Luísa, o jornal está implicitamente concordando ou discordando de Henrique e Rita?

Se liga nessa!

A escolha do que recortar no texto de outro nunca é neutra. Ela é feita com a intenção de construir certos sentidos. Pense nisso quando for ler textos com citações de outros e, claro, quando for fazer citações de outros textos nos seus!

3. O leitor Thiago também manifesta preocupação com os riscos para pedestres? Justifique sua resposta.

- Que relações podem ser estabelecidas entre a profissão dele e o ponto de vista que ele tem sobre as condições da rua?

4. Em que parte do texto a redação do jornal manifesta implicitamente que em áreas nobres, como a da zona sul, não deveria haver esse tipo de problema? Transcreva-a.

Se liga nessa!

Nem tudo está dito ou posto num texto. O texto tem seus implícitos que o leitor pode perceber por meio de pistas que o autor nele deixa, da compreensão geral tida do texto e de seus conhecimentos de mundo. Lembre-se disso em suas leituras!

5. Você acha que áreas nobres das cidades deveriam ser mais bem cuidadas que as outras regiões? Por quê?

6. Como os leitores fizeram essas reclamações para o jornal: presencialmente, por telefonema, pelo correio, pela internet? Que referência no texto lhe permitiu chegar a essa conclusão?

a) Apesar de terem mandado as reclamações ao jornal, quem é o interlocutor final esperado pelos leitores reclamantes?

b) Ao tornar essas reclamações parte de uma reportagem, a quem mais o jornal as destina?

Para saber mais sobre reportagem

Uma **reportagem** pode ser escrita, televisiva ou radiofônica. Ela trata de assuntos e acontecimentos de interesse público, como a notícia, mas com maior profundidade. Em uma boa reportagem, além da fala de introdução do jornalista, há entrevistas com pessoas envolvidas no acontecimento ou que possam ter opiniões interessantes sobre ele, para que o telespectador/ouvinte/leitor possa melhor formar a sua.

7. Quais as possíveis razões para o jornal ter preferido usar os textos de reclamação como fontes citadas na reportagem em vez de publicá-los integralmente?

8. Como você imagina que eram os textos integrais dos leitores? Além da reclamação, que outras informações provavelmente eles tinham?

   - Você já ouviu falar em "carta de reclamação" e "carta de solicitação"? Já leu cartas assim? Em que situações?

Produção: carta de solicitação ou de reclamação

Conhecendo os gêneros: carta de solicitação e de reclamação

Atividade 1: cartas — a ocasião faz a produção

Você já parou para pensar nas diferentes cartas que circulam via correio, internet ou mesmo em mãos? *Para quem se escrevem cartas? Em que situações? Com que finalidades?* Para pensar melhor nessas questões, leia os textos seguintes.

Texto 1

Prezado Subprefeito,

O Movimento Rebouças Viva aguarda providências sobre dois temas tidos como de grande relevância para a preservação das conquistas já obtidas, a saber:

- remoção das grades colocadas pela CET (*e-mail* de 20/12/2008); e
- reconstrução da calçada em frente ao número 701 (*e-mail* de 14/02/2008).

[...]

Aproveitamos a oportunidade para solicitar informações sobre o estado da vegetação do canteiro central entre a avenida Brasil e a rua Capitão Prudente, pois em vários trechos só há grama [...]

Desde já agradecemos a atenção sempre dispensada aos nossos pleitos e ratificamos nosso compromisso de trabalhar pela comunidade.

São Paulo, 8 de março de 2011.
Movimento Rebouças Viva

Disponível em: <http://reboucasviva.blogspot.com/2008/03/carta-aberta-ao-subprefeito.html>. Acesso em: 7 jul. 2011. (Fragmento adaptado).

Texto 2

Querido, o meu coração é seu. Não importa o que você seja ou o que tenha feito, te amo. Esses anos todos que você ficar aí dentro trancado eu também vou ficar trancada aqui fora te esperando [...]

CARNEIRO, João Manuel; BERNSTEIN, Marcos. *Central do Brasil*. Rio de Janeiro: Objetiva, 1998. p. 15.

Texto 3

Faz aproximadamente três meses que a Embasa arrebentou a área pavimentada de concreto do estacionamento para veículos, em frente ao bloco 43 (...). No condomínio moram senhoras idosas, a exemplo da minha mãe que tem 86 anos de idade, o acúmulo de água de chuva no buraco existente está causando transtornos aos moradores e prejuízos aos veículos que ali estacionam. CHEGOU O PERÍODO DAS CHUVAS, É NECESSÁRIO QUE A EMBASA [A EMPRESA BAIANA DE ÁGUAS E SANEAMENTO S.A.] RESTAURE COM URGÊNCIA O PAVIMENTO, DEIXANDO-O DA FORMA QUE ENCONTROU.

Salvador, 9 de abril de 2010.

E. A. de S. M.

Disponível em: <http://www.reclameaqui.com.br/569388/embasa-ba/destruicao-de-paviment0-de-concreto-do-estacionamento-pela-e/>. Acesso em: 7 jul. 2011. (Fragmento adaptado).

Texto 4

Sacola plástica

Importante o acordo entre o governo de São Paulo e os supermercados pelo fim das sacolas de plástico. Acredito, porém, que a medida será inócua se não for acompanhada por uma política pública baseada nos "Rs" (reduzir, reutilizar e reciclar). É uma vergonha uma cidade como São Paulo não ter uma eficiente coleta seletiva de lixo. As sacolinhas plásticas têm que acabar, mas sem uma política mais ampla, com a qual as próprias redes de supermercado poderiam contribuir, fica parecendo mais medida para cortar custos.

Alexandre Barbosa Pereira (São Paulo, SP).

Disponível em: <http://www1.folha.uol.com.br/fsp/opiniao/fz2404201109.htm>. Acesso em: 7 jul. 2011.

Vale a pena ver!

Central do Brasil

1998 RIOFILME/ZUMA PRESS/KEYSTONE

Cena do filme *Central do Brasil*, dirigido por Walter Salles, 1998.

Dora (Fernanda Montenegro) escreve cartas para analfabetos na Central do Brasil. Nos relatos que transcreve, surge um panorama da população migrante, que tenta manter os laços com os parentes e o passado. Uma das clientes de Dora é Ana (Soia Lira), mãe de Josué (Vinícius de Oliveira), um garoto de nove anos.

Na saída da estação, Ana é atropelada. Dora acaba acolhendo o menino e termina por levá-lo para o interior do Nordeste, para que Josué procure o pai que nunca conheceu.

Disponível em: <http://www.centraldobrasil.com.br/fr_sin_p.htm>. Acesso em: 7 jul. 2011. (Fragmento adaptado).

▼ Todos esses textos são exemplos de cartas, mas, como você deve ter percebido, são cartas muito diferentes, porque foram escritas em situações de interação também muito diferentes. Pense melhor sobre isso, respondendo às questões seguintes.

1. O Texto 1 foi publicado no *blog* Rebouças Viva, um grupo que defende a preservação ambiental do entorno de uma das mais importantes avenidas paulistanas.

a) Quem é o interlocutor da carta?

- Com que possíveis intenções você acha que a carta foi "aberta", isto é, publicada em um *blog* com a possibilidade de outros leitores terem acesso a ela?

b) Quem é o autor da carta? O que há de diferente em relação aos tipos de autoria que você viu nas outras cartas?

c) Com que finalidade a carta foi escrita?

d) Você acha que esse tipo de autoria é interessante para essa finalidade? Por quê?

2. O Texto 2 foi criado pelos roteiristas do filme *Central do Brasil*. Embora seja ficcional, essa carta remete a uma situação interativa bastante real: a correspondência de amigos ou familiares com presos.

a) Que expressão usada na carta permite inferir que o interlocutor está preso?

b) O que podemos inferir sobre a autora inventada para a carta?

c) Com que finalidade ela teria escrito essa carta?

3. O Texto 3 foi publicado no *site* http://www.reclameaqui.com.br. Que hipóteses você tem sobre esse *site*? Por que as pessoas publicam cartas nele?

a) Quem é o autor da carta? O que é possível saber sobre ele?

b) Embora possa ser lida por todos que acessem o *site*, quem é o interlocutor esperado pelo autor?

c) O que o autor espera dele?

d) Por que provavelmente o autor usou letras maiúsculas em uma parte da carta?

4. O Texto 4 foi publicado na seção Painel do leitor, do jornal *Folha de S.Paulo*.

a) Que ideia você faz a respeito dessa seção? Que textos devem ser publicados nela?

b) Quem é o autor do texto?

c) Com que finalidade ele escreveu essa carta? Estabeleça relações com as informações do boxe Clipe apresentado ao lado.

d) Por que você acha que o jornal a publicou?

Situação de interação

Quando interagimos com alguém, consideramos quem é nosso interlocutor, o que ele representa para nós, que objetivos queremos alcançar com nosso texto, que gênero é melhor para essa finalidade.

Clipe

O fim das sacolinhas

Acordo entre o governo de São Paulo e supermercados prevê o fim do uso de sacolas plásticas até o fim do ano no Estado. A campanha será oficializada em maio.

As sacolas plásticas demoram mais de cem anos para se decompor no ambiente.

Disponível em: <http://www1.folha.uol.com.br/fsp/mercado/me2304201114.htm>. Acesso em: 7 jul. 2011.

5. Qual carta seria exemplo de cada um dos gêneros descritos a seguir?

a) **Carta pessoal:** direcionada a interlocutores com os quais se tem mais intimidade. É escrita em linguagem mais informal e trata de assuntos ligados às experiências de vida do autor e do interlocutor, assuntos particulares. No geral, é mandada pelo correio ou deixada "em mãos", isto é, entregue pessoalmente ao interlocutor.

b) **Carta de leitor:** direcionada a leitores de um jornal ou revista. É escrita em linguagem mais formal e traz a opinião de um leitor sobre notícia ou reportagem, assuntos de interesse comum. É publicada em seção própria para isso e pode ser mandada ao jornal ou revista pelo correio ou, o que é mais usual, pela internet.

c) **Carta de solicitação:** direcionada a pessoas ou a instituições. É escrita em linguagem mais formal e trata, como o próprio nome diz, de uma solicitação, de um pedido do autor, que pode ser de interesse privado ou público. Pode ser mandada pelo correio, deixada em portarias e recepções, com protocolo, ou, ainda, ser mandada pela internet.

d) **Carta de reclamação:** direcionada também a pessoas ou a instituições. Pode ser escrita em linguagem mais ou menos formal e traz, como o próprio nome diz, uma reclamação, que pode ser referente a um problema pessoal ou coletivo. Pode ser mandada pelo correio, deixada em portarias e recepções, com protocolo, ou, ainda, ser mandada pela internet. Vale lembrar que, muitas vezes, em vez de ser encaminhada diretamente ao interlocutor, ela pode ser publicada em revistas, jornais e *sites*, tornando pública a reclamação.

6. Quais desses gêneros poderiam ser interessantes para a produção de cartas, por meio das quais se buscassem soluções para os problemas ambientais que você listou?

Atividade 2: reclamar ou solicitar, eis a questão!

1. Você sabe quando é melhor escrever uma carta de solicitação e quando é melhor escrever uma de reclamação? Aliás, você sabe a diferença entre reclamar e solicitar? Então, vamos começar por aí? Leia os verbetes.

> **RECLAMAR**
>
> 1. Manifestar insatisfação (com); fazer queixa; QUEIXAR-SE [tr. + contra, de: *Reclamou contra uma injustiça; Reclamava dos vizinhos.*] [int.: *Ele nunca para de reclamar.*]
> 2. Exigir, demandar ou reivindicar [td.: *Tinha razão de reclamar seus direitos.*]

iDicionário Aulete. Disponível em: <http://educacao.uol.com.br/dicionarios>. Acesso em: 7 jul. 2011.

SOLICITAR

1. Pedir com respeito, insistência, ou seguindo os trâmites devidos. [td.: *solicitar ajuda/uma solução.*] [tdi. + a: *Solicitaram providências à prefeitura.*]
2. Buscar a atenção, a ajuda, os serviços etc. de (alguém). [td.: *Sempre solicita a professora na hora dos exercícios.*]

iDicionário Aulete. Disponível em: <http://educacao.uol.com.br/dicionarios>. Acesso em: 7 jul. 2011.

- O que você acha que faz mais pressão sobre um interlocutor: fazer uma solicitação ou uma reclamação? Por quê?

2. **Leia a seguir a descrição de alguns problemas que provocaram a elaboração de cartas de reclamação e de solicitação.**

I. A diretora de uma escola de Educação Infantil constatou que vários alunos estão com endereços desatualizados nos prontuários.

a) Que dica você daria à diretora para que ela consiga comprovantes de endereços atualizados: que escrevesse uma carta de solicitação ou de reclamação aos pais? Por quê?

II. Uma moradora, incomodada com o barulho estranho que a nova iluminação da rua estava fazendo, pediu providências à companhia de luz. Ela recebeu a orientação para fazer a solicitação a outro órgão, responsável pela iluminação pública. Os técnicos desse órgão avaliaram que o problema era mesmo da companhia. Ela entrou em contato novamente com a companhia. Essa foi ao local, mas nada resolveu.

b) Você sugeriria a essa cidadã que escrevesse uma carta de solicitação ou de reclamação à companhia de luz? Por quê?

As pessoas envolvidas nessas situações escreveram mesmo cartas. Veja se os textos delas pertencem aos gêneros que você recomendou!

Texto 1

Escola de Educação Infantil

São Paulo, 7 de maio de 2011.

Senhores pais,

Ao fazer a organização dos prontuários escolares, percebemos que o comprovante de endereço de sua casa é antigo. Solicitamos que, por gentileza, encaminhe, por seu filho, uma nova cópia de comprovante de endereço (conta de luz, água ou telefone).

É importante para a emissão de documentos da vida escolar de seu filho que essa informação esteja atualizada.

Além disso, o endereço correto garante que, em caso de necessidade, possamos levar a criança até sua residência.

Certa da cooperação de vocês, agradeço:

H. M.
(Diretora)

Arquivo particular. Carta originalmente encaminhada aos pais com filhos matriculados em uma escola de São Paulo. (Adaptado).

Texto 2

São Paulo, 5.9.2008

À seção "A cidade é sua"

Moro na rua XXXX, esquina com a avenida YYYY, no bairro do Cambuci. Há cerca de 3 meses, foi feita troca de algumas lâmpadas de rua, de mercúrio para sódio, no trecho da L F que vai da minha rua ao quarteirão seguinte. Acontece que, desde então, durante toda a noite, quando cessa o movimento de veículos, é possível ouvir um forte "zumbido" (de uma das lâmpadas? de algum transformador?) que chega a impedir o sono. Desde então, só consigo dormir se recorrer aos incômodos "protetores auriculares" usados em indústrias.

No último dia 27/8, entrei em contato com a Eletropaulo, que, por se tratar de um problema de iluminação pública, me orientou a ligar para o "Ligue Luz" (08007220156). Feita a reclamação (protocolo 101119/2), a atendente me informou o prazo de quatro dias para verificação do problema. Como após esse prazo o barulho continuasse, liguei novamente e me informaram que a equipe técnica enviada ao local constatara que o problema era um transformador... que pertence à Eletropaulo! Disseram-me que eu deveria, então, voltar a falar com a Eletropaulo e informar isso a eles! Ou seja: eu, consumidora, deveria intermediar uma informação técnica que deveria correr entre as equipes técnicas das duas prestadoras de serviço.

Ainda que tenha achado absurda a situação, liguei para a Eletropaulo (08007272120) e novamente expliquei toda a situação (protocolo 778080902). Cerca de uma hora depois, no início da tarde de 2/9, recebi uma ligação (em meu trabalho) da equipe de emergência que havia se dirigido ao local, perguntando do que se tratava! Expliquei que o barulho ocorre durante a noite, e que não tenho como saber o ponto exato de sua origem. Só sei que surgiu desde a troca das lâmpadas, e que tem tirado o meu sono. Obviamente, o barulho continua, impávido.

Afinal, quem solucionará o problema?

Grata,

XYRZ

Arquivo particular. Carta adaptada, originalmente encaminhada à seção "A cidade é sua", da *Folha de S.Paulo.*

3. Copie o quadro no caderno e complete-o.

	Texto 1	Texto 2
Linguagem mais objetiva.		
Linguagem mais emotiva.		
Maior exploração de recursos da pontuação.		
Menor exploração de recursos da pontuação.		
Dirige-se ao interlocutor de modo respeitoso.		
Dirige-se ao interlocutor com pouco apreço.		
Faz um pedido.		
Faz uma reclamação.		
Faz histórico do problema.		
O autor argumenta para convencer o interlocutor a colaborar no atendimento do pedido.		
O autor argumenta para convencer o interlocutor de que ele é responsável por um problema, um prejuízo, e que deve, portanto, resolvê-lo.		
Traz referências de data e lugar.		
O autor despede-se de modo cordial, pedindo colaboração.		
O autor encerra fazendo uma exigência.		
É uma carta de solicitação.		
É uma carta de reclamação.		

Se liga nessa!

Sempre que você precisar decidir entre uma carta de solicitação ou reclamação, avalie antes a situação interativa.

- O que quero conseguir?
- A quem devo me dirigir para isso: quem será meu interlocutor?
- Entendo que ele pode colaborar ou que ele deve me atender?
- Vou pedir, solicitar ou exigir, reclamar uma solução?

4. Veja como um dos gêneros que você está discutindo foi explorado, para efeitos de humor, nessa tirinha.

CALVIN — Bill Watterson

a) Em várias culturas, é tradição que as crianças escrevam, no Natal, ao "Papai Noel". Você já fez isso? O que acha dessa tradição?

b) As cartas que costumam ser enviadas a ele são de solicitação ou de reclamação? Explique.

c) Que presentes Calvin gostaria de ter ganhado?

d) Ele foi atendido em seu pedido?

- Por que você acha que isso aconteceu?

e) E Calvin, o que acha que aconteceu?

f) Com que finalidade a personagem Calvin escreveu sua carta? Ela é uma carta de solicitação ou de reclamação?

g) "Pegaria bem" dar uma bronca no Papai Noel? Por quê?

h) Calvin dá bronca no Papai Noel? Justifique.

i) O que a fala final de Calvin permite inferir: ele modalizou ou não o que queria dizer ao Papai Noel? Explique.

Vamos lembrar

A **modalização** é um recurso para **marcar**, no nosso enunciado, o nosso julgamento, a nossa opinião, a nossa posição em relação ao que estamos dizendo.

Esse recurso consiste em **escolher** com muita atenção as **palavras** que vamos usar para deixar **marcas** que possibilitem ao leitor reconhecer o efeito de sentido que pretendemos produzir.

Carta de solicitação e carta de reclamação

Por meio delas, o autor tenta conseguir algo de seu interlocutor. Para isso, ele precisa avaliar o que é mais adequado: fazer uma solicitação ou uma reclamação. Na **carta de solicitação**, o texto deve ter um tom amistoso e o interlocutor precisa ser convencido a colaborar. Já na **carta de reclamação**, o texto tem um tom de cobrança e o interlocutor precisa ser convencido de que é o responsável pelo problema e precisa, portanto, resolvê-lo.

5. Agora, retome a lista de problemas ambientais que elaborou na abertura da unidade.

a) Qual é a dimensão de cada problema: é urgente ou não sua solução?

b) Você sabe se já foram feitas solicitações/reclamações por outras pessoas?

c) O interlocutor poderia ou deveria ajudar a resolvê-los?

d) O que seria mais adequado para isso: carta de solicitação ou de reclamação? Indique na lista.

Atividade 3: a argumentação em cartas de reclamação e de solicitação

1. Leia.

Texto 1

Escola de Educação Infantil
São Paulo, 7 de maio de 2011.

Senhores Pais,

Solicitamos que, por gentileza, encaminhe por seu filho uma nova cópia de comprovante de endereço (conta de luz, água ou telefone).

Certa da cooperação de vocês, agradeço:

H. M.
(Diretora)

Arquivo particular. Paráfrase da carta originalmente encaminhada aos pais com filhos matriculados em escola em São Paulo.

Texto 2

São Paulo, 5. 9. 2008

À cidade é sua:

Moro na rua XXXX, esquina com a avenida YYYY, no bairro do Cambuci. Há cerca de três meses, foi feita troca de algumas lâmpadas de rua, de mercúrio para sódio, no trecho da LF que vai da minha rua ao quarteirão seguinte. Acontece que, desde então, durante toda a noite, quando cessa o movimento de veículos, é possível ouvir um forte "zumbido". Já reclamei para a Eletropaulo e para o "Ligue Luz". Afinal, quem solucionará o problema?

Grata,
HXYZ

Arquivo particular. Paráfrase da carta originalmente encaminhada à seção "A cidade é sua", da *Folha de S.Paulo*.

2. Compare essas novas versões das cartas com os textos originais.

a) Você acha que essas versões são mais ou menos interessantes para convencer os interlocutores? Por quê?

b) Reveja o Texto 1 na primeira versão. Que argumentos a autora usou para defender a importância de atualização dos endereços dos alunos?

c) Você acha que esses argumentos são bons para convencer os pais? Por quê?

d) Reveja o Texto 2 na primeira versão. Que argumentos a autora usou para convencer os interlocutores de que está sendo prejudicada pelo barulho?

e) Explique que tipo de argumento ela usa para convencer os interlocutores de que o problema não havia recebido ainda a atenção necessária.

Vamos lembrar

Argumentar é mais do que dar uma opinião: é justificá-la, sustentá-la, isto é, defendê-la com argumentos, para tentar convencer o ouvinte ou o leitor. Existem diferentes argumentos:

- **argumentos de autoridade**: citação da fala de algum especialista no assunto ou de dados de pesquisa;
- **argumentos de princípio**: citação de valores, direitos, garantidos por lei ou fortemente aceitos por um grupo social;
- **argumentos com causa e consequência:** os argumentos são apresentados como "efeitos", isto é, consequências de uma ideia antes apresentada;
- **argumentos por exemplificação**: são apresentados fatos que exemplificam, ilustram a ideia defendida.

Assim como no **debate** e no **artigo de opinião**, em **cartas de solicitação** e **reclamação**, argumentar é fundamental!

3. Leia.

I. Linhas e parte dos brinquedos enroscados nos fios provocam curtos-circuitos, desligamento de redes de distribuição e acidentes com choques elétricos, podendo em alguns casos mais graves culminar em morte.

Disponível em: <http://www.motonline.com.br/pipas-e-fiacao-uma-relacao-perigosa/>. Acesso em: 6 jun. 2011.

II. A área de Serviços (água, telefonia, luz, escola, clubes, oficina mecânica, etc.) foi a que registrou o maior número de reclamações, 57%.

Disponível em: <http://www.procon.sp.gov.br/noticia.asp?id=1454>. Acesso em: 6 jun. 2011.

III. De acordo com o engenheiro eletricista Teomar Estevão Magri, gerente do Departamento de Operação do Sistema (DOS), acidente com a rede elétrica pode deixar sequelas como queimaduras (de primeiro, segundo ou terceiro grau), amputação de membros e até causar a morte.

Disponível em: <http://www.reportermt.com.br/?p=mais_lidas&id=687>. Acesso em: 6 jun. 2011.

a) Imagine que uma pessoa mora em uma rua com fiação elétrica em estado parecido com a que foi representada no cartum que abre o capítulo. Embora a iluminação esteja funcionando, ela resolve escrever uma *carta solicitando* a limpeza dos fios à empresa que cuida da iluminação pública. Dentre as citações acima, indique as duas que seriam mais interessantes para ela usar nessa carta. Justifique.

b) Agora é a sua vez. Sugira outro argumento para essa carta.

Atividade 4: a organização das cartas de solicitação e de reclamação

Além de *saber avaliar a situação interativa* para *decidir se vai fazer uma solicitação ou uma reclamação*, e de *escolher os argumentos adequados* para isso, o autor precisa *organizar os textos em partes* e *estabelecer relações de sentido entre essas partes*.

Basicamente, tanto as cartas de solicitação como as de reclamação se organizam nas seguintes partes:

1. Indicação de cidade e data em que está o autor

Aracaju, 23 de outubro de 2011

Função: É aí que se informa em que cidade estava o autor e quando ele escreveu a carta. Essa informação é bem importante para documentar quando foi feita a solicitação ou a reclamação.

2. Marcação de quem é o interlocutor

À Embasa; Senhores Pais; Prezado Subprefeito, etc.

Função: Marcar quem é o interlocutor da carta, a quem ela se dirige.

3. *Apresentação da solicitação/reclamação com argumentação*

É o núcleo da carta, que costuma ser composto por dois ou três parágrafos.

Nas cartas de reclamação, o histórico do que aconteceu é fundamental para convencer o interlocutor de sua responsabilidade no problema e, claro, deve ser escrito no passado.

> No último dia 27/8, **entrei** em contato com a Eletropaulo, que me **orientou** a ligar para o "Ligue Luz".

4. *Encerramento*

Há várias maneiras de encerrar cartas de solicitação e de reclamação. Além de marcar o fim do texto, essa parte pode reforçar os efeitos pretendidos.

Sem mais para o momento.	Atenciosamente.	Obrigado.
Contando com sua colaboração.	Aguardo providências.	Exijo a solução.

Pronomes de tratamento

Os **pronomes de tratamentos** designam a pessoa a quem se fala (isto é, a 2ª pessoa). No entanto, esses pronomes levam o verbo para a 3ª pessoa. Um exemplo claro disso é o uso do pronome **você**, usado em muitas regiões do país em substituição ao pronome pessoal **tu**, com a forma verbal de 3ª pessoa. Os pronomes de tratamento, utilizados para designar o interlocutor, funcionam mesmo como pronomes pessoais. Outros exemplos de pronomes de tratamento: Vossa Alteza, Vossa Santidade, Vossa Excelência, Vossa Majestade, o Senhor, a Senhora, etc.

Praticando

1. Os itens a seguir são partes de uma carta. Reúna-se com um colega e reordene-as no caderno.

a) Além disso, parece que, quanto mais sujos estão os fios, mais a meninada, sem a noção do perigo, quer tentar resgatar restos de pipas com varas e pedras amarradas neles, aumentando o problema. Acidentes com essas crianças poderão acontecer e trazer tristes consequências, como queimaduras e mortes.

b) EBS

c) Moro na rua Machado de Castro (CEP: 03579-240) e gostaria de solicitar que uma equipe viesse fazer a manutenção da fiação de luz, que está coberta de restos de pipas, pedras e até chinelos velhos.

d) Assim, entendo serem urgentes as providências para a limpeza e manutenção da rede elétrica e conto com o serviço de qualidade dessa prestadora:

e) À AES ELETROPAULO,

f) Esclareço que o abastecimento de energia está normal, mas o risco de que fique prejudicado é grande porque vários fios estão muito pesados com a sujeira e poderão se partir a qualquer momento.

g) São Paulo, 15 de maio de 2010.

2. Revejam as expressões "além disso" e "assim". Explique como elas ajudaram vocês a perceberem a sequência das partes.

3. O autor fez uma carta de solicitação ou de reclamação?

4. Essa escolha foi adequada para a situação? Explique.

Se liga nessa!

O uso de termos ou expressões como essas em seus textos ajudam o leitor a estabelecer sequência e relações de sentido entre as partes, por isso são chamados de **organizadores textuais**. Veja outros exemplos:

- em primeiro lugar;
- além disso;
- finalmente;
- portanto;
- assim.

Produzindo o texto: carta de reclamação ou de solicitação

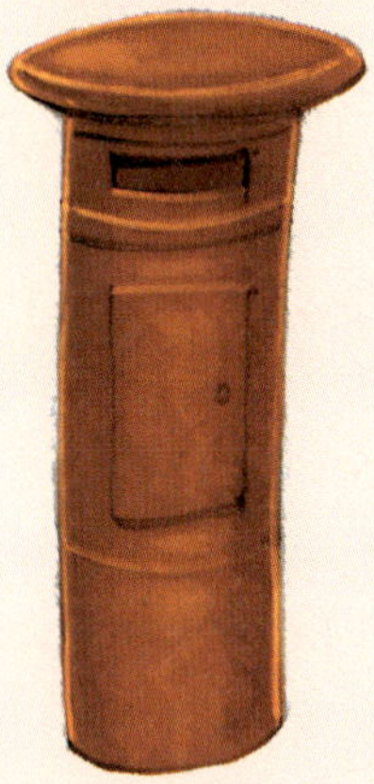

Condições de produção

- *O quê?*

Chegou a hora de "soltar a língua"! Você escreverá uma carta de solicitação ou de reclamação para tentar resolver um dos problemas de sua lista. Seu interlocutor será aquele órgão ou empresa que você indicou que poderia ou deveria ajudar a resolver esse problema.

- *Para quem?*

Sua carta será colocada no *Painel de reclamações e solicitações da turma* para que todos possam conhecer melhor os problemas ambientais da região e formas de intervir sobre eles, usando o que foi aprendido sobre esses gêneros. Se julgar adequado, você pode pedir o apoio de seus pais e encaminhar realmente a carta ao interlocutor, seja por correio, *e-mail* ou presencialmente, protocolando a carta.

Como fazer?

1. Planejando a carta

a) Use a lista que você preparou para decidir qual problema será tratado em sua carta. Avalie se o interlocutor e o gênero escolhido que você indicou permanecerão.

b) Com base no interlocutor e nos efeitos que você quer causar sobre ele, prepare dois ou três argumentos que seriam interessantes para isso.

2. Escrevendo a carta

a) Reveja a estrutura básica das cartas de solicitação e de reclamação e redija a sua. Dica: a ficha de avaliação — carta de solicitação ou de reclamação, que você encontra no final do livro, é um bom roteiro para sua produção. Mantenha-a por perto e a consulte durante a escrita do texto.

3. Avaliando a produção

a) Antes de encaminhar ao professor, faça uma última avaliação: releia cuidadosamente a carta e faça os ajustes necessários, de modo que ela atenda o melhor possível aos critérios da ficha.

b) Após a revisão do professor, reveja o seu texto, de acordo com as observações presentes na ficha e faça, se for o caso, nova versão.

c) Publique a carta no *Painel de reclamações e solicitações da turma* ou, se preferir, com o apoio de seus pais, encaminhe-a, de fato, ao interlocutor.

▶ No final do livro, você vai encontrar a ficha de avaliação 5 — Carta de solicitação ou de reclamação

Roda de leitura: fábulas

Você já parou para pensar como certas histórias desafiam o tempo? Isto é, como anos e anos se passam e os textos continuam provocando emoções, reflexões, encantamentos? E isso não tem apenas que ver com o fato de eles estarem escritos e poderem ser lidos, não, afinal, há textos que circularam e circulam oralmente, se apoiando na memória e no interesse de diferentes gerações! É o que aconteceu com as fábulas surgidas no Oriente e trazidas ao Ocidente por um escravo chamado Esopo.

Talvez você tenha estranhado o nome do autor, mas, certamente, reconhecerá algumas de suas histórias... Quer testar? Então, reconte com sua turma as fábulas abaixo.

> *Era verão. A formiga carregava alimentos, trabalhando sem parar. Enquanto isso, a cigarra cantava alegremente, em cima de uma árvore...*

> *O Lobo estava na colina bebendo água do riacho e viu o Cordeiro mais abaixo, fazendo a mesma coisa. E para ter uma razão para apanhá-lo gritou: "Como você ousa sujar a água que estou bebendo?"*

Quando Esopo contava essas histórias interessantes, às vezes engraçadas, buscava, por meio da fantasia, da ficção, criticar aspectos da sociedade em que vivia. O mesmo fez La Fontaine, escritor francês do século XVII, ao recuperar as fábulas do escravo grego, para, mais de dois mil anos depois, denunciar problemas de seu momento histórico. E, aliás, o mesmo fazem os escritores de hoje, quando recontam e recriam fábulas de outros tempos.

Responda às questões a seguir e, depois, leia as fábulas.

Quem é

La Fontaine

LAUROS/GIRAUDON/BRIDGEMAN/KEYSTONE

RIGAUD, Hyacinthe. *Jean de la Fontaine*. Óleo sobre tela. Musee Jean de la Fontaine, Chateau-Thierry.

Jean de La Fontaine nasceu em 8 de julho de 1621, na cidade francesa Chateau-Thierry. Estudou teologia e formou-se em direito. Aos 26 anos, casou-se com Marie Héricart, mas a união durou onze anos. Após a separação, foi morar em Paris, onde iniciou sua carreira literária. Começou escrevendo poemas, mas foi em 1668 com o livro *Fábulas escolhidas* que La Fontaine ficou mais conhecido. Seguindo o estilo de Esopo, as personagens das fábulas do francês também são animais e as histórias contêm um fundo moral.

Quem é

Esopo

MUSEU DO PRADO, MADRI

VELÁSQUEZ, Diego. *Esopo*. 1640. Óleo sobre tela. Museu do Prado, Madri.

Não se sabe muito sobre a vida de Esopo. Segundo o historiador grego Heródoto, Esopo era um escravo originário da Frígia. Dizem que suas fábulas encantaram tanto seu dono que este o libertou. Esopo nunca escreveu suas fábulas. Ele as contava e o povo as transmitia oralmente, mesmo depois de sua morte. As primeiras versões escritas datam do século III d.C., mas o importante é que suas fábulas vêm sendo contadas há mais de dois mil e quinhentos anos e tornaram suas histórias conhecidas em todo o mundo.

- Pense nas fábulas que você conhece e converse sobre as seguintes questões.

1. Que personagens são típicos nas fábulas?
2. Considerando o que fazem, pensam e falam, o que essas personagens, na verdade, representam?
3. Leia:

> **MORAL**
> 4. que segue princípios socialmente aceitos
> Ex.: teve um comportamento m., ético
> 4.1. que denota bons costumes, boa conduta, segundo os preceitos socialmente estabelecidos pela sociedade ou por determinado grupo social
> 4.2. que denota honestidade; correto
> Ex.: atitude m.
> 4.3. que ensina, educa; edificante

INSTITUTO ANTÔNIO HOUAISS. *Dicionário eletrônico Houaiss da língua portuguesa.* Rio de Janeiro: Objetiva, 2009.

- Você acha que a moral das fábulas antigas pode valer para nós, sujeitos do século XXI? Por quê?

Vale a pena ler!

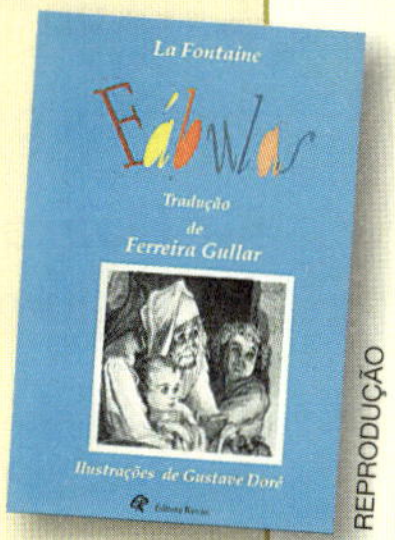

REPRODUÇÃO

Fábulas, **de La Fontaine. Tradução: Ferreira Gullar. Ilustrações: Gustave Doré. Rio de Janeiro: Revan, 1997.**

Essa obra reúne 14 fábulas de La Fontaine. Entre elas estão as mais famosas, como "A cigarra e a formiga", "A raposa e as uvas", "O lobo e o cordeiro", "O leão e o rato", "O pavão invejoso".

Texto 1

O Leão e o Rato

Esopo

Um Leão dormia sossegado, quando foi despertado por um Rato, que passou correndo sobre seu rosto. Com um bote ágil ele o pegou, e estava pronto para matá-lo, ao que o Rato suplicou:

— Ora, se o senhor me poupasse, tenho certeza que um dia poderia retribuir sua bondade. Rindo por achar ridícula a ideia, assim mesmo, ele resolveu libertá-lo.

Aconteceu que, pouco tempo depois, o Leão caiu numa armadilha colocada por caçadores. Preso ao chão, amarrado por fortes cordas, sequer podia mexer-se.

O Rato, reconhecendo seu rugido, se aproximou e roeu as cordas até deixá-lo livre. Então disse:

— O senhor riu da simples ideia de que eu seria capaz, um dia, de retribuir seu favor. Mas agora sabe que mesmo um pequeno Rato é capaz de fazer um favor a um poderoso Leão.

Moral da história: Nenhum ato de gentileza é coisa vã. Não podemos julgar a importância de um favor, pela aparência do benfeitor.

1. Releia: "Rindo por achar ridícula a ideia".
   - O que a atitude expressa por essa observação do narrador permite inferir a respeito do que o Leão achava do Rato?
2. O ponto de vista do Leão foi confirmado? Explique.
3. Que outra moral você tiraria dessa fábula?
4. Qual a sua opinião: o todo-poderoso despreza o mais fraco? Argumente com exemplos.

Texto 2

Hierarquia

Diz que um leão enorme ia andando chateado, não muito rei dos animais, porque tinha acabado de brigar com a mulher e esta lhe dissera poucas e boas. [1]

Eis que, subitamente, o leão defronta com um pequeno rato, o ratinho mais menor que ele já tinha visto. Pisou-lhe a cauda e, enquanto o rato forçava inutilmente pra escapar, o leão gritava: "Miserável criatura, estúpida, ínfima, vil, torpe: não conheço na criação nada mais insignificante e nojento. Vou te deixar com vida apenas para que você possa sofrer toda a humilhação do que lhe disse, você, desgraçado, inferior, mesquinho, rato!" E soltou-o.

O rato correu o mais que pôde, mas, quando já estava a salvo, gritou pro leão: "Será que V. Excelência poderia escrever isso pra mim? Vou me encontrar com uma lesma que eu conheço e quero repetir isso pra ela com as mesmas palavras!"[2]

[1] Quer dizer: muitas e más.

[2] Na grande hora psicanalítica, que soa para todos nós, a precisão de linguagem é fundamental.

MORAL: Afinal ninguém é tão inferior assim.

SUBMORAL: Nem tão superior, por falar nisso.

FERNANDES, Millôr. Disponível em: <http://www2.uol.com.br/millor/fabulas/070.htm>. Acesso em: 8 jul. 2011.

1. O conflito entre uma personagem que representa o poder e uma personagem que representa o mais fraco também aparece nessa nova versão da fábula? Explique.

Quem é

Millôr Fernandes

MARCOS DE PAULA/AGÊNCIA ESTADO

Millôr Fernandes, em Ipanema, em 2007.

Milton Viola Fernandes nasceu em 1923, no Rio de Janeiro, mas só seria registrado em 1924. Como sua certidão de nascimento foi grafada a mão, seu nome Milton parecia Millôr. Em 1938, começou a trabalhar como jornalista na revista *O Cruzeiro*, e não parou mais. Foi fundador do jornal *O Pasquim* e participou de várias exposições como artista plástico. Millôr também já escreveu e traduziu várias peças de teatro. Confira mais no *site* Millôr Online <http://www2.uol.com.br/millor/index.htm>.

2. Que significado você daria à expressão "não muito rei dos animais"? Por que o leão estaria se sentindo assim?

3. A expressão "o ratinho mais menor" não é recomendada pela norma culta do português. No texto ela é empregada com intenções literárias, para provocar efeitos de sentido.
   - Que imagem do ratinho se quer sugerir com o uso dela?

4. Que expressões o leão usou para caracterizar o rato? Consulte no dicionário o sentido das que lhe forem desconhecidas.
   - Por que provavelmente o leão falou tanta coisa para o ratinho?

5. Que pronome de tratamento o rato usa para se dirigir ao leão? O que isso permite inferir?
   - Ele parece ter ficado ofendido ou impressionado com as palavras do leão? Explique?

6. Leia a definição a seguir.

PSICANÁLISE

1. Teoria [...] formulada por Sigmund Freud (1856-1939), que gira basicamente em torno das estruturas inconscientes responsáveis pelo comportamento das pessoas.
2. Terapia, baseada nessa teoria, na qual o terapeuta conduz a interpretação dos significados inconscientes presentes na fala, nos sonhos e nas ações do paciente.

iDicionário Aulete. Disponível em: <http://educacao.uol.com.br/dicionarios>. Acesso em: 8 jul. 2011.

- Segundo a Psicanálise, o que falamos, o que fazemos, em grande parte é motivado por nosso Inconsciente (nosso lado desconhecido e difícil de controlar...). Na hora psicanalítica, isto é, na hora em que o paciente fala para se conhecer melhor, com a ajuda de um terapeuta, os desejos, os medos e outros sentimentos se manifestam.
  - Que desejo do Rato pode ser associado ao fato de ele querer falar exatamente como o Leão?

Você percebeu como o texto de Millôr Fernandes retoma vários elementos da fábula de Esopo, mas lhe dá um conteúdo novo, imprevisto? Toda vez que um texto se coloca em relação com outro há **intertextualidade**. É o leitor, porém, que pode ou não estabelecê-la de fato, graças ao que já conhece de outros textos.

7. Reúna-se com um colega e façam entre vocês uma *leitura dramática* da fábula que você acabou de ler. Essa leitura deve expressar bem o que cada personagem diz. Para isso, levem em conta tudo o que discutiram sobre como o Leão estava se sentindo e como o Rato se sentiu com as falas dele. Boa diversão!

Capítulo 2

O lixo nosso de cada dia

Quem é

MUNIZ, VIK/LICENCIADO POR AUTVIS, BRASIL, 2011

Autorretrato de Vik Muniz, 2005. Paris, Galeria Xippas.

Vik Muniz

O artista Vik Muniz é um dos artistas brasileiros mais celebrados internacionalmente. Paulistano da Lapa, Vik Muniz nasceu em 1961, numa família de classe média. Viveu em Pirituba e estudou na Vila Pompeia. Em 1983, transferiu-se para Chicago e, posteriormente, para Nova York, onde enfim se radicou.

Fonte: <http://www.speculum.art.br/module.php?a_id=405>. (Adaptado).

▼ Observe as imagens.

O2 FILMES

Converse com a turma

1. A primeira fotografia apresenta duas pessoas observando a produção de um trabalho de Vik Muniz.

a) De onde elas parecem estar observando esse trabalho?

b) Esse é um trabalho de pequena ou de grande dimensão? O que você observou para chegar a essa conclusão?

c) Que parte é figurativa, isto é, sugere a imagem de algo, e que parte não é?

d) O que você vê na parte figurativa?

e) E como é a parte não figurativa?

f) De que material essa parte pode ter sido feita?

2. Observe a outra imagem, a tela de Jacques-Louis David, artista francês do século XVIII. Compare o trabalho de Vik Muniz com a pintura *A morte de Marat*.

- Retome o que você aprendeu sobre intertextualidade, na "Roda de leitura" do capítulo anterior. A ideia de intertextualidade caberia aqui? Por quê?

DAVID, Jacques-Louis. *A morte de Marat*. 1793. Óleo sobre tela, 165 × 128 cm. Museu Real de Belas Artes de Bruxelas.

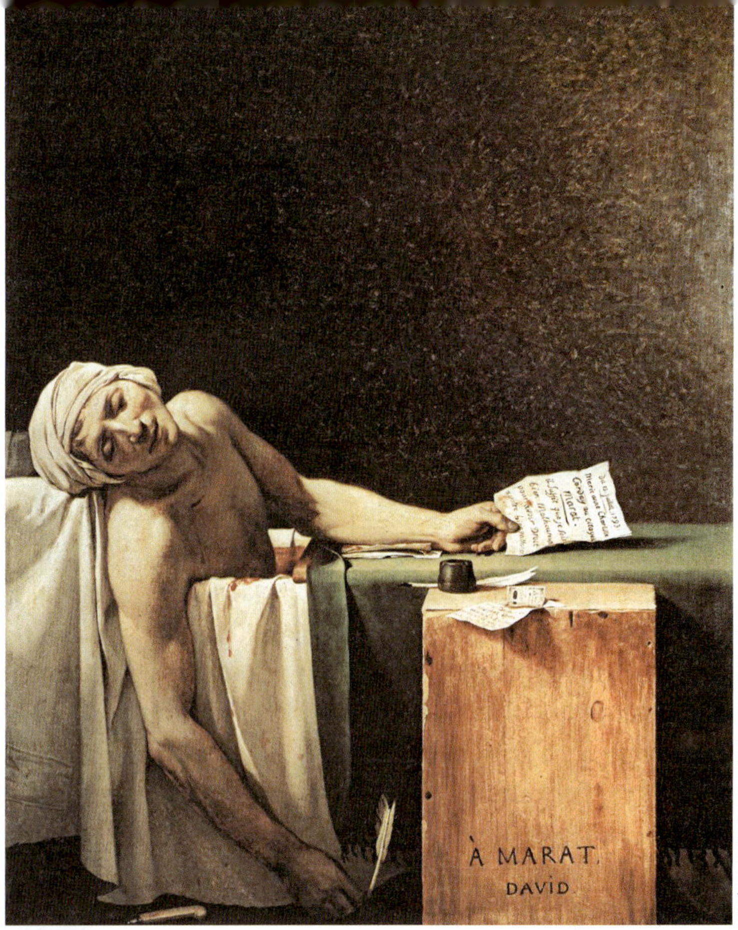

MUSÉES ROYAUX DES BEAUX-ARTS, BRUXELAS

Cena do filme *Lixo extraordinário*, em que aparece um trabalho de Vik Muniz, feito com a colaboração de coletores de material reciclado, no Jardim Gramacho. Direção: Lucy Walker, Brasil, 2009.

Clipe

Lixo extraordinário

O2 FILMES

Cena do filme *Lixo extraordinário*.

Feito ao longo de dois anos (agosto de 2007 a maio de 2009), o filme acompanha o trabalho do artista plástico Vik Muniz em um dos maiores aterros sanitários do mundo: o Jardim Gramacho, na periferia do Rio de Janeiro. Lá, ele fotografa um grupo de catadores de materiais recicláveis, com o objetivo inicial de retratá-los. No entanto, o trabalho com esses personagens revela a dignidade e o desespero que enfrentam quando sugeridos a reimaginar suas vidas fora daquele ambiente. A equipe tem acesso a todo o processo e, no final, revela o poder transformador da arte e da alquimia do espírito humano.

Fonte: <http://www.lixoextraordinario.net/filme-sinopse.php>.

Clipe

A morte de Marat

Essa tela é uma homenagem de David a seu amigo revolucionário Jean Paul-Marat. Marat, um radical jacobino, tinha uma doença de pele que o obrigava a permanecer várias horas na banheira. Numa das inúmeras vezes que aí permanecia, Charlotte Corday, militante do partido moderado dos girondinos, conseguiu um pretexto para se encontrar com ele e o matou. David retratou Marat como um santo, numa pose similar à de Cristo na *Pietà*, de Michelangelo.

Disponível em: <http://oglobo.globo.com/pais/noblat/posts/2007/11/21/a-obra-prima-do-dia-80968.asp>. Acesso em: 14 jun. 2011. (Adaptado).

Literatela

Sob orientação do professor, assista ao *trailer* do documentário *Lixo extraordinário* e responda às questões.

1. Em que cidade fica o Jardim Gramacho?
2. Qual era a finalidade desse espaço até o momento em que foi feito o documentário?
3. Como surgiu a ideia de fazer nele um trabalho artístico?
4. Como os trabalhadores de Gramacho participaram da realização da obra que aparece na abertura?
5. Quem é o homem representado nela?
6. Qual a sua opinião sobre essa fala: "A gente não é catador de lixo, é catador de material reciclável. Lixo é aquilo que não tem reaproveitamento, material reciclável, sim."? Argumente.
7. O que você acha das condições de trabalho e alimentação nesse aterro? Por quê?
8. Você concorda com essa ideia: "O momento em que uma coisa se transforma em outra é o momento mais bonito, aquele momento é um momento mágico mesmo"? Por quê?
9. Essa experiência do artista com os catadores de Jardim Gramacho foi uma boa forma de intervir na realidade do lugar? Por quê?

Leitura

Converse com a turma

1. Pense em coisas que você precisa fazer cotidianamente: alimentação, higiene, estudos, lazer. Que tipos de resíduos, sobras, elas deixam e que vão parar no seu lixo?
2. Você sabe aonde vai parar seu lixo?
3. Você sabe qual é a diferença entre aterro sanitário e lixão?
4. Você acha que parte do lixo que vai para esses espaços poderia ser aproveitada de outras formas? Quais?
5. Para tornar públicos acontecimentos de interesse geral, o jornalista precisa "alimentar" seu texto com informações vindas de fontes.
   a) O título da notícia que você vai ler é "Geração de lixo em 2010 foi seis vezes superior ao crescimento da população". Em que fontes devem ter sido conseguidos os números que aparecem nesse título?
   b) Você já tem noção de qual problema será tratado na notícia, graças ao título. O que mais você espera encontrar nela?

O que vamos fazer neste capítulo

Neste capítulo, você e sua turma lerão textos jornalísticos sobre o problema do lixo. Observarão o que anda sendo feito com ele dentro da escola e nas ruas próximas a ela. Levantarão os problemas em relação a isso e depois debaterão qual merece a intervenção de vocês por meio de uma carta. E, claro, farão mesmo cartas de solicitação ou reclamação, para tentar mudar isso!

Texto 1

Geração de lixo em 2010 foi seis vezes superior ao crescimento da população

O Brasil produziu 60,8 milhões de toneladas de resíduos sólidos urbanos em 2010, quantia 6,8% superior ao registrado em 2009 e seis vezes superior ao índice de crescimento populacional urbano apurado no mesmo período.

Os dados, divulgados nesta terça (26), são do *Panorama dos Resíduos Sólidos*, estudo feito pela Associação Brasileira de Empresas de Limpeza Pública e Resíduos Especiais (Abrelpe). O levantamento aponta que a média de lixo gerado por pessoa no país foi de 378 quilos (kg), montante 5,3% superior ao de 2009 (359 kg).

Mesmo com o aumento da geração de resíduos, o crescimento da coleta de lixo apresentou crescimento expressivo, superior à geração. Em 2010, dos 60,8 milhões de toneladas geradas, 54,1 milhões de toneladas foram coletadas, quantidade 7,7% superior à de 2009.

O levantamento identifica ainda uma melhora na destinação final dos resíduos sólidos urbanos: 57,6% do total coletado teve destinação adequada, sendo encaminhado a aterros sanitários, ante um índice de 56,8% no ano de 2009.

Mesmo assim, a quantidade de resíduos encaminhados a lixões ainda permanece alta. "Quase 23 milhões de toneladas de resíduos seguiram para os lixões, em comparação a 21 milhões de toneladas em 2009", afirmou o diretor executivo da Abrelpe, Carlos Silva Filho.

Em relação à reciclagem, o estudo mostra tendência de crescimento, mas em ritmo menor ao da geração de lixo. Em 2010, 57,6% dos municípios brasileiros afirmaram ter iniciativas de coleta seletiva, ante 56,6% em 2009. "É importante considerar que, em muitos casos, as iniciativas resumem-se à disponibilização de pontos de entrega voluntária", ressaltou o diretor.

Disponível em: <http://www.diariodepernambuco.com.br/nota.asp?materia=20110426185230>. Publicado em 26 abr. 2011. Acesso em: 14 jun. 2011.

Primeiras impressões

1. A notícia compara o crescimento da geração de lixo ao crescimento da população urbana, isto é, das pessoas que moram na cidade.
   a) De acordo com o texto, quanto cresceu a produção de lixo e quanto cresceu a população no mesmo período?
   b) Além dessa comparação, que outra é feita que permite ao leitor ter a dimensão do aumento do lixo em 2010?
2. Qual foi a média de lixo, em quilogramas, gerada por um brasileiro em 2010?
   - Você supõe que tenha se mantido próximo ou distante dessa média?
3. A coleta de lixo em 2010 cresceu na mesma proporção que o lixo? Explique.
   - Todo o lixo produzido em 2010 teve destinação adequada? Explique.
4. Releia.

   > "Quase 23 milhões de toneladas de resíduos seguiram para os lixões, em comparação a 21 milhões de toneladas em 2009."

   a) Você acha que o envio dessa quantidade de resíduos para os lixões é preocupante? Por quê?
   b) O que você pensa sobre o aumento na porcentagem de lixo reciclado em 2010: ele mostra que o Brasil investiu o suficiente nisso? Explique.
   c) A disponibilização de pontos de entrega voluntária nos municípios por si só pode ser considerada uma boa iniciativa?

O texto em construção

Organize-se em **duplas** e converse com seu colega sobre as questões a seguir.

1. Que fonte a notícia cita para dar legitimidade aos números apresentados?
2. Quem foi entrevistado para comentar os dados? Por que provavelmente essa pessoa foi escolhida?
   - Como as falas dessa pessoa estão marcadas, para que o leitor possa percebê-las?
3. Localize no trecho as seguintes expressões "Mesmo com" e "Mesmo assim". Elas poderiam ser substituídas, respectivamente, por quais desses marcadores de argumentação?
   - Entretanto, Dessa forma
   - Apesar de, Ainda assim
   - Por isso mesmo, Apesar disso

Para lembrar

Marcadores de argumentação — também chamados de conectivos, são palavras ou expressões que ligam partes do texto, estabelecendo sentido entre elas.

4. Leia.

Ideia considerada	Marcadores de argumentação	Ideia que faz oposição à que foi considerada
O aumento da geração de resíduos,	← Mesmo com →	o crescimento da coleta de lixo, apresentou crescimento expressivo, superior à geração.
O levantamento identifica ainda uma melhora na destinação final dos resíduos sólidos urbanos,	← Mesmo assim →	a quantidade de resíduos encaminhados a lixões ainda permanece alta.
Em relação à reciclagem, o estudo mostra tendência de crescimento,	← mas →	em ritmo menor ao da geração de lixo.

- Elabore um parágrafo reconhecendo a importância de pontos de entrega voluntária de material reciclável e, ao mesmo tempo, apontando os limites dessa iniciativa.

5. Como você já sabe, de modo geral, as notícias são "datadas", isto é, falam de uma realidade que pertence a determinado momento e que pode ou não ter sido modificada. Apesar disso, a notícia que você leu traz dados que não devem ter se alterado tão rapidamente.

- Você concorda com essa afirmação? Por quê?

Na Unidade 1, no Capítulo 1 deste Caderno de Leitura e produção, há um boxe a respeito das características do gênero **notícia**.

Texto 2

Apenas 8% dos municípios fazem coleta seletiva de lixo

Diariamente o Brasil produz 150 mil toneladas de lixo, das quais 40% são despejadas em aterros a céu aberto. O destino adequado do lixo é um problema que afeta a maioria das cidades — apenas 8% dos 5.565 municípios adotam programas de coleta seletiva. Os dados são de um estudo realizado pelo Compromisso Empresarial para a Reciclagem (Cempre), associação sem fins lucrativos dedicada à promoção da reciclagem e mantida por empresas privadas.

O Brasil tem hoje uma Política Nacional de Resíduos Sólidos instituída pela Lei Federal 12.305, de 2 de agosto de 2010, e regulamentada pelo Decreto Federal 7.404, de 23 de dezembro de 2010. Considerada uma vitória do Movimento Nacional dos Catadores de Materiais Recicláveis, o projeto tramitou por 20 anos no Congresso Nacional.

Vamos lembrar

Uma **reportagem** pode ser escrita, televisiva ou radiofônica. Ela trata de assuntos e acontecimentos de interesse público, como a notícia, mas com mais profundidade. Em uma boa reportagem, além da fala de introdução do jornalista, há entrevistas com pessoas envolvidas no acontecimento ou que possam ter opiniões interessantes sobre ele, para que o telespectador/ouvinte/leitor possa melhor formar a sua.

— Nós entramos no circuito porque a primeira lei sequer citava os catadores — explica Severino Lima Junior, da coordenação nacional do movimento. Segundo ele, a lei é uma das melhores da América Latina. "Hoje a gente tem dados mostrando que 90% do material reciclado passou pela mão de um catador, seja ele de cooperativa ou de rua e lixões."

A coordenadora de Consumo Sustentável do Ministério do Meio Ambiente (MMA), Fernanda Daltro, diz que a aprovação da lei foi o resultado de uma grande mobilização de todos os setores envolvidos: a sociedade, o setor produtivo, o governo e os catadores. "A demora da tramitação foi necessária para a adequação de todos os interesses destes setores, do próprio mercado, para atender às exigências, e dos governos, para entender a importância de uma política para os resíduos sólidos."

A partir do segundo semestre de 2012 os brasileiros poderão ter regras fixas e determinadas pelo governo federal para o descarte adequado de produtos como eletroeletrônicos, remédios, embalagens, resíduos e embalagens de óleos lubrificantes e lâmpadas fluorescentes de vapor de sódio e mercúrio e de luz mista.

Pela lei, os governos municipais e estaduais têm dois anos de prazo para a elaboração de um plano de resíduos sólidos.

Disponível em: <http://oglobo.globo.com/blogs/ecoverde/posts/2011/05/09/apenas-8-dos-municipios-fazem-coleta-seletiva-de-lixo-379263.asp>. Publicado em: 9 maio 2011. Acesso em: 14 jun. 2011.

Primeiras impressões

1. Do que trata a Lei 12.305?
- Em que ano ela foi feita? Ela teve efeito imediato? Indique passagem do texto que justifica sua resposta.

2. O título da reportagem chama a atenção para o assunto principal do texto? Explique.

3. Essa reportagem circulou praticamente na mesma época que a notícia que você leu. Por que os dados sobre a quantidade de lixo não estão "batendo"?

4. Que informação essa reportagem traz que ajuda a compreender o baixo crescimento da reciclagem, apontado na notícia que você leu?

5. Seu município se encaixa nessa porcentagem? Por quê?

6. Analise os tipos de resíduos indicados no último parágrafo: por que eles precisam de regras especiais para o descarte?
- Como sua família costuma fazer o descarte de resíduos assim? Você acha que isto é adequado? Por quê?

Clipe

Resíduos tóxicos

O descarte de pilhas e baterias de celular é hoje um problema ambiental. Compostas de metais pesados tóxicos e não biodegradáveis, as pilhas e baterias descartadas acabam em aterros sanitários ou lixões a céu aberto. O consequente vazamento de seus componentes contamina o solo, os cursos d'água e o lençol freático, atingindo a flora e a fauna. Através da cadeia alimentar, essas substâncias chegam, de forma acumulada, aos seres humanos.

Fonte: <http://ecoviagem.uol.com.br>. Acesso em: 10 jun. 2011. (Adaptado).

O texto em construção

1. Que fonte serviu de base para os dados sobre a produção de lixo no Brasil apresentados na reportagem?

2. Quais pessoas foram entrevistadas para comentar a Lei 12.305 e por que provavelmente elas foram escolhidas?
   a) A escolha de uma só delas interferiria no princípio da "neutralidade" jornalística? Por quê?
   b) Releia a fala de cada uma dessas pessoas: Que perguntas provavelmente foram feitas a elas?
   c) E você, o que acha: vinte anos são um prazo aceitável para a definição de uma lei sobre o lixo urbano? Argumente.

3. Com base nos incisos destacados no boxe "Clipe", o que pode significar a fala "entramos no circuito"?

4. Considerando as falas citadas e o próprio texto, o que você conclui: a visão implícita nela é favorável ou não à Lei 12.305?

5. Releia.

> "Hoje a gente tem dados mostrando que 90% do material reciclado passou pela mão de um catador, seja ele de cooperativa ou de rua e lixões."

   a) Como você se posicionaria em relação a essa fala? Que aspectos positivos ela revela? E negativos?
   b) Com base no quadro sobre marcadores textuais usado antes, elabore um parágrafo reconhecendo a importância e apontando os riscos da falta de regulamentação do trabalho de grande parte dos catadores.

Na Unidade 2, no Capítulo 1, neste Caderno de Leitura e produção, há atividades e informações relacionadas ao gênero **reportagem**.

Para lembrar

Implícitos

Nem tudo está dito ou posto num texto. O texto tem seus implícitos que o leitor pode perceber por meio de: pistas que o autor nele deixa, da compreensão geral tida do texto e de seus conhecimentos de mundo.

Clipe

Do Plano Nacional de Resíduos Sólidos

Art. 6º São princípios da Política Nacional de Resíduos Sólidos

[...]

XII – integração dos catadores de materiais reutilizáveis e recicláveis nas ações que envolvam a responsabilidade compartilhada pelo ciclo de vida dos produtos;

Art. 15. A União elaborará, sob a coordenação do Ministério do Meio Ambiente, o Plano Nacional de Resíduos Sólidos, com vigência por prazo indeterminado e horizonte de 20 (vinte) anos, a ser atualizado a cada 4 (quatro) anos, tendo como conteúdo mínimo:

[...]

V – metas para a eliminação e recuperação de lixões, associadas à inclusão social e à emancipação econômica de catadores de materiais reutilizáveis e recicláveis.

Fonte: <http://www.planalto.gov.br/ccivil_03/_ato2007-2010/2010/lei/l12305.htm>. Acesso em: 14 jun. 11.

Produção: carta de solicitação ou de reclamação

Preparando-se para a produção: percepções sobre o problema do lixo

Até aqui você certamente construiu uma compreensão de por que o problema do lixo é tão sério, não é mesmo? Agora é hora de intervir um pouco nisso, conhecendo melhor como o lixo é descartado na escola e no entorno dela. Para isso, você e sua turma farão um exercício, a partir de um roteiro de observação, que poderá ser adaptado pelo professor para ficar mais de acordo com a realidade de vocês.

Atividade 1: levantando informações — roteiro

Roteiro de observação da escola e de algumas ruas próximas a ela

1. Há serviço público de coleta de lixo no bairro em que fica a escola?
2. Ele acontece regularmente, isto é, o caminhão passa em dias e horários certos?
3. Os moradores respeitam esses dias e horários?
4. No bairro, há serviço público de coleta dos resíduos recicláveis?
5. Ele acontece regularmente, isto é, o caminhão passa em dias e horários certos?
6. Os moradores respeitam esses dias e horários?
7. Passam catadores de material reciclável por esse bairro?
8. Os moradores separam os resíduos para facilitar o trabalho deles?
9. E dentro da escola: há contêineres próprios para o descarte de material reciclável (papel, copo plástico, lata de refrigerante)?
10. Alunos, professores e funcionários descartam o lixo corretamente nesses espaços?
11. Há na escola materiais de orientação sobre o que as pessoas devem fazer com baterias de celulares e pilhas?

Dica: Anote o que você observou em relação a cada um desses tópicos. Esse registro será retomado na atividade seguinte!

Para saber mais sobre roteiros

São orientadores de ações. Na esfera artística, orientam filmagens e encenações de filmes, novelas, peças de teatro. Fora dessa esfera, podem ser parte de guias turísticos e orientar trajetos, por exemplo. No ambiente escolar, há vários usos de roteiros. O de *observação* "orienta o olhar", isto é, indica que elementos devem ser focados na observação de um objeto, de um espaço, de uma realidade.

Atividade 2: delimitação do problema — do registro de observação à formulação de uma opinião

1. Agora analise suas anotações e reflita: que problema ou problemas foram resultantes de sua observação? Escreva-o(s) em tópico(s), como esses, por exemplo:
   - A coleta de lixo não é regular.
   - A população não favorece o trabalho de catadores.
   - Nossa escola não oferece orientação sobre o que fazer com pilhas e baterias descartadas.
2. Com a lista de tópicos pronta, escolha o que você acha que tem mais urgência de ser resolvido.
3. Prepare um parágrafo, defendendo que esse deve ser o problema a partir do qual sua turma fará uma carta de solicitação ou de reclamação. Como você, outros colegas defenderão suas opiniões, na hora do debate, para chegar a uma decisão coletiva de qual problema será abordado; portanto, capriche na argumentação! Você pode usar informações das leituras que fez neste capítulo. Não se esqueça de usar bem os marcadores de argumentação.

Se liga nessa!

Uma lista de tópicos pode ser um bom orientador para produções textuais. Assim você registra, de modo resumido, ideias importantes, que serão desenvolvidas depois!

Reveja **como argumentar** bem na seção "Atividade 3: a argumentação em cartas de reclamação e solicitação", no Capítulo 1 desta unidade!

Atividade 3: delimitação do problema — debate para a tomada de decisão conjunta

No capítulo passado, você experimentou a autoria de uma carta de solicitação ou reclamação. Neste, você vai experimentar a *autoria coletiva*. A produção em equipe pode ser bastante enriquecedora, pois pressupõe a exposição de diferentes opiniões e a negociação delas. É o que acontecerá agora, no debate em que você e sua turma decidirão qual problema dentre os observados será alvo da carta de vocês.

Lembre-se de que o parágrafo que você preparou na atividade anterior não deve ser lido: ele será apenas um apoio para você debater sua opinião. O debate deve acontecer "no calor da hora", na interação com os colegas. Argumente em favor de sua escolha e, se discordar de um colega, se inscreva e contra-argumente, usando expressões próprias para isso.

Vamos lembar

Expressões de concordância ou discordância

Aparecem em situações de interação oral. No geral, são usadas em início de fala e tanto marcam atenção ao que o outro disse antes, como já podem antecipar se haverá ou não concordância de pontos de vista: O que você disse é verdade, mas...; Eu discordo de sua opinião, porque...; Eu tenho a mesma opinião que você, porque...

Praticando

Condições de produção

- ***O quê?***

Você e sua turma farão um breve debate, para decidirem:

Que problema acerca do lixo na escola ou em seu entorno imediato tentarão resolver com a produção de uma carta de solicitação ou reclamação?

- ***Para quem?***

Para a própria turma poder planejar depois a produção de uma carta, solicitando algo ou reclamando a solução de um problema.

Como fazer?

1. Inscreva-se no momento que julgar interessante dar sua opinião.
2. Manifeste com calma, clareza, mas também com firmeza, sua opinião.
3. Seja respeitoso ao discordar de uma posição, empregando expressões próprias para isso.
4. Fique atento às falas dos colegas e procure perceber quais são as opiniões deles e como eles tentam justificá-las.
5. Preste atenção às falas de seu professor, que fará a mediação do debate, ajudando a perceber melhor opiniões semelhantes e diferentes.
6. Aceite a decisão que for negociada coletivamente; afinal, democracia pressupõe isso.

Para saber mais sobre debate

Um debate não é uma mera conversa. Nele, as pessoas:

- discutem pontos de vista sobre uma questão;
- sustentam suas falas com argumentos;
- dialogam com o que foi dito antes, manifestando concordância ou discordância, de jeito educado;
- respeitam regras previamente combinadas, como, por exemplo, quando devem falar;
- ficam atentas ao mediador, que é quem organiza o debate e passa a palavra.

Em diferentes situações os debates são importantes:

- para busca de soluções de problemas;
- para tomar coletivamente decisões;
- para troca de opiniões diferentes.

Ao vivo, eles acontecem em espaços próprios como auditórios, estúdios, anfiteatros. Já a transmissão deles pode ser por rádio, televisão ou internet.

Atividade 4: definição da situação de interação

Você já sabe que a escolha de qual gênero será mais interessante para orientar a produção de uma carta, na tentativa de solucionar um problema, resolver uma situação, depende de uma boa análise da situação de interação. É isso que você e sua turma farão agora. Participe da conversa e não se esqueça de fazer anotações a respeito dos pontos importantes dela!

Converse com a turma

Com base no problema que a turma delimitou, discutam:

1. Que pessoa(s) pode(m) ajudar na solução do problema: os moradores? A prefeitura? A comunidade escolar?
2. Vamos escrever uma carta de solicitação ou reclamação? Por quê?
3. Que argumentos poderemos usar?
4. Como faremos a carta chegar ao interlocutor?

Vamos lembrar

Situação de interação

Quando interagimos com alguém, consideramos: quem é nosso interlocutor, o que ele representa para nós, que objetivos queremos alcançar sobre ele com nosso texto, que gênero é melhor para essa finalidade.

Produzindo o texto: carta de reclamação ou de solicitação

Condições de produção

■ ***O quê?***

Você e seu grupo de trabalho escreverão uma carta de solicitação ou de reclamação, para tentar resolver o problema do lixo, considerando a situação de interação definida coletivamente e os tópicos levantados para a argumentação.

■ ***Para quem?***

A carta do grupo será colocada no *Painel de reclamações e solicitações da turma*, para que vocês possam conhecer as diferentes propostas da sala e eleger qual será encaminhada para o(s) interlocutor(es).

Como fazer?

1. Planejando a carta

a) Revejam as anotações que vocês fizeram sobre a situação de interação e os tópicos para a argumentação.

b) Revisem a estrutura básica das cartas de solicitação e de reclamação, no Capítulo 1 desta unidade.

c) Escolham quem será o "escriba" do grupo, isto é, aquele que irá escrever e reescrever à medida que o grupo for construindo coletivamente o texto.

2. Escrevendo a carta

Organizem-se de modo que todos os integrantes do grupo contribuam na escrita do texto. Mantenham por perto a ficha de avaliação 6 que está no final do livro e a consultem durante o processo de escrita do texto.

3. Avaliando a produção

a) Antes de encaminharem a carta ao professor, releiam a carta e façam os ajustes necessários, de modo que ela atenda o melhor possível aos critérios da ficha de avaliação e aos combinados coletivos.

b) Após a revisão do professor, revejam o texto e façam, se for o caso, nova versão.

c) Publiquem a carta no *Painel de reclamações e solicitações da turma*. Escolham qual das produções vocês consideram que deveria ser a carta a ser assinada coletivamente pela turma.

▶ No final do livro, você vai encontrar a ficha de avaliação 6 ···· Carta de solicitação ou de reclamação

Vamos repensar

1. Retome as perguntas que motivaram suas aprendizagens nesta unidade.
- Que problemas ambientais há nas ruas em que moramos?
- Por que o lixo é um problema tão sério?
- Como podemos intervir nesses problemas usando nossos conhecimentos de língua?

2. Escreva um pequeno texto, sintetizando o que você discutiu e aprendeu nesta unidade e que você considera ter sido importante para lhe ajudar a construir respostas para as questões acima.

3. Compare o seu texto com as anotações que você fez no caderno ao longo dos dois capítulos.

4. Conclua: hoje você sabe mais do que sabia antes?

Roda de leitura: fábulas

No Capítulo 1 desta unidade você recordou histórias pertencentes ao gênero fábula.

Você também aprendeu que muitas fábulas têm desafiado o tempo e ganhado sentido e significado também em outras épocas diferentes da de sua produção. Dada essa força de presença, as fábulas são revisitadas por muitos autores contemporâneos, que criam seus textos com referências, explícitas ou implícitas, a elas. Ao perceber isso, o leitor estabelece a intertextualidade, isto é, a relação entre os textos. Agora chega de relembrar e vamos aproveitar bem tudo isso no trabalho com outra fábula contemporânea.

1. Complete essa galeria de personagens, indicando os tipos que geralmente esses animais representam nas fábulas. Use o caderno.

PHOTODISC/GETTY IMAGES

O trapaceiro.

PHOTODISC/GETTY IMAGES

PHOTODISC/GETTY IMAGES

GERSON GERLOFF/PULSAR IMAGENS

X-ETRA/SHUTTERSTOCK

PHOTODISC/GETTY IMAGES

2. Nas fábulas que você leu no capítulo anterior, quem eram as personagens? Que tipos elas representavam?

3. Leia a parábola dos fariseus e do pagador de impostos.

Para saber mais sobre fábulas

São pequenas histórias que surgiram no Oriente e, pela tradição oral, vieram para o Ocidente. Suas personagens são animais que encarnam ações humanas e funcionam como tipos, isto é, representam características típicas de determinados sujeitos (o poderoso, o fraco, o arrogante, etc.). Com essa construção de personagens e o envolvimento delas em tramas exemplares (isto é: que servem para tirar uma moral), as fábulas têm se caracterizado como, além de histórias interessantes e engraçadas, narrativas críticas a sujeitos e grupos sociais, em diferentes épocas.

Se liga nessa!

Por serem tipos, isto é, personagens que terão características esperadas, sempre que aparecem, os nomes dos animais das fábulas são acompanhados de artigo definido: o Leão, a Raposa, e assim por diante.

Texto 1

Então as autoridades mandaram alguns fariseus e alguns partidários de Herodes para apanharem Jesus em alguma palavra. Quando chegaram, disseram a Jesus: "Mestre, sabemos que és verdadeiro, porque não dás preferência a ninguém. Com efeito, não levas em conta as aparências e ensinas de verdade o caminho de Deus. Diz-nos: É lícito ou não pagar o imposto a César? Devemos pagar ou não?". Jesus percebeu a hipocrisia deles e respondeu: "Por que Me tentais? Trazei-me uma moeda para eu ver". Eles levaram-lhe a moeda e Jesus perguntou: "De quem é a figura e a inscrição que está nesta moeda?". Eles responderam: "É de César". Então Jesus disse: "Pois dai a César o que é de César, e a Deus o que é de Deus". E eles ficaram admirados com Jesus.

Fonte: Texto bíblico.

Glossário

Fariseus: referência a homens pertencentes a um grupo religioso que aparentava, na perspectiva do Evangelho, falsa honestidade.

Lícito: que está de acordo com a lei, com os princípios do direito.

César: título concedido aos onze primeiros imperadores romanos que sucederam a Caio Júlio César.

Hipocrisia: falsidade, fingimento.

a) Colocando-se na perspectiva do Evangelho, isto é, no ponto de vista que ali se apresenta sobre os fariseus e sobre César, escolha do quadro da Atividade 1 personagens que poderiam representá-los e justifique.

b) Como você interpretaria a fala "Dai a César o que é de César, e a Deus o que é de Deus": o que pertenceria a César?

Lembra-se de nosso fabulista Millôr Fernandes? Confira o texto a seguir, em que o leão e o rato aparecem em nova história repleta de humor e criticidade...

Para saber mais sobre parábolas

Como as fábulas, as parábolas são histórias curtas, interessantes, contadas com a finalidade de dar uma lição de moral. Diferentemente delas, porém, os tipos são representados por humanos. Elas são bastante comuns no discurso religioso.

Texto 2

O Leão e o Rato

Depois que o Leão desistiu de comer o Rato porque o Rato estava com espinho no pé (ou por desprezo, mas dá no mesmo), e, posteriormente, o Rato, tendo encontrado o Leão envolvido numa rede de caça, roeu a rede e salvou o Leão (por gratidão ou mineirice, já que tinha que continuar a viver na mesma floresta), os dois, Rato e Leão, passaram a andar sempre juntos, para estranheza dos outros habitantes da floresta (e das fábulas). E como os tempos são tão duros nas florestas quanto nas cidades, e como a poluição já devastou até mesmo as mais virgens das matas, eis que os dois se encontraram, em certo momento, sem ter comido durante vários dias. Disse o Leão:

— Nem um boi. Nem ao menos uma paca. Nem sequer uma lebre. Nem mesmo uma borboleta, como *hors-d'oeuvres* de uma futura refeição.

Caiu estatelado no chão, irado ao mais fundo de sua alma leonina. E, do chão onde estava, lançou um olhar ao Rato que o fez estremecer até a medula. "A amizade resistiria à fome?" — pensou ele. E, sem ousar responder à própria pergunta, esgueirou-se pé ante pé e sumiu da frente do amigo(?) faminto. Sumiu durante muito tempo. Quando voltou, o Leão passeava em círculos, deitando fogo pelas narinas, com ódio da humanidade. Mas o Rato vinha com algo capaz de aplacar a fome do ditador das selvas: um enorme pedaço de queijo Gorgonzola que ninguém jamais poderá explicar onde conseguiu (fábulas!). O Leão, ao ver o queijo, embora não fosse um animal queijífero, lambeu os beiços e exclamou:

— Maravilhoso, amigo, maravilhoso! Você é uma das sete maravilhas! Comamos, comamos! Mas, antes, vamos repartir o queijo com equanimidade. E como tenho receio de não resistir à minha natural prepotência, e sendo ao mesmo tempo um democrata nato e confirmado, deixo a você a tarefa ingrata de controlar o queijo com seus próprios e famélicos instintos. Vamos, divida você, meu irmão! A parte do Rato para o Rato; para o Leão, a parte do Leão.

A expressão ainda não existia naquela época, mas o Rato percebeu que ela passaria a ter uma validade que os tempos não mais apagariam. E dividiu o queijo como o Leão queria: uma parte do Rato, outra parte do Leão. Isto é: deu o queijo todo ao Leão e ficou apenas com os buracos. O Leão segurou com as patas o queijo todo e abocanhou um pedaço enorme, não sem antes elogiar o Rato pelo seu alto critério:

— Muito bem, meu amigo. Isto é que se chama partilha. Isto é que se chama justiça. Quando eu voltar ao poder, entregarei sempre a você a partilha dos bens que me couberem no litígio com os súditos. Você é um verdadeiro e egrégio meritíssimo! Não vai se arrepender!

E o ratinho, morto de fome, riu o riso menos amarelo que podia, e ainda lambeu o ar para o Leão pensar que lambia os buracos de queijo. E enquanto lambia o ar, gritava, no mais forte que podiam seus fracos pulmões:

— Longa vida ao Rei Leão! Longa vida ao Rei Leão!

MORAL: Os ratos são iguaizinhos aos homens.

Disponível em: <http://www2.uol.com.br/millor/fabulas/067.htm>. Acesso em: 14 jun. 2011.

Glossário

Hors-d'oeuvres: prato leve e frio, servido antes da entrada ou do prato principal.

Equanimidade: equilíbrio, imparcialidade.

Litígio: conflito de interesses.

Súditos: aqueles que estão submetidos à vontade de uma autoridade.

Egrégio: magnífico.

Meritíssimo: juiz.

1. Essa fábula daria continuidade a que outra da tradição?

2. A voz do narrador está preocupada em recuperar exatamente o que acontecia na história original? O que você observou para chegar a essa conclusão?

3. Em nossa cultura muitos estereótipos são atribuídos às pessoas de diferentes estados e regiões. O texto brinca com isso, ao dizer que talvez o rato tenha salvado o leão por mineirice. O que seria a mineirice?

4. Como você interpretaria a expressão "(fábulas!)", no terceiro parágrafo?

5. Localize no texto uma referência que pode ser tomada como discurso crítico à ação do homem no meio ambiente.

6. Releia: "Nem um boi. Nem ao menos uma paca. Nem sequer uma lebre. Nem mesmo uma borboleta, como *hors-d'oeuvres* de uma futura refeição".

   a) O que você percebe na enumeração dos animais: há uma lógica na sequência deles?

   b) Que ideia é reforçada com esse jeito de apresentar os animais na fala do leão?

   c) Por que o leão estava "com ódio da humanidade"?

7. Que parte do texto poderia ser relacionada com a parábola bíblica?

   a) Com que possíveis intenções de sentido ela foi usada pela personagem?

   b) Você acha que ao dar essa fala para a personagem, o narrador reforça o que o leitor espera desse *tipo*? Por quê?

8. Releia: "A expressão ainda não existia naquela época, mas o rato percebeu que ela passaria a ter uma validade que os tempos não mais apagariam". Estabeleça relações com as informações do boxe Clipe.

   a) O que é imposto de renda?

   b) A notícia é favorável ao contribuinte, isto é, ao trabalhador que paga os impostos?

   c) Quem é o leão a que se refere a notícia?

   d) Sabendo disso, que crítica pode estar implícita na parte da fábula que você releu?

9. Como você interpretaria a moral da fábula?

10. Agora é a sua vez! Pensando nas relações que o texto permite com a parábola e com a cobrança de imposto de renda, em nossa sociedade, invente outra moral para a fábula com foco no leão.

Para saber mais sobre a voz do narrador

É aquela que tudo organiza e narra para o leitor. O narrador não é o autor de verdade. É como se fosse uma pessoa imaginária, que só existe lá no texto. Sua função é "receber" o leitor e conduzi-lo pelas pistas desse mundo inventado, que é o texto literário.

Clipe

Sem correção da tabela, mordida do IR será maior

Acaba este ano o compromisso do governo federal de corrigir a tabela do Imposto de Renda (IR) em 4,5% para repor as perdas provocadas pela inflação [...]. Caso uma nova correção não seja definida até o fim do ano, o trabalhador pagará mais IR em 2011. O pagamento de mais imposto ocorre porque o contribuinte que teve aumento de renda poderá deixar de ser isento ou subir de faixa de tributação e receber uma mordida maior do Leão.

Disponível em: <http://blogs.estadao.com.br/jt-seu-bolso/>. Acesso em: 14 jun. 2011. (Fragmento).

Caderno de Práticas de literatura

Apresentação

Um caderno de textos que "não servem para nada"

Você já parou para pensar em sua relação com a linguagem? Se o fez, sabe muito bem que da hora em que você acorda até aquela em que vai dormir, você lida com textos. Textos só de palavras, ou de palavras com gestos. Ou de palavras, gestos, cores e formas. Textos falados. Textos escritos. Ou textos falados e escritos. O tempo todo você está produzindo textos ou significando os textos que o cercam. Textos que servem para convencer. Textos que servem para explicar. Textos que servem para informar... Enfim, tantos textos, como são tantas nossas necessidades de viver em sociedade.

Aprender a ler e a produzir melhor esses textos na escola, afinal de contas, é aprender a viver melhor nesse "mundo de textos": Precisa defender seu ponto de vista? Use o que aprendeu sobre debates e artigos de opinião. Precisa entender o que está por trás de uma informação? Use o que aprendeu sobre notícias e reportagens. Precisa contar para alguém suas experiências? Use o que aprendeu sobre relatos e depoimentos, e por aí vá...

A essa altura você já deve estar impaciente: *já entendi, mas para que servem os textos deste caderno aqui*? Não se espante: eles não servem para nada! E talvez por isso, cada vez menos, na correria do dia a dia, as pessoas encontrem tempo para lê-los... Uma pena: deixam de dar sons, imagens e sentidos inesperados às palavras em estado de poesia; deixam de imaginar uma história bem narrada, de se emocionar com as personagens; deixam de experimentar a sensação mágica de ver histórias no palco, como se acontecessem ali, pela primeira vez...

Ainda bem que você e sua turma terão um caderno *de textos que não servem para nada*, com o qual, aliás, descobrirão que o uso de duas palavras negativas pode significar uma afirmação. Já estranhou de novo? Pense bem: se *não* serve para *nada* é porque serve para *alguma coisa*. O quê? Ah, esse é um enigma da literatura que só se resolve por seus leitores. E já avisamos, *não* é *nada* elementar, meu caro jovem!

Entre leitores e leituras: práticas de literatura

- **Capítulo 1:** O mundo da poesia
- **Capítulo 2:** Instantes poéticos

Entre leitores e leituras: práticas de literatura

SÉRGIO DOTTA JR./THE NEXT

KANEGAE, Mari. ***Dobradura em origami retratando Pégaso.***

Lenda do Pégaso

Era uma vez, vejam vocês, um passarinho feio
Que não sabia o que era, nem de onde veio
Então vivia, vivia a sonhar em ser o que não era
Voando, voando com as asas, asas da quimera

Sonhava ser uma gaivota porque ela é linda e todo mundo nota

E naquela de pretensão queria ser um gavião
E quando estava feliz, feliz, ser a misteriosa perdiz
E vejam, então, que vergonha quando quis ser a sagrada cegonha

E com a vontade esparsa sonhava ser uma linda garça
E num instante de desengano queria apenas ser um tucano
E foi aquele, aquele ti-ti-ti quando quis ser um colibri
Por isso lhe pisaram o calo e aí então cantou de galo

Sonhava com a casa de barro, a do joão-de-barro, e ficava triste
Tão triste assim como tu, querendo ser o sinistro urubu
E quando queria causar estorvo então imitava o sombrio corvo
E até hoje ainda se discute se é mesmo verdade que virou abutre

E quando já estava querendo aquela paz dos sabiás
Cansado de viver na sombra, voar, revoar feito a linda pomba
E ao sentir a falta de um grande carinho então cantava feito um canarinho
E assim o passarinho feio quis ser até pombo-correio

Aí então Deus chegou e disse: Pegue as mágoas
Pegue as mágoas e apague-as, tenha o orgulho das águias
Deus disse ainda: é tudo azul, e o passarinho feio

Virou o cavalo voador, esse tal de Pégaso

Pégaso (11x)
Pega o azul

MOREIRA, Moraes; MAUTNER, Jorge. Disponível em: <http://letras.terra.com.br/moraes-moreira/47516/>. Acesso em: 27 maio 2011.

Clipe

Pégaso

Na mitologia grega, Pégaso era um cavalo alado nascido do sangue da Medusa. Atena domesticou-o e ofereceu-o ao arqueiro Belerofonte, que tentou usá-lo para aproximar-se do Olimpo. Zeus fez com que Pégaso derrubasse seu cavaleiro, que morreu. Transformado em constelação, o cavalo passou desde então ao serviço de rei do Olimpo. Com um de seus coices, fez nascer a fonte de Hipocrene, que se acreditava ser a fonte de inspiração dos poetas.

Quimera

Na mitologia grega, Quimera era um fabuloso monstro com cabeça de leão, torso de cabra e cauda de dragão e que soltava fogo pela boca. Sua representação plástica na arte cristã medieval era um símbolo do mal, mas, com o passar do tempo, passou a se chamar de *quimera* a todo monstro fantástico empregado na decoração arquitetônica. Hoje, no nosso português, a palavra *quimera* significa *produto da imaginação, fantasia, utopia, sonho.*

Disponível em: <http://www.dec.ufcg.edu.br/biografias/MGmonstr.html>. Acesso em: 30 maio 2011. (Adaptado).

Conversa afinada

Leia a letra de canção e observe a reprodução do origami de Mari Kanegae. Depois, converse com seus colegas e professor.

1. Em que história da literatura infantil a canção se baseia para narrar a origem do Pégaso?

2. Com base nas informações do boxe Clipe, responda às questões a seguir.

a) A letra da canção conta ou recria a história da mitologia grega? Por quê?

b) O que pode significar na canção o verso "Voando, voando com as asas, asas da quimera"? Trata-se da Quimera mitológica?

3. O passarinho feio gostaria de ser vários pássaros.

a) O que isso pode revelar sobre ele?

b) O que dá para perceber sobre a escolha de cada pássaro?

c) As rimas ajudam a pensar a questão anterior? Por quê? Dê um exemplo.

4. A reprodução de um origami ilustra o texto.

a) O que você achou dela?

b) Você sabe a que tradição cultural ela pertence?

c) A letra de canção e o origami foram feitos com finalidades semelhantes? Por quê?

d) Para criar formas de origami, o artista trabalha *textura*, *cor*, *formatos* e *dobras do papel*. Essa é, assim, uma arte que apreciamos principalmente por meio da **visão** e do **tato**. Na letra de uma canção, com que trabalha o artista? Por meio de que sentidos a apreciamos?

Vamos pensar

- O que você já sabe sobre a poesia?
- Onde se pode ouvir ou ler poemas?
- Além do poema, que outros gêneros também têm poesia?
- É fácil compreender versos?
- O que é preciso saber para "curti-los"?

O que vamos fazer nesta unidade

Nesta unidade, você e sua turma poderão:

- aproveitar melhor a linguagem da poesia;
- apreciar canções e poemas;
- ler e produzir haicais.

Capítulo 1

O mundo da poesia

Quer experimentar novas formas de falar das coisas? Formas em que as palavras combinadas em versos *ganham musicalidade, sugerem imagens* e nos levam a *inesperados sentidos*...? Então, entre conosco no mundo da poesia! Para iniciar seu percurso neste capítulo, observe bem o desenho abaixo e depois converse com seus colegas e professor, com base nas questões sugeridas.

ARNALDO ANTUNES

ANTUNES, Arnaldo. NOME. São Paulo: Sony e BMG, 2006. Os desenhos acima são cenas do videoclipe da canção *Cultura*, de Arnaldo Antunes. Observe como eles retomam os traços e as cores típicas da arte rupestre, feita com traços simples pelos povos pré-históricos.

Quem é

Arnaldo Antunes

ADRIANA ZEHBRAUSKAS/FOLHAPRESS

Foto de Arnaldo Antunes, 2001.

Músico, compositor, artista plástico, teórico e crítico literário, Arnaldo Antunes nasceu no dia 2 de setembro de 1960, em São Paulo. Ele vem apresentando uma trajetória consistente e produtiva na esfera literária. Saiba mais sobre o artista, visitando seu *site* <http://www.arnaldoantunes.com.br>.

Disponível em: <http://www.unigran.br/revistas/interletras/ed_anteriores/n6_n7/textos/poesia_contemporanea.pdf>. Acesso em: 2 mar. 2011.

Clipe

Arte rupestre

Os mais antigos indícios da arte rupestre pertencem ao período paleolítico superior (40.000 a.C.). Os desenhos e as pinturas eram gravados em paredes e tetos das cavernas.

Disponível em: <http://www.itaucultural.org.br/aplicexternas/enciclopedia_ic/index.cfm?fuseaction=termos_texto&cd_verbete=5354>. Acesso em: 20 abr. 2011.

FABIO COLOMBINI

Pinturas rupestres. Parque Nacional da Serra da Capivara, Piauí, 2000.

Conversa afinada

1. Que seres vivos você vê no desenho?

2. Qual desses seres é menos complexo? Qual é o mais complexo?

3. Em contraste com os desenhos coloridos que representam esses seres, há uma cena em cinza, como se fosse um pano de fundo. O que você vê nela?

4. Pela cor, pelo que há nela, o que essa cena parece representar?

5. Quais relações podem ser estabelecidas entre as imagens que você analisou e o título *Cultura*?

- Para pensar nisso, consulte os sentidos dessa palavra no verbete de dicionário a seguir, e escolha aqueles que podem ser interessantes para discutir as imagens vistas.

> **CULTURA**
>
> s. f. 1. Ação, efeito, arte ou maneira de cultivar a terra ou certas plantas. 2. Terreno cultivado. 3. Biol. Propagação de micro-organismos ou cultivação de tecido vivo em um meio nutritivo preparado. 4. Biol. Produto de tal cultivação. 5. Aplicação do espírito a uma coisa; estudo. 6. Adiantamento, civilização. 7. Apuro, esmero, elegância.

Michaelis: moderno dicionário da língua portuguesa. Disponível em: <http://michaelis.uol.com.br/moderno/portugues/index.php>. Acesso em: 2 mar. 2011.

6. Você observou como foi possível interpretar a imagem a partir das "pistas" que ela oferece?

7. Também para a leitura de textos poéticos é necessário descobrir "pistas". Você sabe em que é importante ficar atento em um texto em poesia para que se possa aproveitá-lo?

O que vamos fazer neste capítulo

Neste capítulo, você e sua turma descobrirão que tipos de "pistas" um texto em poesia pode oferecer para seu leitor melhor aproveitá-lo. Aprenderá a perceber melhor como os versos brincam com a sonoridade, permitem fantasiar imagens e descobrir sentidos inesperados para as palavras e suas combinações. Boas aprendizagens!

Leitura

▼ Leia a letra de canção *Cultura* e fique atento aos versos. Observe o que chama a sua atenção, tanto na forma como nas ideias por ela sugeridas.

Cultura

O girino é o peixinho do sapo.
O silêncio é o começo do papo.
O bigode é a antena do gato.
O cavalo é o pasto do carrapato.
O cabrito é o cordeiro da cabra.
O pescoço é a barriga da cobra.
O leitão é um porquinho mais novo.
A galinha é um pouquinho do ovo.
O desejo é o começo do corpo.
Engordar é tarefa do porco.
A cegonha é a girafa do ganso.
O cachorro é um lobo mais manso.
O escuro é a metade da zebra.
As raízes são as veias da seiva.
O camelo é um cavalo sem sede.
Tartaruga por dentro é parede.
O potrinho é o bezerro da égua.
A batalha é o começo da trégua.
Papagaio é um dragão miniatura.
Bactéria num meio é cultura.

ANTUNES, Arnaldo. Cultura. Disponível em: <http://www.arnaldoantunes.com.br/sec_textos_list.php?page=1&id=212>. Acesso em: 2 mar. 2011.

Provocações

1. Qual das redações abaixo parece ser o "esqueleto", isto é, a estrutura de todos os versos? Copie a alternativa correta no caderno.

a) isso e aquilo são; **b)** ou isso ou aquilo; **c)** isso é aquilo.

2. Observe essa definição retirada da Biologia.

O girino é a larva do sapo.

- O que há de comum entre essa definição e os versos?

3. As definições presentes nos versos são as conhecidas e esperadas pelo conhecimento médio, comum à maior parte das pessoas? Por quê?

4. Releia o verbete de dicionário e retome a letra da canção. Por que a definição presente no último verso se diferencia das demais?

5. Qual verso você acha que permitiria imaginar uma cena bem interessante? Por quê?

6. Embora o ser humano não seja citado em nenhum verso, três ações tipicamente humanas são definidas. Em que versos isso acontece?

7. Um dos sentidos de *cultura* é ter conhecimentos acumulados pela humanidade e aprendidos principalmente por meio da escola.
   - A canção se compromete com essa transmissão ou a renova? Por quê?

Oficina literária!

1. **Observe as rimas da canção. O que você percebe a respeito delas?**

   Note que, pelas *rimas*, parte de um verso parece migrar para o outro, o que sugere um movimento bem interessante entre os seres e suas ações: o sapo remete ao papo, o gato ao carrapato e assim sucessivamente...

2. **Em parceria com um colega, escolha dois seres e tente defini-los em versos que poderiam fazer parte da canção.**
   a) Mantenham a estrutura de definição, mas com criatividade nas combinações.
   b) Explorem a presença da palavra final do primeiro verso no segundo, estabelecendo, assim, um jogo que, além da rima, sugira que uma palavra leva a outra, como no exemplo abaixo.
   A borboleta é uma asa em flor. / A nuvem é um céu sem cor.
   c) No final, vocês poderão apresentar a seus colegas os versos de vocês, bem como conhecer o que eles criaram!

3. **Agora reveja as atividades que você fez até aqui.**
   - Pense nesta questão e depois responda em seu caderno: o que faz da poesia uma linguagem diferente das demais?

Sons e sentidos

A poesia, a arte de fazer versos, tem como "matéria-prima" as palavras. Estamos tão acostumados a falá-las e a escrevê-las que nem nos damos conta de como seus sentidos variam, dependendo das situações em que as usamos, não é mesmo? Na poesia, porém, essa possibilidade de novos sentidos fica muito mais presente, já que *cada verso, ou cada linha de um poema*, nos convida a prestar atenção nas formas, nos sons, nos jogos de ideias, para, então, construirmos sentidos possíveis. Quer experimentar?

Verso
Unidade de organização e sentido de textos poéticos. É uma sequência, uma linha do poema, em que as palavras são combinadas para terem efeitos sonoros e/ou visuais, ganhando novos sentidos. Um conjunto de versos forma uma **estrofe**.

Provocações

1. Antes de ler o poema, em parceria com um colega, copie o quadro no caderno e pesquise em dicionários os sentidos que lá estão para as palavras da seguinte lista.

freme:	náusea:
refolhos:	gosma:
agrega:	musgo:
treva:	escuma:
jaz:	empluma:

- Qual dicionário você consultou?

2. Você já conhecia todas essas palavras? Elas são usuais no cotidiano? Qual você estranhou mais?

3. Preste atenção aos sons dessas palavras.
   - Pronuncie-as, procurando a sílaba tônica, isto é, aquela que falamos com mais força, e copie a alternativa correta no caderno.

     A maioria dessas palavras é:

     a) oxítona (tem a última sílaba tônica);

     b) paroxítona (tem a penúltima sílaba tônica);

     c) proparoxítona (tem a antepenúltima sílaba tônica).

4. Copie o quadro no caderno.

   a) Pronuncie as palavras do quadro abaixo.

   b) Qual coluna tem palavras com sons que parecem tremer um pouco (sons vibratórios), como o /r/ na palavra *trem*? E qual tem palavras com sons que parecem chiar (sons fricativos) na boca, como, por exemplo, o /z/, na palavra *voz*?

freme agrega treva	refolhos jaz náusea musgo
sons vibratórios ☐ sons fricativos ☐	sons vibratórios ☐ sons fricativos ☐

5. Em que coluna você colocaria a palavra *lesma*? Por quê?

6. O que você sente quando ouve essa palavra?

7. E quando a pronuncia, que sensações você tem?

Vejamos agora como o poema seguinte, de Manoel de Barros, combina as palavras com que você trabalhou até aqui e outras.

Quem é

Manoel de Barros

Nascido em Corumbá, no Mato Grosso do Sul, em 1916, aos 13 anos, Manoel de Barros foi estudar num internato religioso no Rio de Janeiro. Ele tem uma obra consagrada com mais de vinte livros publicados e é considerado um dos poetas da língua portuguesa mais originais de todos os tempos. Saiba mais sobre o artista, visitando o *site*: <http://www.fmb.org.br/>.

Disponível em: <http://www.sodez.com.br/o_poeta_manoel_de_barros.htm>.Acesso em: 3 mar. 2011.

MARLENE BERGAMO/FOLHAPRESS

Foto de Manoel de Barros, 2000.

Texto

Livro de pré-coisas

[...]
Se no tranco do vento a lesma treme,
no que sou de parede a mesma prega;
se no fundo da concha a lesma freme,
aos refolhos da carne ela se agrega;
se nas abas da noite a lesma treva,
no que em mim jaz de escuro ela se trava;
se no meio da náusea a lesma gosma,
no que sofro de musgo a cuja lasma;
se no vinco da folha a lesma escuma,
nas calçadas do poema a vaca empluma!
[...]

BARROS, Manoel de. Livro de pré-coisas. In: *Poesia completa*. São Paulo: Leya, 2010. p. 219. (Fragmento).

A composição desse poema chama a atenção por sua perfeição. Ele tem dez versos, de dez sílabas poéticas cada. Leia abaixo a definição de sílaba poética.

Sílaba poética

Diferentemente da sílaba com que organizamos a escrita de uma palavra, a poética tem a ver com efeitos que o poeta quer dar ao verso. Assim, para contar as sílabas de um verso, há algumas regras, dentre elas a de que só se considera até a sílaba tônica da última palavra do verso. Às vezes a vogal final de uma palavra é unida à vogal inicial de outra, às vezes não. Um exemplo: Em "Se/ no/ tran/co/ do/ ven/to/ a/ les/ma/ tre/me", temos gramaticalmente doze sílabas; já poeticamente temos dez: Se/ no/ tran/co/ do/ ven/to + a (juntamos a vogal final de uma palavra com a inicial de outra)/ les/ma/ **tre**/me (paramos na sílaba tônica).

Agora observe no quadro a seguir como há equilíbrio na distribuição das sílabas tônicas.

	Sílabas poéticas										
	1	2	3	4	5	6	7	8	9	10	
1	se	no	**tran**	co	do	**ven**	to+a	**les**	ma	**tre**	(me)
2	no	que	**sou**	de	pa	**re**	de+a	**mes**	ma	**pre**	(ga)
3	se	no	**fun**	do	da	**con**	cha+a	**les**	ma	**fre**	(me)
4	aos	re	**fo**	lhos	da	**car**	ne+e	**la**	se+a	**gre**	(ga)
5	se	nas	**a**	bas	da	**noi**	te+a	**les**	ma	**tre**	(va)
6	no	que+em	**mim**	jaz	de+es	**cu**	ro+e	**la**	se	**tra**	(va)
7	se	no	**mei**	o	da	**náu**	sea+a	**les**	ma	**gos**	(ma)
8	no	que	**so**	fro	de	**mus**	go+a	**cu**	ja	**las**	(ma)
9	se	no	**vin**	co	da	**fo**	lha+a	**les**	ma+es	**cu**	(ma)
10	nas	cal	**ça**	das	do	**po+e**	ma+a	**va**	ca+em	**plu**	(ma)

Com isso, estabelece-se um ritmo que praticamente se repete ao longo de todo o poema. Esse ritmo é importante, pois sugere, sonoramente, a ideia de acontecimentos contínuos, ações repetitivas.

Agora, pense: o que ao longo de todo o poema está em movimento, em um mesmo ritmo?

Ritmo: alternância de sílabas fortes e fracas no verso.

Provocações

1. Localize e indique no caderno em que versos a palavra *lesma* aparece.
2. Quando olhamos para essa palavra no poema, podemos imaginar que a lesma está parada ou em movimento?
3. Em que versos aparecem palavras com os sons fricativos, representados pelas letras **s** e **z**?
   - Releia o poema com atenção especial à presença desses sons. O que você acha que a repetição deles pode sugerir?

Aliteração é o nome que se dá à repetição de um mesmo som consonantal em um verso.

4. Note, ainda, que nos seis primeiros versos aquilo que parece estar em movimento também parece sempre esbarrar em um ponto de atrito: as sílabas com som vibratório (tre-pre-fre-gre-tre-tra), no final dos versos. É como se a lesma chegasse até ali e tivesse que parar e recomeçar o trajeto.
   - A partir do sétimo verso, as palavras que aparecem no final dos versos têm algo em comum. O que seria isso?
5. Essa semelhança que você identificou sugere uma mudança em relação à ideia de movimento da lesma. Que mudança seria essa?

6. A palavra *lasma* é um neologismo, isto é, foi inventada e funciona no poema como um verbo, a ação de *lasmar*. Que outras palavras do poema o poeta pode ter misturado para criar essa nova?

7. Observe as rimas do poema e em especial as que aparecem a partir do sétimo verso. Pode-se afirmar que também elas contribuem para a sensação de que nos quatro últimos versos o movimento da lesma é diferente?

8. Agora que você já está consciente do *ritmo*, da *aliteração* e das *rimas* no poema, releia-o perseguindo o movimento da lesma e reflita: é possível afirmar que esse movimento produz efeitos sobre o eu lírico? Por quê?

Eu lírico é o nome que se dá à voz do "eu" que "fala" no poema, é uma voz inventada pelo texto e não se confunde com a voz do autor que a criou.

9. O que você achou do que o poema faz com a palavra *lesma*? Por quê?

10. Gostou de conhecer mais das possibilidades que a poesia tem de fazer arte com palavras?

Pesquisa e ação

Você já sabe o que é arte rupestre. Agora imagine: por que um poeta escolheria o título *Poemas rupestres* para um livro de poemas que reinventa a sua infância? E como devem ser poemas "pescados" na infância de seu filho João? Essas e muitas outras descobertas você poderá ter na poesia de Manoel de Barros, que nos permite — pela força da invenção ou da mentira, como ele gosta de dizer — experimentar poeticamente a meninice.

REPRODUÇÃO

REPRODUÇÃO

▼ Nesta seção, você vai pesquisar:

1. O que há de interessante na história de vida (biografia) de Manoel de Barros?
2. Por que ele é tão importante na poesia em língua portuguesa contemporânea?
3. Onde podemos encontrar estes seus livros: *Poeminhas pescados numa fala de João* e *Poemas rupestres*?
4. Em que outras fontes podemos encontrar poemas originalmente publicados nesses livros?

▼ E sua ação será:

- escolher com seus colegas um poema publicado originalmente em um desses livros para ler para a turma toda.

Planejando as ações

A. Conhecendo melhor o poeta e seus poemas

1. Em que tipos de livros, *sites* e revistas podemos encontrar referências sobre a vida do poeta?
2. Como e onde anotaremos as informações que acharmos interessantes?
3. Onde podemos encontrar os livros indicados ou os poemas originalmente publicados neles?
4. Como organizaremos o grupo para a leitura de poemas? Como negociaremos a escolha de um? O que, na opinião do grupo, deve ter nesse poema para que ele mereça ser lido na sala, para os demais colegas?

B. Com o poema escolhido

1. Leiam o poema em silêncio e depois em voz alta, por várias vezes.
   a) O que chamou a atenção de vocês nele?
   b) Que efeitos sonoros e que jogos de linguagem ele apresenta?
2. Que sentimentos a leitura dele provocou: alegria, tristeza, saudade?
3. Que imagens vieram à cabeça de vocês enquanto o liam?
4. Preparem uma pequena fala, justificando por que o grupo fez essa escolha. Não decorem essa fala, procurem apenas saber explicar de modo natural as razões do grupo.
5. Decidam como será a leitura do poema para os demais colegas. Apenas um integrante o lerá? Cada um lerá uma parte? Nesse caso, que tom o grupo procurará dar à leitura? Ensaiem bastante, procurando sugerir os sentimentos e as emoções que o texto despertou em vocês!

Linguagem figurada, imagens verbais e sentidos

Texto 1

No poema a seguir há uma definição poética muito bem-humorada para o amor. Leia-o.

o amor, esse sufoco,
agora há pouco era muito,
agora, apenas um sopro
ah, troço de louco,
corações trocando rosas,
e socos.

LEMINSKI, Paulo. In: MARINS, Álvaro; GÓES, Fred (Org.). *Melhores poemas de Paulo Leminski*. 5. ed. São Paulo: Global, 1996.

Quem é

Paulo Leminski

Paulo Leminski nasceu no dia 24 de agosto de 1944, em Curitiba, onde morreu, prematuramente, aos 45 anos. Romancista e letrista, ele contribuiu com o trabalho de importantes compositores de sua época, como Morais Moreira e Caetano Veloso. Como estudioso da cultura japonesa, adotou a fórmula poética do haicai, poema sintético de três linhas.

Disponível em: <http://www.revistasusp.sibi.usp.br/scielo.php?pid=S0104-68292005000200011&script=sci_arttext>. Acesso em: 3 mar. 2011.

Foto de Paulo Leminski, 1999.

LUIZ NOVAES/FOLHAPRESS

Provocações

1. O poema se vale de palavras mais ou menos cotidianas?
   - Essa escolha de palavras caracteriza uma linguagem mais ou menos formal?
2. Releia o poema, prestando atenção no par de palavras: sufoco/sopro.
   - O uso dessas palavras sugere que o amor é um sentimento estável ou instável? Por quê?

Antítese é o nome que se dá à exploração de palavras que sugerem ideias contrárias para alcançar efeitos de sentido.

3. Nos versos 2 e 3 são trabalhadas duas expressões que marcam o tempo. Transcreva-as no caderno e discuta.
   - O que elas podem sugerir sobre o tempo em que ocorrem mudanças no amor?
4. A maior parte dos versos tem sete sílabas poéticas, a chamada redondilha maior, e há, ainda, versos menores.
   a) Essa quantidade de sílabas estabelece um ritmo mais ou menos acelerado?
   b) Esse ritmo combina com o que se diz sobre o tempo nas mudanças do amor?
5. Que outra antítese é usada nos dois últimos versos?
6. Quando se refere a *corações*, o poema fala mesmo do órgão humano? Por quê?
7. Que expressão idiomática é usada para falar do amor?
   - Ela pode ser tomada como uma síntese do que o eu lírico acha do amor? Por quê?
8. Como você declamaria esse poema? Imagine e ensaie bem para depois poder declamar com seus colegas!

Expressões idiomáticas são compostas de diferentes palavras, cujos sentidos isolados não importam. É o "todo" da expressão que ganha um significado específico. Exemplos: "rodar a baiana" (provocar confusão), "andar no mundo da lua" (estar desatento).

Texto 2

A expressão das contradições do amor em versos é bem antiga. Um dos poemas mais famosos em língua portuguesa, um soneto do poeta português Luís Vaz de Camões, escrito no século XVI, trata justamente disso. Leia-o, prestando atenção na perfeição dos versos: o ritmo, as rimas, as palavras combinadas e os sentidos que elas assim sugerem. Depois, converse com seus colegas e professor, com base nas questões sugeridas.

Soneto é o nome de poemas organizados em quatro estrofes, sendo as duas primeiras com quatro versos cada e as duas últimas com três versos cada.

1 Amor é um fogo que arde sem se ver;
2 é ferida que dói, e não se sente;
3 é um contentamento descontente;
4 é dor que desatina sem doer.

5 É um não querer mais que bem querer;
6 é um andar solitário por entre a gente;
7 é nunca contentar-se de contente;
8 é um cuidar que ganha em se perder.

9 É querer estar preso por vontade;
10 é servir a quem vence, o vencedor;
11 é ter com quem nos mata, lealdade.

12 Mas como causar pode seu favor
13 nos corações humanos amizade,
14 se tão contrário a si é o mesmo Amor?

CAMÕES, Luís de. In: SALGADO JÚNIOR, Antonio (Org.). *Luís de Camões:* obra completa. Rio de Janeiro: Nova Aguilar, 2008. p. 270.

Quem é

Camões

Pouco se conhece da vida de Luís Vaz de Camões. Segundo algumas fontes, teria nascido em 1524 ou 1525, talvez em Lisboa. Em 1556, teria naufragado na foz do rio Mecon e, nessa ocasião, teria se salvado a nado, levando *Os lusíadas* e perdendo sua companheira, Dinamene.

MOISÉS, Massaud. *A literatura portuguesa através dos textos.* 34. ed. São Paulo: Cultrix, 2006. p. 53-54. (Adaptado).

CÁSSIO LOREDANO

Caricatura de Camões feita por Loredano em 2001.

Conversa afinada

1. Os versos das três primeiras estrofes têm sempre a mesma estrutura: são definições feitas a partir da junção de ideias contrárias. Essa junção de ideias contrárias causa estranhamento? Por quê?

2. O que você achou da visão que esse eu lírico tem sobre o amor?

3. Releia o primeiro verso. Seria fácil criar uma cena que ilustrasse o que ele diz? Por quê?

4. Na tirinha ao lado, por que os dois primeiros versos do soneto camoniano foram citados? Por que eles se tornam engraçados neste novo texto?

RUBENS ALVES

Texto 3

▼ Leia os versos da letra de canção.

O amor é filme

O amor é filme
Eu sei pelo cheiro de menta e pipoca que dá quando a gente ama
Eu sei porque eu sei muito bem como a cor da manhã fica
Da felicidade, da dúvida, dor de barriga
É drama, aventura, mentira, comédia romântica

[...]
Um belo dia a gente acorda e hum...
Um filme passou por a gente e parece que já se anunciou o episódio dois
É quando a gente sente o amor se abuletar na gente tudo acabou bem,
Agora o que vem depois

[...]
É quando as emoções viram luz, e sombras e sons, movimentos
E o mundo todo vira nós dois,
Dois corações bandidos
Enquanto uma canção de amor persegue o sentimento
O *Zoom in* dá ré e sobem os créditos
O amor é filme e Deus espectador!
[...]

LIRINHA. Disponível em: <http://letras.terra.com.br/cordel-do-fogo-encantado/153398/>. Acesso em: 30 maio 2011. (Fragmento).

Provocações

1. Os compositores se inspiraram no jeito que se pronuncia a palavra *aboletar* e por isso escreveram "abuletar".
    - O que será que ela pode significar na canção? Indique suas hipóteses.
2. Consulte o verbete *aboletar* em um dicionário e procure, dentre os significados esperados, aqueles que ajudariam a dar sentido a essa palavra dentro do verso em que ela aparece.
3. Segundo a canção, depois que o amor "se abuleta" na gente, vem a continuação do filme.
    - Indique o verso que faz referência aos recursos próprios da linguagem cinematográfica para expressar como se sente quem ama.
4. Veja a definição de *zoom in* em um glossário de termos técnicos da linguagem do cinema.

> ***ZOOM IN***
>
> Termo usado para o fechamento do plano geral para o particular (*close-up*), utilizando a lente *zoom*.

Disponível em: <http://www.faac.unesp.br/graduacao/di/downloads/tv%20e%20cinema/termos_tecnicos_TV.doc>. Acesso em: 30 maio 2011.

- Releia o verso: "E o mundo todo vira nós dois". Pode-se dizer que esse verso imita, com palavras, o movimento de *zoom in* do cinema? Por quê?

Como você deve ter notado, nessa composição, a metáfora do filme motiva todos os versos. É uma definição poética central para o amor na canção. Agora você já deve estar se perguntando: mas as definições com que eu trabalhei na canção *Cultura* não eram metáforas? Sim, elas eram. Na verdade, as metáforas são muito exploradas na poesia, pois são um recurso primoroso para redefinir poeticamente as coisas, tirá-las de seus sentidos usuais e dar novos significados a elas.

Esse recurso só funciona bem, contudo, quando as metáforas são boas, ou seja, quando estabelecem relações surpreendentes. Há metáforas que são tão óbvias que perdem a razão de ser, viram "lugar-comum". Outras estabelecem relações tão estranhas que podem se tornar fonte de humor, como essa que corre entre os ditados populares:

O amor é uma flor roxa,
que nasce no coração dos trouxas...

E você se lembra de alguma metáfora para o amor? Ela é boa ou ruim? Conte-a para seus colegas!

> **Metáfora** é o nome que se dá quando sentidos geralmente associados a uma palavra passam para outra. Um exemplo: Maria é uma rosa. Com essa metáfora, Maria passa a ter características geralmente atribuídas à rosa: a beleza, o perfume, ou até mesmo os espinhos, dependendo da situação em que essa metáfora for usada.

Visualização de versos e sentidos

A esta altura de nosso percurso, certamente você já percebeu como a poesia, por meio da combinação de palavras em versos, causa sensações sonoras, surpresas com os sentidos e apela para a nossa imaginação, isto é, nos permite "ver" as coisas de jeitos diferentes, imaginá-las. Em alguns poemas, a sugestão de imagens é mais explícita. É o que acontece no texto seguinte. Leia-o e imagine o que ele sugere.

Texto 4

PáSSarO eM VerTiCaL

PáSSarO eM VerTiCaL

Cantava o pássaro e voava
cantava para lá
voava para cá
voava o pássaro e cantava
de
repente
um
tiro
seco
penas fofas
leves plumas
mole espuma

e um risco
surdo
n
o
r
t
e
—
s
u
l

LiBéRio NeVEs

34

LIBÉRIO NEVES

NEVES, Libério. Pássaro em vertical. In: *Livro Pedra Solidão.* Belo Horizonte: Movimento Perspectivo, 1965.

Provocações

1. No início da leitura, o título lhe causou estranhamento? Por quê?
2. Que imagem o jeito que os versos estão escritos sugere?
3. No poema, a mudança de ritmo sugere os diferentes movimentos do pássaro.
   a) Releia o poema em voz alta.
   b) Copie o quadro a seguir em seu caderno e relacione os versos e o ritmo indicados no quadro aos movimentos e acontecimentos mencionados abaixo.

Versos e ritmo	Movimentos
Versos 1 a 4: alternância entre sílabas fortes e fracas.	
Versos 5 a 9: presença de uma única sílaba tônica nos versos.	
Versos 10 a 14: três versos de quatro sílabas poéticas, um de três e um de duas.	
Versos 15 ao último: versos com uma única letra.	

   I. Descrição do tiro.
   II. Queda do pássaro.
   III. Descrição do pássaro ferido.
   IV. Movimentação normal do pássaro.

4. Leia novamente o trecho a seguir.

> "penas fofas
> leves plumas
> mole espuma"

- O que os adjetivos *fofas*, *leves* e *mole* sugerem a respeito do que está acontecendo com o pássaro nesse momento?

5. O que há de diferente na escrita dos versos norte/sul? Que imagem isso sugere?
6. Depois da leitura, como você passou a interpretar o título?

Poemas como esse que você leu são chamados de *visuais* e, de certo modo, eles são "herdeiros" da *poesia concretista*: um movimento brasileiro, surgido nos anos 50 do século passado, em que um grupo de artistas propôs trabalhar a materialidade da palavra (seu som e sua forma) de tal forma que o poema seja "coincidência e simultaneidade da comunicação verbal e não verbal".

Clipe

Poesia concreta

Os irmãos Campos e Décio Pignatari, 1996.

Ao trabalhar de forma integrada o som, a visualidade e o sentido das palavras, a poesia concreta propõe novos modos de fazer poesia, visando a uma "arte geral da palavra". Essa proposta que, desde os anos 1950, foi colocada em prática pelos poetas Augusto de Campos, Décio Pignatari, Haroldo de Campos, José Lino Grünewald e Ronaldo Azeredo, desdobra-se até hoje, ao longo de mais de cinco décadas de produção em suportes e meios técnicos diversos — livro, revista, jornal, cartaz, LP, CD, videotexto, holografia, vídeo. Saiba mais sobre os artistas e o movimento concretista, visitando o *site*: <http://www.poesiaconcreta.com/>. [...]

Os poetas concretos estabeleceram, desde o início, ligações entre a sua produção, a música contemporânea, as artes visuais e o *design* de linhagem construtivista. Reprocessaram elementos dessas artes em seus poemas e mantiveram extensa colaboração com artistas e *designers*, compositores e intérpretes [...]

Disponível em: <http://www.poesiaconcreta.com/poetas.php>. Acesso em: 30 maio 2011. (Fragmento).

Vamos repensar

Chegamos ao fim deste capítulo e é hora de parar e pensar no que você aprendeu. Retome no caderno seus registros sobre a questão:

- O que faz da poesia uma linguagem diferente das demais?

Releia o que você propôs antes e veja agora se você se preocupou, em sua definição, com os seguintes aspectos:

1. A poesia tem mais compromisso com a representação da realidade ou com a fantasia?

2. Ela fala diretamente a respeito de seres, ações e sentimentos ou apenas os sugere?

3. Que importância tem para o ouvinte/leitor de poesia o trabalhão que a poesia faz com a sonoridade, com jogos de imagens e com sentidos novos?

Se julgar necessário, reescreva sua definição, tornando-a mais completa. Lembre-se de que as questões acima são apenas pontos de partida para você avaliar sua resposta. Não é necessário, pois, respondê-las separadamente.

Esperamos que você beba da água de Hipocrene e que pegue carona nas asas do Pégaso, pois, no próximo capítulo, refaremos a viagem que poeminhas empreenderam do Japão até aqui. E aonde eles nos levarão depois? Ah, isso só mesmo sua imaginação poderá responder... Até lá, então!

Capítulo 2

Instantes poéticos

Vamos começar este capítulo com uma experiência do olhar? Escolha uma pessoa de sua sala, mas não diga a ela. Observe-a bem, prestando atenção em seus gestos, sua expressão facial e no que está acontecendo ao redor dela. Pare de observá-la por alguns minutos e depois volte a olhá-la. Mudou alguma coisa? Você se lembra bem da imagem que tinha observado antes? Acha que é possível que ela volte a se compor exatamente como naquele *instante*? Por quê? Escreva em seu caderno um breve parágrafo relatando as conclusões a que você chegou com essa experiência.

Agora, olhe bem a fotografia seguinte, de W. Mello, e depois converse com seus colegas e professor.

JOSÉ WAGNER SOARES DE MELLO

MELLO, José Wagner Soares de. *Pescando estrelas. Alter ego do chão*. Santarém, Pará, 2009.

Conversa afinada

1. O que você vê na fotografia?
2. O que mais chamou sua atenção nela e por quê?
3. Que título você daria a essa fotografia?
4. Ela pode ou não ser considerada arte? Por quê?
5. Relacione a opinião que você manifestou na questão anterior ao texto a seguir.

A captura do momento

Imagens que eternizam momentos únicos. A imagem, uma vez capturada, no instante seguinte já não é mais a mesma. O fotógrafo, mais do que o conhecimento das técnicas de fotografia, luz e enquadramento, precisa ter *feeling*. Afinal de contas, como dizia Cartier-Bresson: "fotografar é captar a vida em um laço".

Disponível em: <http://www.toninhocury.com.br/DetalheMaterias.aspx?id=36>. Acesso em: 2 jun. 2011.

6. Que diferença você notou entre a experiência de olhar a fotografia e a de olhar um colega, feita há pouco?
7. Repense o que você aprendeu no capítulo anterior. Que diferenças você estabeleceria entre a maneira como a poesia e a fotografia exploram as imagens?

O que vamos fazer neste capítulo

Neste capítulo, você e sua turma aprenderão mais sobre uma forma poética que veio do Japão, o haicai. Pensarão em possíveis relações entre esses poemas e a fotografia. Participarão de uma oficina e da organização de uma mostra com as produções de vocês.

Leitura

Leia o poema seguinte, de Guilherme de Almeida.

Texto 1

Pescaria

Cochilo. Na linha
eu ponho a isca de um sonho.
Pesco uma estrelinha.

ALMEIDA, Guilherme. Pescaria. In: *Poesia Vária.* São Paulo: Cultrix. Disponível em: <http://books.google.com.br/>. Acesso em: 2 jun. 2011.

Quem é

Guilherme de Almeida

FOLHAPRESS

Foto de Guilherme de Almeida, 1968.

Formado em Direito, em São Paulo advogou, fez jornalismo literário e participou da Semana de Arte Moderna. Foi o primeiro modernista a entrar para a Academia Brasileira de Letras (1930).

BOSI, Alfredo. *História concisa da literatura brasileira.* 35. ed. São Paulo: Cultrix, 1997. (Adaptado).

Conversa afinada

1. Além do título, que outras palavras do poema ajudam a sugerir imagens ligadas à pescaria?

2. Que palavras do poema não combinam com a pescaria?
- Que outras imagens elas sugerem?

3. Com base nessas diferentes imagens, você acha que a palavra *pescaria* foi usada em seu sentido usual ou em sentido metafórico? Por quê?

4. Em que tempos estão os verbos?
- Em relação às imagens sugeridas, o uso desse tempo sugere o momento em que a cena parece acontecer. Quando ela acontece?

5. Que relações você estabeleceria entre o poema e a fotografia de W. Mello?

6. Em que ponto mais ou menos você imagina que o fotógrafo estava quando bateu a foto?
- Ele fazia parte da cena fotografada?

7. No poema, uma cena de pescaria é também representada.

a) Nesse caso, o eu lírico faz parte da cena retratada? Por quê?

b) Conclua: há diferença entre o ponto de vista adotado pelo fotógrafo e o escolhido pelo eu lírico?

O poema sobre o qual você acaba de conversar é um haicai (você também encontrará a variante *haikai*), forma poética inspirada no *haiku*, da tradição literária japonesa. Procure descobrir o que caracteriza poemas dessa tradição, com a leitura dos textos seguintes, de Bashô.

Quem é

Matsuo Bashô

TIBOR BOGNAR/CORBIS/LATINSTOCK

Estátua de Matsuo Bashô, em Hiraizumi, Japão, 2005.

No Japão, o haicai ganhou popularidade a partir da segunda metade do século XVII, com Matsuo Bashô (1644-1694). Bashô nasceu em Ueno e como membro de uma família de samurais teve uma educação apurada. Estudou poesia e filosofia, além das artes marciais. Ainda na juventude, optou por uma vida mais simples e passou a viajar pelo Japão, registrando em diários suas impressões de viagem e seus haicais. Bashô não inventou o haicai, mas deu a ele um sentido, uma forma de ver o mundo, um exercício espiritual.

Disponível em: <http://www2.uol.com.br/entrelivros/reportagens/haicai_a_insustentavel_leveza_do_zen_imprimir.html>. Acesso em: 2 jun. 2011.

Texto 2

shizukasa ya
iwa ni shimüru
semi no koe

silêncio
penetram rochas
vozes de cigarras

Disponível em: <http://books.google.com.br>.
Acesso em: 2 jun. 2011.

Texto 3

furu ike ya
kawasu tobikomu
mizu no oto

velho lago
mergulha a rã
fragor d'água

Disponível em: <http://books.google.com.br>.
Acesso em: 2 jun. 2011.

Texto 4

nami no ma ya
kogai ni majiru
hagi no chiri

conchinhas e pétalas
dançando misturadas
rolando nas ondas

Disponível em: <http://books.google.com.br>.
Acesso em: 2 jun. 2011.

Provocações

1. O que há de comum nos poemas originais quanto ao número de versos e de sílabas?

- Os traduzidos mantêm essa estrutura?

2. As imagens sugeridas pelos poemas têm algo em comum: a que tipo de coisas todas elas remetem?

3. Localize nos poemas e transcreva no caderno verbos e substantivos que remetam a ações tipicamente humanas.

> **Personificação** é o uso figurado da linguagem, com o qual se atribuem sentimentos, comportamentos e ações humanas a seres inanimados e a animais.

4. Que efeitos de sentido o uso dessas palavras dão?

5. O eu lírico manifesta-se de dentro da cena, como no haicai de Guilherme de Almeida, ou se coloca como se estivesse fora dela?

6. De qual imagem, dentre as sugeridas pelos haicais, você mais gosta? O que ela sugere metaforicamente para você? Por quê?

7. Compare os haicais de Bashô com o de Guilherme de Almeida. O que foi mantido da tradição em relação aos versos e o que há de novidade?

8. O que você observou em relação às palavras dos haicais? Elas são comuns ou menos usadas?

9. Leia o trecho a seguir.

O uso de palavras desse tipo e a redação de versos curtos dão a sensação de que os haicais são poemas muito concisos; apesar disso, eles conseguem sugerir sentidos profundos, ser intensos.

- Você concorda ou não com essa afirmação? Por quê?

10. Com base no que você já construiu de conhecimentos até aqui, escreva uma definição para o haicai.

11. Agora, leia a definição que o verbete do dicionário Aulete traz.

> **HAICAI**
>
> **sm.**
>
> 1. Poét. Pequeno poema japonês constituído por três versos de cinco, sete e cinco sílabas, criado durante o último período feudal (séc. XVI), e cultivado até hoje: "O ideograma de *kawa*, "rio" em japonês, pictograma de um fluxo de água corrente, sempre me pareceu representar (na vertical) o esquema do *haikai*, o sangue dos três versos escorrendo na parede da página." (Paulo Leminski, *Distraídos venceremos*).
>
> [F.: Do jap. *haikai*]

Disponível em: <http://aulete.uol.com.br/site.php?mdl=aulete_digital&op=loadVerbete&pesquisa=1&palavra=haicai>. Acesso em: 2 jun. 2011.

a) No verbete, há uma citação de Leminski. Releia-a.

- O poeta escolheu o ideograma de rio para definir poeticamente um haicai. Que relações você estabeleceria entre o ideograma e a organização do haicai em versos?

b) E quanto à possibilidade de sugerir sentidos: você acha que o ideograma de *kawa* também é interessante para sugerir o que podem significar os versos de um haicai? Faça relações com o que você discutiu na questão 8.

c) Depois de ler e analisar essa definição, você acrescentaria algo mais em sua primeira definição? Reveja e, se necessário, faça nova versão.

Para saber mais sobre
O alfabeto japonês

A língua japonesa é formada por três sistemas de escrita: o *hiragana*, o *katakana* e o *kanji*. Os *kanji* ou ideogramas são originários da China e foram introduzidos e adotados no Japão no século VI. Porém, devido às diferenças existentes entre as línguas chinesa e a japonesa, surgiu a necessidade de criar outros sistemas de escrita para palavras que não poderiam ser escritas somente com o *kanji*. Assim surgiram o *hiragana* e o *katakana*, silabários japoneses formados por 46 letras cada.

O *hiragana* é utilizado para escrever palavras de origem japonesa e, principalmente, para escrever partículas de ligação e complementos de tempos verbais dos *kanji* que expressem ação. Para escrever palavras de origem estrangeira, assim como nomes próprios estrangeiros, são utilizados os *katakana*.

Os *kanji* ou ideogramas são utilizados para expressar palavras e ideias completas. Muitos caracteres possuem formas complicadas que podem ser pronunciadas de diversas maneiras. Atualmente, existem mais de 2.000 *kanji*, embora sejam utilizados muito mais na literatura tradicional, em nomes próprios e em assuntos específicos. Antes de terminar a escola primária, um estudante japonês domina em torno de 1.000 *kanji* e os outros 1.000 até o final do Fundamental II.

Disponível em: <http://www.sp.br.emb-japan.go.jp/pt/info/lingua.htm>. Acesso em: 2 jun. 2010. (Adaptado).

Ideograma da escrita japonesa para *rio*.

REPRODUÇÃO

Versos curtos, palavras cotidianas, mas combinadas de tal modo que dão ao leitor muitas possibilidades de significação. A beleza do haicai se revela em nossas leituras quando nossos conhecimentos, nossas experiências de vida, "respondem" às sensações sonoras, visuais e aos jogos de ideias que são sugeridos pelos versos. O leitor é quem dá "vida" a todo texto literário e, como você certamente descobriu, o exercício de condensação, isto é, de *concentrar possibilidades de significados em poucas sílabas e versos*, torna o haicai bem desafiador.

No texto a seguir, um ensaio de Rubem Alves, acompanharemos a relação do autor com um haicai de Bashô. É um ensaio em que podemos acompanhar como um leitor amplia um poema a partir de sua própria história de vida. Ao lê-lo, procure perceber como o autor encadeia uma ideia na outra, como se estivesse dividindo com o leitor o modo como suas ideias foram se organizando. Depois, participe da "Conversa afinada"!

Quem é

Rubem Alves

RÉGIS FILHO/VALOR/FOLHAPRESS

Rubem Alves, foto de 2011.

"Um *curriculum vitae* é uma lista de informações inertes. Importantes do ponto de vista institucional, frequentemente exigidas como comprovação de competência. Mas sua lembrança não me comove. Assim, acho que não merecem ser chamadas de 'curriculum vitae'. A vida não é uma lista de informações. Prefiro chamar essa lista de 'curriculum mortis' — nada mórbido, apenas cômico. Meu *curriculum vitae* verdadeiro você encontrará nas minhas conversas, crônicas, pensamentos, cartas, concertos de poesia."

Saiba mais sobre o escritor e sua obra, visitando o *site*:
<http://www.rubemalves.com.br/>.

Antes de ler o texto de Rubem Alves, leia algumas informações a respeito do gênero ensaio.

Para saber mais sobre
ensaio

Um **ensaio** é um gênero de texto em que um autor apresenta ideias originais sobre um assunto que ele conhece muito bem. Em um bom ensaio, o leitor se sente envolvido no movimento com que o autor vai "ensaiando" suas ideias, como se, a distância, ele também participasse de suas reflexões.

Texto 5

Matsuo Bashô foi o mestre supremo dos haicais. Leminski, valendo-se de uma sugestão de Jorge Luís Borges, descreve um haicai como um objeto poético mínimo de peso intolerável.

Esse é um dos mais famosos haicais de Bashô:

Casca oca:
A cigarra
cantou-se toda.

Bashô é apelido; significa "bananeira". Era a árvore favorita do poeta. Trata-se de árvore estranha: dá um cacho de bananas somente. Seu caule extremamente macio deve então ser cortado — o que pode ser feito com um único golpe de facão. Cortado o caule, de dentro do cepo velho nasce um broto que cresce e vira outra bananeira. Eu havia cortado várias bananeiras que impediam o acesso a uma cachoeira, em Pocinhos do Rio Verde. Algumas semanas depois voltei ao lugar, e esse haicai apareceu-me instantaneamente:

Bananeira cortada
No cepo velho
Um broto criança

Entendi, então, a razão do gosto de Bashô pelas bananeiras: elas simbolizam a nova vida que brota sempre de dentro da vida velha, acabada. Foi isso que Bashô viu ao contemplar as cascas vazias das cigarras.

As cigarras são seres subterrâneos e silenciosos — algumas chegam a ficar dezessete anos enterradas sob a forma de larva. De repente saem da terra, arrebentam as cascas duras que as continham (eram ataúdes) e se tornam seres alados, cantantes. Antes mesmo de ter lido o haicai de

Bashô colhi, no bosque onde caminho, algumas cascas vazias de cigarra e as coloquei num bonsai, no meu consultório: tinha esperança de que as pessoas entendessem aquele haicai sem palavras: seres subterrâneos podem se tornar seres alados!

As lagartas, cuja vida se resume em devorar as folhas sobre as quais se arrastam, após esgotarem essa fase rastejante e gastronômica, entram num sarcófago que elas mesmas tecem, mergulham num sono profundo, e quando acordam não mais se reconhecem: tornaram-se uma outra coisa: seres coloridos, voantes de flor em flor, borboletas.

Metamorfoses... acontecem sempre de repente — e embora não pareça, somos nós, seres humanos, aqueles que passam por elas com mais facilidade. Nossos corpos são mais leves que os corpos dos animais. É que nossas cascas, diferentes das dos animais, são feitas com palavras, carne e palavras misturadas. Basta que as palavras se alterem para que o corpo se metamorfoseie num outro.

[...]

Disponível em: <http://books.google.com.br/books?id=Avn5y1vXdvQC&pg=PA44&dq=%22Metamorfoses...acontecem+sempre%22&hl=pt-br&ei=uDxDTZL_J4fAgQf3r_mcAg&sa=X&oi=book_result&ct=book-thumbnail&resnum=2&ved=0CC4Q6wEwAQ#v=onepage&q&f=false>. Acesso em: 2 jun. 2011. (Fragmento adaptado).

Conversa afinada

1. O texto traz outra definição poética de Leminski para o haicai. O que você achou dela?

a) Com que possíveis intenções o autor do ensaio abre seu texto com ela?

b) O que é possível inferir: o ensaísta concorda ou não com a definição que citou?

2. O autor explica que Bashô é um apelido e que significa "bananeira".

a) Como o autor explica a preferência de Bashô pelas bananeiras?

b) Que conhecimentos e experiências de vida do autor lhe permitiram atribuir uma simbologia à bananeira?

3. Que relações o autor estabelece entre as reflexões que fez sobre a bananeira e o haicai da cigarra?

4. Além da bananeira e da cigarra, o autor também faz reflexões sobre as lagartas. Depois, ele usa uma palavra que *condensa* tudo o que discutiu antes.

a) Que palavra é essa?

b) Ela foi uma boa escolha? Por quê?

5. O que você acha da reflexão final do autor: somos mesmo capazes de ser outros por meio da palavra? Por quê?

Pesquisa e ação

Pesquisa e ação: ilustração de haicais

A foto a seguir foi inspirada no poema de Bashô que você leu. Ao escolhermos uma fotografia para ilustrar um poema, estamos estabelecendo completude entre eles. Ela não esgota, é claro, as possibilidades que os versos dão à imaginação, mas, se bem escolhida, pode dar aos olhos uma amostra do que os versos conseguem provocar. É o que acontece na composição abaixo, em que a fotografia de rochas, sem a presença do ser humano, nos permite estabelecer a relação com a sensação do silêncio. Nela não aparecem cigarras, mas é bem possível imaginar seus zumbidos ecoando nesse vale, nas paredes das rochas, um canto isolado, onde tudo mais é silêncio...

Que tal se reunir com mais dois ou três colegas para ilustrarem um dos haicais já lidos?

Condições de produção

Mostra Instantes poéticos I

- ***O quê?***

Você e seus colegas farão uma ilustração para um dos poemas lidos. Ela será apresentada na *Mostra Instantes poéticos* que sua turma fará na biblioteca da escola quando terminar o capítulo.

- ***Para quem?***

A mostra será aberta a toda a comunidade escolar.

Plano geral de rochas, Retiro das Pedras, Belo Horizonte, MG.

GEORGIA ZERINGOTTA

Planejando as ações

A. Escolhendo o haicai

1. Releiam o haicai de Guilherme de Almeida e os de Bashô. Conversem livremente sobre ele e negociem com qual vocês gostariam de trabalhar e por que razões.
2. Feita a escolha, releiam várias vezes o haicai e procurem imaginar o que ele sugere. Façam anotações.
3. Construam uma lista com palavras-chave do poema e outras que vocês consideram que podem ser associadas a elas. Procurem escolher especialmente termos que remetam a elementos da natureza. Por exemplo, do haicai acima, seria possível a seguinte lista: silêncio, solidão, som, vozes, cigarra, canto, rocha, rochedo, montanha, pedra.

   Essa lista pode ser usada para a pesquisa de fotografias na internet.

B. Escolhendo a fotografia

1. Em que *sites* confiáveis podemos encontrar um banco de fotografias?
2. Como faremos a escolha das imagens? Cada um pesquisa uma e depois o grupo negocia uma escolha a partir dessa pré-seleção? Ou o grupo todo se reúne para uma única escolha?
3. Avaliem a fotografia escolhida. Ela pode ser relacionada com o que o grupo imaginou a partir do poema?
4. Escolham onde os versos serão inseridos. No centro? Nos cantos? Os versos serão sequenciais? Ou espalhados?

C. Fazendo a composição

1. Copiem e editem a fotografia para inserir o poema. Se necessário, peçam ajuda ao professor de Informática.
2. Migrem a composição para um arquivo de um processador de textos e indiquem os créditos, isto é, os nomes dos autores envolvidos. Se quiserem, aproveitem esse modelo de legenda:

   Composição de (o nome e sobrenome de vocês) a partir do poema de (Bashô ou Guilherme de Almeida) e da fotografia de (nome do fotógrafo).

3. Escolham o papel e a cor que melhor valorizariam a composição de vocês e imprimam uma cópia.
4. Guardem a composição impressa para a mostra.

Vale a pena ler!

Em *Janelas e tempo*, Teruko Oda identifica os *kigos* (palavras que dão "pistas" sobre a estação do ano) para que os não iniciados nessa arte possam apreciar toda a sua forma. Ao ler os haicais, deparamo-nos com a simplicidade do cotidiano carregada de sutilezas que nos fazem entrar na cena retratada pelo poema, parecendo que estamos presenciando o momento.

Disponível em: <http://www.escrituras.com.br/>. Acesso em: 2 jun. 2011. (Fragmento adaptado).

Infográfico

O haicai: do Japão ao Brasil

Tradicionalmente, o haicai é poesia de contemplação: busca sugerir a observação da natureza, suas formas e cores, estações, contrastes e surpresas, em versos breves, como se fosse "fotografia feita de palavras".

Originalmente, a primeira parte de poemas japoneses clássicos (*waka*) ou de estilo livre (*renga*) era chamada de *hokku*.

Na escrita japonesa tradicional, o texto começa nesse canto e segue em colunas verticais, lidas de cima para baixo e da direita para a esquerda.

① ② *FU-RU* velho, antigo

池 ③ ④ *I-KE* lago

や ⑤ *YA* partícula que expressa surpresa, sem tradução em português

蛙 ① ② ③ *KA-WA-ZU* sapo, rã

とびこむ ④ ⑤ ⑥ ⑦ *TO-BI KO-MU* salta

水 ① ② *MI-ZU* água

の ③ *NO* de

音 ④ ⑤ *O-TO* som

O *hokku*, composto sempre de três versos de 5, 7 e 5 SÍLABAS POÉTICAS, ganhou "vida própria" e passou a circular como um gênero chamado *haikai-hokku*. Depois, por abreviação, ficou conhecido ou por haikai ou por *haiku*.

O poeta Matsuo Bashô foi um dos grandes responsáveis pela popularização do haicai, no século XVII. É dele o famoso poema dedicado ao pulo da rã, aqui transcrito em japonês.

Ele surpreendeu (e ainda surpreende) ao sugerir poeticamente a captura de um momento único: aquele em que o pulo da rã quebra o silêncio das águas do velho lago.

Os poemas de Bashô influenciaram o trabalho de muitos escritores brasileiros. Dentre eles, o modernista Guilherme de Almeida, que pioneiramente chamou a atenção para a riqueza do gênero. Ele compôs diversos haicais, com um toque pessoal: acrescentou um jogo de rimas e título ao esquema de três versos. Em sua tradução do poema dedicado ao pulo da rã, porém, preferiu ficar mais próximo do estilo do mestre japonês:

Ah! o antigo açude!
E quando uma rã mergulha,
o marulho da água!

ALMEIDA, Guilherme de. *Acaso*: versos de todo tempo, 1938.

A inteligente e irreverente poesia de Leminski também se encontra com o haicai. No poema a seguir, ele homenageia o poeta japonês e o francês Mallarmé, integrando Oriente e Ocidente, pela recriação de versos dos dois poetas:

Um salto de sapo
jamais abolirá
o velho poço.

LEMINSKI, Paulo. *La vie en close*, 1991.

Millôr Fernandes é conhecido por explorar a criticidade e o humor em gêneros diversificados, como o cartum e a fábula. Em sua escrita, o haicai recupera o tom de brincadeira que havia originalmente no *renga*. O barulho, apenas sugerido no poema de Bashô, ganha com ele o som estrondoso de uma divertida onomatopeia:

Nem grilo, grito, ou galope;
No silêncio imenso
Só uma Rã mergulha plóop!

FERNANDES, Millôr. *Hai-kais*, 1986.

Conversa afinada

1. Experimente ler o poema de Bashô no original, fazendo o movimento que lá está indicado. O que você achou dessa experiência? Por quê?
2. Qual das traduções/recriações mais se aproxima da imagem sugerida por Bashô?
   - De qual você mais gostou? Por quê?
3. Leia o seguinte verso do poeta francês Mallarmé:

   > *Um lance de dados jamais abolirá o acaso*
   > (Un coup de dés jamais n´abolira le hasard)

   - De que jeito o haicai de Leminski relembra os versos de Mallarmé?
4. Compare os haicais de Leminski e o de Millôr: em qual deles a ação da rã parece ganhar mais importância? Explique.

Literatela

No filme *Os hai-kais do príncipe*, o cineasta Maurício Squarisi cria uma animação com um programa que lembra a era dourada do rádio no Brasil, ocorrida entre os anos 1930 e 1950, quando este era o principal veículo de informação e entretenimento. E do que trata esse programa de rádio animado? Da vida e da obra de Guilherme de Almeida, com belíssima musicalização de alguns de seus haicais. Confira!

MAURÍCIO SQUARISI

Conversa afinada

1. O que você achou dessa ideia de apresentar a biografia de Guilherme de Almeida e sua obra por meio de uma animação de programa de rádio? Por quê?
2. Quem participa do programa?
   - Em que espaço eles estão?
3. Além das cenas desse espaço, outras surgem e se misturam a elas. O que isso sugere?
4. Que acontecimento mais chamou sua atenção na história de vida de Guilherme de Almeida? Por quê?
5. Em que movimentos culturais e políticos da história brasileira ele esteve envolvido?

6. Com qual haicai de Bashô os cantores abrem a apresentação?
7. Que haicai de Guilherme de Almeida você reconheceu, além da tradução do de Bashô? O que você achou da musicalização desse poema?
8. Dos haicais ainda não conhecidos, de qual você mais gostou? Por quê?
9. Que sensações ele lhe causou? Você consegue se lembrar de um verso ou de uma imagem dele?

Oficina literária!

Proposta 1: na trilha de *Os hai-kais do príncipe*

Condições de produção

Mostra Instantes poéticos II

Como você já deve ter notado, retomar textos da tradição literária é um exercício bem-vindo no mundo da poesia, desde que, claro, isso seja feito com criatividade! Que tal escrever em dupla um haicai, inspirando-se em algum de Guilherme de Almeida que foi apresentado na animação a que vocês assistiram? Convide um colega, "esquente" a imaginação e mãos à obra!

O haicai produzido por você e por seu colega também fará parte da *Mostra Instantes poéticos*.

Planejem no caderno

1. Escolham uma imagem que tenha sido sugerida por um dos haicais de Guilherme de Almeida. Indique-a por meio de um substantivo.
2. Imaginem uma cena envolvendo essa imagem. Ela pode ser uma variação das cenas descritas nos haicais de Guilherme de Almeida. Assim, por exemplo, nós escolhemos a violeta, mas queremos propor que ela venha brava, mal-humorada do jardim, em vez de triste.
3. Pensem nos sentidos e sensações que vocês querem sugerir para o leitor com a descrição que farão dessa cena. Escolham outras palavras que, combinadas em versos curtos com o substantivo já escolhido, possam servir para isso. Escrevam e reescrevam, troquem, se necessário, alguma palavra, até chegarem à cena feita de versos, isto é: gostosa de se ouvir e instigante de se imaginar, capaz de provocar reflexões, levar a outros sentidos... No caso da violeta, por exemplo, nós gostaríamos que o leitor se lembrasse do haicai original e achasse graça no modo como recriamos o "estado de espírito" da violeta. Para isso, fizemos várias combinações de palavras, apagamos, reescrevemos, até a expressão idiomática "que bicho te mordeu", que usualmente indica uma pessoa de mau humor, que nos serviu de matéria-prima:

Mal me quer
Por que está assim,
Violeta? Que bicho
te mordeu no jardim?

No fim de nosso exercício, gostamos tanto de experimentar compor versos a partir de haicais alheios que não resistimos a ter nossa versão para o da rã. Vejam se vocês aprovam nossa rã, neta da rã de Bashô. Para falar a verdade, nós gostamos bastante dos três versos de sete sílabas poéticas e da aliteração dos sons, representados pelas letras **ç** e **ss**, que conseguimos alcançar.

Mal se cabendo na poça,
A rã sonha com histórias
De sua avó no velho poço.

4. Depois de terminarem o haicai de vocês, revisem a ortografia, a concordância e a pontuação. Planejem como serão a digitação e a impressão (tipo de papel, tamanho e cor da fonte) da versão final para a *Mostra Instantes poéticos*. Não se esqueçam de indicar os nomes dos autores: vocês!

Proposta 2: elaboração de um haicai a partir de uma fotografia

Condições de produção

Mostra Instantes poéticos III

Que tal a dupla apreciar uma fotografia e, a partir dela, criar um haicai?

Esse seria o terceiro elemento na mostra que vocês farão na biblioteca da escola.

Silenciosamente, observem bem a foto de Toninho Cury, depois, registrem o que acharam dela.

TONINHO CURY

Ilhabela, São Paulo, 1990.

Agora, conversem a respeito dela e registrem suas impressões no caderno.

1. Que sensações essa fotografia desperta em vocês?
2. O que mais chamou a atenção de vocês? Por quê?
3. Em que ponto aproximadamente o fotógrafo se colocou para poder fazer esse enquadramento?
4. Se vocês tivessem que transformar o instante registrado na fotografia em poesia, o que privilegiariam dessa cena?
5. Que palavras-chave escolheriam para isso?
6. Que sensações vocês gostariam que os versos criados com elas sugerissem?
7. Agora, criem o haicai de vocês. Lembrem-se de:
   a) Trabalhar com três versos curtos, que podem ou não ter o mesmo número de sílabas e rimas;
   b) Combinar as palavras de modo que a sonoridade fique agradável. Procurem explorar as aliterações;
   c) Tornar a descrição da imagem rica de possibilidades de sentido: é a descrição de uma cena, mas feita de modo que "algo mais" possa ser imaginado a partir dela.

Após a criação, revisem o texto e organizem a impressão.

Mostra Instantes poéticos

Pronto! Agora é só organizar as produções (o haicai de Bashô ilustrado, o que foi criado a partir do de Guilherme de Almeida e o que se inspira na fotografia de Cury) para a *Mostra Instantes poéticos*, na biblioteca da escola!

Vamos repensar

1. Retome as perguntas que motivaram suas aprendizagens nesta unidade.
   a) O que você já sabe sobre a poesia?
   b) Onde se pode ouvir ou ler poemas?
   c) Além do poema, que outros gêneros também têm poesia?
   d) É fácil compreender versos?
   e) O que é preciso saber para "curti-los"?
2. Escreva um pequeno texto, sintetizando o que você discutiu e aprendeu nesta unidade e que você considera ter sido importante para ajudá-lo a construir respostas para as questões acima.
3. Compare o seu texto com as anotações que fez no caderno ao longo dos capítulos. Conclua: hoje você sabe mais do que sabia antes?

Quem é

Antonio José Cury

ACERVO DO AUTOR

Antonio José Cury, em São José do Rio Preto, em 2009.

O ano é 1970. Em São José do Rio Preto, a 450 km de São Paulo, o jovem Antonio José Cury tem contato com sua primeira máquina fotográfica: uma Yashica Mat profissional. Seu mestre, o fotógrafo rio-pretense Nestor Brandão, proprietário do Foto Studio, tinha uma máquina igual. "Você gosta de fotografia?", perguntou Brandão a Toninho. "Então você já é fotógrafo." [...]

O resultado? Além da exposição de seu trabalho em dezenas de países, Toninho Cury participou de mais de 200 salões nacionais e internacionais de fotografia, acumulando inúmeros prêmios. [...]

Disponível em: <http://www.toninhocury.com.br/Perfil.aspx>. Acesso em: 2 jun. 2011. (Fragmento).

Caderno de Estudos de língua e linguagem

Apresentação

Um caderno de estudo e investigação das possibilidades da língua

Ei, você...

Já parou pra pensar que, em quase tudo o que você faz, a língua — falada ou escrita — está presente?

E então, perguntamos:

Que coisa é essa que chamamos de língua?

Qual é a sua importância? Pra que ela serve?

O que podemos fazer com ela? Como podemos usá-la? Podemos modificá-la?

Já pensou nisso tudo?

Neste Caderno de Estudos de língua e linguagem, você terá a oportunidade de exercer o papel de *curioso*, de *pesquisador* dessa língua que chamamos de língua portuguesa e que você já conhece e usa muito bem!

Você vai dar uma de filósofo da linguagem e de gramático! Vai descobrir que há muito o que investigar e aprender sobre ela, apesar de tudo o que você já sabe!

Chegou a hora! *Se liga nessa parada com a galera* e se abra para conhecer as múltiplas faces de camaleão dessa nossa língua portuguesa!

Unidade 1

Língua e linguagem

- **Capítulo 1:** Polissemia (mesma palavra, outro sentido e contexto)
- **Capítulo 2:** Figuras de linguagem I: metáfora e metonímia
- **Capítulo 3:** Figuras de linguagem II: hipérbole, personificação, sinestesia e ironia.

Unidade 2

Língua e gramática normativa

- **Capítulo 1:** Verbos: emprego e sentido dos tempos e modos verbais
- **Capítulo 2:** Termos que aparecem na construção da oração I: o sujeito e sua relação com o verbo
- **Capítulo 3:** Termos que aparecem na construção da oração II: o predicado
- **Capítulo 4:** Termos que aparecem na construção da oração III: complementos verbais

Unidade 3

Ortografia e pontuação

- **Capítulo 1:** Ortografia
- **Capítulo 2:** Pontuação

UNIDADE 1 Língua e linguagem

O que é isso?

Os diferentes sentidos de uma palavra ou expressão às vezes podem causar confusões. Leia as HQs e observe duas situações em que isso acontece.

Texto 1

TURMA DA MÔNICA Mauricio de Sousa

SOUSA, Mauricio de. *Almanaque historinhas de uma página*, n. 2. Panini Brasil, 2008. p. 67.

Texto 2

NÍQUEL NÁUSEA — Fernando Gonsales

Discuta com a turma

1. No Texto 1, o que Cebolinha quis dizer com "Vai ver se estou lá na esquina!"? Ele realmente queria que Xaveco fosse até a esquina?
2. Xaveco compreendeu corretamente a fala de Cebolinha? O que aconteceu que justifica a sua resposta?
3. Já aconteceu com você alguma confusão por causa de um mal-entendido? Como foi?
4. Por que você acha que os mal-entendidos acontecem?
5. No Texto 2, de que reflexos podemos imaginar que o médico esteja falando no primeiro quadrinho?
6. Com base em que poderíamos tirar essa conclusão a respeito da fala do médico no primeiro quadrinho?
7. O segundo quadrinho revela uma surpresa: o médico falava de outros reflexos. Como podemos perceber isso?
8. Por que o médico afirma que os reflexos do paciente estão péssimos?
   - Se considerarmos que o paciente é um vampiro, seria esperado que o médico tivesse uma opinião diferente?
9. Com que intenção os quadrinistas que elaboraram os textos 1 e 2 podem ter explorado os diferentes sentidos da frase "Vai ver se eu estou lá na esquina!" e da palavra *reflexos*?

Será que é mesmo?

Alguns usos da língua podem tornar os textos mais bonitos, emocionantes, interessantes, mas também podem gerar mal-entendidos.

Nesta unidade, iremos retomar e aprofundar uma discussão que se iniciou no livro anterior: será que tudo o que dizemos sempre é entendido do modo como desejamos?

Para alimentar o debate, vamos discutir mais sobre **os vários sentidos das palavras**.

Capítulo 1 Polissemia (mesma palavra, outro sentido e contexto)

Como é que é?

Como você discutiu na abertura da unidade, às vezes usamos as palavras com a intenção de dar a elas outros sentidos.

- Mas do que dependem os sentidos das palavras?
- Qual a importância de poder dar sentidos diferentes às palavras?
- O que é sentido literal e quando ele é usado?
- Às vezes, as pessoas compõem enunciados de duplo sentido sem querer? Em caso positivo, por que isso acontece e como podemos resolver o problema?

1. Qual é o sentido da palavra *água* nos quadrinhos a seguir?

a)

b)

2. Leia o boxe "Vamos lembrar" e responda às questões a seguir.

- A intenção das personagens das ilustrações da questão 1, ao dizer a palavra *água*, é a mesma? Por quê?

Vamos lembrar

Os interlocutores sempre têm **intenções** muito específicas em relação ao discurso que produzem para o outro. A essas intenções chamamos de **intencionalidade discursiva**.

3. Leia a tira a seguir.

ESCOLA DE ANIMAIS — Leandro Robles

LEANDRO ROBLES

a) Por que a personagem verde parece irritada com Chump?

b) Leia o boxe abaixo e depois responda de que forma o significado da palavra *acepção* pode explicar o que acontece nessa tira.

ACEPÇÃO
sf. 1. Lex. Significado de uma palavra ou frase em cada um dos contextos em que ela pode estar inserida.

iDicionário Aulete. Disponível em: <http://educacao.uol.com.br/dicionarios>. Acesso em: 31 ago. 2011.

c) Qual pode ter sido a intenção do quadrinista ao apresentar personagens empregando duas acepções diferentes do verbo **comer**?

4. Leia as orações a seguir.

*O príncipe recebeu a **coroa** real de seu pai.*
*Em seu velório, havia diversas **coroas** de flores, enviadas por admiradores.*
*O dentista teve de refazer a **coroa** do meu dente.*
*A **coroa** do abacaxi tem espinhos.*

a) Qual é o sentido da palavra *coroa* em cada uma dessas frases?

b) O que há em comum entre todos esses sentidos da palavra *coroa*?

Polissemia

Quando uma mesma palavra tem seu sentido alterado ao ser usada em situações diferentes ou com intencionalidades diferentes, dizemos que essa palavra é **polissêmica** (*poli* = muitos; *sema* = sentido, significado).

A **polissemia** é possível porque o sentido da palavra não muda totalmente, ou seja, há uma certa relação entre os sentidos que ela apresenta nas diferentes situações.

Pense, por exemplo, na palavra *letra*. Uma letra pode ser:

- o "sinal gráfico que se usa, na escrita, para representar os sons da fala" — *Nosso alfabeto tem 26* ***letras****;* ou
- o "conjunto de palavras que compõem o texto de uma canção" — *A* ***letra*** *dessa música é muito bonita.*

Qual é a relação entre esses dois sentidos? Se você ainda não percebeu, pense no que precisaria fazer para registrar, por escrito, sua canção favorita. Você só teria duas opções: para registrar a melodia, teria de usar uma partitura, com seus símbolos próprios (as notas musicais); e, para registrar o texto cantado pelo(s) artista(s), teria de usar... letras! Daí a relação entre a letra como "sinal gráfico" e a letra como "texto de uma canção".

Essa relação entre os significados que as palavras assumem em diferentes contextos é, às vezes, mais explícita e, outras vezes, mais sutil. Até o fim desta unidade, você conhecerá vários outros exemplos.

5. Leia a tirinha.

HAGAR — Chris Browne

a) O que Hagar queria que o amigo Eddie fizesse?

b) O que Eddie fez?

c) Que palavra causou o mal-entendido? Por quê?

d) Nesse caso, a polissemia da palavra ajudou ou atrapalhou a interação entre os interlocutores? Por quê?

e) Imagine, agora, que o autor da tira tivesse escrito o primeiro balão de fala do seguinte modo:

Preciso do meu barco consertado hoje à tarde! Peça isso com jeitinho ao dono da oficina!

I. O mal-entendido continuaria sendo possível? Explique.

II. Você acha que a tira ficaria mais ou menos engraçada desse modo? Por quê?

f) Levando em conta a resposta que você deu no item anterior, explique que "vantagem" a existência de polissemia trouxe para o autor dessa tira.

Olha só que curioso!

1. Localize no dicionário as seguintes palavras e responda: quantas acepções tem cada uma?

casa   chave   dar   linha

Verbetes de dicionário são os textos que apresentam as acepções de cada palavra no dicionário. Cada acepção vem precedida de um número.

Além das acepções, o verbete traz a classificação gramatical do vocábulo descrito. Alguns dicionários também trazem exemplos de cada acepção em frases e informam qual é a origem da palavra.

Veja este exemplo:

TERREMOTO
sm (*lat terraemotu*) **1** Vibração ou abalo da crosta da Terra; tremor de terra. **2** Grande estrondo. **3** Grande abalo social. Var.: *terramoto*.

Michaelis: moderno dicionário da língua portuguesa. São Paulo: Melhoramentos, 2007.

2. Folheie o dicionário, observando a quantidade de acepções das palavras em geral.

a) Há muitas palavras que apresentam mais de uma acepção?

b) O sentido de cada acepção muda totalmente ou há algo em comum entre eles?

c) Se cada palavra tivesse apenas uma acepção, você acha que os dicionários teriam mais ou menos palavras? Por quê?

d) Leia, agora, uma explicação sobre isso.

Polissemia e economia linguística

As línguas em geral evoluem no sentido de serem cada vez mais econômicas, ou seja, de permitirem que os falantes possam falar de todos os assuntos com um mínimo de elementos e de esforço.

Se não fosse possível fazer comparações e atribuir, por semelhança, diversos sentidos a uma palavra, seríamos obrigados a fazer um grande esforço de memória: precisaríamos ter vocábulos separados para cada tema sobre o qual quiséssemos falar.

Uma provável consequência disso seria falarmos muito mais devagar, para termos tempo de acessar na memória todas as palavras adequadas para nos expressar

e) Responda: se cada palavra tivesse apenas uma acepção, nossa língua seria mais ou menos econômica?

Polissemia e sentido literal

Já discutimos que uma mesma palavra pode ter vários sentidos e que isso depende da situação em que a usamos.

Acontece que nem sempre nos convém explorar todos esses múltiplos sentidos das palavras. Às vezes, nossa intenção é usá-las com um sentido mais fechado, mais específico. Mas também há situações em que nossa intenção é, justamente, usar e abusar da polissemia.

1. Você vai reler trechos de dois textos que estão nos Cadernos de Leitura e produção e de Práticas de literatura.

Texto 1

Foi a antropóloga Helen Fisher [...] que propôs a existência de três fases no amor, cada uma delas com as suas características emocionais e os seus compostos químicos próprios [...]: A primeira fase é chamada "fase do desejo" e é desencadeada pelos nossos hormônios sexuais, a testosterona nos homens e o estrogênio nas mulheres. [...]

A segunda fase é a "fase da atração", enamoramento ou paixão: é quando nos apaixonamos, ou seja, é a altura em que perdemos o apetite, não dormimos, não conseguimos concentrar-nos em nada que não seja o objeto da nossa paixão.

É uma fase em que podem acontecer coisas surpreendentes, que por vezes dão origem a situações divertidas (para os outros) e embaraçosas (para o próprio): as mãos suam, a respiração falha, é difícil pensar com clareza, há "borboletas no estômago"... enfim... e isso tem a ver com outro conjunto de compostos químicos que afetam o nosso cérebro: a norepinefrina que nos excita (e acelera o bater do coração), a serotonina que nos descontrola, e a dopamina, que nos faz sentir felizes. [...]

A terceira fase é a "fase de ligação" – passamos à fase do amor sóbrio, que ultrapassa a fase da atração/paixão e fornece os laços para que os parceiros permaneçam juntos. Há dois hormônios importantes nessa fase: a oxitocina e a vasopressina. [...]

Química. Boletim SPQ (Sociedade Portuguesa de Química). Portugal, n. 100, p. 47-50, mar. 2006. (Fragmento adaptado).

Texto 2

Amor é um fogo que arde sem se ver;
é ferida que dói e não se sente;
é um contentamento descontente;
é dor que desatina sem doer;
[...]

CAMÕES, Luís de. *Lírica*. Seleção, prefácio e notas de Massaud Moisés. São Paulo: Cultrix, 1999. p. 123. (Fragmento).

a) Qual é o assunto dos dois textos?

b) O Texto 1 é um trecho de um artigo de divulgação científica, e o Texto 2, um trecho de um poema.

I. Em qual dos textos a linguagem usada foi menos polissêmica: ou seja, as palavras usadas não possibilitam pensar em múltiplos sentidos? Por quê?

II. Em qual dos textos a linguagem foi usada de modo mais polissêmico, possibilitando-nos percebê-las em seus múltiplos sentidos?

Dependendo da intenção que temos ao compor um texto, podemos fazer uso das palavras explorando ao máximo seu caráter polissêmico. É o que acontece, por exemplo, quando alguém quer expressar suas ideias e emoções de uma maneira bem original e, então, compõe um poema como o apresentado no texto 2.

Às vezes, a exploração da polissemia também serve para produzir textos humorísticos, como você viu nas tiras da Escola de Animais e de Hagar. Ou, então, ela ajuda a explicar uma ideia de um jeito mais fácil — no Texto 1, isso ocorre no trecho destacado:

> [...] as mãos suam, a respiração falha, é difícil pensar com clareza, há "borboletas no estômago"... [...]

Outras vezes, porém, nossa intenção é bem diferente: queremos usar as palavras com o **sentido literal** — isto é, o sentido mais comum, aquele que imediatamente vem à cabeça das pessoas quando elas ouvem ou leem aquela palavra. Esse uso normalmente ocorre em textos jornalísticos, textos científicos, relatórios técnicos, documentos, etc.

Ambiguidade

Imagine que a frase a seguir esteja em um cartaz afixado na parede de uma igreja.

> No Dia de Finados, haverá uma missa cantada por todos os mortos da paróquia.

1. A conjunção *por* é bem polissêmica. Veja duas das acepções que ela pode ter:

- em favor de, em nome de <*não se lamente p. mim*> <*morrer p. um ideal*>
- indica o agente da ação, na voz passiva <*Fogo Morto foi escrito p. José Lins do Rego*>

INSTITUTO ANTÔNIO HOUAISS. *Dicionário eletrônico Houaiss da língua portuguesa*. Rio de Janeiro: Objetiva, 2009. (Fragmento).

Veja o conceito de **voz passiva** no Capítulo 4 da Unidade 2 deste caderno.

a) Qual sentido assume a frase do cartaz, caso a conjunção *por* seja entendida na primeira acepção? E na segunda acepção?

b) Em uma situação como essa, qual teria sido a intenção do autor do cartaz? Você acha que ele pretendia explorar a polissemia da conjunção *por*? Ou o duplo sentido que ela acabou adquirindo foi acidental? Explique.

c) Como você reescreveria a frase do cartaz, de modo que ela só pudesse ser entendida de uma maneira? (Escolha a acepção mais adequada ao contexto.)

d) O que você precisou mudar para eliminar a **ambiguidade** do cartaz?

2. **As orações a seguir também apresentam problemas de ambiguidade. Leia-as e depois responda às perguntas no caderno.**

❶ **O deputado conversou com o presidente da Câmara na sua sala.**

- *Na sala de quem foi a conversa?*

❷ **Ela aparecerá brevemente num programa de TV.**

- *Ela ficará pouco tempo no programa ou ela aparecerá daqui a pouco tempo?*

❸ **Grêmio vence, apesar de uma bola na trave de Baiano.**

- *Baiano é goleiro ou atacante?*

❹ **Especialistas debatem saída para crise em São Paulo.**

- *O debate é em São Paulo ou a crise é em São Paulo?*

❺ **Mutirão contra a violência do governo completa um ano.**

- *O mutirão é do governo ou a violência é do governo?*

Exemplos baseados no verbete "ambiguidade" do *Manual de redação e estilo de O Estado de S. Paulo*. São Paulo: O Estado de S. Paulo, 1997, de autoria de Eduardo Martins.

a) Compare as suas respostas com as de um colega. Vocês compreenderam todas as frases acima da mesma maneira?

b) Reescrevam as frases, buscando evitar as ambiguidades.

c) O que você fez, em cada caso, para eliminar a ambiguidade das frases?

3. **Diante de todos esses exemplos, como você definiria a ambiguidade não intencional?**

Então ficamos assim...

Retome, agora, as discussões feitas com a turma e respondam às perguntas propostas no início do capítulo:

- Do que dependem os sentidos das palavras?
- Qual é a importância de poder dar sentidos diferentes às palavras?
- O que é sentido literal e quando ele é usado?
- Às vezes, as pessoas compõem enunciados de duplo sentido sem querer? Em caso positivo, por que isso acontece e como podemos resolver o problema?

Atividades

1. Para cada um dos itens a seguir, existe uma mesma palavra que pode ser usada para nos referirmos às três figuras. Descubra qual é essa palavra e explique o que há em comum entre os sentidos que ela apresenta em cada situação.

a)

b)

c)

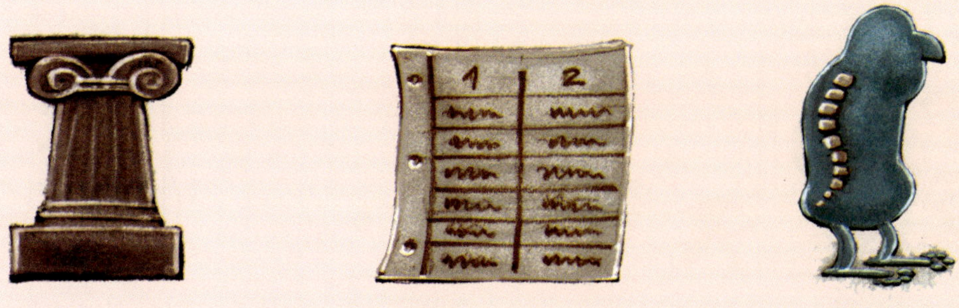

2. Nos casos de polissemia da questão anterior, havia uma relação direta entre os diferentes sentidos da palavra. Mas, muitas vezes, essa relação é mais sutil. Observe os exemplos a seguir.

❶ Com o lápis, fez um **ponto** na folha em branco.

❷ Preciso dar uns **pontos** na barra desta calça, porque ela está descosturando.

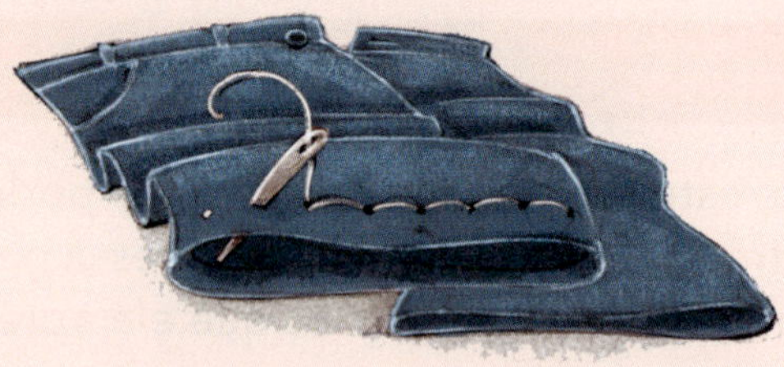

❸ O ônibus que vai para a Vila das Mercês para neste **ponto**?

- Junte-se a um colega e respondam: que relação existe entre esses três sentidos da palavra *ponto*?

3. Na tira a seguir, Mafalda está conversando com Manolito (um garoto que não vai bem nos estudos e que tem dificuldade para entender as coisas), quando aparece Susanita. Acompanhe o que ocorre.

MAFALDA

Quino

JOAQUÍN SALVADOR LAVADO (QUINO)

QUINO. *Toda Mafalda*. São Paulo: Martins Fontes, 2003. p. 205.

a) Procure a palavra *culto* no dicionário e copie a acepção que faz mais sentido na expressão "liberdade de cultos".

b) Susanita diz ter ouvido no rádio que havia "liberdade de cultos em todo o país". O que o radialista queria dizer com isso?

c) Houve um mal-entendido? Por quê?

d) Por que ela estava preocupada com Manolito?

e) Você vê alguma relação entre os dois sentidos da palavra *culto* comentados nos itens anteriores? Explique.

4. **Leia o trecho inicial de uma crônica de Clarice Lispector. Depois, responda às questões.**

Uma esperança

Aqui em casa pousou uma esperança. Não a clássica que tantas vezes verifica-se ilusória, embora mesmo assim nos sustente sempre. Mas a outra, bem concreta e verde: o inseto.

Houve o grito abafado de um de meus filhos:

— Uma esperança! e na parede bem em cima de sua cadeira! — Emoção dele que também unia em uma só as duas esperanças, já tem idade para isso. Antes surpresa minha: esperança é coisa secreta e costuma pousar diretamente em mim, sem ninguém saber, e não acima de minha cabeça numa parede. Pequeno rebuliço: mas era indubitável, lá estava ela, e mais magra e verde não podia ser.

— Ela quase não tem corpo — queixei-me.

— Ela só tem alma — explicou meu filho e, como filhos são uma surpresa para nós, descobri com surpresa que ele falava das duas esperanças.

[...]

LISPECTOR, Clarice. *A descoberta do mundo*: crônicas. Rio de Janeiro: Rocco, 1999. p. 192. (Fragmento).

a) O texto fala de duas acepções da palavra *esperança*. Quais são elas? Se necessário, consulte o dicionário.

b) Em qual dessas acepções a palavra é um substantivo abstrato? E em qual é um substantivo concreto?

c) Localize o trecho em que a narradora faz referência à característica concreta da palavra, em uma das acepções.

d) Qual dessas "esperanças" a narradora chama de "a clássica"? Por que ela a chama assim?

e) Segundo a narradora, quando o menino gritou anunciando a presença da esperança, a emoção dele "unia em uma só as duas esperanças". O que você entende disso?

f) Ainda no terceiro parágrafo, a narradora diz ter ficado surpresa. Por quê?

g) Segundo a narradora, ao explicar que "ela só tem alma", o menino se referia às duas esperanças.

I. Procure na internet a imagem de uma esperança (na acepção concreta). Por que o menino teria dito que essa esperança "só tem alma"?

II. E a outra esperança, a abstrata, você acha que é possível dizer que ela também "só tem alma"? Por quê?

h) Podemos dizer que a polissemia foi importante para a construção desse texto literário? Por quê?

5. Leia estas manchetes.

1

Hugo Napoleão destaca vontade de viver e luta contra o câncer de José Alencar

MeioNorte.com, Teresina, 29 mar. 2011.

2

Pervez Musharraf responsabiliza Bhutto por sua morte

Folha.com, São Paulo, 5 jan. 2008. © Folhapress.

a) Quais são as possíveis interpretações que cada uma delas pode ter?

b) Leia, agora, o primeiro parágrafo de cada notícia.

1

O Povo do Piauí está solidário com a família e com o povo de Minas. Foi com estas palavras que o deputado federal Hugo Napoleão fez um pronunciamento em homenagem ao vice-presidente José Alencar, que morreu hoje aos 79 anos vítima de um câncer. [...]

MeioNorte.com, Teresina, 29 mar. 2011.

2

O presidente do Paquistão, Pervez Musharraf, disse à televisão americana que a ex-primeira-ministra Benazir Bhutto é a única responsável por sua morte, ocorrida durante um ataque no mês passado, e negou qualquer responsabilidade do governo paquistanês. [...]

Folha.com, São Paulo, 5 jan. 2008. © Folhapress.

I. Reescreva as manchetes no caderno, eliminando a ambiguidade.

II. Explique, em cada caso, o que estava provocando o problema.

Capítulo 2

Figuras de linguagem I: metáfora e metonímia

Como é que é?

Como vimos, a língua é polissêmica: uma mesma palavra ao longo da sua existência e uso vai adquirindo sentidos diferentes, dependendo do contexto em que aparece.

Leia as questões a seguir e, ao final, responda:

- Como fazemos para usar a linguagem figurada em nossos textos?
- Em que textos podemos usá-la?
- Ela acrescenta algo aos nossos textos?
- Qual é a importância de saber usá-la?

Metáfora (misturando contextos)

Veja a definição e alguns usos de **metáfora** no Caderno de Práticas de literatura, no Capítulo 1.

No Livro 6, você e sua turma foram convidados a participar de um jogo chamado *Stop!*. Você lembra como é? Vamos brincar de novo de *Stop!*?

Junte-se com seus colegas e montem no caderno uma tabela de acordo com o modelo abaixo. Vocês poderão brincar até seis rodadas!

STOP!

Letras sorteadas: __________

Belezas da natureza	Alimentos doces e gostosos	Animais ferozes	Coisas enormes	Pontos
			Total das rodadas	

Campo semântico

Cada grupo de palavras que dão nome a coisas que tenham alguma semelhança de sentido forma um campo semântico. Cada coluna do jogo acima pode representar um campo semântico.

1. Em dupla, pense em palavras que possam compor um campo semântico (grupo de palavras com alguma semelhança de sentido) relacionado a sentimentos e sensações. Organize essas palavras em um quadro em seu caderno.

Sentimentos	Sensações

a) No caderno, faça três frases, comparando esses sentimentos e sensações com os elementos do jogo de *Stop!*. Por exemplo:

> ***Minha saudade era como um porto.***
>
> ***Minha fome era igual a uma pantera rugindo.***

b) O que há em comum entre os pares de elementos que você comparou?

c) Elimine os termos de comparação das frases que você escreveu no caderno. Por exemplo:

> ***Minha saudade era ~~como~~ um porto.***
>
> ***Minha fome era ~~igual a~~ uma pantera rugindo.***

Metáfora

Quando, ao usarmos a linguagem, escolhemos palavras de um campo semântico para nos referir a outro, estamos criando **metáforas**.

A metáfora resulta de uma comparação que normalmente não está explícita ou marcada no texto.

Veja no Caderno de Práticas de literatura, no Capítulo 1, outra definição de **metáfora**.

2. Leia o poema a seguir.

O casaco

Um homem estava anoitecido.
Se sentia por dentro um trapo social.
Igual se, por fora, usasse um casaco rasgado
E sujo.
Tentou sair da angústia
Isto ser:
Ele queria jogar o casaco rasgado e sujo no lixo.
Ele queria amanhecer.

BARROS, Manoel de. *Poesia completa*. São Paulo: Leya, 2010. p. 445.

a) Quais são as principais características da noite?

b) Essas características nos fazem lembrar de sentimentos positivos? Quais? E de sentimentos negativos? Quais?

c) Considerando o poema lido como um todo, quais tipos de sentimento você acha que mais combinam com ele: os positivos ou os negativos?

d) Como seria, então, uma pessoa anoitecida, no contexto do poema?

e) O que é um *trapo*? Que tipo de sentimento podemos relacionar a um *trapo*?

f) O eu lírico compara usar um casaco rasgado e sujo a quê?

g) Como são, em geral, os amanheceres?

h) Que tipo de sentimento podemos comparar ao amanhecer? Portanto, que sentido pode ter o verso "Ele queria amanhecer"?

i) Reescreva o poema tentando eliminar as metáforas.

j) Qual texto ficou mais interessante?

3. Leia este anúncio.

WMCCANN

Exército da Salvação. Suas doações são nossas armas. Ligue [...].

MCCANN ERICKSON. *33º Anuário de Criação*. São Paulo: Clube de Criação de São Paulo, 2008. p. 151.

a) Observe estas palavras usadas no anúncio.

exército armas	salvação doação

- Elas pertencem a campos semânticos diferentes? Explique.

b) O Exército da Salvação existe para ajudar as pessoas que não têm o que vestir, o que comer, onde morar.
- Que tipo de comparação permitiu que essa instituição se chamasse "exército"?

c) Que tipo de comparação foi feita para que as doações sejam chamadas de "armas"?

d) De que forma a imagem do anúncio reforça essa relação entre *doação* e *arma*?

e) Você acha que o anúncio chamaria tanto a atenção do interlocutor se o texto fosse "Organização de ajuda aos necessitados. Suas doações são importantes."? Justifique sua resposta.

Metonímia (novos sentidos dentro do mesmo contexto)

Veja outra definição e alguns dos usos de **metonímia** no Caderno de Práticas de literatura, na Unidade 1, Capítulo 1.

1. Leia o poema a seguir.

Pedido

Ontem no baile
Não me atendias!
Não me atendias,
Quando eu falava.

De mim bem longe
Teu pensamento!
Teu pensamento,
Bem longe errava.

Eu vi teus olhos
Sobre outros olhos!
Sobre outros olhos,
Que eu odiava!

Tu lhe sorriste
Com tal sorriso!
Com tal sorriso,
Que apunhalava.

Tu lhe falaste
Com voz tão doce!
Com voz tão doce,
Que me matava.

Oh! não lhe fales,
Não lhe sorrias,
Se então só qu'rias
Exp'rimentar-me.

Oh! não lhe fales,
Não lhe sorrias,
Não lhe sorrias,
Que era matar-me.

DIAS, Gonçalves. *Poesia e prosa completas.* BUENO, Alexei (Org.). Rio de Janeiro: Nova Aguilar, 1998.

Glossário

Não me atendias: não prestava atenção em mim.
Errava: andava a esmo.
Exp'rimentar-me (Experimentar-me): submeter-me a um teste psicológico.

a) O poema mostra um eu lírico perturbado por ciúmes. Destaque do texto uma estrofe que comprove isso. Justifique sua escolha.

b) Releia a terceira estrofe.

> Eu vi teus olhos
> Sobre outros olhos!
> Sobre outros olhos,
> Que eu odiava!

- O que o eu lírico odiava? Os outros olhos ou a pessoa que tinha aqueles olhos?

2. Leia o texto deste anúncio, prestando atenção ao uso da palavra *olhos*, no título.

PUBLICIS SALLES NORTON

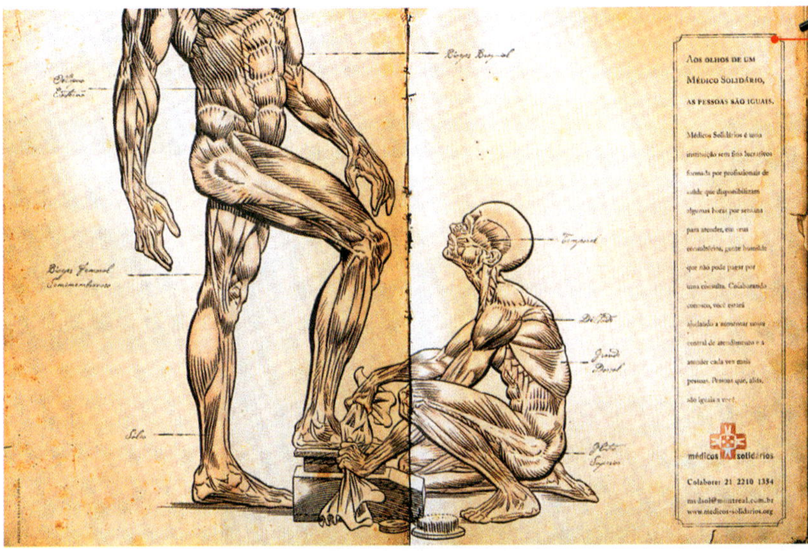

Aos olhos de um Médico Solidário, as pessoas são iguais.
Médicos Solidários é uma instituição sem fins lucrativos formada por profissionais de saúde que disponibilizam algumas horas por semana para atender, em seus consultórios, gente humilde que não pode pagar por uma consulta. Colaborando conosco, você estará ajudando a aumentar nossa central de atendimento e a atender cada vez mais pessoas. Pessoas que, aliás, são iguais a você.

PUBLICIS SALLES NORTON. 29º *Anuário de Criação.* São Paulo: Clube de Criação de São Paulo, 2008. p. 77.

Converse com a turma

1. Observe a pessoa que está agachada. O que ela está fazendo?
2. Qual idade, aproximadamente, parece ter essa pessoa? Justifique a sua resposta.
3. Quem você acha que tem mais condições de pagar por um tratamento de saúde caro – a pessoa que está agachada ou a que está de pé? Por quê?
4. Apesar das diferenças que você acabou de observar, a imagem também mostra que as duas pessoas têm algo em comum. O que é?
5. Leia, agora, o texto lateral e explique o que é um "Médico Solidário", no contexto deste anúncio.
6. Explique a relação entre o título desse texto e a imagem das duas pessoas.

a) É o médico, enquanto indivíduo, que considera todos iguais, ou são apenas seus olhos que consideram isso?

b) O que aconteceu com o uso da palavra *olhos* nos dois textos lidos?

c) Que tipo de relação entre as palavras *olhos* e *pessoa* permitiu que uma substituísse a outra? Copie no caderno a alternativa que oferece a melhor resposta para essa pergunta.

- Uma relação de **semelhança** entre seres pertencentes a campos semânticos diferentes, como acontece nas **metáforas** (exemplo: trapo ⟶ abandono).
- Uma relação de **sinonímia:** duas palavras diferentes que apresentam sentidos semelhantes (exemplo: cachorro ⟶ cão).
- Uma relação de **contiguidade**, ou seja, de uma coisa que existe em contato com outra, ou que faz parte dessa outra, ou ainda que contém essa outra.

3. Leia este outro anúncio.

WWF

DM9DDB. *34º Anuário de Criação.* São Paulo: Clube de Criação de São Paulo, 2008. p. 118.

Na natureza esta empresa ainda vai durar uns 450 anos.

Saiba como diminuir o impacto ambiental da sua empresa em www.wwf.org.br e afilie-se já. Ainda dá tempo de salvar o planeta.

O título do anúncio diz "Na natureza **esta empresa** ainda vai durar uns 450 anos".

a) A imagem do anúncio mostra algum escritório ou edifício de uma empresa? Descreva a imagem.

b) Usam-se os pronomes demonstrativos *este*, *esta* ou *isto* com referência a algo que está próximo do locutor. A que empresa o pronome *esta* se refere?

c) Se considerarmos que, no copo retratado nesse anúncio, se pode ver a **logomarca** de uma famosa e antiga companhia aérea americana, sua resposta anterior muda? Justifique.

d) A companhia aérea a que nos referimos foi à falência em 1991. Levando isso em conta, explique o título do anúncio, que foi criado em 2008.

4. A relação entre a *logomarca* e a *empresa*, sugerida nesse anúncio, é semelhante àquela entre *olhos* e *indivíduo* que você observou nas atividades anteriores? Justifique.

Clipe

Logomarcas e marcas

As logomarcas são símbolos que representam as empresas e funcionam como uma espécie de assinatura delas.

Uma logomarca compõe-se de um desenho e de palavras ou letras, como o ursinho sobre as letras do anúncio da WWF. Quando é representada apenas por um desenho, chama-se marca.

Metonímia

A **metonímia** consiste em usar um termo no lugar de outro, por haver, entre ambos, uma relação de proximidade, pertencimento, dependência. Isso significa que, quando dois termos estão relacionados pela metonímia, um pressupõe a existência do outro, ou, dito de outra maneira, um nos leva facilmente a lembrar do outro.

Por exemplo, quando alguém diz "Centenas de **sem-teto** estão fazendo uma manifestação", não está querendo dizer que as pessoas em questão não têm apenas o teto, mas sim que elas não têm a casa inteira, com teto, paredes, cômodos, etc. E a pessoa que ouve a frase entende isso, porque *teto* está relacionado a "casa, moradia" por uma relação de metonímia — o teto é uma parte importante da casa e nos faz lembrar imediatamente dela.

Há vários tipos de metonímia. Vejamos alguns:

- **A parte pelo todo**
  *A lavoura de algodão precisa de muitos **braços**.*
  (A palavra *braços* está no lugar de *trabalhadores*.)

- **A marca pelo produto**
  *Você vai à festa de **havaianas**?*
  (A pessoa está se referindo a uma sandália qualquer, não necessariamente da marca mencionada)

- **O efeito pela causa**
  *Chega de violência! A população está farta de tanto **sangue derramado**.*
  (A população está farta dos ferimentos que causam derramamento de sangue, e não do sangue em si.)

- **A causa pelo efeito**
  *Ele tem uma **língua** ferina!*
  (Não é a língua dele que é ferina, e sim as coisas que ele diz, usando a língua e todo o aparelho fonador. Portanto, a língua é a *causa*, e os dizeres ferinos são o *efeito*.)

- **O autor pela obra**
  *Foi à biblioteca e pegou um **Drummond** para ler.*
  (O leitor não pegou o poeta, mas sim um livro com a obra do poeta.)

- **O específico pelo geral**
  *O **cachorro** é o melhor amigo do **homem**.*
  (A frase não se refere a um cachorro ou a um homem determinado, mas a todos os cachorros e a todas as pessoas.)

- **O abstrato pelo concreto**
  *A **juventude** é impaciente.*
  (O substantivo abstrato *juventude* está no lugar do substantivo concreto *os jovens*.)

- **O continente pelo conteúdo**
  *Pedrinho comeu o **prato** todinho!*
  (A criança não comeu o prato, mas sim o que havia nele.)

▼ Levando em consideração todos os exemplos de metonímia que você analisou, copie no caderno as "vantagens" que você acha que ela pode trazer para a produção de textos:
- maior expressividade e ênfase;
- economia linguística (em vez de falar "Pedrinho comeu toda a comida que havia no prato", podemos dizer apenas "Pedrinho comeu todo o prato");
- maior formalidade.

Então ficamos assim...

Chegou a hora de retomar as perguntas feitas no início do capítulo e respondê-las com os colegas:
- Como fazemos para usar a linguagem figurada em nossos textos?
- Em quais textos podemos usá-la?
- Ela acrescenta algo aos nossos textos?
- Qual é a importância de saber usá-la?

Atividades

1. Leia a tirinha a seguir.

NÍQUEL NÁUSEA — Fernando Gonsales

FERNANDO GONSALES

a) As palavras *pudim*, *quindim*, *doce de leite* e *algodão-doce* compõem um campo semântico. Que nome você daria a esse campo? Lembre-se de considerar o que elas têm em comum.

b) O que pode haver de semelhante entre as personagens da tirinha, o pudim, o quindim, o doce de leite e o algodão-doce?

c) Podemos dizer que foi feita uma metáfora nessa tira? Por quê?

d) Por que as formigas atacaram o casal de namorados? O que elas entenderam da conversa deles?

2. Leia e analise estes provérbios.

> Em casa que falta pão, todo mundo grita e ninguém tem razão.

> Quem semeia ventos colhe tempestades.

a) Explique o que cada um desses provérbios quer dizer.

b) Reveja os conceitos que você estudou neste capítulo e responda: em qual desses provérbios ocorre metáfora? E em qual ocorre metonímia? Por quê?

3. Observe os ícones a seguir.

1

2

3

a) O que cada um deles indica?

b) Podemos dizer que existe uma relação de metonímia entre esses ícones e as ideias que eles representam? Por quê?

c) Imagine que você é o gerente de um parque de diversões que recebe pessoas do mundo inteiro, de todas as idades e níveis sociais. Você precisa fazer um cartaz para orientar os visitantes. O que seria melhor usar – o ícone **(1)** ou a palavra equivalente à ideia que ele indica? Por quê?

4. **Leia um trecho de uma cantiga popular nordestina.**

Borboleta pequenina

Borboleta pequenina,
saia fora do rosal.
Venha ver quanta alegria,
que hoje é noite de Natal.

Eu sou uma borboleta,
pequenina e feiticeira.
Ando no meio das flores,
procurando quem me queira.
[...]

Domínio popular. (Fragmento).

As estrofes que você vê nesta cantiga são chamadas de **quadra** ou **quadrinha**, porque têm quatro versos. Observe, também, que todos os versos têm o mesmo número de **sílabas poéticas**.

Bor-bo-le-ta-pe-que-ni-~~na~~ (sete sílabas)
Queho-jeé-noi-te-de-Na-tal (sete sílabas)

As quadrinhas e os versos de sete sílabas, chamados de **redondilhas maiores**, são muito comuns na poesia popular.

a) Localize a metáfora que ocorre no trecho lido e explique por que ela deve ser considerada como tal.

b) Quais semelhanças entre os seres comparados serviram de base à construção da metáfora?

c) Se quisesse criar uma comparação entre você mesmo e um animal, qual animal você escolheria? Por quê?

d) Com base na sua resposta ao item anterior, crie, no caderno, uma quadrinha rimada, semelhante à última quadrinha do trecho lido. Ela deve conter uma metáfora envolvendo o animal escolhido. Veja um exemplo:

Eu sou um lindo gavião,
de asa grande e poderosa.
Voo com os meus amigos,
vivo sempre todo prosa.

- Quando terminar, leia seus versos para os colegas e ouça os deles também.

Veja a definição de **sílabas poéticas** e a maneira de contá-las no Capítulo 1 do Caderno de Práticas de literatura.

5. **Como você deve ter percebido neste capítulo, as metáforas são comuns em poemas e letras de canção.**

- Examine seus poemas e letras preferidos e verifique se eles contêm metáforas. Copie três delas no caderno e explique, em cada caso, qual semelhança entre os seres comparados serviu de base à construção da metáfora.

Capítulo 3

Figuras de linguagem II: hipérbole, personificação, sinestesia e ironia

Como é que é?

A metáfora e a metonímia são **figuras de linguagem**, isto é, são formas especiais de expressar as ideias no texto, de maneira que este se torne mais interessante, criativo, marcante...

Mas será que existem outras figuras de linguagem que podemos usar para "incrementar" ainda mais nossos textos?

Existem muitas outras, sim. Neste capítulo, vamos conhecer quatro delas: a hipérbole, a personificação (ou prosopopeia), a sinestesia e a ironia. Prepare-se porque, ao fim do estudo, você deve ser capaz de dar um exemplo de cada uma delas.

1. Leia o texto a seguir.

Robert Pattinson diz que morre de medo de palhaços

Segundo o ator, ele desenvolveu essa fobia porque na primeira vez que foi ao circo com seus pais um dos palhaços morreu na apresentação. "O pequeno carro dele explodiu. Sério mesmo. Todo mundo saiu correndo. Foi assustador", explicou.

Disponível em: <http://www.jb.com.br/cultura/noticias/2011/04/21/robert-pattinson-diz-que-morre-de-medo-de-palhacos/>. Acesso em 5 ago. 2011.

a) O que significa a expressão "morre de medo"?

b) No dia a dia, qual é a diferença entre dizer "tenho muito medo" e "morro de medo"?

c) Por que essa expressão teria sido escolhida para a manchete?

Hipérbole é uma figura de linguagem que usamos para expressar de forma **exagerada** um fato, uma ideia ou um sentimento, com o objetivo de dar mais ênfase ao que queremos dizer. Por exemplo:

*Eu já pedi **um milhão de vezes** para você arrumar sua cama antes de ir para a escola.*

2. Leia o poema.

Nada será como antes

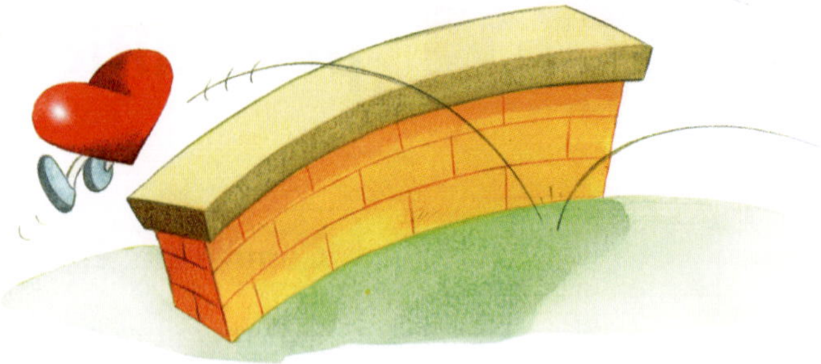

Nosso amor puro
Pulou o muro
Caiu na vida.
Jamais seremos o par
Romântico
Que outrora fomos.

CHACAL. In: MELLO, M. A. (Org.). *Poesia sempre*. Rio de Janeiro: José Olympio, 2003. p. 59. (Coleção Literatura em minha casa, 8ª série, Poesia; v. 1).

a) Um animal pode pular um muro de verdade?

b) Uma pessoa pode pular um muro de verdade?

c) Em que situações alguém ou um animal pularia um muro para cair na vida?

d) Um sentimento pode pular um muro de verdade?

e) No poema, o eu lírico afirma que o amor entre ele e o ser amado pulou o muro. O que isso pode significar?

Personificação ou **prosopopeia** é uma figura de linguagem com a qual o locutor atribui ações e sentimentos humanos a seres inanimados ou a animais. Por exemplo: *O vento cantou em minha janela.*

3. Leia o trecho do poema abaixo.

O livro de Bernardo

[...]
A chuva
Azula a voz
das andorinhas

BARROS, Manoel de. *Poesia completa*. São Paulo: Leya, 2010. p. 415. (Fragmento).

a) De acordo com a ciência, quais são os cinco sentidos do corpo humano?

b) Com qual dos nossos sentidos percebemos a voz de uma pessoa ou de um animal?

c) Que características pode ter uma voz?

d) Com qual sentido vemos as cores?

e) De acordo com essa classificação dos nossos cinco sentidos, uma voz poderia ter cor? Por quê?

f) Mas a poesia vai além da ciência. Em termos poéticos, como seria uma "voz azul"?

Veja mais este exemplo do poeta Manoel de Barros, em que ele mistura os sentidos da audição e do olfato:

Caderno de aprendiz

[...]

No gorjeio dos pássaros tem um perfume de sol?

BARROS, Manoel de. *Poesia completa*. São Paulo: Leya, 2010. p. 459. (Fragmento).

Sinestesia é uma figura de linguagem que consiste em mesclar, numa expressão, sensações percebidas por diferentes órgãos do sentido.

4. Calvin recebeu uma carta escrita em um "código secreto". Acompanhe o que aconteceu depois.

CALVIN

Bill Watterson

WATTERSON, Bill. *Felino, selvagem, psicopata, homicida.* Best News: São Paulo, 1996. p. 7. v. 2.

a) Observe a fala do tigre Haroldo: "Ainda bem que você é do tipo paciente". Calvin está realmente se comportando como uma pessoa paciente? Justifique a sua resposta.

b) Por que o tigre teria dito isso?

Ironia

Ironia é uma figura de linguagem pela qual a pessoa diz o contrário do que pensa. Normalmente é usada para fazer graça ou mostrar irritação.

Então ficamos assim...

E então: você e seus colegas são capazes de dar um exemplo de hipérbole, outro de prosopopeia ou personificação, outro de sinestesia e outro de ironia? Não vale usar os que são dados neste livro, é claro! Vocês podem pesquisá-los em tiras, poemas, letras de canção, manchetes de jornal, etc.

Atividades

1. Leia este anúncio.

S.O.S. MATA ATLÂNTICA

Eu vi a ponta de cigarro que você jogou.

A natureza vê o homem destruir, mas não pode fazer nada.

Fundação S.O.S. Mata Atlântica

a) Quem é o responsável pelo anúncio?

b) Que reação ele pretende provocar no leitor?

c) O que a fotografia utilizada no anúncio mostra?

d) Qual é a relação entre essa fotografia e a linguagem verbal do anúncio?

e) Podemos dizer que o autor desse anúncio utilizou a personificação? Por quê?

2. Com base em cada uma das imagens a seguir, crie, no caderno, frases em que apareça a figura da prosopopeia ou personificação.

a)

NACIVET/GETTY IMAGES

b)

MARININI/SHUTTERSTOCK

3. Leia esta tira.

RADICCI Iotti

a) No primeiro quadrinho, como o autor da tira utilizou o desenho para demonstrar o estado de espírito do rapaz?

b) O estado de espírito indicado pelo desenho combina com a fala do rapaz, nesse quadrinho? Explique.

c) Nessa fala, os argumentos que o rapaz apresenta para convencer a mãe são razoáveis ou parecem exagerados? Por quê?

d) A macela, ou marcela, também é chamada de camomila. Para que o chá dessa planta costuma ser usado? Se não souber, pesquise ou pergunte a familiares.

e) Por que a mãe oferece esse chá ao filho, no segundo quadrinho?

f) Qual das figuras de linguagem que estudamos neste capítulo ocorre nesta tira? Por quê?

g) Essa figura de linguagem contribuiu para que a tira tivesse um efeito humorístico? Explique.

4. Você lerá a seguir um trecho de um poema de Alphonsus de Guimaraens (1870-1921).

Nem luz de astro nem luz de flor somente: um misto...

[...]

Ela vem, (sororal!) vibrante como um sino,
Despertar-me no leito: ouro em tudo, — na face
De anjo morto, na voz, no olhar sobredivino.

Nasce a manhã, a luz tem cheiro... Ei-la que assoma
Pelo ar sutil... Tem cheiro a luz, a manhã nasce...
Oh sonora audição colorida do aroma!

GUIMARAENS, Alphonsus de. *Obra completa*. Rio de Janeiro: José Aguilar, 1960. p. 100. (Fragmento).

Glossário

Sororal: característico de sóror, isto é, de freira.
Sobredivino: mais que divino.
Ei-la: aí está ela; veja-a.
Assoma: aparece.

a) Na primeira estrofe do fragmento, o eu lírico descreve sua amada. Copie no caderno três palavras, dessa estrofe, que remetem à religiosidade.

b) Copie no caderno a alternativa que resume melhor a descrição feita pelo eu lírico.

- Ele descreve uma mulher de "carne e osso", bem sensual.
- Ele descreve uma mulher meio angelical, mais ligada às coisas do céu que às coisas da terra.

c) Depois de ter sido despertado no leito pela amada, o eu lírico observa a manhã nascendo.

I. Na descrição que ele faz desse momento, aparece uma das figuras de linguagem que estudamos neste capítulo. Explique por quê.

II. Na sua opinião, em uma manhã luminosa, quando se está ao lado da pessoa amada, que cheiro a luz pode ter?

5. Leia esta HQ de Calvin, um menino arteiro e falastrão.

CALVIN

Bill Watterson

WATTERSON, Bill. *Calvin e Haroldo*: a vingança da babá. São Paulo: Best News, 1997. p. 18.

Glossário

Contenção: ação ou efeito de conter-se.

Discrição: qualidade de quem é discreto, de quem sabe guardar segredo, não repassa informações.

a) Releia a fala do tigre Haroldo no quinto quadrinho. É verdade mesmo que Calvin vinha sendo, até então, "o modelo da contenção e da discrição"? Explique.

b) Qual figura de linguagem o tigre está usando nessa fala? Por quê?

c) A expressão facial dele combina com o uso dessa figura de linguagem? Explique.

d) Procure no dicionário o significado de *sarcástico*. Por que Calvin diz que não vai mais tolerar tigres sarcásticos?

e) A mesma figura de linguagem que você identificou no item **b** aparece no último quadrinho? Explique.

6. **No caderno, escreva frases irônicas para descrever cada uma das cenas a seguir.**

a)

DAVID WOOLLEY/GETTY IMAGES

b)

MIKELEDRAY/SHUTTERSTOCK

c)

ROBERT DALY/GETTY IMAGES

d)

DAN HALLMAN/GETTY IMAGES

UNIDADE 2

Língua e gramática normativa

O que é isso?

Em grupo, você e seus colegas vão montar, no caderno, a maior quantidade possível de frases, utilizando todas as palavras destas páginas. Vamos ver qual grupo consegue montar mais frases?

Atenção: só valem frases que façam sentido!

Discuta com a turma

1. Você e seus colegas seguiram algum critério ou regra para produzir as frases? Quais?
2. Vocês juntaram as palavras em qualquer ordem?
3. Foi possível fazer alguma frase sem verbo? Se sim, quantas?
4. Quantas frases foram feitas com verbo?
5. Você e seus colegas precisaram fazer alteração em alguma palavra para construir as frases? Se sim, qual?
6. Em que parte da palavra essa mudança ficou visível?

Será que é mesmo?

Nesta unidade, você vai refletir mais sobre **sintaxe**, ou seja, sobre como as palavras se relacionam dentro das frases, por meio da observação e análise de aspectos da **gramática normativa** e dos usos da língua. Observará também os principais aspectos de uma classe de palavras muito importante para a sintaxe: o verbo.

Capítulo 1

Verbos: emprego e sentido dos tempos e modos verbais

Como é que é?

Você já estudou que na língua portuguesa há palavras variáveis e palavras invariáveis. Por exemplo, os substantivos variam em gênero (menin***o*** / menin***a***), número (menin***os*** / menin***as***) e grau (menin***inho*** / menin***inha***).

- E os verbos, como eles variam?

Conceito de verbo

Leia a seguir o trecho de uma notícia.

Tempestade castiga municípios da Grande Curitiba

O temporal que caiu ontem à tarde em Curitiba e Região Metropolitana trouxe muitos transtornos para a população. Em pouco mais de uma hora de tempestade, choveu pouco mais de 40 milímetros, o equivalente a um terço em relação à média do mês, que é de 152 milímetros.

No acumulado do mês, já choveu em Curitiba aproximadamente 310 milímetros. Em diversos pontos da capital, houve alagamentos, principalmente nos bairros Boa Vista, Cajuru, Bairro Novo e Santa Felicidade. [...]

De acordo com a diarista e moradora do local, T. R. R., a falta de bocas de lobo e de manilhamento tornam constantes os alagamentos quando há uma tempestade.

“Sempre que cai um temporal a gente fica apreensiva. Moro aqui há dois anos e convivemos direto com essa situação. Tem vizinho que estava com água na altura da parede de casa”, revela.

T. R. R. conta que já procurou a prefeitura local, mas até agora nada aconteceu.

"Nós já pedimos para o prefeito resolver nosso problema. A água da rua não tem para onde escoar e acaba invadindo as casas. Estamos cansados disso. [...] Tenho três filhas e é complicado não poder dar a elas um mínimo de conforto”, lamenta.

Em outras cidades da região metropolitana de Curitiba, como Pinhais, São José dos Pinhais e Almirante Tamandaré, também foram registrados alagamentos. Em Pinhais, houve queda de árvores, mas sem grandes consequências.

Paraná OnLine. Publicado em 23 dez. 2010. (Fragmento). Disponível em: http://www.parana-online.com.br/editoria/cidades/news/500238/?noticia=TEMPESTADE+CASTIGA+MUNICIPIOS+DA+GRANDE+CURITIBA. Acesso em: 25 jul. 2011.

Glossário

Manilhamento: tubo que se emenda com outros para formar uma canalização hidráulica.

Bocas de lobo: bueiros.

Converse com a turma

1. Qual é o fato publicado nessa notícia?
2. De acordo com a moradora ouvida, o que provoca os alagamentos quando há temporais na cidade?
3. A quem, provavelmente, a moradora se refere ao usar a expressão "a gente" no trecho "Sempre que cai um temporal a gente fica apreensiva"?

1. Qual é o assunto dessa notícia? Copie no caderno uma das opções a seguir.
   - economia
   - clima
   - esporte
   - educação

2. Observe que as palavras *choveu* e *água* estão relacionadas a esse assunto. Qual delas expressa um fenômeno meteorológico?

3. Note que o jornalista usou a palavra *procurou* para informar que a moradora fez algo para resolver o problema relatado. O que indica essa palavra? Copie no caderno a opção adequada.
   - estado
   - mudança de estado
   - ação
   - fenômeno meteorológico

4. Releia o trecho a seguir.

> "Tem vizinho que estava com água na altura da parede de casa".

   - O que designa a palavra *estava*? Copie no caderno a opção correta.
     - estado
     - mudança de estado
     - ação
     - fenômeno meteorológico

As palavras analisadas nas atividades a respeito da notícia e da tira são **verbos**, classe de palavras variáveis que exercem um papel muito importante na formação das orações.

5. Leia a tirinha a seguir.

NÍQUEL NÁUSEA — Fernando Gonsales

   - Explique qual das palavras destacadas indica ação e qual expressa estado.

6. Considerando o significado das palavras analisadas nas atividades anteriores, como você explicaria o que são verbos? Dê exemplos para ilustrar sua explicação.

▼ **Preste atenção à resposta da questão 6 e mantenha-a anotada em local bem visível do seu caderno, pois você precisará retomá-la para responder à pergunta no final do capítulo.**

Variação de número e de pessoa

1. Leia a tirinha a seguir.

GARFIELD — Jim Davis

a) O primeiro quadrinho cria a expectativa de que Garfield pretende ganhar de Oddie na corrida. Por que a atitude do gato nos quadrinhos seguintes torna a tira engraçada?

b) No último quadrinho, se o gato tivesse ganhado, o que ele teria de falar para se declarar o vencedor?

c) Haveria alguma mudança no verbo? Qual?

d) Por que teria ocorrido essa mudança?

e) Se houvesse mais de um vencedor, como o verbo ficaria?

f) Ocorreria alguma mudança no verbo? Qual?

2. Copie no caderno a opção correta: as variações observadas na atividade anterior indicam mudanças no verbo relativas a...

- tempo
- número
- pessoa
- grau

3. A que conclusão você chega com essa atividade? O que provocou as mudanças nos verbos?

▼ **A resposta da questão 3 também é importante para responder à pergunta no fim do capítulo. Não se esqueça de anotá-la no caderno!**

As pessoas do discurso

Existem três **pessoas do discurso** ou três **pessoas gramaticais**:

- **1ª pessoa** – aquela que fala: *eu* (singular) ou *nós* (plural);
- **2ª pessoa** – aquela para quem se fala: *tu* ou *você* (singular), *vós* ou *vocês* (plural);
- **3ª pessoa** – aquela de quem se fala: *ele* ou *ela* (singular), *eles* ou *elas* (plural).

Olha só que curioso!

Como você já sabe, na língua padrão há determinadas regras para a flexão dos verbos. O verbo ***ser***, por exemplo, é flexionado no presente da seguinte forma:

Singular	Plural
Eu sou / Tu és / Ele é	Nós somos / Vós sois / Eles são

Mas, como você também já sabe, nem sempre todas as variedades da nossa língua seguem as mesmas regras. Veja na anedota a seguir a confusão que aconteceu entre os falantes de variedades diferentes.

Dois ladrões

Os irmãos Antônio e Pedro foram presos por roubo e levados à delegacia.

— Vocês são ladrões? Perguntou o delegado.

— Semo sim, senhô. Responderam os dois ladrões.

— Semo, não. – Corrigiu o delegado. – Somos.

— Desculpe, dotô, mas nóis não sabia que o senhô também era do ramo.

Febec (Federação Brasileira de Entidades de Combate ao Câncer). *Almanaque da Cultura e Saúde*. Voluntários contra o câncer, n. 8.

Modo

▼ Leia a fábula a seguir.

O homem e o leão

Viajavam juntos um homem e um leão. O homem disse:

— Eu sou mais forte que você!

O leão disse:

— Eu sou mais forte que você!

No meio da discussão, o homem viu uma estátua que representava um homem esganando um leão.

— Olha lá! — disse ele. — Veja como o homem é mais forte! Aquela estátua prova que eu estou com a razão!

O leão retrucou:

— Se a estátua tivesse sido feita por um leão, seria o leão quem estaria esganando o homem!

"O fim de uma história sempre depende de quem a conta."

FIGUEIREDO, Guilherme. A raposa e o bode. In: *Fábulas de Esopo*. Rio de Janeiro: Ed. de Ouro, s/d.

Para saber mais sobre fábula

Fábulas são narrativas curtas que geralmente trazem algum ensinamento moral ao final. Suas personagens são animais que agem e falam como pessoas e representam tipos humanos, como o egoísta, o ingênuo, o espertalhão, o vaidoso, o mentiroso, etc. Acredita-se que a fábula tenha surgido no Oriente e sido trazida ao Ocidente por um escravo chamado Esopo. Isso teria acontecido por volta do século VI antes de Cristo.

Converse com a turma

Dê exemplo de uma situação real em que você poderia usar a frase que resume a moral da fábula: "O fim de uma história depende sempre de quem a conta".

1. Copie as respostas adequadas no caderno.
   a) Ao dizer "Eu sou mais forte que você!", a intenção do homem era:
      - Dar uma ordem.
      - Indicar dúvida, possibilidade ou hipótese de ser o mais forte.
      - Indicar que ele realmente era mais forte do que o leão.
   b) Ao dizer "Olha lá", qual era a intenção do homem?
      - Indicar possibilidade, hipótese ou dúvida de que algo iria acontecer.
      - Dar uma ordem ou fazer um pedido.
      - Indicar que algo acontece, aconteceu ou acontecerá certamente.
   c) Ao dizer "Se a estátua tivesse sido feita por um leão", o leão expressa:
      - Uma ordem ou pedido.
      - Uma hipótese.
      - Uma certeza.

Vamos lembrar

Os interlocutores sempre têm intenções muito específicas ao construir um enunciado. A essas intenções, damos o nome de **intencionalidade discursiva**.

2. Leia este quadro de conceito.

Modo

Em língua portuguesa, dependendo da **intenção** do falante, podem-se empregar **três modos verbais**: indicativo, subjuntivo e imperativo.

Indicativo — quando, ao empregar certo verbo em seu enunciado, o falante tem a intenção de expressar certeza, ou seja, algo que certamente acontece, aconteceu ou acontecerá, usa o indicativo.

Subjuntivo — nesse modo, os verbos são usados para indicar uma **possibilidade**, uma **hipótese**, um **receio**, **desejo** ou **dúvida** em relação à ação expressa pelo verbo.

Imperativo — esse é o modo usado para expressar uma **ordem**, **pedido** ou **convite**.

- Levando em conta as informações do quadro, responda: qual verbo destacado nas frases a seguir está no subjuntivo e quais estão no imperativo ou no indicativo?
  I. Olha lá!
  II. Se a estátua tivesse sido feita por um leão, seria o leão quem estaria esganando o homem.
  III. Eu sou mais forte que você!

Tempos verbais

1. Você vai ler a resenha de um filme. Antes, porém, discuta com os colegas as questões a seguir.

a) Leia o significado da palavra *paródia*.

> **PARÓDIA**
> s.f.
> Texto que imita de maneira engraçada um texto muito conhecido.

MATTOS, Geraldo. *Dicionário júnior da língua portuguesa*. São Paulo: FTD, 2010. p. 549.

- Você já leu ou viu uma paródia? Conte como era o texto original e como era a paródia.

b) Você já ouviu falar sobre o livro ou filme *Crepúsculo*? Do que se trata?

Vamos lembrar

Resenha é um gênero textual que informa o leitor sobre uma produção artística ou cultural, como, por exemplo, um filme, livro, CD, *game*, espetáculo teatral. A resenha oferece, por um lado, dados mais objetivos (por exemplo, título do filme, dia e horário da exibição, nome dos autores, etc.) e, por outro, uma avaliação crítica sobre seus pontos fortes e fracos.

2. Agora leia a resenha.

Twilight Fake

Os fãs de Crepúsculo *vão xingar muito o filme* Os vampiros que se mordam *no Twitter!*

Sabe aquelas comédias de Hollywood que têm tanta piada sem graça que você acaba rindo de tão bobas que são? Assim é *Os vampiros que se mordam*, uma paródia de *Crepúsculo*, *Alice no País das Maravilhas*, Black Eyed Peas e até da Lady Gaga. O melhor é que o Edward Cullen de mentira é interpretado pelo colírio Matt Lanter, o Liam de *90210* (*Barrados no baile*). Em todas as cenas, ele aparece falando quase dormindo com a Bella (Jenn Proske) e usando muito (muito mesmo!) pó branco na cara, batom e delineador. É muito engraçado! Ainda rola uma briga feia entre fãs de Jacob e Edward e, em uma das cenas, o rosto de Bella vira um hambúrguer e a garota é atacada com garfo e faca pelos Cullen. Outro destaque é Jacob, interpretado por Chris Riggi, que aparece sem camisa o tempo inteiro. É de passar mal. Mas chega! Não vamos mais contar nada porque tem vááárias piadas legais.

DIVULGAÇÃO/ABRIL IMAGENS

Jenn Proske e Matt Lanter são a Bella e o Edward de mentira!

Glossário

Twilight: (inglês) nome original da série *Crepúsculo*.

Fake: (inglês) falso.

> Talvez a única parte ruim é o filme não ter aquele ritmo agitado de comédias desse tipo, como *Todo Mundo em Pânico*. Mas é diversão garantida pra quem está a fim de dar risada com os amigos no cinema.
>
> CRUZ, Phelipe. *Capricho*, São Paulo, ed. 1106, p. 90.

3. Com um colega, classifique os trechos abaixo de acordo com as seguintes ideias:

- Algo que acontece sempre.
- Algo que vai acontecer.

a) "Os fãs de *Crepúsculo* vão xingar muito o filme *Os vampiros que se mordam* no Twitter!"

b) "Sabe aquelas comédias de Hollywood que têm tanta piada sem graça que você acaba rindo de tão bobas que são?"

c) "Mas é diversão garantida pra quem está a fim de dar risada com os amigos no cinema."

d) "Não vamos mais contar nada..."

4. O que você observou para responder às questões da atividade anterior?

5. Fizemos uma alteração no subtítulo da resenha. Observe.

> *Os fãs de* Crepúsculo *vão xingar muito o filme* Os vampiros que se mordam *no Twitter!*
>
> ↓
>
> *Os fãs de* Crepúsculo *xingaram muito o filme* Os vampiros que se mordam *no Twitter!*

a) Qual dos dois subtítulos fala de algo que aconteceu no passado? E qual deles fala de algo que ainda vai acontecer no futuro?

b) O que há no texto que o ajudou a perceber essa diferença? Justifique.

c) Qual dos dois subtítulos estaria melhor numa notícia? Por quê?

6. Releia o trecho a seguir.

> "[...] em uma das cenas, o rosto de Bella vira um hambúrguer e a garota é atacada com garfo e faca pelos Cullen."

a) Imagine as seguintes situações:

I. O filme ainda será produzido num futuro próximo, mas você já sabe como será a cena descrita acima. Como você descreveria essa cena a um amigo?

II. Você já assistiu ao filme e agora quer contar a um amigo como foi a cena descrita acima. Como você a contaria?

b) O que mudou em seu modo de descrever a cena em cada uma dessas situações?

Converse com a turma

1. Por que você acha que os fãs de *Crepúsculo* vão xingar esse novo filme?

2. O novo filme parodia apenas *Crepúsculo*?

3. A leitura da resenha despertou em você a vontade de assistir a esse filme?

Discuta com a turma

- Você já viu que o verbo pode variar de acordo com quem faz a ação expressa por ele. Com relação aos textos lidos acima, o que determinou a variação? Também foi a pessoa ou o ser que praticou a ação ou foi outro fator? Explique.

- **Esta questão é mais uma daquelas necessárias para responder à pergunta no fim do capítulo. Não se esqueça de anotar sua resposta cuidadosamente no caderno!**

Na língua portuguesa, há três tempos verbais básicos: **presente**, **pretérito** (passado) e **futuro**.

Os tempos do indicativo

- Leia a fábula a seguir.

O lobo e o carneiro

Um dia um lobo encontrou um carneirinho que se afastara do rebanho. O lobo precisava de uma boa razão para devorá-lo e ele disse:

— Você é o carneirinho que me insultou no ano passado!

— Não — disse o carneirinho. — No ano passado eu ainda não tinha nascido...

— Então você é o carneirinho que comeu a grama das minhas pastagens!

— Não — retrucou o carneirinho. — Sou tão pequeno que ainda não como grama.

— Então você é o carneirinho que bebeu no meu poço!

— Não — respondeu o carneirinho. — Não preciso de água porque bebo o leite da minha mãe.

O lobo saltou sobre o carneirinho, urrando:

— De qualquer modo, vou devorar você!

FIGUEIREDO, Guilherme. *Fábulas de Esopo*. São Paulo: Ediouro, 2005. p. 40.

Converse com a turma

1. O que fez o lobo antes de devorar o carneiro?
2. O carneiro reagiu à ação do lobo? O que ele fez?
3. As fábulas, normalmente, apresentam uma lição de moral a partir de uma pequena história. Qual seria a moral dessa fábula?

Glossário

Pastagens: lugares no campo onde os animais se alimentam.

Urrando: berrando ou gritando muito forte.

1. Releia o trecho a seguir.

> "Um dia um lobo **encontrou** um carneirinho que se **afastara** do rebanho. O lobo **precisava** de uma boa razão para devorá-lo e ele disse:
>
> — Você é o carneirinho que me **insultou** no ano passado!"

a) Em que tempo estão conjugados os verbos destacados? Copie a resposta correta no caderno.

- presente
- passado
- futuro

b) Quais expressões no texto indicam:

I. o momento em que o lobo encontrou o carneirinho?

II. o momento em que o carneirinho o teria insultado?

c) Por quanto tempo o lobo precisou de uma razão para devorar o carneiro?

d) O que aconteceu antes: o encontro do lobo com o carneirinho ou o afastamento deste do rebanho?

e) Considerando os verbos destacados no início desta questão, indique qual(is) dele(s) transmite(m):

I. uma ideia de ação pontual e marcada no tempo?

II. uma ideia de ação que se estende no tempo?

III. uma ideia de ação ocorrida, mas anterior a outra que também aconteceu?

2. Agora, releia o trecho a seguir.

> "— Então você é o carneirinho que bebeu no meu poço!
>
> — Não — respondeu o carneirinho. — Não preciso de água porque bebo o leite da minha mãe."

- Indique três verbos que foram usados nesse trecho para expressar acontecimentos permanentes ou ações que se repetem sempre.

3. Releia a última fala do lobo:

> "— De qualquer modo, vou devorar você!"

- De que outra forma ele poderia dizer "vou devorar", usando apenas uma palavra?

4. Leia a tirinha a seguir e responda às questões.

CALVIN — Bill Waterson

a) Qual o objetivo de Calvin, ao falar com a mãe, no primeiro quadrinho?

b) O que acontece no último quadrinho surpreende o leitor. Por quê?

c) Por qual motivo a mãe de Calvin não o deixa soltar as tábuas do chão do quarto?

d) Que verbo a mãe usou para indicar o que poderia acontecer com o Calvin?

e) Que ideia expressa esse verbo usado pela mãe de Calvin? Copie uma das respostas a seguir no caderno.

- Uma ação no passado, anterior a outra.
- Uma ação futura em relação ao tempo atual.
- Uma ação futura que ocorreria se algo acontecesse antes.

Tempos do indicativo

As palavras analisadas na fábula e na tira indicam os tempos dos **verbos no modo indicativo** — que, como você já sabe, é o modo utilizado pelo falante para expressar algo que certamente acontece, aconteceu ou acontecerá.

O tempo **presente** indica que o fato expresso pelo verbo ocorre no momento da fala. Além desse uso, pode revelar um fato habitual ou permanente.

O tempo **pretérito** expressa um fato ocorrido antes do momento da fala. Esse tempo divide-se em:

a) pretérito perfeito — indica uma ação pontual e marcada no tempo;

b) pretérito imperfeito — transmite uma ideia de ação que se estende no tempo ou costumava acontecer;

c) pretérito mais-que-perfeito — expressa uma ideia de ação que ocorreu antes de outra também no passado.

O tempo **futuro** revela uma ação que ocorrerá depois do momento em que se fala. O futuro divide-se em: **futuro do presente**, que expressa uma ação futura, simplesmente, e **futuro do pretérito**, que expressa uma ação futura que ocorreria se uma condição fosse atendida.

Veja:

Modo	Tempo		
Indicativo	Presente		**Digo** e **repito**: não **quero** sair. **Janto** todos os dias no mesmo horário. O rio Amazonas **desemboca** no mar.
	Pretérito	Perfeito	**Fiz** as atividades de casa antes do almoço.
		Imperfeito	Quando criança, **brincava** com minha prima na rua. **Cantava** quando Nei chegou.
		Mais-que-perfeito	**Saíra** antes de o avião partir.
	Futuro	Do presente	**Estudarei** amanhã, após as aulas.
		Do pretérito	Se conseguisse terminar o trabalho, **viajaria** com você no sábado. **Adoraria** jantar com minhas amigas no final de semana.

Olha só que curioso!

Leia o título e o trecho da notícia a seguir.

> **Terremoto mata ao menos sete no sudeste da Espanha**
>
> Um terremoto de magnitude 5,1 atingiu o sudeste da Espanha nesta quarta-feira, causando danos materiais principalmente na cidade de Lorca, onde várias construções desabaram, informaram a imprensa e o serviço de sismologia espanhol. [...]

Disponível em: http://www1.folha.uol.com.br/mundo/914308-terremoto-mata-ao-menos-sete-no-sudeste-da-espanha.shtml. Acesso em: 11 maio 2011. (Fragmento).

No título da notícia, o jornalista usa o verbo no presente para apresentar o fato noticiado e, na sequência do texto, no primeiro parágrafo, usa os verbos no passado, pois a notícia relata um fato no passado. É comum, no meio jornalístico, o uso do tempo **presente** nos títulos de notícias e reportagens para atrair a atenção dos leitores. O título com verbo no presente causa mais impacto, pois traz o fato para o momento da leitura.

Esse uso do presente, chamado de **presente histórico** ou **narrativo**, também aparece em textos literários: o narrador pode, por exemplo, contar a história toda no pretérito e, ao chegar a determinada cena à qual quer dar maior ênfase, começar a usar os verbos no presente. Por exemplo:

*A noite **estava** sombria e gelada. Mal iluminada, a aldeiazinha adormecida **parecia** uma cidade-fantasma. O leve farfalhar das folhas sopradas pelo vento **era** o único som que se **ouvia**. De repente, um colossal estrondo ecoa pelos ares: é o velho professor Almeida, em mais um teste malsucedido da sua máquina do tempo.*

Veja agora esta outra tirinha de Calvin.

CALVIN — Bill Waterson

Nessa tirinha, a professora de Calvin usou o verbo "gostaria" no futuro do pretérito. Observe, no entanto, que esse uso não expressa uma ação futura que depende de outra para acontecer. Ele revela um "jeito" mais cortês ou delicado de se fazer um pedido ou dizer algo. Em situações mais formais, é comum esse uso.

Os tempos do subjuntivo

Leia as orações a seguir, observando as formas verbais.

Anoiteceu e não estudei para a prova.
Talvez ele venha aqui em casa amanhã.
Pedro continua doente.
Duvido que ela consiga tirar nota dez.
Caminho todos os dias até a escola.
Tomara que faça sol amanhã.

a) Quais dessas orações apresentam ideia de algo que, certamente, aconteceu ou acontece?

b) Quais delas expressam dúvida ou desejo?

Tempos do subjuntivo

Você já sabe que os verbos no modo subjuntivo indicam uma possibilidade, hipótese ou dúvida de que algo aconteça.

Assim como no indicativo, também há três tempos básicos no subjuntivo: **presente**, passado (**pretérito imperfeito** do subjuntivo) e **futuro**.

Nas orações, os verbos no subjuntivo vêm normalmente **acompanhados** de um verbo no indicativo que indica **desejo, ordem** ou **dúvida**. Observe.

O tempo do verbo no subjuntivo **acompanha** o tempo do verbo no indicativo.

Eu peço que você saia.
- *peço*: *presente – presente do indicativo*
- *saia*: *presente – presente do subjuntivo*

Eu pedi que ela saísse.
- *pedi*: *passado – pretérito perfeito do indicativo*
- *saísse*: *passado – pretérito imperfeito do subjuntivo*

O subjuntivo também pode ser usado para indicar **condição**.

Se você se atrasasse, perderia o ônibus.
- *atrasasse*: *pretérito imperfeito do subjuntivo*
- *perderia*: *futuro do pretérito do indicativo*

Se você se atrasar, perderá o ônibus.
- *atrasar*: *futuro do subjuntivo*
- *perderá*: *futuro do presente do indicativo*

Às vezes o subjuntivo não vem acompanhado de outro verbo, mas sim de uma **expressão** que denota desejo ou dúvida.

Talvez *ele me ajude.*

Tomara *que não chova.*

O futuro do subjuntivo costuma vir acompanhado de *quando* e *se*. Veja:

Quando *ele* ***chegar****, vou lhe dar um abraço.*
Se for *uma menina, vai se chamar Maria.*

Imperativo

1. Leia a instrução de montagem a seguir.

Jardim cabeludo

Você vai precisar de:

alpiste

terra

tinta plástica

1 potinho vazio e limpo de iogurte

Como fazer:

Coloque um pouco de terra dentro do potinho e adicione um punhado de sementes de alpiste.

Cubra de terra e regue diariamente por cerca de 7 dias.

Com tinta plástica, pinte um boneco

Espere o cabelinho crescer.

Faça vários bonecos diferentes.

Baseado em encarte da revista *Recreio*. São Paulo: Abril, n. 518, ano 10, 2010.

a) Quais verbos indicam as ações que devem ser realizadas pelo leitor para montar o objeto ensinado?

b) Que sentido expressam esses verbos? Copie a resposta no caderno.
- dúvida
- desejo
- orientação para uma ação

Converse com a turma

1. O que essa instrução ensina?

2. Quais informações o leitor obtém ao ler a parte "Você vai precisar de"?

3. Quais informações o leitor obtém ao ler a parte "Como fazer"?

4. O último objeto necessário para a montagem é uma embalagem vazia de um produto específico. Que produto é esse?

5. Foi a fabricante desse produto que distribuiu o encarte com a instrução de montagem. Por que ela teria feito isso?

Modo imperativo

Os verbos analisados na atividade anterior orientam o leitor sobre o que fazer para construir o "jardim cabeludo". Esses verbos, assim como os que indicam pedido, ordem, conselho, convite ou recomendação, estão no **modo imperativo**, que pode ser afirmativo ou negativo. Quando usado na forma negativa, é antecedido por uma palavra negativa. Ex.: Não pinte.

Formas nominais

1. A tirinha a seguir mostra a barata Fliti.

NÍQUEL NÁUSEA

Fernando Gonsales

a) No caderno, reescreva a primeira fala da barata Fliti, substituindo a palavra *estragado* por outra de sentido equivalente.

b) A que classe gramatical pertence a palavra que você usou no lugar de *estragado*?

c) Observe, agora, esta frase:

***Fliti não se importou quando percebeu que a comida tinha* estragado.**

- Neste caso, também é possível fazer a substituição por uma palavra pertencente à classe gramatical que você apontou no item anterior? Por quê?

d) No último quadrinho, a barata diz: "Não devia ter revelado meu segredo!"

- Trata-se de um caso semelhante ao do primeiro quadrinho, ou semelhante ao da frase que demos como exemplo na letra **c**? Por quê?

Converse com a turma

1. Quando alguém diz que comeu algo estragado, como as pessoas ao redor costumam reagir?

2. Por que, então, a reação das colegas de Fliti foi surpreendente e, por isso, pode provocar o riso?

Particípio

As formas verbais *estrag**ado*** e *revel**ado*** recebem o nome de **particípio**.

O particípio transmite a ideia de ação acabada e pode ser usado de duas maneiras:

- em uma **locução verbal**, acompanhado de *ter*, *haver*, *ser*, *estar* e outros verbos auxiliares:

Não devia ter ***revelado*** *meu segredo.*
A comida que foi ***feita*** *ontem está* ***estragada****.*
Ando ***desconfiada*** *de que essas baratas não são normais.*

- desacompanhado de um verbo auxiliar; nesse caso, exerce função semelhante à do **adjetivo**, podendo ser flexionado em gênero e número:

Comi um rango estragado. = Comi um rango que estragou.

função adjetiva

Comi frutas estragadas.

flexão de número e gênero

Formas nominais

O particípio é considerado uma **forma nominal**, pois também exerce a função de um nome. Além dele, são formas nominais o **gerúndio** (estragando) e o **infinitivo** (estragar).

Gerúndio

O **gerúndio** expressa a ideia de uma ação em curso e exerce função semelhante à dos adjetivos e advérbios. Observe:

Trabalhou sorrindo, feliz da vida!

função adverbial (circunstância de modo)

A professora, sorrindo, parecia feliz! = A professora, sorridente, parecia feliz!

função adjetiva

O gerúndio também pode fazer parte de uma locução verbal, exprimindo sempre a ideia de uma ação que dura no tempo:

Estou **tentando** *matar a barata.*
Estes dias andei **comendo** *alimentos pesados.*
O tempo foi **passando** *e acabei me esquecendo de telefonar.*

Vamos lembrar

Os **advérbios** exprimem circunstâncias da ação verbal. Por exemplo:

Trabalhou *demais*. (circunstância de intensidade)

Trabalhou *bem*. (circunstância de modo)

Trabalhou *ontem*. (circunstância de tempo)

Infinitivo

O **infinitivo** indica o processo verbal e exerce função semelhante à do substantivo. Veja:

Cantar faz bem! → O canto faz bem!

função substantiva

Ele também aparece em locuções verbais:

"Vou **devorar** *você", disse o leão.*
A água começou a **ferver**.

Conheça, agora, as terminações que caracterizam as formas nominais.

Particípio	**-ado** (1ª conjugação) **-ido** (2ª e 3ª conjugações)	revel**ado**, vend**ido**, part**ido**
Gerúndio	**-ndo**	revela**ndo**, vende**ndo**, parti**ndo**
Infinitivo	**-r**	revela**r**, vende**r**, parti**r**

A língua portuguesa possui três **conjugações** verbais:

- **1ª conjugação** — verbos terminados em **-ar**: *am**ar***, *estud**ar***.
- **2ª conjugação** — verbos terminados em **-er**: *sab**er***, *conhec**er***.
- **3ª conjugação** — verbos terminados em **-ir**: *sorr**ir***, *dorm**ir***.

O verbo *pôr* e seus derivados (*compor*, *repor*) pertencem à 2ª conjugação, porque derivam de uma forma antiga terminada em **-er** ("*poer*"), hoje extinta.

Então ficamos assim...

Discuta com seus colegas o que observaram em relação à variação dos verbos.

Em seguida, retomem as últimas questões respondidas e os boxes de conceito apresentados no final de cada seção ("Conceito de verbo", "Variação de número e de pessoa", "Modo", "Tempos verbais", "Os tempos do indicativo", "Os tempos do subjuntivo", "Imperativo" e "Formas nominais") e explique o que aprenderam sobre a flexão verbal. Considerem a seguinte pergunta:

- Como os verbos variam?

Atividades

1. Leia esta anedota.

> **Augusto:** Estávamos ajudando a mamãe.
> **Papai:** Que bom! O que estavam fazendo?
> **Joaquim:** Eu lavei os pratos.
> **Manuel:** Eu sequei.
> **Augusto:** E eu, com a pá e a vassoura, juntei os cacos!
>
> Aníbal Litvin e Mário Kostzer. *Piadas do pequeno travesso*. Tradução de Marcelo Barbão. Cotia (SP): Vergara & Riba, 2008. p. 5.

- Copie o quadro a seguir no caderno e preencha-o de acordo com os verbos do texto. No caso das locuções verbais, considere apenas o verbo auxiliar.

Verbo	Em que pessoa do discurso está flexionado?	A qual(is) personagem(ns) da piada se refere?

As **locuções verbais** são formadas por um **verbo auxiliar**, que se flexiona nos tempos do indicativo ou do subjuntivo e nas várias pessoas do discurso, e um **verbo principal**, que concentra o significado da locução e aparece em uma das formas nominais (infinitivo, particípio ou gerúndio). Por exemplo:

estou **ouvindo**
verbo auxiliar — *verbo principal*

Leia as tiras a seguir. Depois, responda às questões 2 a 7.

Tira 1

MINDUIM — Charles Schulz

Tira 2

NÍQUEL NÁUSEA — Fernando Gonsales

Tira 3

HAGAR — Dik Browne

2. No caderno, copie todos os verbos das tiras e separe-os de acordo com o modo em que estão flexionados: indicativo, subjuntivo ou imperativo. Desconsidere as formas nominais.

3. Em cada tira, explique a escolha dos modos verbais de acordo com a intenção das personagens ao construir o enunciado.

4. Na tira 3, ambos os verbos usados por Eddie estão flexionados no mesmo tempo e modo verbal, mas um expressa um fato que ocorre no momento da fala e, o outro, expressa um fato habitual ou permanente.

- Identifique qual dos verbos expressa fato habitual e qual expressa um fato que ocorre no momento da fala.

5. Em uma das tiras, aparece um verbo no gerúndio.

a) Localize e copie no caderno a frase em que ele aparece.

b) Essa forma verbal expressa um fato acabado ou um fato que se prolonga no tempo? Explique.

6. Localize, em uma das tiras, e copie no caderno uma frase em que haja um particípio terminado com **-ado** ou com **-ido**.

a) Se a frase que você identificou tivesse sido dita por duas personagens do sexo feminino, como ela ficaria?

b) O particípio está, portanto, exercendo o papel de que classe gramatical nesse caso?

7. Os particípios que terminam com **-ado** ou **-ido** são chamados de **regulares**. Mas também existem os particípios **irregulares**, que são mais curtos e têm terminações bem diferentes. Veja alguns exemplos:

O cachorro havia ***aceitado*** *as ordens do dono.* (*particípio regular*)
O cachorro foi ***aceito*** *na matilha.* (*particípio irregular*)

Sally tinha ***limpado*** *a tigela de Snoopy.* (*particípio regular*)
A tigela foi ***limpa*** *por Sally.* (*particípio irregular*)

A polícia havia ***prendido*** *o bandido.* (*particípio regular*)
O bandido fora ***preso*** *pela polícia.* (*particípio irregular*)

a) Na tira 2, para indicar sua desobediência, o cachorro poderia também ter dito, no último quadrinho: "Eu não estou morto". Nesse caso, o particípio continuaria a ser regular? Por quê?

b) O particípio que você classificou na questão anterior tem uma característica peculiar: ele é o particípio de *dois verbos diferentes*. Para descobrir de quais verbos estamos falando, copie as frases a seguir no caderno, substituindo o símbolo ★ pela forma nominal adequada.

Os açougueiros mataram o porco. O porco foi ★ pelos açougueiros.

O menino morreu de medo. *O menino ficou ★ de medo.*

c) E então? Quais são os dois verbos que têm o mesmo particípio irregular?

Se liga nessa!

Os verbos que têm duplo particípio são chamados de **verbos abundantes**. Geralmente, usa-se o particípio regular com os verbos auxiliares *ter* e *haver*, e o irregular com os auxiliares *ser* e *estar*. Assim:

Eu tinha / havia **imprimido** o trabalho, mas o esqueci em casa.

O trabalho já foi / está **impresso**.

8. Leia o fragmento inicial de uma crônica de Rubem Braga.

O padeiro

Levanto cedo, faço minhas abluções, ponho a chaleira no fogo para fazer café e abro a porta do apartamento – mas não encontro o pão costumeiro. No mesmo instante me lembro de ter lido alguma coisa nos jornais da véspera sobre a "greve do pão dormido". De resto não é bem uma greve, é um *lockout*, greve dos patrões, que suspenderam o trabalho noturno; acham que obrigando o povo a tomar seu café da manhã com pão dormido conseguirão não sei bem o que do governo.

Está bem. Tomo o meu café com pão dormido, que não é tão ruim assim. E enquanto tomo café vou me lembrando de um homem modesto que conheci antigamente. Quando vinha deixar o pão à porta do apartamento ele apertava a campainha, mas, para não incomodar os moradores, avisava gritando:

— Não é ninguém, é o padeiro!

Interroguei-o uma vez: como tivera a ideia de gritar aquilo?

"Então você não é ninguém?"

Ele abriu um sorriso largo. Explicou que aprendera aquilo de ouvido. Muitas vezes lhe acontecera bater a campainha de uma casa e ser atendido por uma empregada ou outra pessoa qualquer, e ouvir uma voz que vinha lá de dentro perguntando quem era; e ouvir a pessoa que o atendera dizer para dentro: "não é ninguém, não, senhora, é o padeiro". Assim ficara sabendo que não era ninguém... [...]

BRAGA, Rubem. *Ai de ti, Copacabana!* Rio de Janeiro: Record, 2004. p. 43. (Fragmento).

Glossário

Abluções: lavagens do corpo ou de parte dele.

***Lockout*:** fechamento de um estabelecimento pela direção, constrangendo os empregados a uma baixa de salário, até que aceitem as propostas ou condições de trabalho apresentadas.

a) O que era a "greve do pão dormido"?

b) O fragmento sugere que o trabalho de certos profissionais passa despercebido pela maioria das pessoas. Explique.

c) Copie esta linha do tempo no caderno e complete as caixas com os verbos do texto. Atenção: você deve considerar as características de cada tempo e modo verbal estudadas até aqui!

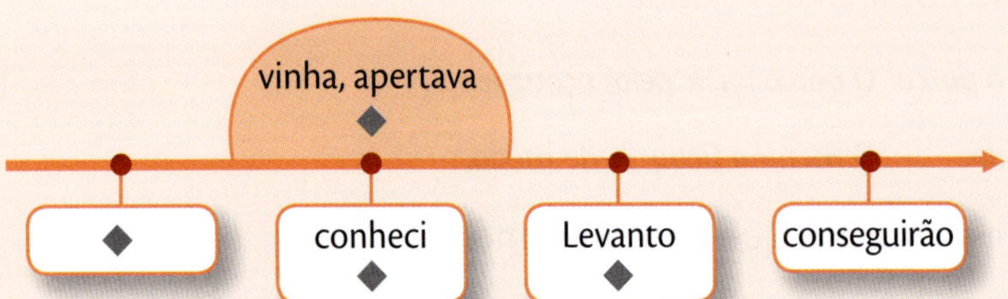

d) Qual é o nome do tempo verbal correspondente a cada caixinha dessa linha do tempo?

e) Observe os verbos flexionados no presente do indicativo. Eles indicam fatos que ocorrem no momento da escrita, fatos habituais ou permanentes, ou, ainda, trata-se de um outro uso do presente? Explique.

f) No segundo parágrafo do fragmento, há duas ocorrências de gerúndio.

I. Localize-as e copie-as no caderno.

II. Em uma das ocorrências, o gerúndio é usado junto a outro verbo para expressar o modo como a ação está sendo executada. De qual ocorrência estamos falando?

III. Na outra ocorrência do gerúndio, qual palavra da frase reforça a ideia de que o narrador está indicando uma ação que se *prolonga* no tempo? Dica: essa palavra *não* é um verbo.

9. A revista de divulgação científica *Superinteressante* tem uma seção fixa chamada "E se...". Observe os títulos e a aparência dessa seção em uma das edições da revista.

E SE...

...A GENTE NÃO PRECISASSE DORMIR?

Fonte: Editora Abril - Textos

Viveríamos uma insônia permanente - mas sem olheiras, mau humor e dor de cabeça. Hoje uma noite em claro é suficiente para causar um estrago no corpo. Dependemos do sono para guardar energia, curar o cansaço, manter a capacidade de atenção e compreensão. Mas não é assim com todas as espécies. Embora não se conheça uma que fique 100% acordada o tempo todo, algumas nunca apagam completamente. Lagartos não têm sono profundo, só dão uma relaxada. Golfinhos mantêm um hemisfério do cérebro ligado para perceber a presença de predadores e subir à superfície para respirar. Outros mamíferos de grande porte dormem sempre com um olho aberto. Se tivéssemos evoluído para não depender do sono, não gastaríamos um terço da vida reabastecendo o corpo. Isso significa aproximadamente 214 mil horas a mais para gastar por aí, considerando a expectativa de vida do brasileiro.

Só que o mundo sofreria alguns ajustes. Precisaríamos de mais luz para aproveitar as noites. No Brasil, o aumento do consumo de energia nas casas poderia chegar a 22% - ou 75 mil megawatts -, se considerarmos que as madrugadas seriam como nossas noites de domingo. Precisaríamos de mais quase 7 usinas de Itaipu pra dar conta do recado. Ah, uma notícia ruim: trabalharíamos mais. Ou você pensou que as noites seriam só de curtição? Mas não faltariam compensações: poderíamos comer mais sem culpa e viajar por aí com menos dinheiro e burocracia.

BRITO, Fernando. *Superinteressante*. fev. 2011. p. 44.

Vamos lembrar

Os **textos de divulgação científica** apresentam resultados de pesquisas científicas para o público leigo.

a) Por que a expressão "E se..." está isolada em um quadro e grafada com uma tipologia (tipo e cor da letra) diferente?

b) A revista *Superinteressante* é publicada mensalmente. Você acha que todos os meses o título "... a gente não precisasse dormir?" se repete? Por quê?

c) Considerando o título como um todo – E se a gente não precisasse dormir? –, do que você acha que tratará a matéria da revista?

d) Escreva, no caderno, uma frase que poderia responder à pergunta do título.

e) Qual tempo verbal você utilizou? Por quê?

f) Leia, agora, esta pergunta: "E se a gente não precisar dormir?"

I. O que mudou da pergunta original para essa, em termos de tempos verbais?

II. E o que mudou em termos de significado?

III. Escreva, no caderno, outra frase para responder a essa nova pergunta.

IV. Qual tempo verbal você utilizou dessa vez? Por quê?

10. Leia esta tira do cartunista gaúcho Adão Iturrusgarai.

ADÃO

Adão Iturrusgarai

ADÃO ITURRUSGARAI

a) O que significa a progressão do número de anos "no inferno", que aparece na parte de baixo dos quadros?

b) O último quadrinho, que representa o "auge" dessa progressão, é surpreendente? Por quê?

c) A surpresa provocada por esse quadrinho contribui para o humor da tira? Explique.

d) Reescreva no caderno as frases da parte de cima dos quadrinhos, substituindo os infinitivos por substantivos.

e) Compare suas frases com as do original e responda: por que o cartunista teria preferido o infinitivo?

Quem é

Spock

ALBUM/LATINSTOCK

Spock é uma personagem da série de TV *Star Trek* (*Jornada nas estrelas*), criada nos anos 1960 nos Estados Unidos.

Capítulo 2

Termos que aparecem na construção da oração I: o sujeito e sua relação com o verbo

Como é que é?

No volume 6, você estudou que, quando queremos nos comunicar, **selecionamos** as palavras que nos interessam e as organizamos, **combinando-as** de uma determinada maneira, criando **frases**, **textos**. Acontece que só teremos uma **frase** quando as palavras forem selecionadas e combinadas com **sentido**, respeitando determinadas **regras da gramática** de uma língua.

A parte da gramática normativa que estuda a formação de orações é chamada de **sintaxe** (que significa organização, composição, construção gramatical).

Pelo estudo da **sintaxe**, observamos as relações que se estabelecem entre as palavras que formam a oração. É isso que começaremos a estudar neste capítulo.

Você também já estudou que existem palavras *variáveis* e palavras *invariáveis* e que elas variam de acordo com determinadas regras.

No capítulo anterior, por exemplo, você viu que o verbo varia em *tempo*, *número* e *pessoa*. O verbo varia em tempo para marcar o momento em que ocorreram as ações expressas nas orações.

- Mas o que faz o verbo variar em número e pessoa?
- Como essas variações devem ocorrer de acordo com as regras da gramática normativa?

Além da resposta para essas questões, você e os colegas vão descobrir um termo essencial das orações: o sujeito. No fim do estudo, vocês deverão saber responder:

- O que é sujeito? Quais tipos de sujeito existem?
- Existem orações sem sujeito?
- Qual posição o sujeito normalmente ocupa na oração?

Sintaxe e concordância verbal

Neste capítulo, além de entender melhor as relações que se estabelecem entre as palavras de uma oração, você também conhecerá as regras que a gramática normativa estabelece sobre como o verbo deve **variar** para **concordar** com outras partes da oração — ou seja, as regras de **concordância verbal**.

Gramática normativa

- Morfologia: Estuda como as palavras se formam e como podem ser classificadas (ex.: substantivos, adjetivos, verbos).
- Sintaxe: Estuda como as palavras se combinam para formar orações.

Construindo o conceito de sujeito

▼ Leia a tirinha abaixo.

NÍQUEL NÁUSEA — Fernando Gonsales

a) Quantas frases foram usadas para compor as falas de todas as personagens da tirinha?

b) Quantos verbos você encontrou? Quais?

c) Quantas orações há?

Como você pôde notar, o centro de uma **oração** é um **verbo** ou uma **locução verbal**. Agora vamos saber mais sobre como os verbos se relacionam com os outros termos da oração.

> **Vamos lembrar**
>
> Você lembra qual é a diferença entre frase e oração?
>
> **Frases**: falas organizadas, com sentido. Pode haver frases **com** verbos (**verbais**) e **sem** verbos (**nominais**). Por exemplo: *Bom dia!* (frase nominal); *Você vai viajar?* (frase verbal).
>
> **Orações**: são as frases que possuem **verbos**. Podemos ter mais de uma oração formando apenas uma frase. Por exemplo:
>
> *Bebi, comi e dormi.*
>
> *1ª oração* (Bebi) — *2ª oração* (comi) — *3ª oração* (dormi)
>
> uma só frase

Sujeito e predicado

1. Leia a tirinha.

NÍQUEL NÁUSEA — Fernando Gonsales

a) Quais são os verbos e as locuções verbais desta tirinha?

b) A oração do primeiro quadrinho traz uma informação sobre quem?

c) Qual é a informação?

d) Essa informação diz respeito a uma ação ou qualidade? Qual?

e) No último quadrinho, a oração *Os piolhos adoram* traz uma informação sobre quem?

f) Qual é a informação?

g) Essa informação diz respeito a uma ação ou qualidade? Qual?

2. Leia este dito popular.

Uma mentira estraga mil verdades.

a) Qual é o verbo dessa oração?

b) Essa oração traz uma informação sobre alguém ou algo? Quem ou o quê?

c) Qual é a informação?

d) Essa informação diz respeito a uma ação ou qualidade? Qual?

Sujeito e predicado

O termo da oração que indica a pessoa ou a coisa sobre a qual afirmamos ou negamos algo é chamado de **sujeito**.

O termo da oração que traz a informação sobre o sujeito é chamado de **predicado**.

Uma mentira** **estraga mil verdades.

sujeito — *predicado*

O sujeito e o predicado são considerados os **termos essenciais** da oração, por serem fundamentais para sua construção.

O verbo e a concordância com o sujeito

Leia a tirinha.

CALVIN — Bill Watterson

a) No último quadrinho, Calvin diz: *Eles mentem. Eu minto.* Quais são os sujeitos das duas orações?

b) Nessa fala, que mudança houve no verbo *mentir*?

c) Se houvesse apenas um monstro, como ficaria a fala de Calvin? O que mudaria?

d) Por que nesses casos o verbo se flexionou, ou seja, teve sua terminação alterada?

e) Que regra poderíamos concluir a partir das observações desta atividade?

Núcleo do sujeito

▼ Observe as orações a seguir. Os termos destacados são o **sujeito** de cada oração.

O gato entrou no meu quarto.

O gato doente entrou no meu quarto.

O gato doente dos vizinhos entrou no meu quarto.

O pobre gato doente dos vizinhos entrou no meu quarto.

O pobre gato doente dos vizinhos da casa em frente à minha entrou no meu quarto.

a) Quais palavras do sujeito da última oração poderiam ser eliminadas, sem prejudicar o sentido principal?

b) Qual é a palavra mais importante do sujeito de cada oração, ou seja, aquela que não poderia ser tirada sem prejudicar o sentido principal da frase?

c) Com que palavra do sujeito de cada oração o verbo está concordando?

Núcleo do sujeito

Chama-se **núcleo do sujeito** a palavra mais importante para o significado do sujeito. O núcleo do sujeito pode ser um **substantivo** (concreto ou abstrato), um **pronome**, um **numeral** ou uma **palavra substantivada**. Na língua padrão, o **verbo concorda com o núcleo** do sujeito.

Observe:

O casal de gatos fazia um barulho danado.

Núcleo do sujeito (casal: substantivo) 3ª pes. singular — *O verbo concorda com o núcleo do sujeito na 3ª pes. singular.*

Eu luto pelos direitos dos animais.

Núcleo do sujeito (eu: pronome) 1ª pes. singular — *O verbo concorda com o núcleo do sujeito na 1ª pes. singular.*

Os três jogam juntos no time de vôlei.

Núcleo do sujeito (três: numeral) 3ª pes. plural — *O verbo concorda com o núcleo do sujeito na 3ª pes. plural.*

Os muitos nãos ditos pelos pais abalaram sua autoestima.

Núcleo do sujeito (nãos: palavra substantivada) 3ª pes. plural — *O verbo concorda com o núcleo do sujeito na 3ª pes. plural.*

Se liga nessa!

Concordância com expressões partitivas

Leia as orações a seguir:

Parte dos alunos fará a prova no sábado.
farão

A maior parte dos consumidores reclamou do aumento dos preços.
reclamaram

A maioria dos adolescentes usa o computador para se comunicar com os amigos.
usam

Observe que, nessas orações, o sujeito é formado por uma **expressão partitiva**, ou seja, uma expressão que indica apenas parte do todo.

As expressões partitivas mais comuns são: *parte de, a maior parte de, a maioria de, grande parte de, uma porção de.*

Quando elas são usadas, o verbo pode concordar tanto com o núcleo do sujeito (plural) quanto com a própria expressão (singular).

Tipos de sujeito

Sujeito simples e sujeito composto

Você já sabe que, na língua padrão, o verbo deve concordar com o núcleo do sujeito. Leia a tirinha a seguir e conheça um caso diferente de concordância.

HAGAR Chris Browne

2011 KING FEATURES SYNDICATE/IPRESS

a) Qual é o sujeito da oração destacada no último quadrinho?

b) Qual é o núcleo do sujeito? Quantas palavras o compõem?

c) O verbo está concordando com qual palavra?

d) Qual é o sujeito da oração destacada no primeiro quadrinho?

e) Qual é o verbo dessa oração?

f) O verbo está no singular ou no plural?

g) O verbo está concordando com qual palavra do sujeito?

h) O núcleo desse sujeito poderia ter apenas uma palavra? Por quê?

Converse com a turma

Honi, que namora Lute, é a jovem filha de Helga e Hagar.

a) Como você explicaria a fala de Hagar no último quadrinho?

b) Por que o comentário de Hagar torna a tira divertida?

Sujeito simples e sujeito composto

O sujeito que possui apenas **um núcleo** é chamado de **sujeito simples.** O sujeito que possui **mais de um núcleo** chama-se **sujeito composto.** Nesse caso, o **verbo vai para o plural**, para concordar com o conjunto das palavras do núcleo. Observe:

O canário amarelo escapou da gaiola.

Um só núcleo = **sujeito simples** — *Verbo concorda com o núcleo.*

A ema, o pinguim e o avestruz são aves que não voam.

Mais de um núcleo = **sujeito composto** — *Verbo vai para o plural.*

Particularidade: sujeitos ligados por *ou*

▼ Leia estas orações:

1 *Pedro ou Victor será o representante de classe.*

2 *Água ou chá podem ser consumidos à vontade.*

Ambas as orações têm um sujeito composto, com núcleos ligados por *ou*. Mas por que, na primeira, o verbo está no singular e, na outra, o verbo está no plural?

De acordo com a gramática normativa, quando o sujeito composto é formado por substantivos no singular ligados por *ou* ou *nem*, o **verbo** deve:

- ficar no **singular**, se o fato expresso pelo verbo só puder ser atribuído a um dos sujeitos — no caso da frase 1, não é possível que haja dois representantes de classe;
- ficar no **plural**, se o fato expresso pelo verbo puder ser atribuído a todos os sujeitos — no caso da frase 2, podemos consumir tanto água quanto chá.

Sujeito desinencial, sujeito indeterminado e oração sem sujeito

1. Leia a crônica a seguir.

Enfim, um rato herói

Eu sei que parece difícil de acreditar, mas acabou de acontecer. Um rato salvou uma família de morrer num incêndio numa cidade litorânea inglesa chamada Torquay, a não sei quantos quilômetros de Londres. Um rato salvou uma família de morrer num incêndio? Isso mesmo. Claro que o rato não apareceu de repente entre as chamas, pôs nas costas cada membro da família e o levou a salvo para a rua, enquanto a casa acabava de queimar. Foi bem mais simples, mas não tira os méritos do rato.

A família consistia da mãe, Lisa, e suas filhas, Megan, nove anos, e Shannon, três. O pai, se existe, devia estar alhures. O rato era um ratinho branco, desses de laboratório, de sexo e idade indefinidos, chamado Fido. [...]

A história foi assim. A família dormia quando um curto-circuito no aquecedor elétrico do andar térreo provocou uma faísca. Como você sabe, não há nada como uma faísca para pegar fogo, principalmente naquelas casas inglesas cheias de veludos, cortinas, carpetes e as obras completas das irmãs Brontë. O fogo se alastrou com rapidez por todo o andar. A família dormia no andar de cima, sem suspeitar de nada.

Mas nosso herói, o ratinho Fido, dormia em sua gaiola no térreo. Quando a temperatura começou a subir, ele ficou incomodado. [...] Fido não se conformou com a possibilidade de virar churrasco [...] e munido de uma força da qual nem ele desconfiava, conseguiu abrir a porta de sua gaiola. [...]

Ele fez algo inédito na longa e até então nada heroica história dos ratos: enfrentou o incêndio e atravessou o carpete em chamas rumo à escada que dava para o andar de cima. A escada também já começava a arder. Arrostando bravamente as labaredas, Fido chegou ao segundo andar seguido pelas línguas de fogo que o perseguiam como busca-pés. A porta do quarto das crianças estava fechada — e, por mais criativo que seja, nenhum rato tem força ou altura para abrir uma maçaneta. Então, o que fez Fido? Começou a guinchar e arranhar a porta para chamar a atenção de Megan, a filha mais velha.

Não se sabe direito quanto tempo levou, mas Fido fez tanto barulho que acordou Megan. Ela reconheceu seus guinchos, espreguiçou-se, vestiu o penhoar, calçou os chinelos e foi abrir a porta. Só então deu com Fido todo chamuscado e sentiu o bafo das chamas lá embaixo. Sua casa estava pegando fogo. Claro que ela acordou sua mãe, as duas recolheram a irmã e o próprio Fido e se escafederam antes que a casa viesse abaixo. E, no caminho para a fuga, ainda fizeram a caridade de acordar Boris, o pastor-alemão, que roncava na cozinha, a poucos metros do fogo, e ainda não percebera nada.

Daí a pouco chegaram os bombeiros. Debelaram o sinistro, como se dizia na velha imprensa, e, durante o rescaldo, descobriram a causa — a faísca. Mas os repórteres quiseram saber como a família se salvara. A pequena Megan contou como fora acordada por Fido. A partir daí, foi fácil reconstituir a cena, e os jornais ingleses deram com grande destaque no dia seguinte: “Rato salva família de morrer em incêndio”.

Esse é o tipo de assunto que todo mundo adora, e mais ainda se for inglês. Durante vários dias, Fido tornou-se herói nacional na Inglaterra. Houve peregrinação a Torquay para conhecê-lo. A BBC fez um docudrama com a história. Os tabloides ouviram o príncipe Charles.

Cogitou-se de uma estatueta de Fido no museu de Madame Tussaud. A indústria britânica confeccionou camisetas, bonés e bonecos com a sua figura. Em Londres, a venda de ratos brancos nas lojas de animais cresceu 78%, quase todos batizados de Fido.

E a dos pastores-alemães, depois do fiasco de Boris, caiu a zero.

CASTRO, Ruy. *Crônicas para ler na escola.* Rio de Janeiro: Objetiva, 2010. p. 43- 45.

Converse com a turma

1. Por que o narrador diz que até então a história dos ratos não fora "nada heroica"?
2. Docudrama é um neologismo (palavra nova) criado pela fusão de duas outras palavras. Quais são elas?
3. Deduza: o que seria um docudrama?

a) Quais são o sujeito e o núcleo do sujeito na oração "O fogo se alastrou com rapidez por todo o andar"?

b) De que tipo é esse sujeito: simples ou composto? Justifique.

c) Releia este trecho.

> "[...] Fido fez tanto barulho que acordou Megan. Ela reconheceu seus guinchos, espreguiçou-se, vestiu o penhoar, calçou os chinelos e foi abrir a porta. Só então deu com Fido todo chamuscado e sentiu o bafo das chamas lá embaixo. [...]"

I. Na oração destacada, quem sentiu o bafo das chamas?

II. O que você observou para responder à pergunta anterior?

d) Fizemos algumas modificações nesse trecho que você releu. Leia.

Fido fez tanto barulho que acordou Megan. Ela reconheceu seus guinchos, ela espreguiçou-se, ela vestiu o penhoar, ela calçou os chinelos e ela foi abrir a porta. Só então ela deu com Fido todo chamuscado e ela sentiu o bafo das chamas lá embaixo.

I. O que foi modificado nesse trecho?

II. O que você achou da modificação? Justifique sua opinião.

III. Por que você acha que o autor optou por não escrever todos os sujeitos de todos os verbos desse trecho?

Glossário

Irmãs Brontë: Charlotte, Emily e Anne Brontë, irmãs inglesas que viveram no início do século XIX e se tornaram escritoras. Das várias obras que publicaram, a mais consagrada é *O morro dos ventos uivantes*, de Emily.

Arrostando: encarando.

Torquay: cidade da Inglaterra.

BBC: emissora de TV inglesa.

Tabloides: jornais de pequeno formato que publicam, geralmente, matérias sensacionalistas e "fofocas" sobre celebridades.

Museu de Madame Tussaud: museu sediado em Londres (Inglaterra) que exibe estátuas de cera, em tamanho natural, de astros do cinema e da música, políticos e outras personalidades públicas.

Fiasco: desempenho desastroso; fracasso.

Desinências são partes das palavras que servem para indicar:

- o gênero e o número dos nomes (substantivos, adjetivos, alguns pronomes); e
- o número e a pessoa dos verbos.

Existem, portanto, **desinências nominais** e **verbais**. Aqui, vamos falar apenas das desinências verbais. Veja estes exemplos:

- am**o**: desinência de 1ª pessoa do singular
- am**as**: desinência de 2ª pessoa do singular
- ama**mos**: desinência de 1ª pessoa do plural
- ama**m**: desinência de 3ª pessoa do plural

Sujeito desinencial

Nem sempre o sujeito está expresso na oração. Muitas vezes, só sabemos qual é o sujeito de determinado verbo se observarmos a sua **desinência** e a relacionarmos com algum termo **anterior** ou **implícito** no texto.

Nesses casos, dizemos que a oração tem um **sujeito desinencial** (também chamado de **sujeito oculto** ou **elíptico**).

Veja estes exemplos.

O sujeito do verbo é explicitado numa oração anterior:

sujeito

"Ela reconheceu seus guinchos, espreguiçou-se, vestiu o penhoar, calçou os chinelos e foi abrir a porta."

O sujeito das orações seguintes é o mesmo e pode ser deduzido pela desinência.

O sujeito do verbo está implícito (ou seja, você o deduz apenas por meio da desinência do verbo):

Não falo em público porque tenho vergonha.

Deduzimos que o sujeito é a 1ª pessoa do singular (eu) porque essa desinência é exclusiva dessa pessoa.

Se liga nessa!

Na próxima vez que você for escrever um texto, não se esqueça de usar sujeitos desinenciais para evitar a repetição excessiva de certas palavras!

2. Releia os trechos abaixo e, em **dupla**, procure responder às perguntas a seguir.

> Não se sabe direito quanto tempo levou, mas Fido fez tanto barulho que acordou Megan.

> Cogitou-se de uma estatueta de Fido no museu de Madame Tussaud.

a) Na primeira oração, qual é o sujeito do verbo *sabe*? Quem é que não sabe direito?

b) O sujeito está expresso em algum lugar do texto? É possível deduzir quem é ele pela terminação do verbo?

c) Na segunda oração, qual é o sujeito do verbo *cogitou*? Quem é que cogitou?

Sujeito indeterminado

O sujeito indeterminado é aquele que **não aparece** expresso na oração **nem pode ser identificado** pela concordância do verbo com um elemento de outra oração. Esse tipo de sujeito expressa a ideia de que quem pratica a ação do verbo é um sujeito genérico, algo como "todo mundo" ou "toda a gente". Em outras palavras, existe alguém (ou algo) que pratica a ação verbal, porém o falante não pode ou não quer especificar quem é essa pessoa ou ser.

Existem duas formas de se indeterminar o sujeito:

- Usando verbos de ligação, intransitivos ou transitivos indiretos com o pronome **se**:

Cogitou-se de uma estatueta. *Vive-se feliz nesta cidade.*

- Colocando o verbo na terceira pessoa do plural:

Roubaram minha pipoca! *Estão chamando os alunos no pátio.*

O sujeito **indeterminado** difere do sujeito **desinencial** por não poder ser identificado nem se relacionar a nenhum termo de outra oração.

Você vai aprender sobre **verbos de ligação** e **verbos intransitivos** e **transitivos** no Capítulo 4 desta unidade.

Quando acompanha um verbo para indeterminar o sujeito, o pronome **se** é chamado de **índice de indeterminação do sujeito**.

3. Releia estes trechos e converse com um colega para responder às questões a seguir.

> Como você sabe, não há nada como uma faísca para pegar fogo, principalmente naquelas casas inglesas cheias de veludos, cortinas, carpetes e as obras completas das irmãs Brontë.
>
> [...]
>
> Esse é o tipo de assunto que todo mundo adora, e mais ainda se for inglês. Durante vários dias, Fido tornou-se herói nacional na Inglaterra. Houve peregrinação a Torquay para conhecê-lo.

a) Qual é o predicado da primeira oração destacada?

b) Qual é o sujeito a que esse predicado se refere?

c) Qual é o predicado da segunda oração destacada?

d) Qual é o sujeito a que esse predicado se refere?

4. Agora, leia esta tirinha.

HAGAR Chris Browne

2011 KING FEATURES SYNDICATE/IPRESS

a) Por que Helga manda Hagar sair pela chaminé?

b) Ao dizer *Está frio lá fora!*, a que Helga se refere? Copie a resposta em seu caderno.

- Ao marido.
- Ao atraso do marido.
- Ao clima.

c) Qual é o predicado da oração destacada no primeiro quadrinho?

d) Qual é o sujeito dessa oração?

Oração sem sujeito

Oração sem sujeito é aquela que traz um **verbo impessoal** e, portanto, o predicado não se refere a nenhum ser.

Os verbos impessoais das orações sem sujeito são conjugados na **terceira pessoa do singular**. Os principais verbos impessoais são:

- Verbo **haver** com o sentido de *existir.*

Havia um gato parado na esquina.

- Verbos que indicam **fenômenos da natureza**.

Amanhã, provavelmente choverá.
Venta muito lá fora.

- Verbos **fazer** e **haver**, indicando tempo passado.

Faz dias que não assisto à televisão.
Estou esperando por uma resposta há horas.

- Verbos **ser** e **estar**, indicando tempo ou clima.

Era inverno.
Aqui dentro está um gelo.

Lembre-se: nestes casos, o verbo fica sempre no **singular**! Isso vale inclusive para as locuções verbais:

Os bombeiros acreditam que pode haver novas explosões.

Mas **atenção**! Compare estas duas orações:

Está frio hoje. / *As noites estavam muito frias naquele ano.*

Está frio hoje. — Predicado (oração sem sujeito)

As noites — Sujeito simples; *estavam muito frias naquele ano.* — predicado

Se liga nessa!

Como você viu, o verbo *haver* quando está sendo usado no sentido de existir deve ficar sempre na terceira pessoa do singular. Mas atenção: o verbo *existir* não é impessoal, portanto, é conjugado normalmente. Veja:

Havia uma saída de emergência no edifício.
Existia uma saída de emergência.
Havia duas saídas de emergência no edifício.
Existiam duas saídas de emergência.

A posição do sujeito na frase

1. Leia a anedota.

Um gatuno em casa

A central de polícia recebe um telefonema:

— Por favor, mande alguém urgente! Entrou um gato em casa!

— Mas como assim? Um gato?

— Sim, um gato! Ele invadiu a casa e está vindo na minha direção!

— Calma. O senhor está disfarçando, querendo dizer que entrou um ladrão aí?

— Não! Um gato mesmo, desses que fazem miau, miau. Ele vai me matar, e a culpa será de vocês. Venham agora!

— Mas qual é o problema de um gatinho ter entrado na sua casa? Quem está falando?

— O papagaio, caramba!

FEBEC (Federação Brasileira de Entidades de Combate ao Câncer). *Almanaque da Cultura e Saúde. Voluntários contra o câncer*, n. 4, p. 32.

a) Copie no caderno as orações destacadas. Sublinhe o sujeito e circule o verbo de cada uma delas.

b) Observe a posição do sujeito em relação ao verbo. O que você conclui?

2. Leia o poema a seguir.

Das falsas posições

Com a pele do leão vestiu-se o burro um dia.
Porém no seu encalço, a cada instante e hora,
"Olha o burro! Fiau! Fiau!" gritava a bicharia...
Tinha o parvo esquecido as orelhas de fora!

QUINTANA, Mário. *Para gostar de ler*. Volume 6 – Poesias. São Paulo: Ática, 2003. p. 19.

a) Identifique o sujeito dos seguintes trechos.

I. | "Com a pele do leão vestiu-se o burro um dia."

II. | " 'Fiau! Fiau!' gritava a bicharia..."

b) O sujeito apareceu antes ou depois do verbo?

c) Agora observe.

O burro vestiu-se com a pele do leão um dia.
Porém no seu encalço, a cada instante e hora,
"Olha o burro! Fiau! Fiau!" a bicharia gritava...
O parvo tinha esquecido as orelhas de fora!

d) O que mudou em relação ao texto original?

e) O que ocorre com a concordância verbal, quando o sujeito muda de posição em cada uma das orações destacadas nas atividades anteriores?

Ordem direta e indireta

Quando o sujeito está antes do predicado, dizemos que a oração está na **ordem direta**, porque esse arranjo é o mais comum na língua portuguesa:

O burro vestiu-se.

Sujeito + predicado

Quando o sujeito está depois do predicado, dizemos que a oração está na **ordem indireta**:

Vestiu-se o burro.

Predicado + sujeito

A concordância com o sujeito que está depois do verbo

Você já sabe que, **na língua padrão**, o verbo deve concordar com o sujeito.

Sabe, ainda, que a ordem mais natural em nossa língua é que o sujeito venha antes do verbo. No entanto, é muito comum também falarmos e escrevermos na ordem indireta. Por isso, em **situações formais**, quando você escrever ou falar uma oração na qual o verbo vem antes do sujeito, é preciso tomar cuidado redobrado para não errar na concordância.

Então, atenção a alguns casos que provocam dúvida em muita gente:

Evite: Falta três dias para meu aniversário.
Prefira: Faltam três dias para meu aniversário.

Evite: Quanto é essa blusa? É trinta reais.
Prefira: Quanto é essa blusa? São trinta reais.

Evite: Acontece muitos assaltos nessa rua.
Prefira: Acontecem muitos assaltos nessa rua.

Evite: Ainda resta muitas dúvidas.
Prefira: Ainda restam muitas dúvidas.

Olha só que curioso!

Você entende o que quer dizer a primeira estrofe da letra de nosso hino nacional? Não? Então preste atenção.

> Ouviram do Ipiranga as margens plácidas
> De um povo heroico o brado retumbante,
> E o sol da liberdade, em raios fúlgidos,
> Brilhou no céu da pátria nesse instante.

Você já sabe que o verbo pode vir antes ou depois do sujeito. Então, nessa estrofe, qual é o sujeito do verbo *ouviram*? Para saber isso, precisaríamos inicialmente procurar um sujeito com o núcleo no plural para concordar com o verbo, que também está no plural. Analisando os versos iniciais, percebemos que as únicas expressões no plural são: *margens plácidas* e *raios fúlgidos*. Esta última, no entanto, indica o modo como brilhou o sol. Logo, o sujeito do verbo *ouviram* só pode ser *as margens plácidas*. Na ordem direta, portanto, essa estrofe ficaria assim:

As margens plácidas do Ipiranga ouviram o brado retumbante de um povo heroico, e o sol da liberdade brilhou, em raios fúlgidos, no céu da pátria nesse instante.

Então ficamos assim...

Agora, chegou o momento de respondermos às questões iniciais deste capítulo. Reúna-se com um colega e elabore uma resposta para as perguntas:

- O que faz o verbo variar em número e pessoa?
- Como essas variações devem ocorrer, de acordo com as regras da gramática normativa?
- O que é sujeito? Quais tipos de sujeito existem?
- Existem orações sem sujeito?
- Qual posição o sujeito normalmente ocupa na oração?

Atividades

1. Copie o esquema a seguir no caderno e complete-o, substituindo o símbolo ◆ pelas palavras ou frases adequadas. Esse esquema vai ajudá-lo a recordar e estudar tudo o que discutimos neste capítulo.

DETERMINADOS

SUJEITO

- **Sujeito simples** (um só ◆)
  - O verbo concorda com ◆.
- **Sujeito composto** (◆).
  - O verbo ◆.
- **Sujeito** ◆
  - Não fica explícito na oração, mas pode ser identificado.
- **Sujeito** ◆
  - O falante não pode ou não quer especificá-lo.
    - verbo de ligação, intransitivo ou transitivo indireto + se: *Precisa-se de operários.*
    - ◆: *Bateram na porta.*
- **Oração sem sujeito**
  - *haver* no sentido de ◆
  - verbos que indicam ◆
  - *fazer* e *haver* indicando tempo passado
  - *ser* e *estar* indicando tempo ou clima
- **Ordem da oração**
  - ◆: sujeito + predicado
  - ◆: predicado + sujeito

2. Leia esta tira de Calvin.

Bill Watterson

a) Você acha que Calvin mora em um bairro tranquilo e arborizado ou em um "grande deserto"?

b) Levando isso em conta, você diria que a fala do tigre Haroldo foi irônica? Por quê?

c) Qual figura de linguagem aparece na fala de Calvin, especialmente no 2º quadrinho? Justifique.

d) Quantas frases há no 1º quadrinho dessa tira? Quais são elas?

e) Qual ou quais dessas frases são verbais, ou seja, são orações?

f) A(s) oração(ões) que você indicou no item anterior está(estão) na ordem direta ou indireta? Por quê?

g) Releia a fala do tigre: "A vida no grande deserto residencial é realmente cheia de perigos".

I. Qual é o sujeito dessa oração?

II. Qual é o núcleo do sujeito? A que classe gramatical ele pertence?

III. Reescreva a frase no caderno, trocando o núcleo do sujeito pela palavra *dias*.

IV. Qual mudança houve no verbo? Explique-a.

> Reveja as **figuras de linguagem** estudadas na Unidade 1 deste caderno.

3. No quadro a seguir, você encontrará orações extraídas de um dos textos do Caderno de Leitura e produção: a reportagem "Entre o pop e o clássico".

- Todas as afirmações feitas na coluna da direita sobre essas orações estão erradas. Descubra quais são os erros e reescreva as afirmações corretamente no caderno. Dica: releia a reportagem toda para recuperar o contexto.

a)	"Em geral, esses são os adjetivos que a galera adolescente fornece à música clássica."	O sujeito do verbo *fornece* é composto, porque tem dois núcleos: *galera* e *adolescente*.
b)	"Quem curte seu som pode não saber, mas ele tem formação erudita."	O sujeito do verbo *curte* é o mesmo da oração seguinte (ele): "ele tem formação erudita".

c)	"É unânime a opinião entre eles de que o erudito é a base de tudo."	A oração destacada está na ordem direta.
d)	"Para se ter uma ideia, estudo feito na Universidade da Califórnia, nos Estados Unidos, em 1997, mostrou que, entre 25 mil estudantes, aqueles que realizavam atividades ligadas à música tiraram notas mais altas nas provas."	O sujeito de *realizavam* é indeterminado.

4. Este anúncio faz parte de uma campanha iniciada nos anos 1980 pela Fundação S.O.S. Mata Atlântica, uma das instituições ambientalistas mais conhecidas do Brasil.

REPRODUÇÃO

a) O que o anunciante pretendia com esse texto?

b) O título do anúncio baseia-se em uma metonímia. Explique por quê.

> Reveja o conceito de **metonímia** na Unidade 1 deste caderno e também no Caderno de Práticas de literatura.

c) O predicado da oração que compõe o título desse anúncio é: "Estão tirando o verde da nossa terra".

- E o sujeito da oração? Como ele se classifica? Por quê?

d) De acordo com o título, o anunciante e os leitores também são responsáveis pela destruição da natureza? Explique.

e) Como o anunciante deveria reescrever o título se quisesse indicar:

I. Que tanto ele quanto os leitores também são responsáveis pela devastação ambiental?

II. Que os leitores são responsáveis pela devastação ambiental, mas ele, o anunciante, não?

5. As frases a seguir estão em desacordo com as regras que a gramática normativa estabelece para a concordância verbal. Reescreva-as no caderno de acordo com a gramática normativa e explique o motivo da mudança.

a) Fazem três anos que estudo nesta escola.

b) Para mim, basta três gotas de adoçante no café.

c) O lindo espetáculo de fogos de artifício que vemos em todos os *réveillons* talvez não se realizem este ano.

d) Devem fazer dias ensolarados esta semana, e existe até chances de a temperatura subir.

e) Causou-me espanto suas atitudes.

f) Vinagre ou limão vai bem na salada.

g) A gente viemos de carro.

6. Leia este soneto de Olavo Bilac (1865-1918).

Nel mezzo del camin...

Cheguei. Chegaste. Vinhas fatigada
E triste, e triste e fatigado eu vinha.
Tinhas a alma de sonhos povoada,
E a alma de sonhos povoada eu tinha...

E paramos de súbito na estrada
Da vida: longos anos, presa à minha
A tua mão, a vista deslumbrada
Tive da luz que teu olhar continha.

Hoje, segues de novo... Na partida
Nem o pranto os teus olhos umedece,
Nem te comove a dor da despedida.

E eu, solitário, volto a face, e tremo,
Vendo o teu vulto que desaparece
Na extrema curva do caminho extremo

BILAC, Olavo. *Obra reunida.* BUENO, Alexei (Org.). Rio de Janeiro: Nova Aguilar, 1996. p. 155.

"*Nel mezzo del camin*" significa "No meio do caminho", em italiano. O título desse soneto reproduz o verso inicial da obra poética *A divina comédia*, escrita por Dante Alighieri (1265-1321) no início do século XIV. Trata-se, portanto, de um caso de **intertextualidade**. No Caderno de Leitura e produção, na Unidade 3, você encontra mais informações a respeito desse assunto.

Nesse poema observa-se um recurso poético chamado ***cavalgamento*** ou ***enjambement***: a frase é partida no fim dos versos, de maneira que alguns de seus termos ficam em um verso, e os demais ficam em outro. Por exemplo:

> E paramos de súbito na estrada
> Da vida: longos anos, presa à minha

Para entendermos o sentido, precisamos considerar os dois versos: "E paramos de súbito na estrada da vida".

a) De que fala o soneto?

b) Quais são os dois sujeitos presentes nas orações da primeira estrofe?

c) Como você os identificou?

d) Como se classificam esses sujeitos?

e) As pessoas correspondentes a esses sujeitos são do sexo feminino ou masculino? Como você sabe?

f) Observe este esquema.

Cheguei. Chegaste. Vinhas fatigada

E triste, e triste e fatigado eu vinha.

Tinhas a alma de sonhos povoada,

E a alma de sonhos povoada eu tinha...

I. Das quatro orações destacadas, quais estão na ordem direta, e quais estão na ordem indireta?

II. No caderno, copie as frases que completam adequadamente a afirmação a seguir.

Em relação a esse arranjo de orações, podemos afirmar que:

- ele ajuda a construir a sonoridade do poema.
- ele tem a ver com o tema tratado, pois lembra o encontro entre duas pessoas que vêm em direção contrária.
- ele está em desacordo com a língua padrão.

g) Esse arranjo na colocação do sujeito e do predicado repete-se na penúltima estrofe? Explique.

7. Tente resolver este desafio! Leia.

A prova de Geografia foi uma das que menos me deu trabalho.

- Essa frase está de acordo com as regras de concordância verbal da língua padrão? Por quê? Dica: para responder corretamente, você precisa levar em conta uma palavra que está subentendida.

Capítulo 3

Termos que aparecem na construção da oração II: o predicado

Como é que é?

Você já sabe que as orações se organizam em torno de um **verbo** e que apresentam termos essenciais: o **sujeito** e o **predicado**.

Você já sabe também que há diferentes tipos de sujeitos e até mesmo orações sem sujeito.

- E os predicados, quais são? O que os caracteriza?

Predicado

1. Leia o poema.

Os três macacos

Os três macacos chegaram
E estão na sala sentados.

O primeiro macaco não vê
E tem um motivo, é cego.

O segundo macaco não escuta,
Não escuta, pois nasceu surdo.

Se quer ouvir o terceiro,
Desista, porque ele é mudo.

Na sala, estão que nem você,
Que não fala, não ouve e não vê.

CAPPARELLI, Sérgio. *111 poemas*. Porto Alegre: L&PM, 2006. p. 15.

2. Releia estes versos.

I. Os três macacos chegaram.

II. E estão na sala sentados.

a) Qual é o sujeito dessas orações?

b) E o predicado? Indique em cada uma das orações.

c) Quais foram os verbos usados nesses predicados?

d) Qual desses verbos indica ação e qual indica estado?

Os verbos que indicam estado ou mudança de estado são chamados de **verbos de ligação**. Recebem esse nome por ligarem o sujeito a suas características. Os mais usados são: *ser, estar, continuar, permanecer, parecer* e *tornar-se*.

Vamos lembrar

Como você já sabe, o **predicado** é o termo que apresenta uma informação sobre o sujeito da oração. É a parte da oração que contém o verbo.

Tipos de predicado

De acordo com o tipo de verbo que compõe o **predicado**, este pode ser:

1. **Predicado verbal** — tem como núcleo um verbo que indica **ação**. Esse tipo de verbo é chamado de **verbo nocional** ou **significativo**:

   núcleo = verbo nocional

   O segundo macaco não escuta.

   sujeito (O segundo macaco) — *predicado verbal* (não escuta)

2. **Predicado nominal** — tem como núcleo o **predicativo do sujeito**, isto é, o **estado** ou a **qualidade** atribuída ao sujeito. No predicado nominal, temos o **verbo de ligação**, cuja função é ligar o sujeito ao seu predicativo:

   núcleo = predicativo do sujeito

   Ele é mudo.

   sujeito (Ele) — *predicado nominal* (é mudo)

3. **Predicado verbo-nominal — tem dois núcleos**: o verbo nocional e o predicativo do sujeito. Veja:

   1º núcleo = verbo nocional (aguardava) — *2º núcleo = predicativo* (ansiosa)

   Marina aguardava ansiosa o resultado da prova.

   sujeito (Marina) — *predicado verbo-nominal* (aguardava ansiosa o resultado da prova)

   Veja como é possível visualizar os dois predicados dessa oração:

   Marina aguardava o resultado da prova.

   predicado verbal (aguardava o resultado da prova)

   Marina estava ansiosa.

   predicado nominal (estava ansiosa)

Então ficamos assim...

Considerando o que estudou sobre **predicado** nas atividades anteriores, como você o explicaria? Quantos são e quais são suas principais características? Dê exemplos.

Atividades

1. Leia esta HQ de Adão Iturrusgarai e o boxe a respeito de histórias em quadrinhos.

Adão Iturrusgarai

ADÃO ITURRUSGARAI

As **histórias em quadrinhos** geralmente reproduzem a fala coloquial. Por isso, no quarto quadro dessa história, o verbo *ter* foi empregado de uma maneira informal — com o sentido de "haver": "Não tinha rio" = Não havia rio. Em situações formais, porém, você deve evitar esse emprego e preferir os verbos *haver* ou *existir*.

a) Você deve ter percebido que quase todo o texto desta história está construído com frases curtas. Além da pequena extensão, o que as frases dos seis primeiros quadros têm em comum:

I. quanto ao número de orações?

II. quanto à ordem das orações?

b) O enunciado do último quadro parece, porém, romper com esse padrão. Explique por quê.

c) Além de contrastar pela forma, o enunciado do último quadrinho também contrasta com os anteriores pelo significado. Explique essa afirmação.

d) Essa história em quadrinhos parece ter uma "moral da história", como a das fábulas que você já leu? Em caso positivo, qual seria ela?

e) Copie todos os verbos da HQ no caderno, separando-os em dois grupos: nocionais e de ligação.

I. Quais desses verbos constituem o núcleo de seu predicado?

II. Qual é o núcleo dos outros predicados?

III. Portanto, como se classificam os predicados do texto?

2. As manchetes a seguir foram copiadas de um *site* de notícias esportivas.

Pedro Ken deixa o campo satisfeito, após estreia com a camisa do Avaí.

Barrichello está satisfeito com progresso da Williams no Canadá.

Terceiro Tempo.
Disponível em: <http://terceirotempo.ig.com.br>.
Acesso em: 13 jun. 2011.

a) Cada manchete está formada por uma única oração. Qual o predicado de cada oração?

b) Que **função sintática** o adjetivo *satisfeito* exerce em cada oração?

c) Os verbos desses predicados são nocionais ou de ligação?

d) Quais os núcleos de cada predicado?

e) Como se classificam, portanto, os predicados?

Quando dizemos que uma palavra ou expressão exerce a função de sujeito, predicado, predicativo, etc., estamos nos referindo à sua **função sintática**. Dito de outra maneira, a função sintática se refere ao papel que os termos exercem na oração.

3. Releia este quadrinho da HQ apresentada na questão 1.

ADÃO ITURRUSGARAI

a) Reescreva no caderno a frase "Fomos para o oceano", acrescentando-lhe um predicativo do sujeito.

b) O predicado passou a ser classificado de outra maneira? Explique?

Capítulo 4

Termos que aparecem na construção da oração III: complementos verbais

Como é que é?

Você estudou no Capítulo 2 de que forma o verbo se relaciona com o sujeito.

No Capítulo 3, você conheceu os diferentes tipos de predicado.

E os termos que compõem o predicado: os **complementos verbais**?

- Quais são? Qual a função deles?
- Como se articulam com o verbo?
- Eles também podem ter predicativo?

É o que você vai descobrir a partir de agora.

Complementos verbais: objeto direto e objeto indireto

▼ Leia a tirinha a seguir.

CALVIN

Bill Waterson

1985 WATTERSON / DIST. BY UNIVERSAL UCLICK

Como você sabe, as tirinhas representam, normalmente, o uso da fala em situações informais. Isso é o que justifica o fato de Calvin, no último quadrinho, dizer: "O Haroldo comeu ele". Pelas regras da gramática da língua padrão, no entanto, deveria dizer: "Haroldo o comeu".

a) Haroldo conseguiria comer Tommy? Explique.

b) Releia.

> "[...] você vai levar esse tigre de pelúcia para a escola de novo?"

- Quem é o sujeito nessa oração?

c) A locução *vai levar* indica ação ou estado?

d) Se a mãe de Calvin perguntasse apenas "Você vai levar?", ele saberia o que responder? Por quê?

e) Portanto, além do sujeito indicado na questão "b", o que completa o sentido da locução *vai levar*?

f) Releia.

> "E ele bem que precisava de um banho..."

- Quem é o sujeito dessa oração?

g) Que expressão completa o sentido do verbo *precisava*?

h) Qual dos dois termos indicados nas questões *f* e *g* se liga ao verbo por meio de uma preposição?

i) Qual a função das expressões indicadas nas questões *e* e *g*?

As palavras invariáveis que ligam um termo a outro nas orações são chamadas de **preposição**. Não existem muitas na língua portuguesa; as mais comuns são: *de, em, entre, com, para, por, a* e *sobre*.

As preposições podem sofrer combinação ou contração com artigos ou pronomes. Por exemplo: *de* + *o* = ***do***, *de* + *ele* = ***dele***, *em* + *o* = ***no***, *em* + *aquele* = ***naquele***, *por* + *o* = ***pelo***, *a* + *a* = ***à***, *a* + *o* = ***ao***.

Transitividade dos verbos

Com essas atividades, você deve ter observado que, além do sujeito, muitos verbos precisam de termos para lhes completar o sentido. Essa característica dos verbos chama-se **transitividade**. Os verbos que precisam desse tipo de complemento recebem o nome de **verbos transitivos**.

Esses termos que se unem aos verbos de ação para *complementar* seus sentidos, recebem o nome de **complementos verbais**. Os complementos verbais são **termos integrantes** da oração, pois integram o sentido de um de seus termos, o verbo.

Quando o verbo se liga ao complemento sem a presença de uma preposição, é classificado como **verbo transitivo direto**, e seu complemento, como **objeto direto**. Quando o verbo se liga ao complemento por meio de uma preposição, é classificado como **verbo transitivo indireto**, e o seu complemento, como **objeto indireto**.

Os **complementos nominais**, que integram o sentido dos nomes (substantivos, adjetivos, advérbios), também são termos integrantes da oração. Você aprenderá sobre eles no volume 9.

Observe:

O jogador driblou o adversário.

driblou: verbo transitivo direto; *o adversário*: objeto direto

Os torcedores assistiram ao jogo.

assistiram: verbo transitivo indireto; *a* (em *ao*): preposição; *ao jogo*: objeto indireto

ORAÇÃO
- Termos essenciais
  - Sujeito
  - Predicado
- Termos integrantes
  - Complementos verbais
  - Complementos nominais

Predicativo do objeto

Como você aprendeu no capítulo anterior, o termo que expressa uma característica ou estado do sujeito e se liga a ele por um verbo de ligação é chamado de **predicativo do sujeito**. Agora, é importante saber que o predicativo também pode indicar uma característica ou estado do objeto direto ou indireto do verbo. Quando isso ocorre, será classificado como **predicativo do objeto**. Exemplo:

O jogador de futebol deixou o adversário preocupado.

o adversário: objeto direto; *preocupado*: predicativo do objeto

Verbos intransitivos

Leia esta tirinha.

MINDUIM — Charles Schulz

1. Releia.

> "Ela pensou que eu estava colorindo um livro, em vez de estudar."

a) Qual o complemento da locução verbal "estava colorindo"?

b) Sem esse complemento, seria possível entender bem do que Minduim estava sendo acusado pela professora? Explique.

c) E em relação ao verbo estudar: ele precisa de um complemento verbal para lhe completar o sentido? Explique o que observa.

Converse com a turma

Tanto nesta tira quanto na última de Calvin, o humor é criado pelo contraste entre *dois pontos de vista*: o dos adultos e o das crianças. Explique essa afirmação.

Verbo intransitivo

Alguns verbos não precisam de complemento verbal para lhes completar o sentido. Eles são chamados de **verbos intransitivos**, isto é, não transitam de um termo a outro.

Se liga nessa!

É importante saber que a classificação dos verbos em transitivos e intransitivos pode variar. O que vai determinar essa classificação é o uso. Compare:

"Ela pensou que eu estava colorindo um livro, em vez de estudar."

Ela pensou que eu estava colorindo um livro, em vez de estudar a matéria.

estudar — *verbo transitivo direto*; *a matéria* — *objeto direto*

Assim, nas suas próximas produções escritas, lembre-se de observar, em cada situação, se o verbo usado necessita ou não de um termo para lhe completar o sentido. É muito importante considerar isso, pois, se não usar esse complemento, o leitor sentirá falta de uma informação para atribuir sentido ao seu texto.

Verbos transitivos diretos e indiretos

Você aprendeu que os verbos podem ser classificados como transitivos diretos **ou** indiretos. Ocorre ainda que, de acordo com o uso, os verbos poderão ser classificados como transitivos diretos **e** indiretos ao mesmo tempo. Veja:

A professora mandou Minduim à diretoria.

Nessa oração, o verbo *mandou* tem **dois complementos**:

- um objeto direto que se liga ao verbo sem a presença de uma preposição (*Minduim*); e
- um objeto indireto que se liga ao verbo por meio de uma preposição (*à diretoria*).

Assim, nessa oração, o verbo é responsável por informar o que a professora mandou e para onde.

Observe:

A professora mandou Minduim à diretoria.

objeto direto (Minduim) — *objeto indireto* (à diretoria)

Verbo transitivo direto e indireto

Quando o verbo tem dois complementos ao mesmo tempo, é chamado de **verbo transitivo direto e indireto (bitransitivo)**.

Voz passiva sintética x sujeito indeterminado

▼ Observe esta frase.

Conserto sapatos.

1. Nesse contexto, qual a transitividade do verbo *consertar* – ou seja, ele é transitivo direto, indireto ou intransitivo? Por quê?

2. Imagine, agora, que um sapateiro queira fazer um cartaz para anunciar seus serviços. Mas ele não quer usar a 1ª pessoa do discurso ("Conserto"), porque prefere dar um tom mais profissional ao anúncio. Ele escreve no cartaz, então, o seguinte texto:

Consertam-se sapatos.

a) Essa oração está na **voz passiva sintética**. Reescreva-a na **voz passiva analítica**, isto é, usando o verbo **ser** + particípio.

b) O verbo *ser* ficou no plural ou no singular? Por quê?

c) O que você deduz quanto à concordância do verbo na **voz passiva analítica** e na **voz passiva sintética**?

Vozes do verbo

O processo expresso pelo verbo pode ser representado de três maneiras:

- A **voz ativa** é construída a partir de um verbo ou locução verbal: *A maçã vai apodrecer.*
  Paulo comeu a maçã.
- A **voz passiva** é usada quando queremos enfatizar a pessoa ou coisa que está sofrendo o processo expresso pelo verbo. Ela pode ser construída de duas maneiras:
  - com verbo *ser* + particípio:
    A maçã foi comida.
    A maçã foi comida ***por Paulo.***
  Este último termo chama-se **agente da passiva** e pode ou não aparecer.
  - verbo + partícula apassivadora **se**:
    Comeu-se a maçã.
  No primeiro caso, ela se chama **voz passiva analítica**, e, no segundo, **voz passiva sintética**.
- Na **voz reflexiva**, o pronome *se* é usado para indicar que o sujeito ao mesmo tempo praticou e sofreu a ação verbal:
  Paulo feriu-se.

3. Como você deve estar lembrado, quando estudamos os tipos de sujeito, vimos que o sujeito indeterminado poderia ser indicado por um verbo de ligação, intransitivo ou transitivo indireto + o pronome **se** (índice de indeterminação do sujeito):

Precisa-se de sapateiros.

a) Reescreva no caderno a oração acima, de maneira que o sujeito, em vez de indeterminado, seja "Esta empresa".

b) Qual a transitividade do verbo *precisar*, nessa oração?

c) Tente passar a oração que você escreveu no caderno para a **voz passiva analítica**. O que ocorre?

4. Qual regra você formularia para distinguir uma oração com sujeito indeterminado indicado pelo pronome **se** e uma oração na voz passiva sintética?

Precisa-se de sapateiros. x *Consertam-se sapatos.*

Então ficamos assim...

Discuta com seus colegas o que observaram sobre os verbos e seus complementos. Em seguida, respondam às perguntas iniciais:

- Quais são os complementos verbais?
- Quais as funções deles?
- Como se articulam com o verbo?
- Eles também podem ter predicativo?

Por fim, produzam um quadro ou esquema com os principais conceitos (com exemplos!) para registrar no caderno.

Atividades

1. Leia esta frase.

Como você pode pensar isso de mim?

a) Qual é o verbo principal da locução verbal?

b) Ele tem um objeto direto? Qual?

c) Ele tem um objeto indireto? Qual?

d) Portanto, em relação à transitividade, como esse verbo se classifica na oração analisada?

e) No caderno, escreva frases em que o mesmo verbo apareça como:

I. intransitivo II. transitivo direto III. transitivo indireto

2. Leia um trecho de uma letra de canção do cantor e compositor Jorge Benjor.

> [...]
> Ela continua oferecida
> E sorridente
> Chega sempre **atrasada**
> Mas me deixa **contente**...
> [...]

BENJOR, Jorge. Engenho de dentro.
In: BENJOR, Jorge. 23. Warner Music. 1993.

a) Quantas orações há nesse trecho? Quais são elas?

b) Classifique o sujeito de cada oração.

c) O verbo da primeira oração tem complemento? Por quê?

d) E os verbos das orações seguintes? Eles têm complementos? Quais são?

e) Os dois termos destacados são predicativos. A que termo da oração cada um deles se refere?

f) Como se classificam, portanto, esses predicativos?

Os pronomes oblíquos (*me, te, se, o, a, lhe,* etc.) também podem ser complementos verbais. Veja:

- **objetos diretos** — *o, a, os, as, me, te, nos, vos*: *Eu amo Ana* → *Eu **a** amo.*
- **objetos indiretos** — *lhe, lhes, me, te, nos, vos*: *Pedi a ele* → *Pedi-**lhe**.*

3. Alguns dos termos destacados nas orações a seguir foram classificados erroneamente. Localize as falhas, corrija-as no caderno e explique o motivo.

a) Responda qualquer bobagem às perguntas dele.
qualquer bobagem: *objeto direto*; às perguntas dele: *objeto indireto*

b) Achei suas atitudes bem suspeitas.
bem suspeitas: *predicativo do sujeito*

c) Falou-se no seu nome durante a festa.
se: *objeto direto*; no seu nome: *objeto indireto*

d) A modelo posou irritada e exausta.
posou: *verbo intransitivo*; irritada e exausta: *predicativo do sujeito*

e) Dei-lhe um beijo.

objeto direto (lhe) — objeto direto (um beijo)

f) Agradeceu ao garçom a gentileza.

objeto indireto (ao garçom) — objeto direto (a gentileza)

4. Com os verbos do quadro, crie no caderno orações que contenham um predicativo do objeto.

considerar	julgar	manter	escolher

5. Em cada oração a seguir, indique no caderno se há um verbo com sujeito indeterminado (SI) ou um verbo na voz passiva sintética (VPS). Se houver erros de concordância, corrija-os no caderno.

a) Sabe-se de tudo nesta cidade.

b) Dá-se o nome de *gineceu* ao órgão feminino das flores.

c) Fabrica-se botões e linhas naquela indústria.

d) Aqui se come bem.

e) Perde-se tempo nesta fila.

f) Aumentou-se os preços dos imóveis.

6. Leia a tira a seguir.

MINDUIM — Charles Schulz

SCHULZ, C. M. *Snoopy*, 9: pausa para a soneca. – Porto Alegre: L&PM. p. 134.

a) O que as personagens parecem estar fazendo?

b) Encontre na tira uma frase em que haja um verbo na voz passiva analítica.

c) No último quadrinho, há uma fala inesperada. Que fala é essa?

d) Por que ela é inesperada?

e) Essa fala está relacionada à fala em que você identificou o verbo em voz passiva. Explique de que maneira elas se relacionam.

UNIDADE 3 Ortografia e pontuação

O que é isso?

Você já parou para pensar por que é importante aprender a grafia correta das palavras? Nos textos a seguir, a grafia e a pontuação foram exploradas de uma maneira bem-humorada. Confira!

Texto 1

AURÉOLOS

Fernando Gonsales

FÁBIO COALA - WWW.MENTIRINHAS.COM.BR

Discuta com a turma

1. Procure no dicionário o significado da palavra *perseverança* e copie-a no caderno.
2. Por que o menino pergunta se pode ir pela escada rolante?
3. Por que o anjo prefere que o menino não vá pela escada rolante?
4. O anjo atinge seu objetivo?
5. Se o menino procurar a palavra *perceveranssa* no dicionário, ele vai encontrar o significado? Por quê?
6. O que é o Google? Como funciona?
7. De que forma esta tirinha nos mostra uma das vantagens de se saber grafar corretamente as palavras?

Texto 2

▼ Leia o anúncio a seguir.

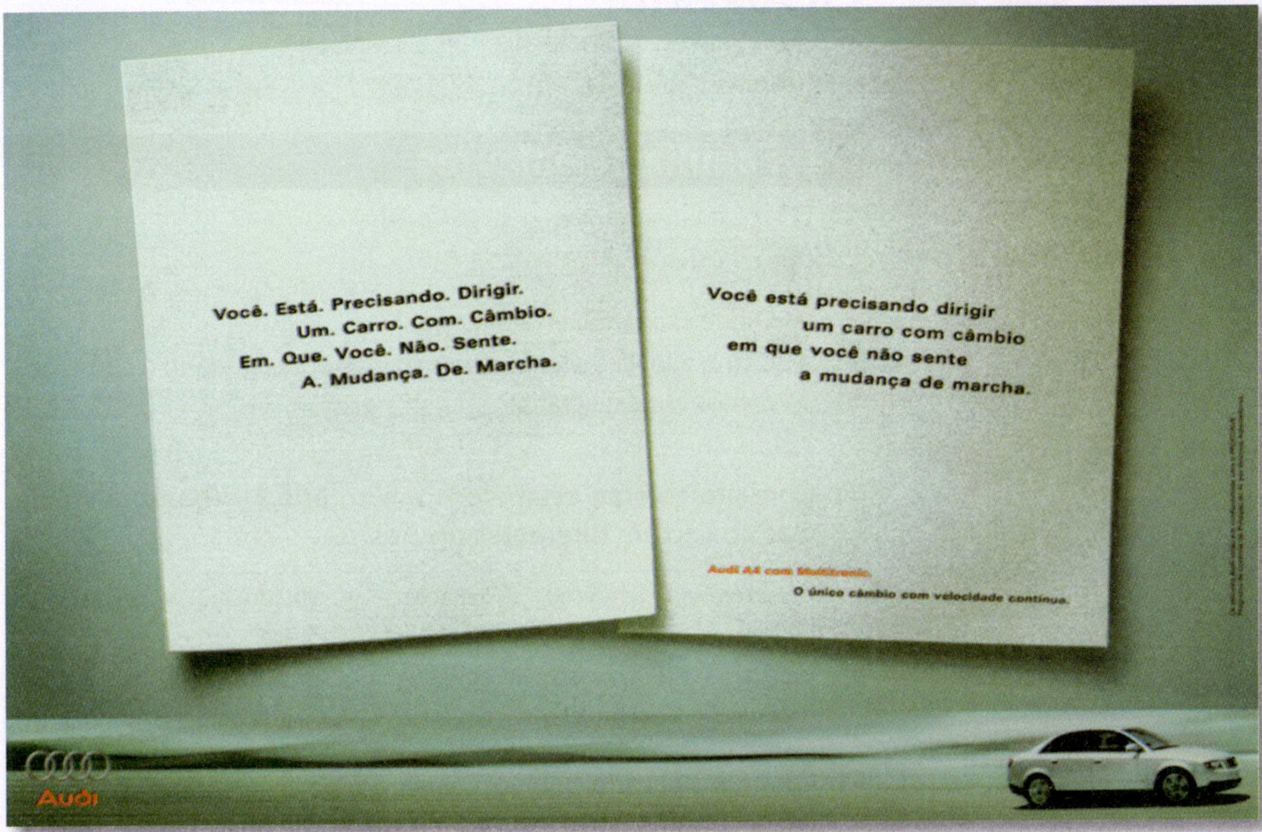

ALMAP BBDO

28º Anuário do Clube de Criação de São Paulo. 2003. p. 92.

1. O que está sendo anunciado?
2. Que vantagem é oferecida para que o consumidor compre esse automóvel?
3. No anúncio, o mesmo texto aparece duas vezes. Que diferença é possível identificar entre cada uma das vezes em que ele é apresentado?
4. Explique o efeito produzido por essa maneira de apresentar o texto.
5. Que vantagens do produto o anunciante procura destacar ao usar recursos para produzir esse efeito?
6. Quais outras vantagens que alguém pode ter quando aprende a grafar corretamente as palavras e a pontuar adequadamente os textos?

O que vamos fazer nesta unidade

Você certamente já sabe bastante sobre o jeito "certo" de grafar as palavras e pontuar os textos. Nesta unidade, vamos aprofundar esse conhecimento, aprendendo a resolver dúvidas como: quando usar **-jem** ou **-gem**? Quando usar **por que**, **porque**, **por quê** ou **porquê**? Quando a vírgula pode e não pode ser usada? E muitos outros detalhes que vão ajudá-lo a "mandar bem" na hora de escrever seus textos.

Assim que entender determinada regra, anote no caderno. Desse modo, você terá uma fonte de consulta sempre à mão para quando surgirem dúvidas.

Capítulo 1

Ortografia

1. Família de palavras

Como é que é?

- O que são famílias de palavras?
- Como a ideia de família de palavras pode ajudá-lo a cometer menos erros de grafia?

1. Com um colega, estabeleça um critério e organize as palavras abaixo em diferentes grupos.

ventoinha	chuvoso	aguaceiro	aguado	vento
chuva	enxaguar	água-benta	chover	ventania
água	chuvisco	aquário	aquarela	ventilador
desaguar	chuveiro	aquático	guarda-chuva	ventilação

2. Qual foi o critério que vocês usaram para agrupar as palavras?

3. Você já sabe que existem palavras *primitivas* ou *derivadas*, *simples* ou *compostas*.

Vamos lembrar

Uma das formas de classificar as palavras é de acordo com o modo como elas são criadas e formadas. Nesse caso, as palavras podem ser:

- **Primitivas** – não se formam de nenhuma outra e servem de ponto de partida para formar outras palavras: *carro, laranja.*
- **Derivadas** – são formadas a partir de uma outra palavra considerada primitiva: *carr**oça**, laran**jada**.*
- **Simples** – palavras (primitivas ou derivadas) que possuem apenas uma palavra na sua formação: *carro, carroça.*
- **Compostas** – palavras que possuem duas ou mais palavras na sua formação: *carro-forte, laranja-pera.*

a) Se vocês usassem o critério de agrupar as palavras derivadas de uma mesma palavra primitiva, como ficariam os grupos?

b) Qual seria a palavra primitiva de cada grupo acima?

c) Há palavras compostas nos grupos? Em caso positivo, quais são elas?

d) O que as palavras primitivas têm em comum com as outras palavras da mesma família?

Família de palavras

Damos o nome de **família de palavras** ao conjunto composto por determinada palavra primitiva e todas as outras palavras que se formaram a partir dela, sejam estas simples ou compostas. Por exemplo:

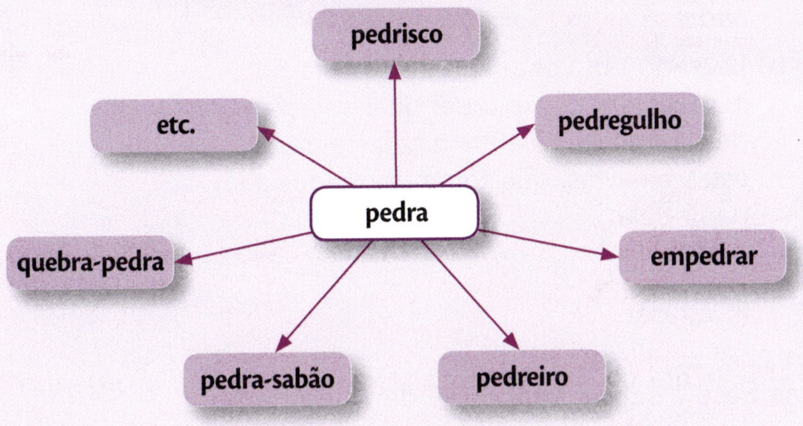

4. Observe estas palavras primitivas.

cheio	jeito	fechar	pulso

a) Com um colega, escreva no caderno palavras que pertencem à família de cada uma delas.

b) Você sentiu dificuldade para saber a grafia de alguma palavra?

c) Como você pode ter certeza de que *encher* escreve-se com **ch** e não com **x**?

d) Como você pode ter certeza de que *desajeitado* escreve-se com **j** e não com **g**?

e) De que forma essa ideia de *família de palavras* pode lhe ajudar, quando você tiver dúvida sobre a grafia correta de alguma palavra?

Então ficamos assim...

É o momento de retomar as questões feitas no início desta seção e ver o que você conseguiu compreender sobre elas, depois das análises e discussões realizadas.

- O que são famílias de palavras?
- Como a ideia de família de palavras pode ajudá-lo a cometer menos erros de grafia?

Anote no caderno as suas conclusões e não deixe de consultá-las quando for escrever um texto. Assim você cometerá cada vez menos erros de grafia.

Atividades

1. Observe o título deste livro.

REPRODUÇÃO

a) Considerando essa ocorrência da palavra *trás*, explique seu significado.

b) Levando em conta a sua resposta no item anterior, explique qual relação de sentido existe entre a palavra *trás* e estas palavras, que foram formadas a partir dela:

I. traseira;

II. atrasar.

2. A palavra destacada na frase a seguir também é derivada de *trás*? Justifique a sua resposta.

*Todos os dias ele **traz** a filha para brincar.*

3. Para ter certeza de que você entendeu como grafar corretamente as palavras pertencentes a essas famílias, copie o diálogo a seguir no caderno, substituindo o símbolo ✱ por s ou z.

— O João prometeu tra✱er a bola, mas já está atra✱ado.

— Esse João é um furão! Domingo retra✱ado foi a mesma coisa...

— Se a gente pedir para o Bruno, será que ele tra✱ a dele?

— Vamos tentar. Ele está atrá✱ do campo.

4. Cada uma das palavras do quadro ao lado pertence à família de uma das palavras em que, nas frases a seguir, você encontra o sinal gráfico ✱.

- Considerando essa informação, faça, no seu caderno, a mesma coisa que foi feita neste modelo:

cumprir
cabeleira
mistura
rijo
comprimento
suor

***Modelo:** Adoro mi✱to-quente com suco de laranja. (✱)*
Misto-quente: sei como grafar essa palavra porque ela é da mesma família de mistura.

a) Este exercício é bom para enri✱ecer os músculos.

b) Hoje à tarde vou ao cabel✱reiro.

c) As presidentes trocaram c✱mprimentos.

d) Uma perna da calça está mais c✱mprida que a outra.

e) Meu pai s✱a muito, por isso precisa usar um desodorante forte.

2. Grafia das palavras: com *g* ou *j* (-gem/-jem)?

Como é que é?

- Devemos escrever *lava**gem*** ou *lava**jem***? *Massa**gem*** ou *massa**jem***?
- Qual a diferença entre *via**gem*** e *via**jem***?
- Existe alguma regra para saber essas coisas?

1. Resolva este criptograma junto com um colega. Funciona assim: para letras iguais, símbolos iguais. Escreva as respostas no caderno.

a)	O contrário de covardia.	◆	✶	☼	✪	⌘	❖	☐
b)	Começo, início.	✶	☼	✋	⌘	❖	☐	
c)	Jornada, percurso.	⊙	✋	✪	⌘	❖	☐	
d)	O ferro molhado fica coberto dela.	💧	❖	☼	☼	O	⌘	❖	☐
e)	Área lateral ao longo do rio, beira.	☐	✪	☼	⌘	❖	☐	
f)	Signo que fica entre Leão e Libra.	⊙	✋	☼	⌘	❖	☐	
g)	Aquele que vive na selva.	⚐	❖	●	⊙	✪	⌘	❖	☐

2. A que classe gramatical pertencem as palavras que você encontrou no criptograma?

3. Procure no dicionário a grafia correta dessas palavras. Você errou alguma? Qual?

4. Que sílaba os símbolos ⌘ ❖ ☐ formam?

5. Observe as palavras primitivas a seguir.

imagem	paisagem	bagagem	vertigem

a) Escreva, no caderno, palavras que derivam delas. Se necessário, consulte o dicionário.

b) Observando as palavras primitivas do quadro e as que você escreveu no caderno, o que você conclui em relação ao uso do **g** ou **j** na última sílaba?

6. Leia, agora, estas manchetes:

> **Promotora quer que psicóloga e guardas viajem com menino haitiano**

Portal G1, 19 abr. 2011.

> Fernanda Paes Leme: "Não me arranjem namorado"

Quem Online, 7 set. 2009.

Vamos lembrar

Além de classificar as palavras de acordo com o modo como são formadas, podemos organizá-las de acordo com a sua finalidade na língua, em relação às significações. Neste caso, podemos agrupá-las em **dez classes gramaticais**: substantivo, adjetivo, verbo, artigo, pronome, advérbio, numeral, preposição, conjunção e interjeição.

Para lembrar direitinho a natureza de cada uma dessas classes, consulte o Anexo 1, no fim deste livro, e procure o esquema chamado "Organizamos as palavras em categorias".

a) A que classe gramatical pertencem as palavras destacadas?

b) Elas aparecem no dicionário do jeito que estão grafadas acima? Ou é preciso procurá-las de outra maneira?

c) Do jeito que essas palavras estão grafadas no dicionário, como se escreve sua sílaba final?

d) Levando em conta esses casos que acabou de analisar, qual regra você formularia para explicar a um colega em que situação devemos usar **-jem** no fim das palavras?

Então ficamos assim...

E então? Devemos escrever *lava**gem*** ou *lava**jem***? *Massa**gem*** ou *massa**jem***? Qual a diferença entre *via**gem*** e *via**jem***?

A partir do que observou, que regra ortográfica você formularia para o uso do **-gem** ou **-jem** no final das palavras? Escreva-a no caderno.

Se liga nessa!

Existem duas exceções às regras que estudamos aqui: os substantivos *pajem* e *lambujem*.

Atividades

1. Para colocar em prática o que aprendeu, identifique as palavras grafadas incorretamente nas frases a seguir e corrija-as no caderno.

a) Espero que não bocegem durante minha peça!

b) O diretor proibiu que os alunos se beijem.

c) Ei, devagar! Quero que me façam uma massajem, e não que me aleigem!

d) Para uma boa aprendizajem, as crianças precisam de mestres que as encoragem, e que arejem suas mentes com estímulos criativos.

e) Não brinquem na lareira! Não quero que vocês se sujem com fulijem.

2. Leia esta manchete.

> Bandidos agem em ônibus e táxi.

Jornal da Manhã, Uberaba, 2 maio 2011.

a) A palavra destacada é um verbo e está escrito com **g**. Isso contradiz a regra que aprendemos nesta seção? Por quê?

b) No caderno, escreva frases com outras formas verbais que terminem com **-gem**. Dica: procure verbos que, no infinitivo, tenham a mesma terminação que o verbo da manchete.

3. De acordo com o que estudamos, o **g** que aparece na terminação **-gem** de um substantivo primitivo é mantido nas palavras dele derivadas (exemplo: vir**g**em > vir**g**inal). Mas será que é sempre assim? Observe esta família de palavras:

encorajado — **coragem** — corajudo
corajoso

a) No caderno, experimente escrever com **g** as palavras *encorajado, corajoso* e *corajudo*.

b) Leia o que você escreveu em voz alta e deduza: por que, nesse caso, não vale a regra de preservar o **g** nas palavras derivadas?

c) Agora, imagine que você tenha um amigo que, ao ver a palavra *corajoso* escrita com **j**, ache que *coragem* também se escreve com **j**. No caderno, escreva um bilhete explicando a ele por que esse raciocínio não está correto.

3. Grafia das palavras: uso do *h* inicial

Como é que é?

- Kaká é um jogador muito ***h**abilidoso* ou muito ***a**bilidoso*? Existe alguma regra para saber quando colocar **h** no início de uma palavra?
- E o que devemos fazer quando não há regras para resolver certa questão ortográfica?

1. Na lista de palavras a seguir, há algumas grafadas incorretamente, porque está faltando o **h** inicial. Descubra quais são elas e copie-as no caderno, escrevendo-as da maneira correta. Consulte o dicionário sempre que tiver dúvidas.

ovo	abitante	ontem	armário	umano	elefante	omem
urbano	ipopótamo	erói	iguana	estado	oje	álito

Desta vez está difícil saber qual é a regra, não é? Há palavras começadas com som de **a**, **e**, **i**, **o** e **u** que precisam do **h** mudo antes, e outras que se escrevem sem ele. Qual é a regra, afinal?

O h inicial

O que determina a existência ou não da letra **h** no início de uma palavra é sua **origem**. Como só especialistas sabem a origem de todas as palavras, o jeito de não errar na hora de escrevê-las é decorando a grafia ou consultando um dicionário, quando tiver dúvidas.

2. Algumas palavras são mais usadas do que outras.

a) Você acha que se usa com mais frequência as palavras *hipopótamo, hipotálamo* ou *hoje*?

b) Nós temos de procurar grafar sempre corretamente todas as palavras, mas qual dessas três palavras vale mais o esforço para decorar a grafia e nunca mais errar?

Então ficamos assim...

Como não há regra no caso do uso da letra **h** em início de palavras, desta vez, em vez de completar no caderno seu quadro de regras, faça, com seus colegas, um cartaz contendo uma lista das palavras com **h** que vocês acham mais importante não errar.

Origem das palavras

Com o passar do tempo, as línguas se modificam: novas palavras surgem, outras desaparecem. Até a gramática e a pronúncia mudam com o tempo.

A língua portuguesa vem, ao longo da história, recebendo influência de várias outras línguas também. A letra **h** está presente em palavras principalmente de origem grega (*higiene, hino, hepatite*) ou latina (*homem*), mas também há aquelas de origem árabe (*harém*) ou francesa (*hotel*).

Atividades

1. Observe as palavras a seguir.

hábil	hábito	haltere	harém	haras	harmonia
harpa	haste	hebraico	hebreu	hecatombe	hectare
hélice	helicóptero	hematoma	hemograma	hemorragia	hepatite
hera	herança	herege	hiato	hibernar	híbrido
hidratar	hiena	hierarquia	hífen	higiene	hilário
hindu	hino	hipnose	hipócrita	holandês	holofote
homicídio	honesto	honra	horizonte	horóscopo	horrível
horta	hortelã	hospedar	hospital	hostil	humano

a) Procure no dicionário o significado de cinco palavras desconhecidas para você e faça uma frase com cada uma delas. Depois, leia suas frases para os colegas e veja se eles conseguem descobrir o significado da palavra escolhida.

b) Escolha as palavras que você provavelmente usará com mais frequência na sua vida.

c) Escolhemos mais cinco palavras que se escrevem com **h** inicial e que, se você errar na grafia, vai "pegar muito mal":

hoje, homem, hora, habitar, história

- Escreva cinco frases no caderno. Em cada uma deve aparecer uma das palavras escolhidas por nós e uma das palavras escolhidas por você.

d) Agora crie três frases bem malucas com as palavras da lista. Leia as frases criadas em voz alta para seus colegas e divirta-se ouvindo as deles!

2. Procure em jornais e revistas palavras que se iniciam com a letra **h**. Recorte os parágrafos onde elas apareceram e cole-os no caderno. Dê um título para os parágrafos.

3. No quadro da questão 1, aparecem as palavras *hemograma* e *hemorragia* – ambas foram formadas com o prefixo grego **hemo-**, que significa "sangue". Observe, no quadro a seguir, outras palavras formadas com prefixos de origem grega iniciados por **h**, bem como o significado delas.

Palavra iniciada por prefixo grego	Significado da palavra
heliocêntrico	Que tem o sol como centro.
heptágono	Polígono de sete lados.
hexacampeão	Que foi seis vezes campeão.
hidroavião	Avião que pode pousar na água e dela decolar.
hipertensão	Pressão sanguínea superior à normal.
hipotensão	Pressão sanguínea inferior à normal.
homófono	Que tem o mesmo som.

a) Com base nessas palavras e em seus significados, deduza o sentido de cada prefixo destacado.

b) Consulte o dicionário e copie, no caderno, outras palavras iniciadas pelos mesmos prefixos.

c) Você acha importante conhecer o significado de prefixos como esses? Por quê?

4. Existem algumas palavras que têm sentido bem diferente, mas só se diferenciam, na escrita, pela presença ou não do h inicial.

Nas frases a seguir, descubra qual delas é a mais adequada ao contexto e, então, copie a frase no caderno, substituindo o símbolo ✶ pela palavra escolhida. Se tiver dúvidas, consulte o dicionário.

a) O muro da velha casa estava coberto de ✶ (era – hera).

b) O que ✶ (houve – ouve) com você? Está com um ar tão abatido!

c) Não faça nada por ✶ (ora – hora). Espere meu telefonema.

d) Desculpe-me pela demora. ✶ (A – Há) quanto tempo você está aqui?

Prefixos e sufixos

Ao estudar as famílias de palavras, você percebeu que podemos formar palavras derivadas acrescentando partículas no início e/ou no fim de palavras primitivas. As partículas que vêm no início são chamadas de **prefixos**, e as que vêm no final, de **sufixos**. Veja:

PREFIXOS — SUFIXOS

em + **pedra** + ar = empedrar

des + em + **pedra** + ado = desempedrado

pedra + eiro = pedreiro

Note que essas partículas são dotadas de sentido. Por exemplo, o prefixo **em-** dá ideia de transformação (*empedrar* é "transformar em pedra"), enquanto o sufixo **-eiro** dá ideia de profissão, como em pedr**eiro**, cozinh**eiro**, barqu**eiro**.

4. Grafia das palavras: com *s* ou *z* (*-oso*/*-osa*)?

Como é que é?

- *Id**oso*** ou *id**ozo***? *Maravilh**osa*** ou *maravilh**oza***?
- Como saber a forma correta de escrever essas palavras? Há alguma regra que ajude ou temos de memorizar a grafia de cada uma?

Às vezes, ficamos em dúvida se devemos escrever determinada palavra com **s** ou com **z**. Algumas regrinhas podem ajudar a diminuir essas dúvidas.

Você já aprendeu que substantivos derivados de adjetivos devem ser escritos com **-ez/-eza**: rispid**ez**, cert**eza,** natur**eza**. Também aprendeu que se escrevem com **-ês/-esa** os adjetivos pátrios (japon**ês**, dinamarqu**esa**) e os títulos de nobreza (marqu**ês**, marqu**esa**). Vamos conhecer, agora, outras regras úteis sobre terminações com **s** ou **z**.

1. No caderno, copie as frases a seguir, substituindo o símbolo ✱ pela palavra adequada.

a) Uma menina que **teima** muito é ✱.

b) Uma situação cheia de **perigo** é ✱.

c) Um acontecimento cheio de **mistério** é ✱.

d) Uma comida que tem muito **sabor** é ✱.

e) Uma pessoa que faz muita **manha** é ✱.

f) Uma cidade que tem uma grande **população** é ✱.

2. A que classe gramatical pertencem as palavras que você escreveu?

3. Considerando o sentido dessas palavras, o que elas têm em comum?

4. Como você escreveu essas palavras: com **s** ou com **z** na última sílaba?

5. Você teve alguma dúvida na hora de escrever? Por quê?

6. Procure no dicionário como estão grafadas as palavras que você escreveu na resposta da questão 1.

a) Você encontrou as palavras que estavam no gênero feminino? Por que isso acontece?

b) Quais são as três últimas letras das palavras encontradas?

Então ficamos assim...

A partir do que observou, que regra você formularia para explicar quando usar **-oso** ou **-osa**?

Não se esqueça de anotar mais esta regra no caderno e não deixe de consultá-lo quando for escrever um texto e tiver dúvidas de ortografia.

Atividades

1. No caderno, escreva três frases rimadas, usando palavras que se encaixem na regra que você acabou de aprender.

2. No início desta seção, você recordou quando usamos **-ês(a)** ou **-ez(a)** e, ao longo da seção, descobriu a regra para outro uso do **s** entre vogais na última sílaba: **-oso(a)**. Vamos, agora, colocar em prática esses dois conhecimentos!

- No texto a seguir, você encontrará várias palavras com duas opções de grafia: uma com **s**, outra com **z**. Copie a correta no caderno.

A Bela Adormecida

Era uma vez um rei e uma rainha que não tinham filhos. Quando nasceu sua primeira criança, uma menina, ficaram eufóricos. Decidiram realizar uma festa (suntuosa/suntuoza), para a qual convidariam toda a (nobresa/nobreza), além dos habitantes mais importantes do lugar e também as treze fadas que moravam nas (redondesas/redondezas).

Às vésperas da festa, porém, um copeiro da corte avisou ao rei que eles só tinham doze pratos de porcelana (chinesa/chineza). Uma das treze fadas teria de comer em um prato comum — e poderia ficar (furiosa/furioza) por causa disso! O rei achou melhor, então, convidar apenas doze fadas.

Assim foi feito: no dia da festa vieram os cavalheiros mais (garbosos/garbozos) e as damas mais (vistosas/vistozas) — além, é claro, das doze fadas que haviam sido convidadas. Quando chegou a hora de presentear a criança, cada fada se aproximava do berço e lhe concedia algum dom. A primeira, deu-lhe (belesa/beleza); a segunda, (altivês/altivez); a terceira, (delicadesa/delicadeza); e assim por diante.

Mas a décima terceira fada ficou sabendo da festa e apareceu de (surpresa/surpreza), toda (raivosa/raivoza)! Passou na frente da décima segunda, que ainda não tinha concedido sua dádiva, correu até o berço e maldisse a (princesa/princeza): "Quando fizer 15 anos, você se picará com um fuso e não acordará jamais". A décima segunda fada sabia que não poderia anular a maldição da outra, mas tentou amenizá-la, dizendo: "Mas se um príncipe de bom coração beijá-la, seu sono será interrompido".

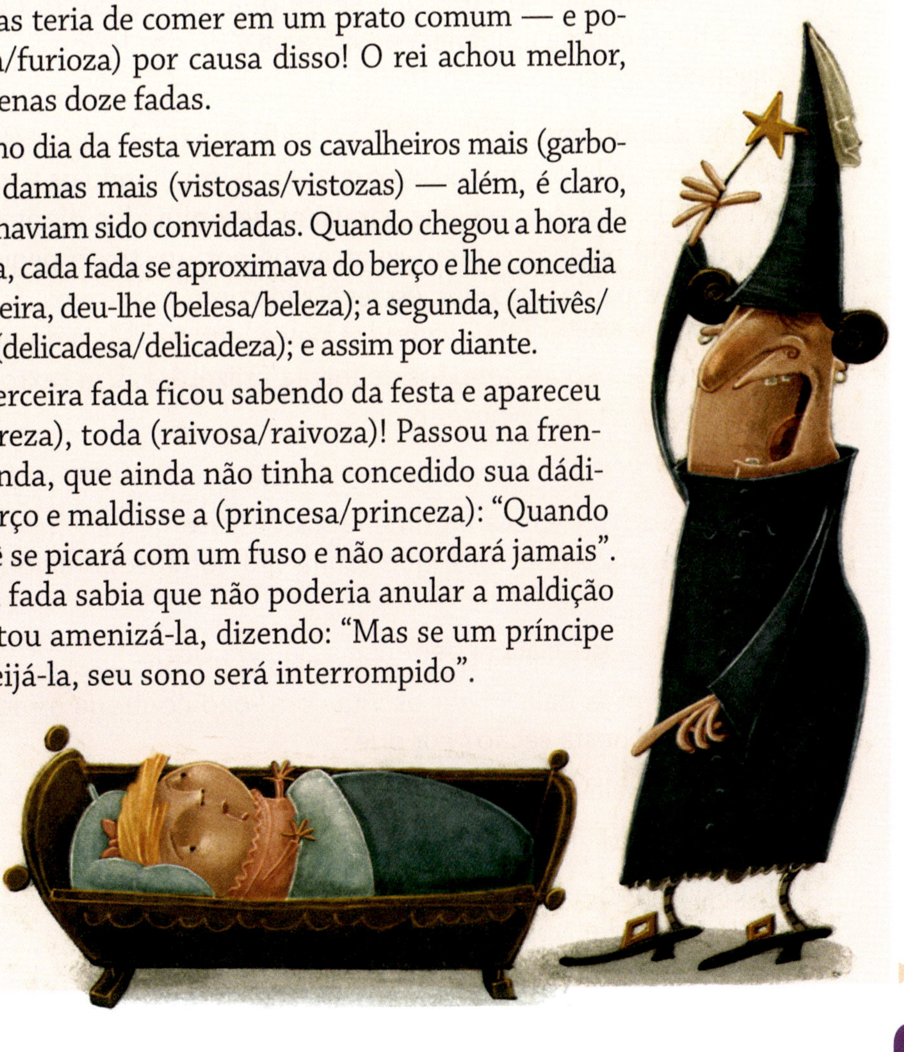

Os reis ficaram muito (nervosos/nervozos) e mandaram destruir todos os fusos do reino. Quando a menina fez 15 anos, porém, viu uma luz no alto de uma torre e, (curiosa/curioza) como era, foi ver do que se tratava. Era uma velhinha que vivia isolada e não soubera da proibição do rei, por isso continuava fiando em seu fuso. (Ansiosa/Ansioza) para descobrir como aquela máquina (misteriosa/misterioza) funcionava, a menina se aproximou do fuso e acabou se picando.

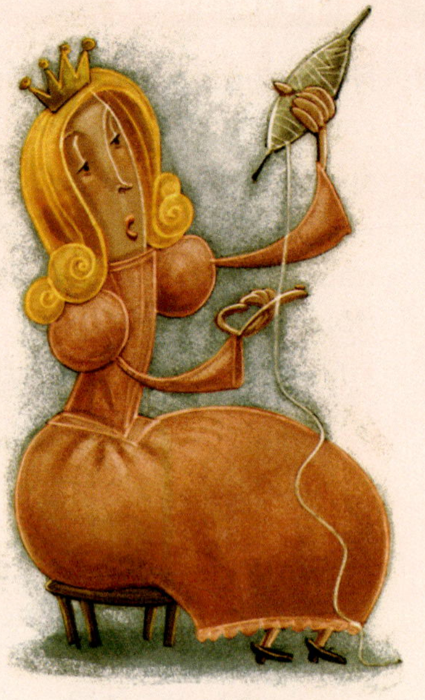

A maldição se cumpriu e ela dormiu imediatamente. Muitos anos depois, um príncipe (corajoso/corajozo) ficou sabendo da história e procurou o reino. Ao ver a (princesa/princeza) adormecida, o príncipe ficou maravilhado com sua (belesa/beleza) e a beijou. O encanto se desfez e a moça pôde ver seu salvador, por quem se apaixonou também. Os dois se casaram e viveram felizes por muitos e muitos anos.

Domínio popular.

3. A seguir, você lerá um trecho de uma crônica de Rubem Alves. Nessa crônica, o autor fala sobre o que sente quando descobre que seus escritos tiveram uma influência positiva na vida dos leitores.

[...]

Uma das minhas alegrias são os *e-mails* que recebo de pessoas que me confessam haver aprendido o gozo da leitura lendo os textos que escrevo. Os adolescentes que parariam desanimados diante de um livro de 200 páginas sentem-se atraídos por um texto pequeno de apenas três páginas. O que escrevo são como aperitivos. [...] Quero que meus textos sejam comidos pelos leitores. Mais do que isso: quero que eles sejam comidos de forma prazerosa. Um texto que dá prazer é degustado vagarosamente. [...]

ALVES, Rubem. Os ipês amarelos. *Folha de S.Paulo*, 24 ago. 2010. (Fragmento). © Folhapress.

a) No caderno, reescreva a primeira frase desse trecho, substituindo a palavra *gozo* por outra que tenha um sentido parecido, nesse contexto.

b) A que classe gramatical pertence a palavra *gozo*?

c) O fato de essa palavra ser escrita com **-ozo** contraria a regra que estudamos nesta seção? Por quê?

d) Observe a palavra com que se encerra o fragmento: *vagarosamente*.

I. De qual adjetivo ela deriva?

II. O que podemos concluir quanto à grafia de palavras que derivam de adjetivos terminados em **-oso**?

5. Grafia das palavras: com *s* ou *z* (*-isar/-izar*)?

Como é que é?

- Devemos escrever *parali**zar*** ou *parali**sar***? *Parali**zação*** ou *parali**sação***?
- Como saber a forma correta de escrever essas palavras?

Vamos descobrir mais uma regra sobre o uso de **s** ou **z** entre vogais.

1. Transforme estas palavras em verbos.

economia	visual	canal	hospital	tranquilo
oficial	estéril	humano	real	suave
harmonia	útil	alfabeto	álcool	ágil

2. Procure no dicionário as palavras que você escreveu e verifique se as grafou corretamente. Caso as tenha escrito errado, corrija-as.

3. O que você fez para transformar as palavras em verbos?

4. Agora, transforme estas outras palavras em verbo.

análise	pesquisa	liso	aviso	piso

a) Verifique no dicionário se você grafou as palavras corretamente. Caso tenha se equivocado em alguma, corrija-a.

b) O que foi feito para transformar as palavras acima em verbos?

5. Junte-se a um colega e tentem responder a este desafio: por que alguns verbos terminaram em **-isar** e outros em **-izar**? Uma dica: observem com atenção como são grafadas as palavras que deram origem ao verbo.

6. Monte um quadro semelhante a este no caderno.

Verbo	Substantivo abstrato	Adjetivo
globalizar		
alisar		
alfabetizar		
avisar		
hospitalizar		
improvisar		
humanizar		

Vamos lembrar

Substantivos abstratos são palavras que nomeiam os seres e as coisas que não têm existência própria, que dependem de outros seres e coisas para existir. Nesta categoria entram as palavras que nomeiam sentimentos (*tristeza, alegria*), qualidades (*bondade, maldade*), noções (*verdade, mentira*), estados (*frieza, limpeza*), ações (*viagem, beijo*), processos (*resfriamento, aceitação*).

a) Agora, preencha-o com palavras derivadas dos verbos listados. Atenção: as palavras derivadas devem pertencer à classe gramatical indicada no topo de cada coluna.

b) Depois que tiver preenchido o quadro, confira no dicionário a grafia das palavras que você escreveu e, se houver alguma errada, corrija-a. Que regra você formularia sobre o uso de **s** ou **z** nessas palavras derivadas?

7. Procure em revistas e jornais palavras que terminem em **-izar** ou **-isar**.

- Divida as palavras encontradas em dois grupos. Qual é o grupo com mais palavras? Você consegue pensar em uma explicação para isso?

Então ficamos assim...

A partir do que observou, que regra você formularia para explicar quando usar **-izar** ou **-isar**? E quando utilizar **-ização/-isação, -izado/-isado, -izamento/-isamento**, etc.?

Escreva a regra no caderno e não deixe de consultá-la sempre que for revisar um texto e não quiser mais cometer erros de grafia.

Se liga nessa!

Há algumas exceções às regras que você aprendeu nesta seção:

- catequ**ese** → catequ**izar**
- sínt**ese** → sintet**izar**
- hipn**ose** → hipnot**izar**

Por que isso ocorre? Mais uma vez, a explicação está na **origem** das palavras: esses verbos "diferentes" originaram-se de palavras que já tinham o **z** na última sílaba (por exemplo, *catequizar* veio do latim *catechizare*) ou, então, vieram de palavras que não tinham o **s** na sílaba final (é o caso de *hipnotizar*, que veio de *hipnótico* + *izar*).

Atividades

As frases a seguir contêm algumas palavras grafadas incorretamente. Copie as frases no caderno, fazendo as correções necessárias.

a) Quando viu a menina, levou um susto tão grande que ficou paralizado: ela havia alizado o cabelo!

b) Nesta fábrica, o leite é primeiro analizado, depois homogeneizado, esterilizado e, finalmente, envazado em embalagens próprias.

c) Precisamos evitar a banalisação da violência: atitudes agressivas devem ser penalizadas com rigor.

d) O filme traz sequências eletrisantes, mas também cenas fortes que podem escandalisar o público.

e) Quando terminar de estudar uma lição, tente sintetisar o conteúdo. Isso o ajudará a memorisar os principais conceitos.

f) A vítima estava quase agonizando quando a ambulância chegou. Felizmente, conseguiram hospitalisá-la a tempo.

g) O religioso frizou que não queria catequisar os moradores, mas sim ajudá-los na busca pela espiritualização.

6. Grafia das palavras: *s*, *ç* e *x* após ditongos

Como é que é?

- Você lembra o que é um ditongo?
- Poder identificar um ditongo nos ajuda a saber de que maneira se escrevem certas palavras? Como?

1. Quando há duas ou três vogais lado a lado em uma palavra, dizemos que há um **encontro vocálico**. Veja: *meia*, *céu*, *aquário*.

- Copie as palavras a seguir no caderno. Depois, circule o encontro vocálico de cada uma delas.

saguão	prêmio	saúde	peixe	riacho	delinquente
meu	cauda	boi	bairro	paciente	névoa

A vogal que pronunciamos de forma mais fraca num encontro vocálico é chamada de **semivogal** (semi = meio, metade).

2. Nesses encontros vocálicos, muitas vezes pronunciamos uma vogal de forma mais forte do que a outra.

- Copie as palavras a seguir no caderno. Depois, faça um círculo nas vogais fortes e um traço sob as vogais mais fracas dos encontros vocálicos. Mas atenção: há casos em que as duas vogais do encontro são fortes.

sai	saí	joelho	põe	mágoa
país	raiva	saúde	Paraguai	geografia

Vamos lembrar

Chama-se **ditongo** o encontro de duas vogais (uma forte e outra fraca) numa **mesma sílaba**. Exemplos: *b**ai**le, f**au**na, l**ei**te, q**ua**ndo.*

Três vogais numa mesma sílaba caracterizam um **tritongo**. Por exemplo: *delin**quiu***, *enx**águam*** (tem som de "uão"), *sa**guão***.

Quando há um encontro vocálico, porém, cada vogal recai numa sílaba diferente, chamamos de **hiato**. Exemplos: *s**aí**da, m**iú**do, r**ai**nha.*

3. Quando separamos as palavras em sílabas, nem sempre as vogais do encontro vocálico ficam na mesma sílaba.

a) Separe as sílabas das palavras da atividade anterior.

b) Observe a colocação das vogais e semivogais em cada sílaba. O que se pode concluir?

Há quatro tipos de ditongos:

- **crescente** — semivogal + vogal: *ig**ua**l, tranq**ui**lo;*
- **decrescente** — vogal + semivogal: *b**ai**le, r**éu**, az**ui**s;*
- **nasal** — ocorre quando a primeira vogal é pronunciada de maneira nasalizada (ou seja, o som passa pelo nariz): *alem**ãe**s, can**ção**, m**ui**to;*
- **oral** — ocorre quando nenhuma das vogais é pronunciada de maneira nasalizada: *g**ai**ta, f**au**na, v**iu**.*

4. Copie as palavras a seguir no caderno, separe suas sílabas e faça um círculo em torno dos ditongos.

pousar	coisa	faixa	eleição	repousar
ameixa	traição	caixa	peixe	louça

5. Faça um quadro igual a este no caderno.

Som de s, como em *sapato*	Som de z, como em *azar*	Som de ch, como em *chave*

a) Ainda no caderno, retome as palavras do exercício anterior e sublinhe a letra que vem após o ditongo. Em seguida, distribua as palavras pelo quadro, de acordo com o som dessa letra.

b) A partir do que observou, que regra ortográfica você formularia?

Então ficamos assim...

Chegou a hora de retomar as questões iniciais e responder a elas, junto com os colegas. E então: o que é um ditongo? Saber identificar um ditongo pode nos ajudar a saber como se escrevem certas palavras? Como?

Atividades

1. Você é capaz de resolver estas adivinhas? Dica: todas as respostas contêm um ditongo seguido por **x**, **s**, ou **ç**.

a) Depois do almoço ou do jantar,
alguém tem que me lavar.
Quem sou eu?

b) Fresca, seca ou em calda,
quem me come sempre se esbalda.
Quem sou eu?

c) Depois da peça ou do *show*,
a plateia me usa para mostrar que gostou.
Quem sou eu?

2. Copie as frases a seguir no caderno, substituindo o ✱ por **s**, **x** ou **ç**.

a) O fai✱ão é uma ave originária da Ásia, conhecida pela longa cauda e pelas cores exuberantes.

b) Acusados de trai✱ão, os homens foram jogados no calabou✱o do castelo.

c) Meus irmãos são tão diferentes: um tem mania de perfei✱ão, o outro é todo deslei✱ado.

d) Ou✱a bem: não suporto mais suas quei✱as.

e) A velha senhora se afei✱oou totalmente ao cão.

▼ Leia esta tira de Chico Bento e, depois, responda às questões 3 a 6.

CHICO BENTO — Mauricio de Sousa

3. Ao dizer, no primeiro quadrinho, que queria "um peixe bem fresco", o que a senhora pretendia?

4. Por que a reação de Chico Bento, no segundo quadrinho, é surpreendente e, por isso, pode provocar o riso?

5. Releia a fala de Chico Bento.

a) A que classe gramatical pertence a palavra *dexa*? Qual sua grafia correta?

b) Por que você acha que essa palavra foi grafada incorretamente na fala de Chico Bento?

c) E você? Como você fala essa palavra? Leia as frases a seguir em voz alta, de maneira natural, e descubra: você pronuncia o **i** e o **u** destes ditongos?

deixa comigo	o laço está frouxo	põe o peixe na caixa

d) Preste atenção à fala de pessoas que vivem em outras regiões. Por exemplo: apresentadores de TV, atores de novelas, radialistas, comunicadores da internet. Eles falam *deixa* ou "*dexa*"? *Caixa* ou "*caxa*"?

6. Entre as frases a seguir, escolha a que apresenta uma conclusão mais adequada para a análise que você acaba de fazer. Então, copie-a no caderno.

- Apenas quem mora na roça fala "*dexa*" e "*caxa*", em vez de *deixa* e *caixa*.
- Independentemente da região onde mora, quase todo mundo fala "*dexa*" e "*caxa*", em quase todas as situações. Mas isso não tem nenhum reflexo sobre a regra ortográfica que estudamos nesta seção.
- Nem sempre existe uma correspondência perfeita entre os sons da nossa fala e as letras da escrita, por isso precisamos tomar cuidado na hora de identificar os ditongos e, assim, aplicar a regra para grafar a consoante que vem depois deles (**s**, **ç** ou **x**).

7. Acentuação das palavras: relembrando as regras já estudadas

Como é que é?

- Você se lembra das regrinhas de acentuação?
- Que tal fazer um quadro com todas as regras para você poder consultar até não as esquecer mais?

1. No caderno, copie as palavras a seguir e as acentue corretamente. Se tiver dúvidas, consulte o dicionário.

albuns	alguns	almoço	ate	atras	biceps	biquini	bruxaria	cadaver
comodo	cornea	Cuiaba	dolmen	familia	forceps	forum	faceis	fossil
gosto	governo (subst.)	guri	helice	hoje	humus	imã (objeto que atrai ferro)	indio	interim
ja	joqueis	juri	lampada	leis	lingua	liquido (adjetivo)	magoa (subst.)	mas (malvadas)
mas (porém)	mes	missil	mulherio	ninguem	onix	onibus	orfãs	orgão
paleto	parabens	po	polen	porão (subst.)	revolver (subst.)	roseo	sagui	sape
serie	so	sotão	tenis	tonus	torax	xamã		

2. Agora, divida as palavras com duas sílabas ou mais em três grupos: **oxítonas**, **paroxítonas** e **proparoxítonas**. Quanto às monossílabas (de uma sílaba só), separe-as entre **tônicas** e **átonas**.

3. Ainda no caderno, faça um círculo ou pinte a última letra de cada palavra.

4. Converse com a turma: de acordo com o que vocês estudaram no ano passado, que regras podem justificar a escolha dos acentos nas palavras da atividade 2?

Vamos lembrar

A sílaba que apresenta o som mais forte dentro de uma palavra chama-se **sílaba tônica**.

As palavras podem ser classificadas como **oxítonas**, **paroxítonas** ou **proparoxítonas**, dependendo da posição da sílaba tônica.

Contamos a posição da sílaba tônica do final para o começo: **última**, **penúltima** e **antepenúltima**.

pa **pel** → *Última sílaba* — *Oxítona*

ma to → *penúltima sílaba* — *paroxítona*

ár vo re → *antepenúltima sílaba* — *proparoxítona*

Quanto aos **monossílabos**, eles podem ser **tônicos** ou **átonos**.

Se liga nessa!

Existem, ainda, algumas poucas palavras que recebem **acento diferencial** — que, como o nome indica, serve para *diferenciá-las* de outras. São elas:

- *pôr* (verbo) x *por* (preposição) — Vou **pôr** a blusa que foi feita **por** mim.
- *pôde* (passado) x *pode* (presente) — Ele já não **pode** fazer o que **pôde** quando jovem.
- *têm* e *vêm* (3ª pessoa do plural) x *tem* e *vem* (3ª pessoa do sing.) — Os rapazes **têm** pressa e **vêm** de carro, mas a moça não **tem** e **vem** a pé.

Note que a diferenciação se mantém nos derivados de *ter* e *vir*: Eles **detêm**, **retêm**, **provêm** x Ele ***detém***, ***retém***, ***provém***.

Então ficamos assim...

Com a ajuda do professor, façam um quadro com as regras de acentuação discutidas. De preferência, deixem o quadro afixado em um lugar onde todos possam ver e consultar em caso de dúvida.

Copie também o quadro em seu caderno, para que você possa consultar as regras quando não estiver na classe.

Atividades

1. No texto a seguir, eliminamos quase todos os acentos (mantivemos apenas os casos que você ainda não estudou). Leia o texto e escreva no caderno, da maneira correta, as palavras que precisam de acento.

A historia do açucar

Durante centenas de anos, o açucar foi um produto raro, simbolo de poder e riqueza

E dificil hoje em dia imaginar como seria a vida sem o açucar e, consequentemente, sem o bolinho da vovo, o cafezinho adoçado, o doce para a sobremesa. Pois ate o seculo 17 as pessoas viviam sem essa substancia extraída da cana.

Antes do açucar se tornar um produto acessivel, as duas unicas fontes de sabor doce no mundo eram o mel e a cana. Ao que tudo indica, foi pela India, por volta do ano de 325 a.C., que o caldo de cana entrou para a historia (e o paladar) ocidental. Quando Niarchos, soldado de Alexandre, o Grande, chegou ao vale do Indo com a missão de conquistar a India Oriental, ele deparou com nativos bebendo o suco da cana fermentado. A partir daí, com a alcunha de "sal indiano", o produto passou a ser importado por preços altissimos por gregos e romanos.

Muitos seculos depois, por volta do ano 600, foram desenvolvidas as primeiras tecnicas de refino de açucar em uma universidade de Persia. A ideia era facilitar o estoque, transporte e comercio do produto sem fermentá-lo. Com a conquista da Persia pelos exercitos arabes islamicos, em 650, a receita do processamento do açucar passou para os arabes, que assumiram o negocio e levaram mudas de cana para serem cultivadas nas terras conquistadas. Era o inicio da expansão do açucar pelo mundo. As Cruzadas, que confrontaram muçulmanos e cristãos, tambem contribuíram para a difusão do produto pela Europa. Os cristãos tiveram contato com a "especiaria" no Oriente e continuaram usando-a quando voltaram para casa.

Ate o seculo 17, no entanto, o açucar era extremamente raro. Utilizado como remedio contra a peste negra, como tempero em minusculas quantidades e como meio de preservação de frutas, o produto possuía preço tão elevado que logo se tornou um bem de ostentação e luxo. Grandes esculturas de açucar, normalmente na forma de navios e palacios, chegaram a ser produzidas durante os seculos 15 e 16 para enfeitar cerimonias reais e eclesiasticas. So com a introdução do cultivo de cana na recem-descoberta America é que a oferta de açucar no mundo aumentou. Assim o produto começou a se tornar mais acessivel para todas as camadas sociais.

LOMBARDO, Lívia. *Aventuras na História.* Disponível em: <http://historia.abril.com.br/alimentacao/historia-acucar-435424.shtml>. Acesso em: 7 jun. 2011. (Adaptado para a atividade.)

2. Agora, separe as palavras que você copiou no caderno em grupos, de acordo com as regras que explicam por que elas devem ser acentuadas.

3. As palavras a seguir estão agrupadas segundo a regra que explica sua acentuação. Em cada grupo há, porém, uma "intrusa". Identifique-a, copie-a no caderno e explique por que ela não **pertence** àquele grupo.

a)	b)	c)
fósseis	Guaporé	néctar
difíceis	Anhangabaú	almíscar
jóqueis	Mossoró	caráter
decibéis	Pará	éteres

8. Acentuação das palavras: oxítonas e monossílabos terminados com ditongos abertos

Como é que é?

- Por que *mói* tem acento e *boi* não tem? Por que *chapéu* tem acento e *judeu*, não?
- No quadro da seção anterior ficou faltando uma regrinha. Vamos descobrir qual é?

1. Leia o poema a seguir. Depois, copie no caderno as palavras que contêm ditongos e circule-os.

> Para relembrar o que é ditongo, volte à seção 6, "Grafia das palavras: **s**, **ç** e **x** após ditongos".

Canção das ameixas

Poema de Bertolt Brecht

Foi quando amadureceram
As ameixas — veio então
À aldeia, de carroça,
Um garboso rapagão.

Nós colhíamos ameixas,
E na grama ele deitou,
Barba loura, e espichado
Coisa e outra observou.

As ameixas já cozidas,
Lá conosco ele brincou,
E sorrindo, nas vasilhas,
O seu dedo ele enfiou.

A geleia de ameixas
Nós comíamos. E então,
Foi-se embora. Mas lembramos
Sempre do belo rapagão.

BELINKY, Tatiana. *Um caldeirão de poemas*. São Paulo: Companhia das Letrinhas. 2003. p. 66.

2. Releia em voz alta o verso abaixo. Observe o som dos ditongos.

A geleia de ameixas

- Os dois ditongos foram pronunciados da mesma forma? Explique.

3. Há um ditongo em todas as palavras a seguir.

assembleia	anéis	queixo	papéis	meu	heroico
doido	boi	herói	boia	rói	dói
leis	fiéis	chapéu	museu	ateu	jiboia
diarreia	bacalhau	peixe	troféu	réu	véu
judeu	lençóis	centopeia	pau	ideia	país

a) No caderno, separe-as em três grupos: paroxítonas, oxítonas e monossílabos.

b) Quanto à acentuação dessas palavras, o que você pode concluir?

4. Considere o grupo de oxítonas e de monossílabos e divida-os novamente em dois: **ditongo aberto** (como em *geleia*) e **ditongo fechado** (como em *ameixa*).

5. Quanto à acentuação dessas palavras, o que você pode concluir?

Então ficamos assim...

- Então, qual é a regrinha que ficou faltando no quadro com as regras de acentuação feito na seção anterior?
- Complete o quadro que você e sua turma fizeram anteriormente e não se esqueça de copiar a regra no seu caderno também.

Atividades

▼ A seguir você encontrará manchetes extraídas de *sites* jornalísticos. Algumas delas contêm palavras cujo acento gráfico foi eliminado por nós. Descubra quais são essas palavras e copie-as no caderno, acentuando-as adequadamente.

a) **Viajante dorme em casa de ilheu**

Folha de S.Paulo, 8 set. 2005.
© Folhapress.

b) AGRICULTORES CONSTROEM CASAS COM ELEMENTOS NATURAIS EM SANTA CATARINA

Canal Rural, 22 abr. 2011.

c) São Paulo ainda remoi o Santa Cruz

Folha Online, 20 abr. 2011.
© Folhapress.

d) Ex-presidente dos EUA vai visitar a Coreia do Norte

Agência Estado, 25 abr. 2011.

e) Bandidos usam máscaras de super-herois para roubar carros

EP Ribeirão, 9 maio 2011.

f) Aplaudido, Verdão quer levar futebol heroico para Curitiba

SuperEsportes, 2 maio 2011.

g) Fogo destroi favela em SP

Folha de S.Paulo, 14 fev. 2011.
© Folhapress.

h) Descoberto mausoleu do séc. II sob escombros na Itália

BandNews, 20 abr. 2011.

9. Acentuação das palavras: *i* e *u* tônicos em hiatos

Como é que é?

- Por que a vogal *u* tem acento na palavra *saúde* e não tem em *caule*?
- Por que a vogal *i* tem acento na palavra *doído* e não tem em *doido*?
- E por que *distribuí-lo* tem acento e *demiti-lo* não? Como fica a acentuação das formas verbais seguidas de pronome?

1. Observe as palavras do quadro a seguir.

pais	país	egoísta	Sauipe	jiboia	doido	doído
sanduíche	viúva	ruim	coroinha	ruína	peixe	Raul
instruir	rainha	diurno	caixa	cair	ainda	louro
juiz	baú	fuinha	berimbau	mais	couro	feiura

a) No caderno, separe as sílabas delas.

b) Em quais dessas palavras ocorre hiato?

c) E em quais delas o **i** ou o **u** foram acentuados?

d) Nessas palavras que foram acentuadas, as vogais **i** e **u** aparecem sozinhas ou acompanhadas de outras letras na sílaba?

e) Se essas palavras não fossem acentuadas, como poderiam ser lidas? O hiato permaneceria?

2. A partir das respostas dadas na questão anterior, como você explicaria por que as palavras *ruim*, *Raul*, *diurno*, *cair*, *ainda* e *juiz* não foram acentuadas?

3. Até agora resolvemos o caso de *país*, *egoísta*, *doído*, *sanduíche*, *viúva*, *ruína*, *baú*, *ruim*, *Raul*, *diurno*, *cair*, *ainda* e *juiz*. Faltam ainda estes casos:

Sauipe	coroinha	feiura	rainha	fuinha

a) Por que será que essas palavras não são acentuadas? Para descobrir, observe o que há antes e depois do **i** ou do **u** tônicos. Qual padrão ou quais padrões você nota?

b) Como você formularia de modo completo, então, a regra para a acentuação do **i** e do **u** tônicos?

Assim como as sílabas, as vogais também podem ser **tônicas** (pronunciadas com mais força) ou **átonas** (pronunciadas de modo mais fraco). Como você viu, as semivogais dos ditongos ou tritongos são sempre átonas (fracas) e, nos hiatos, as vogais que se separam são sempre tônicas (fortes). Por isso, dizemos que o **i** e o **u** em palavras como *rainha*, *feiura* e *viúva* são tônicos.

4. Leia, agora, este trecho de um poema de Machado de Assis.

A um legista

[...]
Rosa... que se enamora
Do amante colibri,
E desde a luz da aurora
Os seios lhe abre e ri.

Mas Zéfiro brejeiro
Opõe ao beija-flor
Embargos de terceiro
Senhor e possuidor.

Quer este possuí-la,
Também o outro a quer.
A pobre flor vacila,
Não sabe a que atender.

O sol, juiz tão grave
Como o melhor doutor,
Condena a brisa e a ave
Aos ósculos da flor.
[...]

ASSIS, Machado de. In: COUTINHO, Afrânio (Org.). *Machado de Assis:* obra completa. Rio de Janeiro: Nova Aguilar, 1992. p. 217-218. v. 3. (Fragmento).

Glossário

Legista: especialista em leis.
colibri: o mesmo que beija-flor.
Zéfiro: na mitologia grega, o vento do Oeste.
brejeiro: brincalhão.
embargos de terceiro: no mundo jurídico, uma ação que alguém que não participa do processo (um terceiro) promove para impedir que determinado fato ocorra.
ósculos: beijos.

a) Releia esta estrofe:

"Quer este possuí-la,
Também o outro a quer.
A pobre flor vacila,
Não sabe a que atender."

I. Os termos destacados são **pronomes oblíquos**. Sua função é **substituir** um nome. Qual dos nomes a seguir esses dois pronomes estão substituindo? Copie a alternativa correta no caderno.

- Zéfiro.
- A flor.
- O beija-flor.

Converse com a turma

1. Podemos dizer que, neste trecho, o poema conta uma pequena história. Reconte essa historinha com suas palavras.
2. Por que Zéfiro, o vento, opôs "embargo de terceiros" ao beija-flor? (Veja o significado dessa expressão no glossário.)
3. No fim, a disputa entre os dois pretendentes se resolve pela interferência do Sol. Na sua opinião, por que o eu lírico colocou o Sol como o "juiz" do confronto?
4. Existe relação entre o título do poema e o trecho que você leu? Em caso positivo, qual é ela?

II. No caderno, reescreva o primeiro verso da estrofe destacada, substituindo o pronome oblíquo pelo substantivo que você escolheu no item anterior.

III. O verbo ficou numa forma nominal. Qual é ela?

b) Na estrofe destacada, apesar de o primeiro pronome ter a forma **la** e o segundo ter a forma **a**, nos dois casos trata-se exatamente do mesmo termo: é o pronome oblíquo referente à 3ª pessoa do singular, no feminino. Por que ele mudaria de forma? Para levantar uma hipótese, experimente ler o primeiro verso substituindo a forma **la** por **a**. O que você observou?

Os pronomes oblíquos da 3ª pessoa (**o**, **a**, **os**, **as**) mudam de forma quando aparecem depois de certas formas verbais. Observe:

- Se a forma verbal termina em **-r**, **-s** ou **-z**, a última letra desaparece e o pronome assume a forma **lo, la, los** ou **las**:

  possui~~r~~ + **a** → possuí-**la**

  encontramo~~s~~ + **os** → encontramo-**los**

  fa~~z~~ + **as** → fá-**las**

- Se a forma verbal termina em ditongo nasal (**-ão**, **-õe**, **-em**, **-am**), o pronome assume a forma **no, na, nos** ou **nas**:

  dão + **a** → dão-**na**

  põe + **o** → põe-**no**

  det**ém** + **as** → detém-**nas**

  encontr**am** + **os** → encontram-**nos**

5. Quanto à acentuação da palavra *possuí* em "Quer este **possuí**-la", você percebe alguma relação com as regras que estudamos nesta seção? Em caso positivo, qual é ela?

6. Observe, agora, estes outros verbos no infinitivo seguidos por pronomes oblíquos.

concluí-lo, distribuí-la, traí-la   dividi-lo, parti-la, proibi-la   comprá-lo, lê-lo, repô-lo

- Preste atenção à presença ou ausência de acento gráfico. A forma como esses verbos foram acentuados confirma ou contradiz as regras que você já conhece sobre acentuação de palavras? Por quê?

Então ficamos assim...

Agora, responda com os colegas às perguntas que fizemos no início desta seção.

- Por que a vogal *u* tem acento na palavra *saúde* e não tem em *caule*?
- Por que a vogal *i* tem acento na palavra *doído* e não tem em *doido*?
- E por que *distribuí-lo* tem acento e *demiti-lo* não? Como fica a acentuação das formas verbais seguidas de pronome?

Atividades

1. Copie as frases a seguir no caderno, colocando acentos gráficos onde for necessário e eliminando os que tiverem sido colocados incorretamente. Em seguida, explique suas mudanças.

a) Bastou tocar a campaínha para atrai-los: eram dois cães enormes, chamados Faisca e Trovão.

b) Lara Croft é uma das mais conhecidas heroinas dos *videogames*.

c) As imagens obtidas por câmeras de segurança contribuiram para elucidar o misterioso crime ocorrido no Grajau.

d) Como a ventoínha que o refrigerava quebrou, o motor da van aqueceu demais e começou a soltar fumaça. Assustados, os passageiros sairam correndo.

e) O pintor era tão bom que transformava feiúra em beleza. Seus retratos restituiam os traços joviais até mesmo às damas mais idosas.

2. Copie as frases a seguir no caderno, substituindo as expressões destacadas pelo pronome oblíquo correspondente e fazendo as adaptações necessárias. Observe o modelo.

> **Modelo:** ***Não devemos regar as plantas quando o sol está a pino.***
> ***Não devemos regá-las quando o sol está a pino.***

a) A prefeitura vai distribuir colchões aos desabrigados.

b) Precisamos dividir os donativos, pois a quantidade é insuficiente para todos.

c) É proibido construir novas moradias na área de risco.

d) Com a enchente, muitas famílias tiveram de abandonar suas casas.

e) O esgoto a céu aberto aumenta o risco de contrair doenças.

f) Durante muitos anos, o governo recusou-se a admitir os riscos.

g) A fábrica fechou e tivemos de demitir os funcionários.

h) Não serei capaz de ler todos estes livros em tão pouco tempo.

i) Como sócio do clube, você pode usufruir todos os serviços.

j) Os alunos se reuniram no auditório para debater os temas propostos.

k) Para aliviar o estresse, o primeiro passo é descontrair os músculos.

10. Acentuação das palavras: *por que, porque, por quê* e *porquê*

Como é que é?

- Quando é que devemos escrever *porque* junto? E *por que* separado?
- Quando devemos acentuar os *porquês*?

Descubra tudo isso, fazendo as atividades a seguir.

▼ Leia a tira a seguir.

RECRUTA ZERO Mort Walker

2011 KING FEATURES SYNDICATE/IPRESS

1. Observe as frases em que aparecem as expressões *por que* e *porque*.

a) A expressão *por que* está escrita numa frase afirmativa ou interrogativa?

b) E a palavra *porque*? Está escrita numa frase afirmativa ou interrogativa?

2. A partir do que observou, que regra para o uso de *por que* ou *porque* você formularia?

3. Qual palavra poderia substituir o *porque* do último quadrinho?

4. Leia o texto a seguir e copie, no caderno, as frases em que aparece *por que* ou *porque*. Em seguida, sublinhe ou pinte essas expressões nas frases que copiou.

> ## Por que sentimos cócegas?
>
> *Entenda por que o cérebro é incapaz de bloquear sensações que não pode prever*
>
> Saber, com certeza, ninguém sabe. Mas há uma boa dica: sentimos cócegas quando alguma coisa toca nossa pele de um jeito que o cérebro não consegue prever. E sem conseguir "adivinhar" qual vai ser a sensação, o cérebro não tem como bloqueá-la.
>
> [...]

Converse com a turma

1. Nesta tira do Recruta Zero, aparecem três personagens: Dona Tetê, secretária do General Dureza, o próprio General Dureza (que aparece no segundo quadrinho, escondido sob a mesa) e o Tenente Escovinha.

a) Por que o General Dureza está escondido sob a mesa?

b) O que a tira nos permite deduzir sobre a personagem Tenente Escovinha?

2. O exagero muitas vezes é usado para criar um efeito humorístico. Podemos dizer que é esse o caso aqui? Por quê?

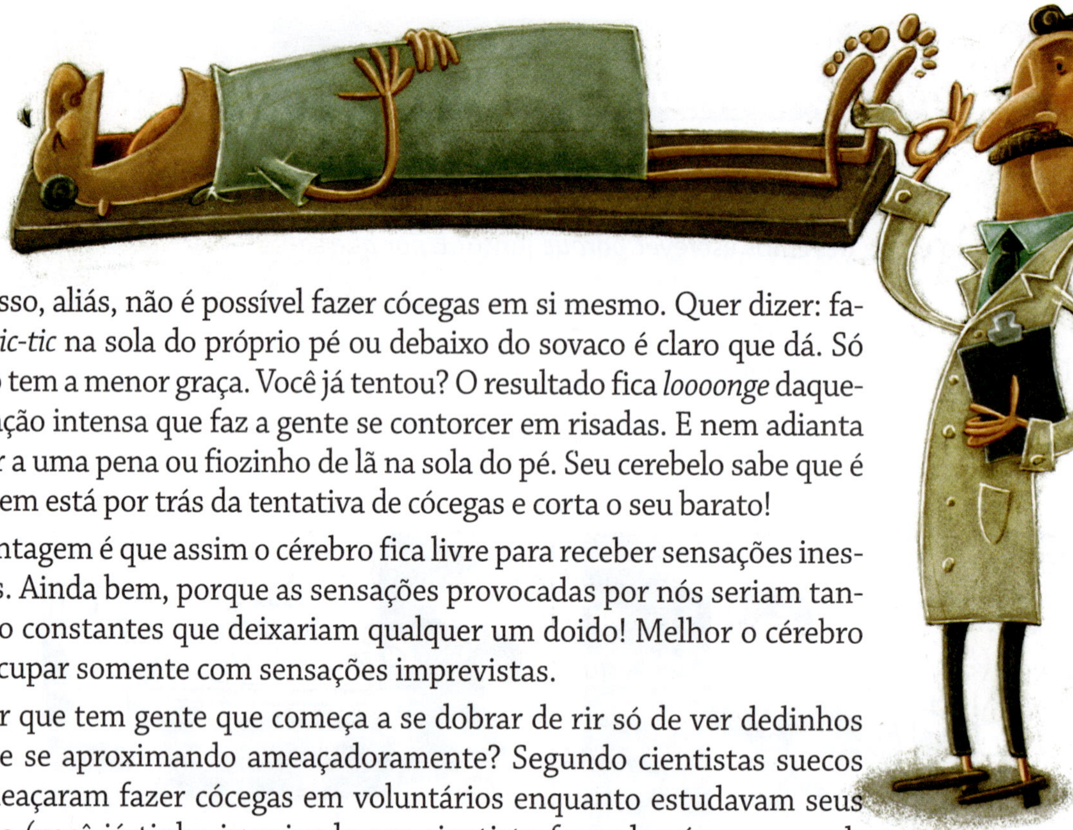

Por isso, aliás, não é possível fazer cócegas em si mesmo. Quer dizer: fazer *tic-tic-tic* na sola do próprio pé ou debaixo do sovaco é claro que dá. Só que não tem a menor graça. Você já tentou? O resultado fica *loooonge* daquela sensação intensa que faz a gente se contorcer em risadas. E nem adianta recorrer a uma pena ou fiozinho de lã na sola do pé. Seu cerebelo sabe que é você quem está por trás da tentativa de cócegas e corta o seu barato!

A vantagem é que assim o cérebro fica livre para receber sensações inesperadas. Ainda bem, porque as sensações provocadas por nós seriam tantas e tão constantes que deixariam qualquer um doido! Melhor o cérebro se preocupar somente com sensações imprevistas.

E por que tem gente que começa a se dobrar de rir só de ver dedinhos em riste se aproximando ameaçadoramente? Segundo cientistas suecos que ameaçaram fazer cócegas em voluntários enquanto estudavam seus cérebros (você já tinha imaginado um cientista fazendo cócegas em alguém?), é porque a região do cérebro que sente toques reage da mesma forma às cócegas e à expectativa das mesmas. Para o cérebro, a ameaça de cócegas funciona tão bem quanto a própria.

Só que com todas essas pesquisas ainda não explicaram por que alguns toques são só toques e outros são cócegas. O que faz a diferença: a força do toque? Os movimentos repetitivos das cosquinhas? O lugar do corpo? Essa pesquisa ainda vai render muitas gargalhadas!

HOUZEL, Suzana Herculano.
Disponível em: <http://chc.cienciahoje.uol.com.br/revista/revista-chc-2001/118/por-que-sentimos-cocegas>. Acesso em: 29 jul. 2011. (Fragmento).

a) Releia o título e o subtítulo do texto.

> "*Por que* sentimos cócegas?"
>
> Entenda *por que* o cérebro é incapaz de bloquear sensações que não pode prever"

I. Por que no título é usada a forma *por que*, com duas palavras?

II. O uso do *por que* no subtítulo pode ser explicado pela mesma regra? Justifique.

III. Substitua a expressão *por que* do subtítulo pelas expressões *por qual motivo* e *por qual razão*.

IV. Escreva no caderno uma possível regra para justificar mais esse uso de *por que*.

b) Uma das palavras que você sublinhou no texto pode ser substituída por *pois*. Em que frase isso acontece?

5. Leia, agora, o início da letra de uma canção do cantor e compositor Djavan.

Esquinas

Só eu sei
As esquinas por que passei
Só eu sei
Só eu sei
Sabe lá o que é não ter e ter que ter pra dar
[...]

DJAVAN. Esquinas. Intérprete: Djavan. In: Djavan. *Lilás*. Rio de Janeiro: Sony BMG, 1984. 1 CD, 3. (Fragmento).

a) No caderno, reescreva o segundo verso, substituindo a expressão *por que*, de duas maneiras:

I. Primeiro, pela expressão *por qual razão*, como você fez em um dos itens da questão anterior.

II. Depois, pela expressão *pelas quais*.

b) Escolha a expressão que fez mais sentido, quando você transformou os versos, e faça a mesma coisa nas frases a seguir.

- Os vales por que passaram eram de uma beleza indescritível.
- A razão por que acreditei nele é que parecia sincero.
- O momento por que anseio é a chegada do meu amigo.

c) Qual regra você formularia para explicar esse novo uso do *por que* separado?

6. Leia a tira a seguir.

GRAÚNA — Henfil

Henfil

Converse com a turma

1. Bode Orelana vive na caatinga, um lugar muito seco, e está sempre reclamando da falta de água.

a) Você concorda com a personagem Graúna (o pássaro preto) quando ela diz que temos de nos acostumar com os problemas e nunca reclamar? Por quê?

b) Por que você acha que Graúna e Zeferino não reclamam também?

c) Qual o sentido de Graúna e Zeferino repetirem várias vezes a pergunta "Por quê?"

a) Nos últimos quadrinhos, aparece a expressão *por quê*. Qual a semelhança e qual a diferença em relação ao uso dessa expressão na tira do Recruta Zero, que você analisou no início da seção?

b) Qual a posição da expressão *por que* na frase? No início, no meio, ou no fim? É a mesma posição em que aparecia na tira do Recruta Zero?

c) Qual poderia ser a regra que determina a diferença que você identificou no item a?

7. Leia a tira a seguir.

HAGAR

Chris Browne

2011 KING FEATURES SYNDICATE/IPRESS

- Observe.

  No primeiro quadrinho, Eddie pergunta: "O quê?"

  No segundo quadrinho, Hagar pergunta: "O que nós fizemos a eles?"

  Comparando com os usos de *por que* e *por quê* nos quadrinhos anteriores, qual a semelhança no uso de *que* e *quê* você pode observar?

8. Leia as frases a seguir.

> Gostaria de saber o **porquê** de todo esse barulho.
> Ele não nos explicou o **porquê** de sua saída.
> Você não prestou atenção. Esse é o **porquê** do mal-entendido.

a) Com relação à grafia, qual a diferença entre a palavra destacada e os outros *porquês* analisados até aqui?

b) Qual é a palavra que aparece antes desses *porquês*? A que classe gramatical ela pertence?

c) A que classe gramatical pertence esse *porquê*? Como você justifica isso?

d) Por qual palavra o *porquê* poderia ser substituído, nessas frases?

e) Que regra você pode formular a partir dessas observações?

Então ficamos assim...

Agora responda no caderno às perguntas que fizemos no início desta seção e formule regras para o uso dos *porquês*.

- Quando é que devemos escrever *porque* junto? E *por que* separado?
- Quando devemos acentuar os *porquês*?

Atividades

1. Leia a tira cujos **por que** e **porque** foram substituídos por ✶.

CALVIN Bill Watterson

a) Nos dois primeiros quadrinhos, Calvin está expondo suas ideias sobre cultura popular ao tigre Haroldo.

I. A que ele está se referindo quando fala em "cultura popular"?

II. Qual ponto de vista Calvin defende sobre o assunto no primeiro quadrinho?

III. Qual argumento Calvin usa, no segundo quadrinho, para justificar seu ponto de vista?

IV. Devemos escrever *por que* ou *porque* no lugar do ✶, nesse segundo quadrinho? Explique sua escolha.

b) No terceiro quadrinho, o que devemos escrever no lugar do ✶ na fala de Haroldo? Por quê?

c) Na fala de Calvin, devemos escrever *por que* ou *porque*? Explique sua resposta.

d) A resposta que Calvin dá ao tigre nesse terceiro quadrinho confirma ou contradiz o argumento que ele usou inicialmente para justificar a posição da cultura popular?

e) O tigre Haroldo está sendo irônico no último quadrinho? Justifique a sua resposta.

A tira de Calvin fala sobre certos "defeitos" que a cultura popular teria, na visão de algumas pessoas. No "Caderno de Leitura e Produção", na Unidade 2, Capítulo 1, há uma discussão a respeito de arte popular e arte erudita que pode ajudá-lo a compreender melhor a tira.

2. **Copie as frases a seguir no caderno, substituindo o ✶ por *por que*, *porque*, *porquê(s)*, *por quê* ou apenas *quê*.**

a) Todos sabem ✶ você tirou nota baixa: ✶ não se dedicou ao estudo como deveria.

b) Você conhece bem as dificuldades ✶ estou passando.

c) Não consigo entender ✶ João se recusa a falar conosco.

d) Meu irmãozinho está na fase dos ✶.

e) "Você tem medo de ✶?"

f) Estou infeliz e não sei dizer ✶. Seria ✶ não recebi o telefonema ✶ esperava?

Capítulo 2

Pontuação

1. Relembrando: pontuação do discurso direto e indireto

Como é que é?

- Você lembra quando e como se usam os dois-pontos, o travessão, as aspas e os parênteses?
- Que tal fazer uma atividade para recordar?

No volume do 6º ano, você estudou alguns sinais de pontuação que aparecem tanto em textos de ficção (literários) quanto em textos não ficcionais (notícias, reportagens, textos científicos, etc.). Vamos recordar quais eram?

Sinais de pontuação	Usos observados
Dois-pontos	• Para anunciar as falas das personagens. • Para introduzir um exemplo em relação ao que foi dito antes. • Para acrescentar informação em relação ao que foi dito antes.
Travessão	• Para introduzir a fala das personagens. • Para introduzir comentário do narrador. • Para acrescentar informação em relação ao que foi dito antes.
Aspas	• Para marcar a fala de personagens em textos ficcionais. • Para indicar as falas de pessoas (em textos não ficcionais). • Para destacar títulos e nomes (de um livro, revista, filme, personagem, etc.). • Para destacar palavras estrangeiras e explicações sobre elas. • Para citar trechos de outros livros.
Parênteses	• Para acrescentar uma explicação sobre algo que foi citado antes.

1. Vamos começar com um texto ficcional. Extraímos do conto a seguir os *dois-pontos*, *travessões* e *aspas*. Faça esta atividade em **dupla**:

a) Localizem os trechos em que esses sinais devem ser inseridos.

b) Copiem a frase toda no caderno e coloquem a pontuação adequada.

c) Por fim, justifiquem suas escolhas com base no quadro acima.

Bruxas não existem

Quando eu era garoto, acreditava em bruxas, mulheres malvadas que passavam o tempo todo maquinando coisas perversas. Os meus amigos também acreditavam nisso. A prova para nós era uma mulher muito velha, uma solteirona que morava numa casinha caindo aos pedaços no fim de nossa rua. Seu nome era Ana Custódio, mas nós só a chamávamos de bruxa.

Era muito feia, ela; gorda, enorme, os cabelos pareciam palha, o nariz era comprido, ela tinha uma enorme verruga no queixo. E estava sempre falando sozinha. Nunca tínhamos entrado na casa, mas tínhamos a certeza de que, se fizéssemos isso, nós a encontraríamos preparando venenos num grande caldeirão.

Nossa diversão predileta era incomodá-la. Volta e meia invadíamos o pequeno pátio para dali roubar frutas e quando, por acaso, a velha saía à rua para fazer compras no pequeno armazém ali perto, corríamos atrás dela gritando bruxa, bruxa!

Um dia encontramos, no meio da rua, um bode morto. A quem pertencera esse animal nós não sabíamos, mas logo descobrimos o que fazer com ele jogá-lo na casa da bruxa. O que seria fácil. Ao contrário do que sempre acontecia, naquela manhã, e talvez por esquecimento, ela deixara aberta a janela da frente. Sob comando do João Pedro, que era o nosso líder, levantamos o bicho, que era grande e pesava bastante, e com muito esforço nós o levamos até a janela. Tentamos empurrá-lo para dentro, mas aí os chifres ficaram presos na cortina.

Vamos logo, gritava o João Pedro, antes que a bruxa apareça.

E ela apareceu. No momento exato em que, finalmente, conseguíamos introduzir o bode pela janela, a porta se abriu e ali estava ela, a bruxa, empunhando um cabo de vassoura. Rindo, saímos correndo. Eu, gordinho, era o último.

E então aconteceu. De repente, enfiei o pé num buraco e caí. De imediato senti uma dor terrível na perna e não tive dúvida estava quebrada. Gemendo, tentei me levantar, mas não consegui. E a bruxa, caminhando com dificuldade, mas com o cabo de vassoura na mão, aproximava-se. Àquela altura a turma estava longe, ninguém poderia me ajudar. E a mulher sem dúvida descarregaria em mim sua fúria.

Em um momento, ela estava junto a mim, transtornada de raiva. Mas aí viu a minha perna, e instantaneamente mudou. Agachou-se junto a mim e começou a examiná-la com uma habilidade surpreendente.

Está quebrada, disse por fim. Mas podemos dar um jeito. Não se preocupe, sei fazer isso. Fui enfermeira muitos anos, trabalhei em hospital. Confie em mim.

Dividiu o cabo de vassoura em três pedaços e com eles, e com seu cinto de pano, improvisou uma tala, imobilizando-me a perna. A dor diminuiu muito e, amparado nela, fui até minha casa. Chame uma ambulância, disse a mulher à minha mãe. Sorriu.

Tudo ficou bem. Levaram-me para o hospital, o médico engessou minha perna e em poucas semanas eu estava recuperado. Desde então, deixei de acreditar em bruxas. E tornei-me grande amigo de uma senhora que morava em minha rua, uma senhora muito boa que se chamava Ana Custódio.

SCLIAR, Moacyr. *Nova Escola*. Edição Especial: Contos. São Paulo, v. 5, p. 63, jul. 2010. (Adaptado).

2. Agora, vocês vão repetir o mesmo exercício, mas desta vez com um texto não ficcional. Trata-se de uma reportagem publicada em uma revista de divulgação científica. Fiquem atentos, porque, além de **dois-pontos**, **travessões** e **aspas**, desta vez há também **parênteses**. Para facilitar sua tarefa, marcamos com números os pontos em que devem ser inseridos sinais.

Bem menos que um milhão

Ter amigos só traz benefícios. Quanto mais, melhor. Mas há um limite. Um estudo feito na Universidade de Oxford comparou o tamanho do cérebro humano, mais precisamente do neocórtex**(1)** área responsável pelo pensamento consciente**(2)**, com o de outros primatas. Ele cruzou essas informações com dados sobre a organização social de cada uma das espécies ao longo do tempo. E chegou a uma conclusão reveladora**(3)** 150 é o máximo de amigos que uma pessoa consegue ter ao mesmo tempo.

Para que você mantenha uma amizade com alguém, precisa memorizar informações sobre aquela pessoa**(4)** desde o nome até detalhes da personalidade dela**(5)**, que serão acionadas quando vocês interagirem. Por algum motivo, o cérebro não comporta dados sobre mais de 150 pessoas. Os relacionamentos que extrapolam esse número são inevitavelmente mais casuais. Não são amizade. Outros pesquisadores foram além e constataram que, dentro desse grupo de 150, há uma série de círculos concêntricos de amizade**(6)** 5, 15, 50 e 150 pessoas, cada um com características diferentes [...].

Converse com a turma

1. Até o sétimo parágrafo do texto, que imagem o narrador nos transmite da personagem Ana Custódio?
2. Cite algumas palavras e expressões que contribuem para a criação dessa imagem.
3. Qual momento marca a mudança na maneira como o narrador vê e descreve a mulher?
4. No fim do texto, o narrador usa uma expressão para referir-se a Ana Custódio que contrasta com a imagem criada a princípio. Qual é essa expressão?
5. Você também já viveu alguma situação em que mudou totalmente sua visão sobre alguém? Conte como foi.

O curioso é que esses círculos já haviam sido mencionados por filósofos como Confúcio, Platão e Aristóteles**(7)** e também estão presentes em várias formas de organização humana. Na Antiguidade clássica, 5 já era considerado o número máximo de amigos íntimos que alguém poderia ter. Tirando o futebol, 12 a 15 pessoas é a quantidade de jogadores na maioria dos esportes coletivos. Cinquenta é o número médio de pessoas nos acampamentos de caça em comunidades primitivas**(8)** como os aborígenes da Austrália, por exemplo**(9)**. Cento e cinquenta é o tamanho médio dos grupos do período neolítico, dos clãs da sociedade pré-industrial, das menores cidades inglesas no século 11 e, até hoje, de comunidades camponesas tradicionais como os amish**(10)** que dividem uma comunidade em duas quando ela ultrapassa as 150 pessoas**(11)**. Os 150 podem, inclusive, ser a chave do sucesso profissional. Como no caso da Gore-Tex, uma empresa têxtil americana que se divide**(12)** e abre uma nova sucursal**(13)** cada vez que seu número de funcionários passa de 150 pessoas. A vantagem disso é que todos os empregados se conhecem, têm relações amistosas e cooperam melhor. **(14)**As coisas ficavam confusas quando havia mais de 150 pessoas**(15)**, explicou o fundador da empresa, William Gore, numa entrevista concedida alguns anos antes de morrer, em 1986. [...]

COSTA, Camilla; GARATTONI, Bruno. Por que fazemos amigos? *Superinteressante*, São Paulo, p. 48-49, fev. 2011. (Fragmento adaptado).

Glossário

Concêntricos: que têm o mesmo centro. Círculos concêntricos são, portanto, aqueles que podem ficar um dentro do outro.

Aborígenes: nativos, indígenas.

Amish: grupo cristão que se organiza em comunidades isoladas nos Estados Unidos e no Canadá, evitando o contato com a sociedade moderna.

Sucursal: filial.

Converse com a turma

1. Hoje em dia, é comum que muitas pessoas, principalmente jovens, exibam centenas de "amigos" nas redes sociais de que participam pela internet. O que a reportagem lida nos permite afirmar sobre isso?
2. Releia o título do texto: "Bem menos que um milhão". Você sabe por que ele tem esse título? Se não souber, faça uma busca na internet usando as palavras-chave "um milhão" + "amigos" + "Roberto Carlos".

a) Muitas vezes podemos usar indiferentemente dois-pontos ou travessão. Existe, porém, um trecho do texto lido no qual só pode ser usado travessão. Qual é esse trecho?

- Isso ocorre porque, nesse trecho, além de introduzir uma informação, o travessão tem outra função, para a qual os dois-pontos não serviriam. Copie no caderno a alternativa que melhor descreve essa função:
  - Introduzir um comentário do narrador.
  - Citar o pensamento de filósofos antigos.
  - Destacar o que será dito em seguida.

b) Ainda sobre o texto "Bem menos que um milhão", responda: há uma palavra estrangeira que não foi destacada. Qual é ela? Se os autores do texto quisessem destacá-la, que sinal deveriam usar?

2. O uso da vírgula: noções básicas

Como é que é?

- Quais são os usos básicos da vírgula?
- Será que podemos colocá-la em qualquer lugar da frase?

1. Leia os textos a seguir. Observe o uso da vírgula nos trechos assinalados.

Texto 1

Achando o amor

Ele tem quinze anos, calça 42, usa cabelos razoavelmente compridos. Estava num bar do Leblon, na companhia de castigados adultos. [...] Quando os homens feitos já tinham falado sobre mulheres, o time do Flamengo, o custo de vida, reviravolta política dum país africano, desastre espetacular no Aterro, música da moda, o Silêncio entrou no bar e empapou tudo com gordura. [...]

Aí o jovem disse que estava juntando dinheiro para comprar um sabiá. Talvez não comprasse um sabiá, mas um curió. Ia para o colégio de ônibus porque sempre estava em cima da hora, mas voltava a pé. Não comia sanduíche no recreio. Sabiá tá caro! Vendedor de passarinho tem muito trambique. Ele chateou tanto um, ali naquela lojinha de Ipanema, pedindo abatimento para pintassilgo, que o homem acabou lhe ensinando onde se compra pintassilgo mais barato na cidade. Tinha em casa azulão, canário, bigodinho... Teve bicudo, corrupião, mainá... O triste é que passarinho morre.

[...]

CAMPOS, Paulo Mendes. As eternas coincidências. In: ALVES, Rosemary (Org.). *Paulo Mendes Campos & José J. Veiga*. Rio de Janeiro: Bertrand Brasil, 2003. (Coleção Literatura em minha casa, 8ª série; v. 2. Crônica e Conto). (Fragmento).

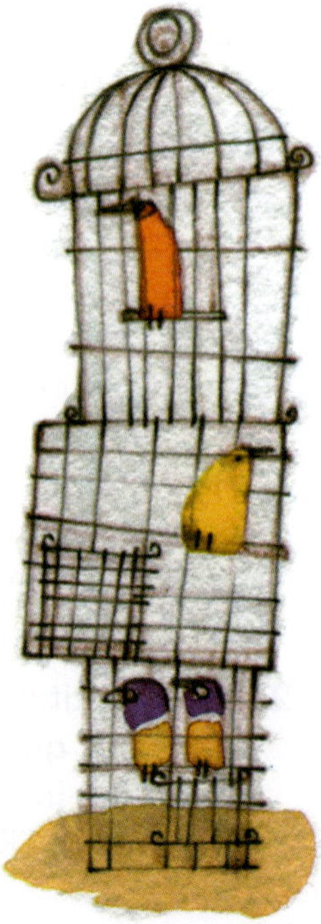

Texto 2

O MELHOR DE CALVIN

Bill Watterson

a) Quantas características do rapaz o narrador do Texto 1 apresentou para descrevê-lo? Quais são essas características?

b) Sobre quantos assuntos os adultos conversaram, antes de ficarem em silêncio? Quais foram esses assuntos?

c) No Texto 1, fala-se a respeito da compra de animais silvestres, porque a personagem vive em uma época que em essa prática ainda não era ilegal. Quantas aves o jovem do Texto 1 tinha e quantas ele teve? Quais?

d) No Texto 2, como Calvin se recusa a levar o lixo para fora, sua mãe resolve lhe recordar tudo que faz por ele diariamente. Quantas e quais ações ela menciona?

e) Observe que a última ação mencionada pela mãe de Calvin está separada das ações anteriores por uma palavra. Qual é essa palavra?

2. **Junte-se a um colega e discutam sobre qual seria a regra para o uso da vírgula que se pode formular a partir da observação dos textos lidos. Depois, discutam a conclusão a que chegaram com a turma.**

3. **Leia as orações a seguir, baseadas no conto "O primeiro amor", lido no "Caderno de Leitura e produção". Depois, copie-as e faça o que se pede.**

> Ele sentiu a minha chegada.
>
> O jogador voltou a jogar, agora com mais velocidade, mais empenho.
>
> Minha mãe, perguntou o que tinha acontecido.
>
> Eu olhava a paisagem do lago, do mato, da lua.
>
> Essa menina, está muito quieta!

a) No caderno, faça um círculo em torno do verbo ou locução verbal.

b) Sublinhe o sujeito.

c) Em duas dessas frases, introduzimos um erro de pontuação. Procure identificar quais são elas. Por que você acha que estão erradas?

4. As expressões destacadas nas orações a seguir são chamadas de **aposto**.

> Marisa, namorada de meu irmão, ganhou medalha de ouro na competição.
> Pedro, 18 anos, ajudou a salvar as vítimas da enchente.
> Campina Grande, cidade da Paraíba, promove a maior festa de São João do Brasil.
> Muitas pessoas, principalmente idosos e crianças, ficam gripadas nesta época do ano.

a) Copie essas frases no caderno e faça o que se pede:
   I. Um círculo em torno de cada verbo.
   II. Uma linha sob cada sujeito.

b) Onde estão os apostos em relação aos sujeitos e aos verbos das orações?

c) Em relação ao aposto, onde foram colocadas as vírgulas nessas orações?

d) O uso da vírgula nessas orações está correto, porém parece contrariar a regra que você inferiu na questão 3. Por quê?

e) No entanto, existe uma diferença entre as frases desta questão, que estão certas, e as erradas da questão anterior. Qual é ela?

Aposto é uma palavra ou expressão que se relaciona com um termo anterior. Tem a finalidade de esclarecer, explicar ou detalhar melhor esse termo.

5. As orações a seguir também foram adaptadas do mesmo conto lido no "Caderno de Leitura e produção". Copie-as no caderno e faça o que se pede.

> Eu estava no clube, esperando meus pais.
> Ouvi, o barulho de uma bola.
> Subi os degraus e fui até o alto da arquibancada deserta.
> Ele sentiu a minha chegada. Secou, o suor da testa com a manga da jaqueta e continuou seu treino.

a) No caderno, faça um círculo em torno do verbo ou locução verbal.

b) Sublinhe os objetos direto e indireto.

c) Em duas dessas orações, introduzimos um erro de pontuação. Procure identificar quais são elas. Por que você acha que estão erradas?

Então ficamos assim...

Agora junte-se a um colega e escreva uma resposta para as perguntas que fizemos no início desta seção: quais são os usos básicos da vírgula? Será que podemos colocá-la em qualquer lugar da frase?

Atividades

1. Os textos a seguir foram extraídos de *sites* jornalísticos e adaptados para esta atividade.

a) Copie-os no caderno, inserindo as vírgulas que foram retiradas.

I.

Maior chacina de animais de Ribeirão já tem 45 bichos mortos

Mais cinco animais três gatos e dois gambás foram encontrados mortos próximo ao Teatro Municipal de Ribeirão Preto na manhã desta quinta-feira.

A Prefeitura considera a matança a maior chacina de bichos em Ribeirão Preto. Necropsia em três animais confirmou envenenamento por chumbinho.

Segundo o chefe do bosque Alexandre Gouvêa a preocupação do zoológico é com saguis pavões cotias e tatus que circulam livremente na mesma região.

Disponível em: <http://www1.folha.uol.com.br/cotidiano/914852-maior-chacina-de-animais-de-ribeirao-ja-tem-45-bichos-mortos.shtml>. Acesso em: 29 jul. 2011. (Fragmento adaptado). © Folhapress.

II.

A literatura sobe a ladeira

O bairro de Santa Teresa um dos mais charmosos da cidade do Rio de Janeiro todos os anos volta sua atenção para os livros. Isso ocorre quando a Festa Literária de Santa Teresa ocupa as ladeiras da região e promove atrações gratuitas para adultos jovens e crianças.

O festival tem a adesão de centros culturais livrarias e restaurantes do bairro e reúne atrações como oficinas debates shows peças de teatro e exibição de filmes.

O homenageado deste ano é o escritor Bartolomeu Campos de Queiroz de Minas Gerais. Ele aproveita para lançar Vermelho amargo um romance infanto-juvenil autobiográfico.

Jornal Destak, Rio de Janeiro, 14 e 15 maio 2011. (Fragmento adaptado).

III.

BATATA FRITA

A batata frita foi inventada por Antoine Augustin um médico francês. Augustin começou a estudar as plantas que continham amido especialmente as batatas. Depois criou uma campanha para expandir a cultura da raiz. As batatas fritas foram usadas pela primeira vez em um jantar em homenagem a Benjamin Franklin inventor norte-americano.

Jornal do Commercio Online, 2 jul. 2009. (Fragmento adaptado).

b) Ainda no caderno, circule com uma cor as vírgulas usadas para separar itens de enumerações e, com outra cor, as usadas para separar apostos.

2. Agora vai ficar um pouco mais difícil: não apenas eliminamos vírgulas das tiras a seguir, como também acrescentamos algumas no lugar errado.

- Reescreva todas as falas no caderno, eliminando os problemas com o uso da vírgula. Em seguida, explique suas correções.

I. HAGAR

Chris Browne

II. CALVIN

Bill Watterson

3. O uso da vírgula: vocativo

Como é que é?

- Você lembra o que é vocativo?
- O que ele tem a ver com o uso da vírgula?

Divirta-se lendo as piadinhas a seguir. Depois responda às questões.

Biologia ou lógica?

— Juquinha, quantos rins nós temos?

— Quatro, professora.

— Nada disso. Pode ver no livro de Biologia. Temos dois rins.

— O de Biologia eu já vi, fessora. Mas você devia ver o de Matemática. Se cada um tem dois, nós temos quatro, oras!

FEBEC (Federação Brasileira de Entidades de Combate ao Câncer). *Almanaque de Cultura e Saúde*, São Paulo, n. 4, p. 32, 2010.

Escrevendo no escuro

O garoto chega da escola e logo pergunta ao pai:

— Papai, papai, você sabe escrever no escuro?

— Não, meu filho. Por quê?

— É que eu queria que você assinasse meu boletim.

FEBEC (Federação Brasileira de Entidades de Combate ao Câncer). *Almanaque de Cultura e Saúde*, São Paulo, n. 5, p. 32, 2010.

Vovó aventura

Uma velhinha para na frente de um semáforo e pergunta a um jovem:

— Por favor, rapaz, pode me ajudar a atravessar a rua?

— Sim, mas espere o semáforo ficar verde.

— Espertinho! No verde eu também sei atravessar!

LITVIN, Aníbal e KOSTZER, Mário. *Piadas do pequeno travesso.* Tradução de Marcelo Barbão. Cotia: Vergara & Riba, 2008. p. 41. (Título adaptado.)

a) Copie no caderno as frases em que aparecem vocativos e sublinhe-os.

b) Em que lugar das frases eles aparecem?

c) Ainda no caderno, pinte ou circule as vírgulas das frases que você copiou.

d) Qual padrão você percebe em relação à posição da vírgula quando há um vocativo?

Vamos lembrar

Vocativo é o termo da oração que serve para chamar, nomear, interpelar alguém. Por exemplo: "*Maria*, já para dentro!", "Quer mais arroz, *meu filho*?".

Então ficamos assim...

E então: você lembrou o que é vocativo? Já sabe explicar o que ele tem a ver com o uso da vírgula?

Junto com os colegas, organize suas respostas no quadro de regras sobre pontuação. E não se esqueça de anotá-las também no caderno.

Olha o que quer e o que pode essa língua!

Ouça a leitura do anúncio, que seu professor fará em voz alta e, depois, faça as atividades a seguir, **em dupla**.

Jornal da ABI. Edição especial do Centenário, v. 1, n. 328, abr. 2008.

1. Leia os enunciados a seguir.

I. Não, espere.
II. Não espere.
III. Isso só, ele resolve.
IV. Isso, só ele resolve.
V. Aceito, obrigado.
VI. Aceito obrigado.
VII. Esse, juiz, é corrupto.
VIII. Esse juiz é corrupto.

a) O enunciado I ou o enunciado II responderia à pergunta a seguir?

Ele me pediu mais alguns dias para me pagar o que deve. O que você acha?

b) Qual das frases você usaria para descrever um herói: a III ou a IV? Justifique.

c) Em que situações os enunciados V e VI poderiam ser ditos?

d) Quem são os acusados de corrupção nos enunciados VII e VIII? Justifique.

2. Qual a diferença entre "Não quero ler" e "Não, quero ler"?

3. Conclua: qual a importância de usar a vírgula adequadamente?

Atividades

1. No caderno, copie as falas das tiras a seguir em que aparecem vocativos e insira as vírgulas na posição adequada.

a) O MELHOR DE CALVIN

Bill Watterson

1990 WATTERSON / DIST. BY UNIVERSAL UCLICK

b) URBANÓIDE

Diogo Salles

DIOGO SALLES

2. Observe agora esta tira de Minduim.

MINDUIM

Charles Schulz

PEANUTS WORLDWIDE LLC. / DIST. BY UNIVERSAL UCLICK

a) Como poderíamos modificar a fala da garota no primeiro balão, transformando um dos termos da oração em vocativo?

b) Qual a diferença de sentido entre a fala original que está na tira e a modificada?

Anexo 1

ANO 6

Unidade 1: LÍNGUA E LINGUAGEM

Capítulo 1: Linguagem, língua, discurso e sentidos
Língua e linguagem

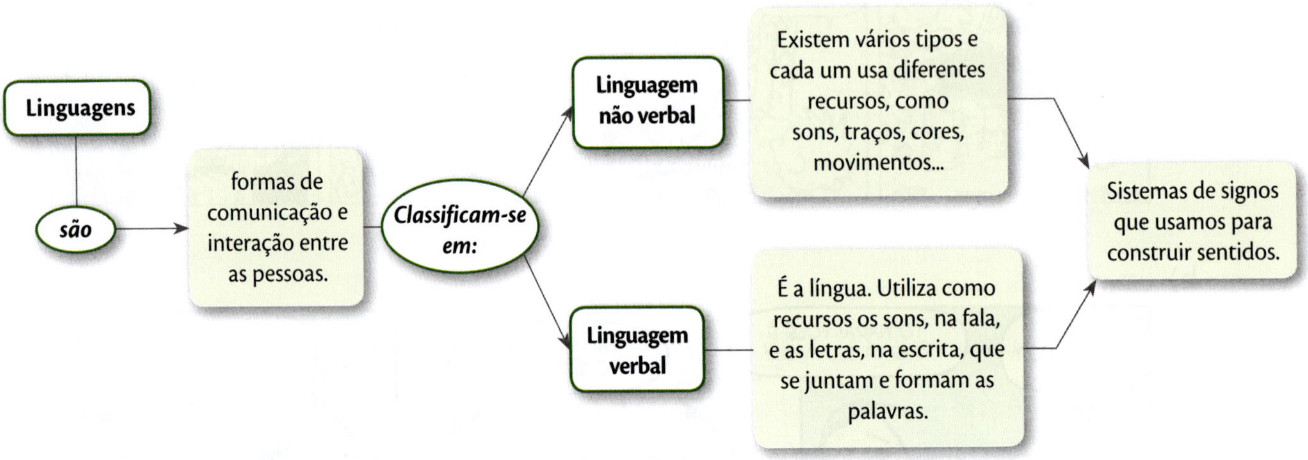

Língua, discurso e sentidos

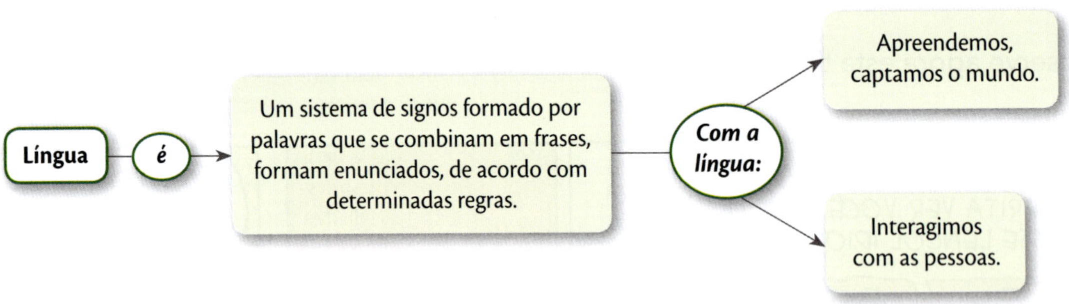

Discurso, intencionalidade discursiva e sentidos

Enunciados → Acontecem sempre que dois ou mais interlocutores se envolvem em uma situação de comunicação, usando a língua.

- Acontecem em um determinado momento e lugar.
- São destinados a alguém.
- Têm objetivos muito específicos.

Quando os enunciados acontecem:

- Produzimos **discursos**.
- Atribuímos **sentido** ao que lemos ou ouvimos.

Discurso → Os interlocutores sempre têm intenções muito específicas ao construí-lo. — ***A essas intenções, damos o nome de:*** → **Intencionalidade discursiva**

→ Se um interlocutor não entende plenamente as intenções do discurso do outro, ocorre um **mal-entendido**.

Capítulo 2: A língua como um conjunto de variedades

A língua varia...

- ao longo do tempo. → **Variação histórica**
- em um mesmo momento do tempo.
  - Conforme a região.
  - Conforme o grupo social (ex.: adolescentes x adultos).
  - Conforme a classe social (maior ou menor contato com a escola e os livros).

Variedades linguísticas

- Todas as línguas têm variedades.
- Todas as variedades têm o mesmo valor para seus falantes e todas se prestam à comunicação.
- Todas possuem regras e normas internas.
- Entre elas, há uma que se convencionou chamar de **variedade padrão** ou **língua padrão**. → É utilizada na maior parte de documentos, livros, jornais e revistas, palestras, programas de TV e rádio.
- Todas têm um **registro** (modo de falar e escrever) mais **formal** ou **informal**.

• Unidade 2 — Língua e gramática normativa

Capítulo 1 — Gramaticalidade da língua

Gramática

- Todos os falantes de uma variedade linguística dominam a gramática daquela variedade.
- É um conjunto de regras para **selecionar** e **combinar** palavras, a fim de formar frases compreensíveis.
- Na escola, aprendemos a gramática da variedade padrão.
  - ***Suas regras foram organizadas sob o nome de <u>gramática normativa</u>.***
- Toda língua tem uma.
- Como usamos a língua desde pequenos, somos capazes de dizer se uma frase é gramatical ou não.

Capítulo 2 — Frase e oração

Frases

- São falas organizadas, com sentido.
- São finalizadas com sinais de pontuação. Podem ser de exclamação, de interrogação, reticências, ponto...
- Pode haver frases com verbo (verbais) e sem verbo (nominais).

≠

Orações

- São frases que possuem verbo.
- Podemos ter mais de uma oração formando apenas uma frase.

Capítulo 3 — Classes de palavras

Organizamos as palavras em categorias

Podemos organizar as palavras...

- de acordo com sua finalidade na língua em relação à significação.
  - **Substantivo** → Dá nome a objetos, noções e seres. → Ex.: cadeira, amizade, João.
  - **Adjetivo** → Qualifica os objetos e seres. → Ex.: bonito, sensível.
  - **Verbo** → Indica ação ou estado. → Ex.: comer, dormir, estar.
  - **Artigo** → Especifica ou generaliza o sentido do substantivo. → Ex.: a, o, um, uma.
  - **Pronome** → Acompanha ou substitui o substantivo. → Ex.: ele, comigo, meu, este, algum, que.
  - **Advérbio** → Modifica o verbo. → Ex.: muito, agora, felizmente.
  - **Numeral** → Indica quantidade exata ou posição. → Ex.: três, terceiro, triplo.
  - **Preposição** → Relaciona dois termos. → Ex.: a, de, com.
  - **Conjunção** → Relaciona orações ou termos. → Ex.: quando, mas, se.
  - **Interjeição** → Expressa emoções, sentimentos, desejos. → Ex.: oba! viva! psiu! tomara!
- de acordo com o modo como são criadas e formadas.
  - **Primitivas** → *Banana*
  - **Derivadas** → *Bananeira*
  - **Simples** → *Banana* / *Bananeira*
  - **Compostas** → *Banana-da-terra*

Palavras que variam e palavras que não variam

As palavras podem ser...

- **invariáveis.** → Ex.: Os meninos comeram pouco. De vez em quando durmo mal.
- **variáveis.**
  - *Podem variar em...*
    - **gênero** → menino — menina
    - **número** → menino — meninos
    - **grau** → menininho — meninão
    - **tempo** → comeram — comem — comerão
  - ***De acordo com a gramática normativa, todas as palavras variáveis que se relacionam precisam concordar entre si.*** → Ex.: As meninas comeram muitos bombons.

ANO 7

Unidade 1 — LÍNGUA E LINGUAGEM

Capítulo 1 — Polissemia (mesma palavra, outro sentido e contexto)

Polissemia
- Mesma palavra, outro sentido e contexto.
- Os sentidos guardam alguma relação entre si.
  - Exemplo: **letra** – pode ser **letra do alfabeto** ou **letra de canção**
- Contribui para a economia linguística (são necessárias menos palavras para falar das coisas do mundo).

Ambiguidade
- É o duplo sentido de certos enunciados.
- Torna-se um problema quando não cumpre nenhuma função estilística.
  - Exemplo: Aquele restaurante tem muitas coisas gostosas, mas também baratas.
- ***Como resolver?***
  - Evitando palavras de duplo sentido.
  - Inserindo informações que faltam na frase.
  - Prestando atenção na ordem das palavras dentro das frases.

Capítulo 2 — Figuras de linguagem I: metáfora e metonímia

Figuras de linguagem
- **Metáfora**
  - Uso de uma palavra pertencente a um campo semântico para referir-se a outro campo.
    - Exemplo: Este menino é um doce.
  - Resulta de uma comparação que não está explícita nem marcada no texto.
- **Metonímia**
  - Uso de um termo no lugar de outro, por haver, entre ambos, uma relação de proximidade, pertencimento, dependência.
  - Pode ser de vários tipos; por exemplo:
    - *Parte pelo todo.* Ganharás o pão com o suor do teu rosto. (= alimento)
    - *Marca pelo produto.* Você comprou danone? (= iogurte)
    - *Continente pelo conteúdo.* Adoro este refrigerante! Tomei a garrafa toda. (= o conteúdo da garrafa)
    - *Efeito pela causa.* Ganharás o pão com o suor do teu rosto. (= efeito do trabalho)

Capítulo 3 — Figuras de linguagem II: hipérbole, personificação, sinestesia e ironia

Figuras de linguagem

- **Hipérbole**
  - Usada para expressar de forma **exagerada** um fato, uma ideia ou um sentimento, com o objetivo da dar mais ênfase ao que se quer dizer.
  - Exemplo: Você demora um século no banho!
- **Personificação (ou prosopopeia)**
  - Usada para atribuir ações e sentimentos **humanos** a seres inanimados ou a animais.
  - Exemplo: A cidade me sorria.
- **Sinestesia**
  - Consiste em mesclar, numa expressão, sensações percebidas por diferentes órgãos do sentido.
  - Exemplo: Havia um cheiro cinzento no ar.
- **Ironia**
  - Consiste em dizer o contrário do que se pensa. Normalmente é usada para fazer graça ou mostrar irritação.
  - Exemplo: Está frio hoje, não? Só 38 graus!

Unidade 2 — LÍNGUA E GRAMÁTICA NORMATIVA

Capítulo 1 — Verbos: emprego e sentido dos tempos e modos verbais

Verbos variam em...

- **Número e pessoa**
  - 1ª pessoa do singular — *Eu salto*
  - 2ª pessoa do singular — *Tu saltas* / *Você salta*
  - 3ª pessoa do singular — *Ele salta*
  - 1ª pessoa do plural — *Nós saltamos*
  - 2ª pessoa do plural — *Vós saltais* / *Vocês saltam*
  - 3ª pessoa do plural — *Eles saltam*
- **Modo e tempo**
  - **Indicativo** *(certeza)*
    - Presente — *Estou doente.*
    - Pretérito perfeito — *Estive doente.*
    - Pretérito imperfeito — *Estava doente.*
    - Pretérito mais-que-perfeito — *Estivera doente.*
    - Futuro do presente — *Estarei doente.*
    - Futuro do pretérito — *Estaria doente.*
  - **Subjuntivo** *(hipótese, dúvida)*
    - Presente — *Talvez ele esteja doente.*
    - Pretérito imperfeito — *Talvez ele estivesse doente.*
    - Futuro — *E se ele estiver doente?*
  - **Imperativo** *(ordem, conselho, pedido)*
    - Afirmativo — *Fique quieto!*
    - Negativo — *Não fique quieto!*

Formas nominais *(equivalem a nomes)*

Particípio: Estavam adormecidas.
Gerúndio: O bebê estava adormecendo.
Infinitivo: Quero adormecer e sonhar.

Capítulo 2 — Termos que aparecem na construção da oração: o sujeito e sua relação com o verbo

Sujeito → Termo da oração que indica a pessoa ou a coisa de que afirmamos ou negamos uma ação ou qualidade.

Pode ser...

- **Determinado**
  - **Sujeito simples** *(um núcleo só)* → O verbo concorda com o núcleo: *Os problemas da criança começaram no ano anterior.*
  - **Sujeito composto** *(dois ou mais núcleos)* → O verbo vai para o plural: *A criança e a mãe não sabiam aonde ir.*
  - **Desinencial** *(oculto ou elíptico)* → É identificado pela desinência do verbo: *Passeamos no parque.* (= Nós)
- **Indeterminado** *(não se quer ou não se pode especificá-lo)*
  - É expresso por...
    - Verbo de ligação, intransitivo ou transitivo indireto + **se**: *Vive-se bem aqui.*
  - Ou...
    - Verbo na 3ª pessoa do plural: *Estão tocando a campainha.*

Oração sem sujeito

Oração sem sujeito → Traz um **verbo impessoal** e, portanto, o predicado não se refere a nenhum ser.

- Verbo ***haver*** com o sentido de *existir*.
  Havia dois gatos parados na esquina.
- Verbos que indicam **fenômenos da natureza**.
  Amanhã, provavelmente choverá.
  Venta muito lá fora.
- Verbos ***fazer*** e ***haver***, indicando tempo passado.
  Faz dias que não assisto à televisão.
  Estou esperando por uma resposta há horas.
- Verbos ***ser*** e ***estar***, indicando tempo ou clima.
  Era inverno.
  Aqui dentro está um gelo.

A posição do sujeito na frase

O sujeito pode ficar...

- Antes do verbo = **ordem direta**
  O vento soprava pela floresta.
- Depois do verbo = **ordem indireta**
  Soprava o vento pela floresta.

Capítulo 3 — Termos que aparecem na construção da oração: o predicado

Tipos de predicado

- Se o verbo é **nocional** (de **ação**), o núcleo do predicado é o próprio **verbo**.
  - **Predicado verbal**
  - *O leão devorou o coelho.* (predicado: devorou o coelho; núcleo: devorou)
- Se o verbo é **de ligação**, o núcleo do predicado é o **predicativo do sujeito**.
  - **Predicado nominal**
  - *O leão estava faminto.* (predicado: estava faminto; núcleo: faminto)
- Se o verbo é **nocional** e está acompanhado por um **predicativo do sujeito**, há dois núcleos: o **verbo** e o **predicativo**.
  - **Predicado verbo-nominal**
  - *O leão adormeceu satisfeito.* (predicado: adormeceu satisfeito; núcleo: adormeceu)

Capítulo 4 — Termos que aparecem na construção da oração: complementos verbais

Complementos verbais: objeto direto e objeto indireto

Complementos verbais

- **Objeto direto**
  Liga-se ao verbo sem preposição:
  A princesa beijou o sapo.
  - Pode receber um **predicativo do objeto**:
    A princesa achou o sapo simpático. (o sapo: **objeto direto**; simpático: **pred. do objeto**)
- **Objeto indireto**
  Liga-se ao verbo por meio de preposição:
  A princesa simpatizou com o sapo.

Transitividade dos verbos

- **Verbo transitivo direto** — *A princesa beijou o sapo.* (beijou: VTD; o sapo: OD)
- **Verbo intransitivo** — *A princesa dormiu.* (**não há complemento**)
- **Verbo transitivo indireto** — *A princesa simpatizou com o sapo.* (simpatizou: VTI; com o sapo: OI)
- **Verbo transitivo direto e indireto** — *A princesa devolveu o sapo ao brejo.* (devolveu: VTDI; o sapo: OD; ao brejo: OI)

Voz passiva sintética × sujeito indeterminado

- Verbos transitivos diretos + **se** → **Voz passiva sintética** → *Alugam-se casas.*

≠

- Verbos intransitivos, transitivos indiretos ou de ligação + **se** → **Sujeito indeterminado** → *Vive-se mal.* *Sabe-se de tudo.* *Era-se feliz.*

Anexo 2

Adjetivos e numerais

Algumas locuções adjetivas e os adjetivos a que correspondem			
Locução adjetiva	**Adjetivo**	**Locução adjetiva**	**Adjetivo**
de águia	aquilino	de moeda	monetário
de aluno	discente	de monge	monacal, monástico
de boca	bucal, oral	de neve	níveo
de cabelo	capilar	do norte	setentrional, boreal
de cabra	caprino	de ovelha	ovino
de campo	rural, campesino	de paixão	passional
de cavalo	equino, hípico	de pedra	pétreo
de chuva	pluvial	de pele	epidérmico, cutâneo
de cidade	citadino, urbano	de porco	suíno
de cobra	ofídico, viperino	de prata	argênteo
de coração	cardíaco	de predador	predatório
de criança	pueril	de professor	docente
de dinheiro	pecuniário	de proteína	proteico
de fábrica	fabril	de pus	purulento
de fígado	hepático	dos quadris	ciático
de fogo	ígneo	de rim	renal
de garganta	gutural	de rio	fluvial
de gelo	glacial	de rocha	rupestre
de guerra	bélico	de selo	filatélico
de idade	etário	de selva	silvestre
de ilha	insular	de sonho	onírico
de irmão	fraternal	do sul	meridional, austral
de lago	lacustre	da tarde	vespertino
de lebre	leporino	de terremoto	sísmico
de leite	lácteo	de umbigo	umbilical
da manhã	matutino	de velho	senil
de memória	mnemônico	de vento	eólico
de mestre	magistral	de verão	estival

Algarismos		Numerais			
Arábicos	Romanos	Cardinais	Ordinais	Multiplicativos	Fracionários
1	I	um	primeiro	—	—
2	II	dois	segundo	dobro, duplo, dúplice	meio ou metade
3	III	três	terceiro	triplo, tríplice	um terço
4	IV	quatro	quarto	quádruplo	um quarto
5	V	cinco	quinto	quíntuplo	um quinto
6	VI	seis	sexto	sêxtuplo	um sexto
7	VII	sete	sétimo	sétuplo	um sétimo
8	VIII	oito	oitavo	óctuplo	um oitavo
9	IX	nove	nono	nônuplo	um nono
10	X	dez	décimo	décuplo	um décimo
11	XI	onze	décimo primeiro	undécuplo	um onze avos
12	XII	doze	décimo segundo	duodécuplo	um doze avos
13	XIII	treze	décimo terceiro	—	um treze avos
14	XIV	catorze	décimo quarto	—	um catorze avos
15	XV	quinze	décimo quinto	—	um quinze avos
16	XVI	dezesseis	décimo sexto	—	um dezesseis avos
17	XVII	dezessete	décimo sétimo	—	um dezessete avos
18	XVIII	dezoito	décimo oitavo	—	um dezoito avos
19	XIX	dezenove	décimo nono	—	um dezenove avos
20	XX	vinte	vigésimo	—	um vinte avos
21	XXI	vinte e um	vigésimo primeiro	—	um vinte e um avos
30	XXX	trinta	trigésimo	—	um trinta avos
40	XL	quarenta	quadragésimo	—	um quarenta avos
50	L	cinquenta	quinquagésimo	—	um cinquenta avos

Algarismos		Numerais			
Arábicos	**Romanos**	**Cardinais**	**Ordinais**	**Multiplicativos**	**Fracionários**
60	LX	sessenta	sexagésimo	—	um sessenta avos
70	LXX	setenta	septuagésimo	—	um setenta avos
80	LXXX	oitenta	octogésimo	—	um oitenta avos
90	XC	noventa	nonagésimo	—	um noventa avos
100	C	cem	centésimo	cêntuplo	centésimo
200	CC	duzentos	ducentésimo	—	ducentésimo
300	CCC	trezentos	trecentésimo	—	trecentésimo
400	CD	quatrocentos	quadringentésimo ou quadrigentésimo	—	quadringentésimo ou quadrigentésimo
500	D	quinhentos	quingentésimo	—	quingentésimo
600	DC	seiscentos	sexcentésimo ou seiscentésimo	—	sexcentésimo
700	DCC	setecentos	septingentésimo ou setingentésimo	—	septingentésimo ou setingentésimo
800	DCCC	oitocentos	octingentésimo	—	octingentésimo
900	CM	novecentos	nongentésimo ou noningentésimo	—	nongentésimo ou noningentésimo
1 000	M	mil	milésimo	—	milésimo
10 000	$\overline{X}$	dez mil	dez milésimos	—	um dez mil avos
100 000	$\overline{C}$	cem mil	cem milésimos	—	um cem mil avos
1 000 000	$\overline{M}$	um milhão	milionésimo	—	um milionésimo
1 000 000 000	$\overline{\overline{M}}$	um bilhão	bilionésimo	—	um bilionésimo

MODELO DE CONJUGAÇÃO DOS VERBOS REGULARES

Cantar — 1ª conjugação / Dever — 2ª conjugação / Partir — 3ª conjugação

MODO INDICATIVO					
Presente			**Pretérito perfeito**		
canto	devo	parto	cantei	devi	parti
cantas	deves	partes	cantaste	deveste	partiste
canta	deve	parte	cantou	deveu	partiu
cantamos	devemos	partimos	cantamos	devemos	partimos
cantais	deveis	partis	cantastes	devestes	partistes
cantam	devem	partem	cantaram	deveram	partiram
Pretérito imperfeito			**Pretérito mais-que-perfeito**		
cantava	devia	partia	cantara	devera	partira
cantavas	devias	partias	cantaras	deveras	partiras
cantava	devia	partia	cantara	devera	partira
cantávamos	devíamos	partíamos	cantáramos	devêramos	partíramos
cantáveis	devíeis	partíeis	cantáreis	devêreis	partíreis
cantaram	deviam	partiam	cantaram	deveram	partiram
Futuro do presente			**Futuro do pretérito**		
cantarei	deverei	partirei	cantaria	deveria	partiria
cantarás	deverás	partirás	cantarias	deverias	partirias
cantará	deverá	partirá	cantaria	deveria	partiria
cantaremos	deveremos	partiremos	cantaríamos	deveríamos	partiríamos
cantareis	devereis	partireis	cantaríeis	deveríeis	partiríeis
cantarão	deverão	partirão	cantariam	deveriam	partiriam

• MODELO DE CONJUGAÇÃO DOS VERBOS REGULARES

Cantar — 1ª conjugação / Dever — 2ª conjugação / Partir — 3ª conjugação

MODO SUBJUNTIVO					
Presente			Pretérito imperfeito		
cante	deva	parta	cantasse	devesse	partisse
cantes	devas	partas	cantasses	devesses	partisses
cante	deva	parta	cantasse	devesse	partisse
cantemos	devamos	partamos	cantássemos	devêssemos	partíssemos
canteis	devais	partais	cantásseis	devêsseis	partísseis
cantem	devam	partam	cantassem	devessem	partissem
Futuro			IMPERATIVO AFIRMATIVO		
cantar	dever	partir	—	—	—
cantares	deveres	partires	canta (tu)	deve (tu)	parte (tu)
cantar	dever	partir	cante (ele/você)	deva (ele/você)	parta (ele/você)
cantarmos	devermos	partirmos	cantemos (nós)	devamos (nós)	partamos (nós)
cantardes	deverdes	partirdes	cantai (vós)	devei (vós)	parti (vós)
cantarem	deverem	partirem	cantem (eles/vocês)	devam (eles/vocês)	partam (eles/vocês)
FORMAS NOMINAIS					
Infinitivo flexionado			Gerúndio		
cantar	dever	partir	cantando	devendo	partindo
cantares	deveres	partires			
cantar	dever	partir	Particípio		
cantarmos	devermos	partirmos	cantado	devido	partido
cantardes	deverdes	partirdes			
cantarem	deverem	partirem			

• CONJUGAÇÃO DOS AUXILIARES *TER, HAVER, SER* E *ESTAR*

MODO INDICATIVO

Presente				**Pretérito perfeito**			
tenho	hei	sou	estou	tive	houve	fui	estive
tens	hás	és	estás	tiveste	houveste	foste	estiveste
tem	há	é	está	teve	houve	foi	esteve
temos	havemos	somos	estamos	tivemos	houvemos	fomos	estivemos
tendes	haveis	sois	estais	tivestes	houvestes	fostes	estivestes
têm	hão	são	estão	tiveram	houveram	foram	estiveram
Pretérito imperfeito				**Pretérito mais-que-perfeito**			
tinha	havia	era	estava	tivera	houvera	fora	estivera
tinhas	havias	eras	estavas	tiveras	houveras	foras	estiveras
tinha	havia	era	estava	tivera	houvera	fora	estivera
tínhamos	havíamos	éramos	estávamos	tivéramos	houvéramos	fôramos	estivéramos
tínheis	havíeis	éreis	estáveis	tivéreis	houvéreis	fôreis	estivéreis
tinham	haviam	eram	estavam	tiveram	houveram	foram	estiveram
Futuro do presente				**Futuro do pretérito**			
terei	haverei	serei	estarei	teria	haveria	seria	estaria
terás	haverás	serás	estarás	terias	haverias	serias	estarias
terá	haverá	será	estará	teria	haveria	seria	estaria
teremos	haveremos	seremos	estaremos	teríamos	haveríamos	seríamos	estaríamos
tereis	havereis	sereis	estareis	teríeis	haveríeis	seríeis	estaríeis
terão	haverão	serão	estarão	teriam	haveriam	seriam	estariam

• CONJUGAÇÃO DOS AUXILIARES *TER, HAVER, SER* E *ESTAR*

MODO SUBJUNTIVO							
Presente				**Pretérito imperfeito**			
tenha	haja	seja	esteja	tivesse	houvesse	fosse	estivesse
tenhas	hajas	sejas	estejas	tivesses	houvesses	fosses	estivesses
tenha	haja	seja	esteja	tivesse	houvesse	fosse	estivesse
tenhamos	hajamos	sejamos	estejamos	tivéssemos	houvéssemos	fôssemos	estivéssemos
tenhais	hajais	sejais	estejais	tivésseis	houvésseis	fôsseis	estivésseis
tenham	hajam	sejam	estejam	tivessem	houvessem	fossem	estivessem
Futuro				**IMPERATIVO AFIRMATIVO**			
tiver	houver	for	estiver	—	—	—	—
tiveres	houveres	fores	estiveres	tem (tu)	há (tu)	sê (tu)	está (tu)
tiver	houver	for	estiver	tenha (ele/você)	haja (ele/você)	seja (ele/você)	esteja (ele/você)
tivermos	houvermos	formos	estivermos	tenhamos (nós)	hajamos (nós)	sejamos (nós)	estejamos (nós)
tiverdes	houverdes	fordes	estiverdes	tende (vós)	havei (vós)	sede (vós)	estai (vós)
tiverem	houverem	forem	estiverem	tenham (eles/vocês)	hajam (eles/vocês)	sejam (eles/vocês)	estejam (eles/vocês)

FORMAS NOMINAIS							
Infinitivo flexionado				**Gerúndio**			
ter	haver	ser	estar	tendo	havendo	sendo	estando
teres	haveres	seres	estares				
ter	haver	ser	estar	**Particípio**			
termos	havermos	sermos	estarmos	tido	havido	sido	estado
terdes	haverdes	serdes	estardes				
terem	haverem	serem	estarem				

CONJUGAÇÃO DE ALGUNS VERBOS IRREGULARES

Irregulares da 1ª conjugação (*-ar*)

COPIAR

Pres. ind. — copio, copias, copia, copiamos, copiais, copiam. **Pret. perf. ind.** — copiei, copiaste, copiou, copiamos, copiastes, copiaram. **Pret. imperf. ind.** — copiava, copiavas, copiava, copiávamos, copiáveis, copiavam. **Pret. mais-que-perf. ind.** — copiara, copiaras, copiara, copiáramos, copiáreis, copiaram. **Pres. subj.** — copie, copies, copie, copiemos, copieis, copiem. **Imp. afirm.** — copia, copie, copiemos, copiai, copiem. **Particípio** — copiado. **Gerúndio** — copiando.

DAR

Pres. ind. — dou, dás, dá, damos, dais, dão. **Pret. perf. ind.** — dei, deste, deu, demos, destes, deram. **Pret. mais-que-perf. ind.** — dera, deras, dera, déramos, déreis, deram. **Pres. subj.** — dê, dês, dê, demos, deis, deem. **Pret. imperf. subj.** — desse, desses, desse, déssemos, désseis, dessem. **Fut. subj.** — der, deres, der, dermos, derdes, derem. **Imp. afirm.** — dá, dê, demos, dai, deem. **Particípio** — dado. **Gerúndio** — dando.

MAGOAR

Pres. ind. — magoo, magoas, magoa, magoamos, magoais, magoam. **Pret. perf. ind.** — magoei, magoaste, magoou, magoamos, magoastes, magoaram. **Pres. subj.** — magoe, magoes, magoe, magoemos, magoeis, magoem. **Particípio** — magoado. **Gerúndio** — magoando.

NOMEAR

Pres. ind. — nomeio, nomeias, nomeia, nomeamos, nomeais, nomeiam. **Pret. perf. ind.** — nomeei, nomeaste, nomeou, nomeamos, nomeastes, nomearam. **Pret. imperf. ind.** — nomeava, nomeavas, nomeava, nomeávamos, nomeáveis, nomeavam. **Pres. subj.** — nomeie, nomeies, nomeie, nomeemos, nomeeis, nomeiem. **Imp. afirm.** — nomeia, nomeie, nomeemos, nomeai, nomeiem. **Particípio** — nomeado. **Gerúndio** — nomeando.

ODIAR

Pres. ind. — odeio, odeias, odeia, odiamos, odiais, odeiam. **Pret. perf. ind.** — odiei, odiaste, odiou, odiamos, odiastes, odiaram. **Pres. subj.** — odeie, odeies, odeie, odiemos, odieis, odeiem. **Imp. afirm.** — odeia, odeie, odiemos, odiai, odeiem. **Particípio** — odiado. **Gerúndio** — odiando.

Irregulares da 2ª conjugação (*-er*/*-or*)

CABER

Pres. ind. — caibo, cabes, cabe, cabemos, cabeis, cabem. **Pret. perf. ind.** — coube, coubeste, coube, coubemos, coubestes, couberam. **Pret. mais-que-perf. ind.** — coubera, couberas, coubera, coubéramos, coubéreis, couberam. **Pres. subj.** — caiba, caibas, caiba, caibamos, caibais, caibam. **Pret. imperf. subj.** — coubesse, coubesses, coubesse, coubéssemos, coubésseis, coubessem. **Fut. subj.** — couber, couberes, couber, coubermos, couberdes, couberem. **Imp. afirm.** — cabe, caiba, caibamos, cabei, caibam. **Particípio** — cabido. **Gerúndio** — cabendo.

DIZER

Pres. ind. — digo, dizes, diz, dizemos, dizeis, dizem. **Pret. perf. ind.** — disse, disseste, disse, dissemos, dissestes, disseram. **Pret. mais-que-perf. ind.** — dissera, disseras, dissera, disséramos, disséreis, disseram. **Fut. pres. ind.** — direi, dirás, dirá, diremos, direis, dirão. **Fut. pret. ind.** — diria, dirias, diria, diríamos, diríeis, diriam. **Pres. subj.** — diga, digas, diga, digamos, digais, digam. **Pret. imperf. subj.** — dissesse, dissesses, dissesse, disséssemos, dissésseis, dissessem. **Fut. subj.** — disser, disseres, disser, dissermos, disserdes, disserem. **Imp. afirm.** — dize, diga, digamos, dizei, digam. **Particípio** — dito. **Gerúndio** — dizendo.

DOER

Pres. ind. — dói, doem. **Pret. perf. ind.** — doeu, doeram. **Pret. imperf. ind.** — doía, doíam. **Pret. mais-que-perf. ind.** — doera, doeram. **Fut. pres. ind.** — doerá, doerão. **Fut. pret. ind.** — doeria, doeriam. **Pres. subj.** — doa, doam. **Pret. imperf. subj.** — doesse, doessem. **Fut. subj.** — doer, doerem. **Particípio** — doído. **Gerúndio** — doendo.

FAZER

Pres. ind. — faço, fazes, faz, fazemos, fazeis, fazem. **Pret. perf. ind.** — fiz, fizeste, fez, fizemos, fizestes, fizeram. **Pret. mais-que-perf. ind.** — fizera, fizeras, fizera, fizéramos, fizéreis, fizeram. **Fut. pres. ind.** — farei, farás, fará, faremos, fareis, farão. **Fut. pret. ind.** — faria, farias, faria, faríamos, faríeis, fariam. **Pres. subj.** faça, faças, faça, façamos, façais, façam. **Pret. imperf. subj.** — fizesse, fizesses, fizesse, fizéssemos, fizésseis, fizessem. **Fut. subj.** — fizer, fizeres, fizer, fizermos, fizerdes, fizerem. **Imp. afirm.** — faze, faça, façamos, fazei, façam. **Particípio** — feito. **Gerúndio** — fazendo.

LER

Pres. ind. — leio, lês, lê, lemos, ledes, leem. **Pret. perf. ind.** — li, leste, leu, lemos, lestes, leram. **Pret. imperf. ind.** — lia, lias, lia, líamos, líeis, liam. **Pret. mais-que--perf. ind.** — lera, leras, lera, lêramos, lêreis, leram. **Pret. imperf. subj.** — lesse, lesses, lesse, lêssemos, lêsseis, lessem. **Imp. afirm.** — lê, leia, leiamos, lede, leiam. **Particípio** — lido. **Gerúndio** — lendo.

MOER

Pres. ind. — moo, móis, mói, moemos, moeis, moem. **Pret. perf. ind.** — moí, moeste, moeu, moemos, moestes, moeram. **Pret. imperf. ind.** — moía, moías, moía, moíamos, moíeis, moíam. **Pret. mais-que-perf. ind.** — moera, moeras, moera, moêramos, moêreis, moeram. **Pres. subj.** — moa, moas, moa, moamos, moais, moam. **Pret. imperf. subj.** — moesse, moesses, moesse, moêssemos, moêsseis, moessem. **Imp. afirm.** — mói, moa, moamos, moei, moam. **Particípio** — moído. **Gerúndio** — moendo.

PERDER

Pres. ind. — perco, perdes, perde, perdemos, perdeis, perdem. **Pres. subj.** — perca, percas, perca, percamos, percais, percam. **Imp. afirm.** — perde, perca, percamos, perdei, percam. **Particípio** — perdido. **Gerúndio** — perdendo.

PODER

Pres. ind. — posso, podes, pode, podemos, podeis, podem. **Pret. perf. ind.** — pude, pudeste, pôde, pudemos, pudestes, puderam. **Pret. imperf. ind.** — podia, podias, podia, podíamos, podíeis, podiam. **Pret. mais-que-perf. ind.** — pudera, puderas, pudera, pudéramos, pudéreis, puderam. **Pres. subj.** — possa, possas, possa, possamos, possais, possam. **Pret. imperf. subj.** — pudesse, pudesses, pudesse, pudéssemos, pudésseis, pudessem. **Fut. subj.** — puder, puderes, puder, pudermos, puderdes, puderem. **Inf. pessoal** — poder, poderes, poder, podermos, poderdes, poderem. **Imp. afirm.** — pode, possa, possamos, podei, possam. **Particípio** — podido. **Gerúndio** — podendo.

PÔR

Pres. ind. — ponho, pões, põe, pomos, pondes, põem. **Pret. perf. ind.** — pus, puseste, pôs, pusemos, pusestes, puseram. **Pret. imperf. ind.** — punha, punhas, punha, púnhamos, púnheis, punham. **Pret. mais-que-perf. ind.** — pusera, puseras, pusera, puséramos, puséreis, puseram. **Pres. subj.** — ponha, ponhas, ponha, ponhamos, ponhais, ponham. **Pret. imperf. subj.** — pusesse, pusesses, pusesse, puséssemos, pusésseis, pusessem. **Fut. subj.** — puser, puseres, puser, pusermos, puserdes, puserem. **Inf. pessoal** — pôr, pores, pôr, pormos, pordes, porem. **Particípio** — posto. **Gerúndio** — pondo.

QUERER

Pres. ind. — quero, queres, quer, queremos, quereis, querem. **Pret. perf. ind.** — quis, quiseste, quis, quisemos, quisestes, quiseram. **Pret. mais-que-perf. ind.** — quisera, quiseras, quisera, quiséramos, quiséreis, quiseram. **Pres. subj.** — queira, queiras, queira, queiramos, queirais, queiram. **Pret. imperf. subj.** — quisesse, quisesses, quisesse, quiséssemos, quisésseis, quisessem. **Fut. subj.** — quiser, quiseres, quiser, quisermos, quiserdes, quiserem. **Imp. afirm.** — quer ou quere, queira, queiramos, querei, queiram. **Particípio** — querido. **Gerúndio** — querendo.

SABER

Pres. ind. — sei, sabes, sabe, sabemos, sabeis, sabem. **Pret. perf. ind.** — soube, soubeste, soube, soubemos, soubestes, souberam. **Pret. mais-que-perf. ind.** — soubera, souberas, soubera, soubéramos, soubéreis, souberam. **Pres. subj.** — saiba, saibas, saiba, saibamos, saibais, saibam. **Pret. imperf. subj.** — soubesse, soubesses, soubesse, soubéssemos, soubésseis, soubessem. **Fut. subj.** — souber, souberes, souber, soubermos, souberdes, souberem. **Particípio** — sabido. **Gerúndio** — sabendo.

TRAZER

Pres. ind. — trago, trazes, traz, trazemos, trazeis, trazem. **Pret. perf. ind.** — trouxe, trouxeste, trouxe, trouxemos, trouxestes, trouxeram. **Pret. imperf. ind.** — trazia, trazias, trazia, trazíamos, trazíeis, traziam. **Pret. mais-que-perf. ind.** — trouxera, trouxeras, trouxera, trouxéramos, trouxéreis, trouxeram. **Fut. pres. ind.** — trarei, trarás, trará, traremos, trareis, trarão. **Fut. pret. ind.** — traria, trarias, traria, traríamos, traríeis, trariam. **Pres. subj.** — traga, tragas, traga, tragamos, tragais, tragam. **Pret. imperf. subj.** — trouxesse, trouxesses, trouxesse, trouxéssemos, trouxésseis, trouxessem. **Fut. subj.** — trouxer, trouxeres, trouxer, trouxermos, trouxerdes, trouxerem. **Imp. afirm.** — traze, traga, tragamos, trazei, tragam. **Infin. pessoal** — trazer, trazeres, trazer, trazermos, trazerdes, trazerem. **Particípio** — trazido. **Gerúndio** — trazendo.

VALER

Pres. ind. — valho, vales, vale, valemos, valeis, valem. **Pret. perf. ind.** — vali, valeste, valeu, valemos, valestes, valeram. **Pret. imperf. ind.** — valia, valias, valia, valíamos, valíeis, valiam. **Pres. subj.** — valha, valhas, valha, valhamos, valhais, valham. **Pret. imperf. subj.** — valesse, valesses, valesse, valêssemos, valêsseis, valessem. **Fut. subj.** — valer, valeres, valer, valermos, valerdes, valerem. **Imp. afirm.** — vale, valha, valhamos, valei, valham. **Imp. neg.** — não valhas, não valha, não valhamos, não valhais, não valham. **Particípio** — valido. **Gerúndio** — valendo.

VER

Pres. ind. — vejo, vês, vê, vemos, vedes, veem. **Pret. perf. ind.** — vi, viste, viu, vimos, vistes, viram. **Pret. mais-que-perf. ind.** — vira, viras, vira, víramos, víreis, viram. **Pres. subj.** — veja, vejas, veja, vejamos, vejais, vejam. **Pret. imperf. subj.** — visse, visses, visse, víssemos, vísseis, vissem. **Fut. subj.** — vir, vires, vir, virmos, virdes, virem. **Imp. afirm.** — vê, veja, vejamos, vede, vejam. **Particípio** — visto. **Gerúndio** — vendo.

Irregulares da 3ª conjugação (*-ir*)

ACUDIR

Pres. ind. — acudo, acodes, acode, acudimos, acudis, acodem. **Pres. subj.** — acuda, acudas, acuda, acudamos, acudais, acudam. **Imp. afirm.** — acode, acuda, acudamos, acudi, acudam. **Particípio** — acudido. **Gerúndio** — acudindo.

AGREDIR

Pres. ind. — agrido, agrides, agride, agredimos, agredis, agridem. **Pres. subj.** — agrida, agridas, agrida, agridamos, agridais, agridam. **Imp. afirm.** — agride, agrida, agridamos, agredi, agridam. **Particípio** — agredido. **Gerúndio** — agredindo.

CAIR

Pres. ind. — caio, cais, cai, caímos, caís, caem. **Pret. perf. ind.** — caí, caíste, caiu, caímos, caístes, caíram. **Pret. imperf. ind.** — caía, caías, caía, caíamos, caíeis, caíam. **Pret. mais-que-perf. ind.** — caíra, caíras, caíra, caíramos, caíreis, caíram. **Pres. subj.** — caia, caias, caia, caiamos, caiais, caiam. **Pret. imperf. subj.** — caísse, caísses, caísse, caíssemos, caísseis, caíssem. **Fut. subj.** — cair, caires, cair, cairmos, cairdes, caírem. **Imp. afirm.** — cai, caia, caiamos, caí, caiam. **Particípio** — caído. **Gerúndio** — caindo.

COBRIR

Pres. ind. — cubro, cobres, cobre, cobrimos, cobris, cobrem. **Pres. subj.** — cubra, cubras, cubra, cubramos, cubrais, cubram. **Imp. afirm.** — cobre, cubra, cubramos, cobri, cubram. **Particípio** — coberto. **Gerúndio** — cobrindo.

CONDUZIR

Pres. ind. — conduzo, conduzes, conduz, conduzimos, conduzis, conduzem. **Pres. subj.** — conduza, conduzas, conduza, conduzamos, conduzais, conduzam. **Imp. afirm.** — conduze, conduza, conduzamos, conduzi, conduzam. **Particípio** — conduzido. **Gerúndio** — conduzindo.

CONSTRUIR

Pres. ind. — construo, constróis, constrói, construímos, construís, constroem. **Pret. perf. ind.** — construí, construíste, construiu, construímos, construístes, construíram. **Pret. imperf. ind.** — construía, construías, construía, construíamos, construíeis, construíam. **Pret. mais-que-perf. ind.** — construíra, construíras, construíra, construíramos, construíreis, construíram. **Imp. afirm.** — constrói, construa, construamos, construí, construam. **Particípio** — construído. **Gerúndio** — construindo.

FERIR

Pres. ind. — firo, feres, fere, ferimos, feris, ferem. **Pres. subj.** — fira, firas, fira, firamos, firais, firam. **Imp. afirm.** — fere, fira, firamos, feri, firam. **Particípio** — ferido. **Gerúndio** — ferindo.

FUGIR

Pres. ind. — fujo, foges, foge, fugimos, fugis, fogem. **Pres. subj.** — fuja, fujas, fuja, fujamos, fujais, fujam. **Imp. afirm.** — foge, fuja, fujamos, fugi, fujam. **Particípio** — fugido. **Gerúndio** — fugindo.

IR

Pres. ind. — vou, vais, vai, vamos, ides, vão. **Pret. perf. ind.** — fui, foste, foi, fomos, fostes, foram. **Pret. imperf. ind.** — ia, ias, ia, íamos, íeis, iam. **Pret. mais-que-perf. ind.** — fora, foras, fora, fôramos, fôreis, foram. **Fut. pres. ind.** — irei, irás, irá, iremos, ireis, irão. **Fut. pret. ind.** — iria, irias, iria, iríamos, iríeis, iriam. **Pres. subj.** — vá, vás, vá, vamos, vades, vão. **Pret. imperf. subj.** — fosse, fosses, fosse, fôssemos, fôsseis, fossem. **Fut. subj.** — for, fores, for, formos, fordes, forem. **Imp. afirm.** — vai, vá, vamos, ide, vão. **Imp. neg.** — não vás, não vá, não vamos, não vades, não vão. **Inf. pessoal** — ir, ires, ir, irmos, irdes, irem. **Particípio** — ido. **Gerúndio** — indo.

OUVIR

Pres. ind. — ouço, ouves, ouve, ouvimos, ouvis, ouvem. **Pres. subj.** — ouça, ouças, ouça, ouçamos, ouçais, ouçam. **Imp. afirm.** — ouve, ouça, ouçamos, ouvi, ouçam. **Particípio** — ouvido. **Gerúndio** — ouvindo.

PEDIR

Pres. ind. — peço, pedes, pede, pedimos, pedis, pedem. **Pres. subj.** — peça, peças, peça, peçamos, peçais, peçam. **Imp. afirm.** — pede, peça, peçamos, pedi, peçam. **Particípio** — pedido. **Gerúndio** — pedindo.

RIR

Pres. ind. — rio, ris, ri, rimos, rides, riem. **Pret. perf. ind.** — ri, riste, riu, rimos, ristes, riram. **Pret. imperf. ind.** — ria, rias, ria, ríamos, ríeis, riam. **Pret. mais-que--perf. ind.** — rira, riras, rira, ríramos, ríreis, riram. **Fut. pres. ind.** — rirei, rirás, rirá, riremos, rireis, rirão. **Fut. pret. ind.** — riria, ririas, riria, riríamos, riríeis, ririam. **Pres. subj.** — ria, rias, ria, riamos, riais, riam. **Pret. imperf. subj.** — risse, risses, risse, ríssemos, rísseis, rissem. **Fut. subj.** — rir, rires, rir, rirmos, rirdes, rirem. **Imp. afirm.** — ri, ria, riamos, ride, riam. **Inf. pessoal** — rir, rires, rir, rirmos, rirdes, rirem. **Particípio** — rido. **Gerúndio** — rindo.

VIR

Pres. ind. — venho, vens, vem, vimos, vindes, vêm. **Pret. perf. ind.** — vim, vieste, veio, viemos, viestes, vieram. **Pret. imperf. ind.** — vinha, vinhas, vinha, vínhamos, vínheis, vinham. **Pret. mais-que-perf. ind.** — viera, vieras, viera, viéramos, viéreis, vieram. **Fut. pres. ind.** — virei, virás, virá, viremos, vireis, virão. **Fut. pret. ind.** — viria, virias, viria, viríamos, viríeis, viriam. **Pres. subj.** — venha, venhas, venha, venhamos, venhais, venham. **Pret. imperf. subj.** — viesse, viesses, viesse, viéssemos, viésseis, viessem. **Fut. subj.** — vier, vieres, vier, viermos, vierdes, vierem. **Imp. afirm.** — vem, venha, venhamos, vinde, venham. **Inf. pessoal** — vir, vires, vir, virmos, virdes, virem. **Particípio** — vindo. **Gerúndio** — vindo.

Ficha de avaliação 1 Depoimento pessoal

Nome do(a) aluno(a): ______________________ Turma: ________

CRITÉRIOS PARA PRODUÇÃO E AVALIAÇÃO DO DEPOIMENTO PESSOAL						
Seu depoimento atendeu aos critérios de:	**Sim**		**Em parte**		**Não**	
1. Adequação à proposta	**A***	**P****	**A**	**P**	**A**	**P**
• Elaborou um texto que apresenta algo relacionado à sua experiência de vida, conforme sugerido na proposta?						
2. Adequação às características estudadas do gênero	**A**	**P**	**A**	**P**	**A**	**P**
a) É um relato na 1ª pessoa do singular?						
b) Inicia o relato marcando o tempo e/ou o lugar em que ocorreu o episódio?						
c) O assunto do relato é apresentado logo no início?						
d) Apresenta o episódio de modo rápido, sem muitos detalhes, como exige o espaço a que se destina?						
e) Apresenta marcas linguísticas que sinalizam a emoção em relação ao que aconteceu?						
f) Utiliza o registro de linguagem mais informal, própria de relatos que circulam em revistas e *blogs*?						
3. Construção da coesão/coerência do texto (textualidade)	**A**	**P**	**A**	**P**	**A**	**P**
a) Faz uso de palavras ou expressões que indicam a passagem do tempo do fato relatado?						
b) Faz uso de palavras ou expressões que indicam emoção em relação ao que relata?						
c) Utiliza adequadamente a pontuação?						
4. Uso das normas e convenções da variedade padrão	**A**	**P**	**A**	**P**	**A**	**P**
a) Está correto em relação à gramática? (concordância entre as palavras)						
b) Está correto em relação à ortografia?						

* Espaço destinado à avaliação pelo aluno.

** Espaço destinado à avaliação pelo professor.

Lembretes para o professor

Achei difícil:

Lembretes para o aluno – 1ª revisão do professor

1. Você não pode mais errar:

2. É preciso melhorar:

Avaliação final do professor:

Ficha de avaliação 2 Mensagem de participação em discussões pela internet

Nome do(a) aluno(a): ______________________________ Turma: __________

CRITÉRIOS PARA PRODUÇÃO E AVALIAÇÃO DA MENSAGEM DE PARTICIPAÇÃO EM DISCUSSÕES EM AMBIENTES DA INTERNET						
A mensagem atendeu aos critérios de:	**Sim**		**Em parte**		**Não**	
1. Adequação à proposta	**A***	**P****	**A**	**P**	**A**	**P**
• Elaborou um texto que apresenta opinião e argumentação sobre o tema, conforme sugerido na proposta?						
2. Adequação às características estudadas do gênero	**A**	**P**	**A**	**P**	**A**	**P**
2.1. Em relação à sua mensagem:						
a) O texto está na 1ª pessoa do singular?						
b) Sua opinião aparece logo no início da mensagem?						
c) Apresenta ao menos um argumento que justifique a sua opinião, de modo direto e sintético, como exige o espaço a que se destina?						
d) Considera em sua mensagem o que já foi dito em outras mensagens do ambiente?						
e) Atende aos princípios de uma participação ética: o tom é respeitoso e há cordialidade com os demais participantes?						
f) Utiliza o registro de linguagem mais informal, próprio de participação em fóruns dessa natureza, que circulam em revistas e *blogs*?						
3. Construção da coesão/coerência do texto (textualidade)	**A**	**P**	**A**	**P**	**A**	**P**
a) Faz uso de palavras ou expressões que indicam a sua posição em relação ao assunto?						
b) Utiliza adequadamente a pontuação?						
4. Uso das normas e convenções da variedade padrão	**A**	**P**	**A**	**P**	**A**	**P**
a) Está correto em relação à gramática? (concordância entre as palavras)						
b) Está correto em relação à ortografia?						

* Espaço destinado à avaliação pelo aluno.

** Espaço destinado à avaliação pelo professor.

Ficha de avaliação 3 Mensagem de participação em discussões pela internet

Nome do(a) aluno(a): ______________________________ Turma: __________

CRITÉRIOS PARA AVALIAÇÃO DAS PARTICIPAÇÕES NO FÓRUM DE DISCUSSÃO						
As participações na discussão atenderam aos critérios de:	**Sim**		**Em parte**		**Não**	
1. Adequação ao gênero na esfera de circulação	**A***	**P****	**A**	**P**	**A**	**P**
a) As mensagens apresentaram opiniões de modo claro e direto?						
b) Houve apresentação de argumentos?						
c) As mensagens demonstraram respeito entre os participantes?						
d) Houve respeito às regras de participação do ambiente?						

* Espaço destinado à avaliação pelo aluno. ** Espaço destinado à avaliação pelo professor.

Lembretes para o professor

Achei difícil:

____

____

____

Lembretes para o aluno – 1ª revisão do professor

1. Você não pode mais errar:

____

____

____

____

2. É preciso melhorar:

____

____

____

____

Ficha de avaliação 4 Reportagem

Ficha de avaliação da produção da dupla. Nomes:

____

____

Turma: ______________________________________

CRITÉRIOS PARA PRODUÇÃO E AVALIAÇÃO DA REPORTAGEM						
A mensagem atendeu aos critérios de:	**Sim**		**Em parte**		**Não**	
1. Adequação à proposta	**A***	**P****	**A**	**P**	**A**	**P**
• Elaborou uma reportagem que traz informações sobre um estilo musical?						
2. Adequação às características estudadas do gênero	**A**	**P**	**A**	**P**	**A**	**P**
a) O texto está na 3ª pessoa do singular?						
b) Apresenta um título atraente que dá informações sobre o fato noticiado?						
c) Faz uso adequado de outros recursos e linguagens, como fotos e infográficos?						
d) Há opiniões ou comentários de diferentes pessoas?						
e) As opiniões ou os comentários são de pessoas que têm relação especial com o assunto (especialistas ou envolvidos no fato ou assunto da reportagem)?						
f) Utiliza o registro de linguagem mais formal, adequado ao gênero e à sua circulação?						
3. Construção da coesão/coerência do texto (textualidade)	**A**	**P**	**A**	**P**	**A**	**P**
a) Usa adequadamente subtítulos que ajudam a organizar a apresentação das informações?						
b) Faz uso dos dados percentuais coletados nas entrevistas de modo coerente com as demais informações sobre o estilo musical?						
c) Faz uso de variados **verbos *dicendi*** para introduzir as falas das diferentes pessoas que participam da reportagem?						
d) Faz uso adequado da pontuação para indicar as falas dos entrevistados?						
e) Utiliza adequadamente outros sinais de pontuação, como os parênteses e o travessão, quando necessário?						
4. Uso das normas e convenções da variedade padrão	**A**	**P**	**A**	**P**	**A**	**P**
a) Está correto em relação à gramática? (concordância entre as palavras)						
b) Está correto em relação à ortografia?						

* Espaço destinado à avaliação pelo aluno.

** Espaço destinado à avaliação pelo professor.

Nome do(a) aluno(a): ______________________________ Avaliador: __________

CRITÉRIOS PARA AUTOAVALIAÇÃO DO TRABALHO EM DUPLA			
1. A minha participação	**Sim**	**Em parte**	**Não**
a) Realizei as tarefas que me foram atribuídas durante a preparação da reportagem?			
b) Respeitei os prazos para a realização das tarefas?			
c) Colaborei com o meu parceiro quando ele apresentou dificuldades?			
2. A participação do meu colega	**Sim**	**Em parte**	**Não**
a) Realizou as tarefas que lhe foram atribuídas durante a preparação da reportagem?			
b) Respeitou os prazos para a realização das tarefas?			
c) Colaborou comigo, quando apresentei dificuldades?			

Lembretes para o professor

Achei difícil:

____

____

Lembretes para o aluno – 1ª revisão do professor

1. Você não pode mais errar:

____

____

2. É preciso melhorar:

____

____

____

Avaliação final do professor:

____

____

Ficha de avaliação 5 Carta de solicitação ou de reclamação

Nome do(a) aluno(a): ______________________ Turma: __________

CRITÉRIOS PARA PRODUÇÃO E AVALIAÇÃO DA CARTA DE SOLICITAÇÃO OU DE RECLAMAÇÃO						
Sua carta atendeu aos critérios de:	**Sim**		**Em parte**		**Não**	
1. Adequação à proposta	**A***	**P****	**A**	**P**	**A**	**P**
• Elaborou um texto que trata de um problema ambiental de onde você mora?						
2. Adequação às características estudadas do gênero	**A**	**P**	**A**	**P**	**A**	**P**
a) É uma carta de solicitação ou de reclamação?						
b) Inicia a carta com situação espaço-temporal do autor, indicando a cidade e a data em que ele estava no momento da escrita?						
c) Formula claramente a solicitação ou a reclamação?						
d) Argumenta adequadamente para convencer o interlocutor?						
3. Construção da coesão/coerência do texto (textualidade)	**A**	**P**	**A**	**P**	**A**	**P**
a) Faz uso de palavras ou expressões que estabelecem sequência e sentido entre as partes do texto?						
b) Faz uso de palavras ou expressões adequadas aos efeitos desejados: tom amistoso (para convencer o interlocutor a colaborar) ou tom de mais exigência (para convencer o interlocutor de que ele deve resolver o problema)?						
c) Utiliza adequadamente a pontuação?						
4. Uso das normas e convenções da variedade padrão	**A**	**P**	**A**	**P**	**A**	**P**
a) Está correto em relação à gramática? (concordância entre as palavras)						
b) Está correto em relação à ortografia?						

* Espaço destinado à avaliação pelo aluno.

** Espaço destinado à avaliação pelo professor.

Lembretes para o professor

Achei difícil:

Lembretes para o aluno – 1ª revisão do professor

1. Você não pode mais errar:

2. É preciso melhorar:

Avaliação final do professor:

Ficha de avaliação 6 Carta de solicitação e reclamação

Ficha de avaliação da produção da dupla. Nomes:

____

____

Turma: ____

CRITÉRIOS PARA PRODUÇÃO E AVALIAÇÃO DA CARTA DE SOLICITAÇÃO OU RECLAMAÇÃO						
A carta de vocês atendeu aos critérios de:	**Sim**		**Em parte**		**Não**	
1. Adequação à proposta	**A***	**P****	**A**	**P**	**A**	**P**
• Elaboraram um texto que trata de problemas ligados ao lixo produzido na escola ou em seu entorno, como acordado pela turma toda?						
2. Adequação às características estudadas do gênero	**A**	**P**	**A**	**P**	**A**	**P**
a) É uma carta de solicitação ou de reclamação?						
b) Iniciaram a carta com situação espaço-temporal dos autores, indicando a cidade e a data em que estavam no momento da escrita?						
c) Formularam claramente a solicitação ou a reclamação?						
d) Argumentaram adequadamente para convencer o interlocutor, com base nos tópicos acordados coletivamente?						
3. Construção da coesão/coerência do texto (textualidade)	**A**	**P**	**A**	**P**	**A**	**P**
a) Fizeram uso de palavras ou expressões que estabeleçam sequência e sentido entre as partes do texto?						
b) Fizeram uso de palavras ou expressões adequadas aos efeitos desejados: tom amistoso (para convencer o interlocutor a colaborar) ou tom de mais exigência (para convencer o interlocutor de que ele deve resolver o problema)?						
c) Utilizaram adequadamente a pontuação?						
4. Uso das normas e convenções da variedade padrão	**A**	**P**	**A**	**P**	**A**	**P**
a) O texto está correto em relação à gramática? (concordância entre as palavras)						
b) O texto está correto em relação à ortografia?						

* Espaço destinado à avaliação pelo aluno.

** Espaço destinado à avaliação pelo professor.

Lembretes para o professor

Achei difícil:

Lembretes para o aluno – 1ª revisão

1. Vocês não podem mais errar:

2. É preciso melhorar:

Avaliação final do professor: